Die Privatisierung und Regulierung des Wassersektors

Göttinger Studien zur Entwicklungsökonomik
Göttingen Studies in Development Economics
Herausgegeben von/Edited by Hermann Sautter

Band 12

PETER LANG
Frankfurt am Main · Berlin · Bern · Bruxelles · New York · Oxford · Wien

Jan Müller-Scheeßel

Die Privatisierung und Regulierung des Wassersektors

Das Beispiel Buenos Aires/Argentinien

PETER LANG
Europäischer Verlag der Wissenschaften

Bibliografische Information Der Deutschen Bibliothek
Die Deutsche Bibliothek verzeichnet diese Publikation in der Deutschen Nationalbibliografie; detaillierte bibliografische Daten sind im Internet über <http://dnb.ddb.de> abrufbar.

Zugl.: Göttingen, Univ., Diss., 2002

Gedruckt mit freundlicher Unterstützung des
Ibero-Amerika-Instituts für Wirtschaftsforschung,
Göttingen.

D 7
ISSN 1439-3395
ISBN 3-631-51099-3

www.peterlang.de

Vorwort

Ein zentraler Bestandteil der marktwirtschaftlichen Reformpolitik vieler Entwicklungs- und Schwellenländer ist die Privatisierung öffentlicher Unternehmen. Sie soll die Effizienz der Ressourcenallokation verbessern und damit letztlich zur Wohlfahrtssteigerung beitragen. Im Falle "natürlicher Monopole" ist dieses Ziel nicht leicht zu erreichen, denn mit einem Wettbewerb "im Markt" ist auch nach der Privatisierung nicht zu rechnen. Manches spricht dafür, daß die langfristige Vergabe einer Betreiberkonzession im Rahmen eines Ausschreibungsverfahrens - also ein Wettbewerb "um den Markt" - am ehesten zu effizienten Lösungen führt. Damit stellen sich aber zahlreiche Fragen. Wie soll dieses Ausschreibungsverfahren organisiert werden? Was soll Inhalt des Konzessionsvertrages sein? Auf welche Dauer soll er abgeschlossen werden? Wie kann die Einhaltung des Vertrags kontrolliert werden usw.?

Jan Müller-Scheeßel diskutiert diese Fragen am Beispiel der Privatisierung der Trinkwasserversorgung und der Abwasserentsorgung von Buenos Aires. Er entwickelt ein normatives Kriterienraster zur Beurteilung der Konzessionsvergabe und der Regulierung des Konzessionärs. Der Verfasser kommt zu dem Ergebnis, daß - gemessen an diesen Kriterien - die in Buenos Aires angewandte Praxis "supoptimal" war. Die Arbeit bleibt aber nicht beim Nachweis dieser Ineffizienzen stehen, sondern interpretiert sie aus politökonomischer Sicht. Nach den Erkenntnissen des Autors war es im wesentlichen das politische Umfeld einer instabilen und opportunistischen Parteienherrschaft, die zu suboptimalen Lösungen geführt hat. Gleichwohl war die Privatisierung aus der Sicht der Verbraucher ein Gewinn.

Die Arbeit dokumentiert einen hohen theoretischen Sachverstand und ein breites empirisches Wissen. Sie macht deutlich, welche Fallstricke bei der Privatisierung öffentlicher Unternehmen mit dem Charakter eines "natürlichen Monopols" in Entwicklungs- und Schwellenländern zu beachten sind. Die gewonnenen Ergebnisse sind weit über das untersuchte Fallbeispiel hinaus relevant.

Göttingen, Januar 2003

Prof. Dr. H. Sautter

Danksagung

„Wenn ich mich heute noch einmal entscheiden könnte, würde ich es nicht noch einmal tun!“ Dies waren die Worte eines frischgebackenen Doktors, den ich nach dem Studium zu seiner Meinung über mein Dissertationsvorhaben befragte. Wie das vorliegende Buch belegt, bin ich seinem Rat nicht gefolgt. Und jetzt - im Rückblick? Hätte ich damals anders entscheiden sollen? Mir fallen die endlosen, ermüdenden Stunden vor dem Computer ein, die entmutigend hohen Stapel noch ungelesener Literatur auf Schreibtisch und Regal, die vielen Sackgassen und Irrwege, die ich eingeschlagen habe...

Und doch bereue ich meine damalige Entscheidung nicht, denn die verbrachte Zeit war auch schön und anregend. Ein wesentlicher Grund dafür war die vielfältige Unterstützung, die ich während meiner Tätigkeit von verschiedenen Seiten erfuhr.

Da ist zunächst einmal mein Doktorvater Professor Hermann Sautter zu erwähnen, dem ich vieles zu danken habe. Manche Stunde hat er dafür hergegeben, mein anfangs ausuferndes Vorhaben auf das Wesentliche zu beschränken. Immer wieder hat er einzelne Abschnitte mit mir diskutiert und wertvolle Anregungen gegeben. Zu danken habe ich auch meinen Zweit- und Drittprüfern, Herrn Professor Gustav Kucera sowie Frau Professor Birgitt Röttger-Rössler. Herr Kucera hat trotz großer Zeitnot die Arbeit in Rekordzeit durchgesehen und bewertet, Frau Röttger-Rössler hat sich auf die Thematik eingelassen, obwohl sie ihr als Ethnologin sehr fern liegen musste. In tiefer Schuld stehe ich gegenüber Eva Findenegg. Mit Liebe und Geduld hat sie die nicht immer leichte Zeit an meiner Seite überbrückt; schließlich die gesamte Arbeit gleich mehrmals auf Syntax und Semantik durchgesehen und dabei so manche Unterkieferstreckung durchlitten.

Tief verbunden bin ich auch den Mitarbeitern des Ibero-Amerika Instituts für Wirtschaftsforschung, den Mitarbeitern des Lehrstuhls Sautter sowie den Mitdoktoranden von Herrn Sautter. Mit vielen von Ihnen konnte ich im Rahmen des Doktorandenkolloquiums und in freien Stunden über Thesen meiner Arbeit diskutieren.

Während eines Aufenthalts in Argentinien habe ich beim Regulierer für den Wassersektor ETOSS ein Praktikum absolviert. Ich erhielt einen Arbeitsplatz, Zugang zum Archiv des Regulierers und auch sonst großzügige Unterstützung. Dafür ist Sr. Eduardo Cevallo und Sr. Eduardo Epszteyn zu danken, die dies möglich machten. Für Fragen über die Regulierungstätigkeit standen mir insbesondere Sra. Valeria Esquivel und Sr. Leandro Rodriguez zu Verfügung. Auch ihnen gebührt dafür mein herzlicher Dank. Erwähnen möchte ich auch Felipe, der mir mit seinem für Ausländer offenen Freundeskreis „tea-time“ die soziale Integration in Buenos Aires sehr erleichtert hat. Nicht zuletzt spreche ich meiner Mutter Birgit Müller-Scheeßel meinen großen Dank aus, da ohne sie dieses Buch nicht entstanden wäre.

Inhaltsverzeichnis

Verzeichnis der Grafiken

Verzeichnis der Tabellen

Verzeichnis der Abkürzungen

AA	Aguas Argentinas
ADECUA	Asociación de Defensa de los Consumidores y Usuarios de la Argentina
ADEPSA	Asociación de Empresas de Servicios Públicos Argentinos
AEQ	Anualidad Equivalente
AFERAS	Asociación Federal de Entes Reguladores de Agua Potable y Saneamiento
Art.	Artikel
ATD	Adecuada Tasa de Descuento
Bzgl.	Bezüglich
Bzw.	Beziehungsweise
C.p.	Ceteris paribus
CAPM	Capital Asset Pricing Model
CATV	Cabel-Television
CEER	Centro de Estudios Económicos de la Regulación
CEPAL	Comisión Económica para Latino Ameríca
CIS	Cargo de Incorporación al Servicio
CPB	Consumer Price Bidding
D.h.	Das heißt
DGM	Dividend Growth Model
EFNQ	Exposición Financiera Neta Quinquenal
Et al.	Et Aliter
ETOSS	Ente Tripartito de Obras y Servicios Sanitarios
FFN	Flujo de Fondos Netos
FIEL	Fundación de Investigaciones Económicas Latinoamericanas
FREPASO	Frente País Solidario
ICC	Índice del Costo de la Construcción
INDEC	Instituto Nacional de Estatistica y Censos
IPC	Índice del Precio al Consumidor
Insg.	Insgesamt
IPIB	Índice de Precios Internos Brutos
IPIM	Índice de Precios Internos al por Mayor
IPM	Índice de Precios al por Mayor
Kap.	Kapitel
K-Faktor	Multiplikator für die Anpassung der Wassertarife im Zuge der Privatisierung des Wassersektors in Buenos Aires
m^2	Quadratmeter
MA	Medio Ambiente
MdEyOySP	Ministerio de Economia y Obras y Servicios Públicos
Mill.	Millionen
MPB	Monopol Price Bidding

Mrd.	Milliarden
OECD	Organisation for Economic Co-Operation and Development
OFWAT	Office of Water
OSN	Obras Sanitarias de la Nación
PE	Posición de Equilibrio
PJ	Partido Justicialista
RCC	Relevant Changes of Circumstances
RPI	Retail Price Index
PVC	Polyvinylchlorid
S.A.	Sociedad Anómina
SCP	Sociedad Comercial de Plata
SCSN	Suelos Coehesivos Sin Napa
SCPND	Suelos Poco Cohesivos con Napa Débil
SNCNP	Suelos Sin Cohesión con Napa Potente
SRNyDS	Secretaria de Recursos Naturales y Desarrollo Sustentabel
SU	Servicio Universal
$	Argentinische Peso
TV	Television
U.a.	Unter anderem
UCR	Unión Civica Radical
UK	United Kingdom
USA	United States of America
US$	Dollar der Vereinigten Staaten
Usw.	Und so weiter
U.U.	Unter Umständen
Vgl.	Vergleiche
Wg.	Wegen
X-Faktor	Multiplikator zur Steigerung der Effizienz im Wassersektor von Buenos Aires
Z.B.	Zum Beispiel
Zzgl.	Zuzüglich

1 Einleitung

1.1 Hintergrund

Kein anderer öffentlicher Sektor in Lateinamerika wies in den achtziger Jahren ähnlich große Probleme wie der Trink- und Abwassersektor auf.[1] Jahrzehntelang waren notwendige Investitionen verzögert worden, was dazu führte, dass große Teile der Bevölkerung nicht adäquat versorgt wurden und die Trinkwasserqualität meistens nur sehr niedrig war. Zudem erwirtschafteten die meisten Versorgungsunternehmen hohe Defizite und waren somit stark von staatlichen Zuschüssen abhängig. Der primäre Grund für diese Versorgungsdefizite ist in der Überlagerung der ökonomischen Aspekte der Wasserversorgung durch politisch orientierte Zielsetzungen zu sehen. Ausgehend von der allgemeinen, öffentlich vertretenen Ansicht, dass die sanitäre Versorgung zu den menschlichen Grundbedürfnissen zählt und deshalb jeder ein Recht auf sie hat, gelangten Politiker und Interessengruppen zu der Schlussfolgerung, dass die Wassertarife künstlich niedrig gehalten werden müssten.[2] Gleichzeitig waren die Tarife auf Grund verschiedener Elemente der Quersubvention meistens sehr kompliziert und unabhängig von dem tatsächlichen Konsum. Die Folge dieser Tarifpolitik war in der Regel ein hoher Verbrauch, wodurch die maroden Versorgungsnetze zusätzlich belastet wurden. Niedrige Tarife implizierten auf Grund fehlender Einnahmen zudem eine schlechter Qualität der Leistungen, wodurch wiederum die Zahlungsmoral der Konsumenten beeinträchtigt wurde und die Einnahmen weiter sanken. Gleichzeitig wurden in der Regel hohe Defizite erwirtschaftet, was die Abhängigkeit der Wasserversorger von der Politik weiter verstärkte. Diese Abhängigkeit führte wiederum zu einer politisch orientierten Auswahl von Personal und Investitionen. Führungspersonal in den Unternehmen wurde also nicht nach ihren unternehmerischen Fähigkeiten, sondern nach der Parteizugehörigkeit ausgesucht, und die Investitionen wurden nicht in den effektivsten Verwendungen vorgenommen, sondern nach politischer Opportunität. In der Literatur werden diese Zusammenhänge als *low lewel equilibrium* bezeichnet.

Die Wasserversorgung des Großraums Buenos Aires am Vorabend seiner Privatisierung kann als beispielhaft für diese Entwicklung des städtischen Wassersektors in Lateinamerika angesehen werden. Von der gemäß eines Zensus von 1991 gezählten Stadtbevölkerung von 8,6 Millionen Einwohnern[3] versorgte das staatliche Versorgungsunternehmen OSN[4] nur 6 Millionen Menschen, d.h. 70 Prozent der Bevölkerung mit Trinkwasser und es entsorgte für 5 Millionen Men-

1 IDELOVICH/ RINGSKOG (1995, 8-10) klassifizieren die Probleme in technische, ökologische, finanzielle und institutionelle Aspekte.

2 Zudem waren die Tarife der öffentlichen Unternehmen durch eine heterodoxe Inflationsbekämpfungspolitik unterminiert worden, indem sie die ersten waren, die eingefroren und die letzten, die wieder freigegeben wurden. CASTELAR PINHEIRO/ SCHNEIDER (1995, 760)

3 SENET et al. (1997, 56).

4 OSN steht für „Obras Sanitarias de la Nación“.

schen, d.h. etwa 58 Prozent das Abwasser.[1] Dabei waren innerhalb des Stadtgebiets die Anschlüsse für Trink- und Abwasser sehr ungleich verteilt. Während im Innenstadtbereich die Versorgungsdichte für beide Versorgungskategorien bei nahezu 100 Prozent lag, betrug sie in den schnell wachsenden Randzonen nur 55 bzw. 36 Prozent.[2]

Die Trinkwasserversorgung erfolgt zu wesentlichen Anteilen aus dem Rio de la Plata.[3] Hinzu kam eine Reihe von Brunnen, die, wie sich später herausstellte, zum großen Teil stark mit Nitraten verseucht waren. Der Umfang der Wasserversorgungs- und -entsorgungsanlagen von OSN war enorm. Die Infrastruktur umfasste u.a. 77 km Tunnelanlagen mit 4 m Durchmesser, ein primäres Verteilungsnetz von 370 km Länge, ein sekundäres Verteilungsnetz von 19.000 km Länge, 13 Pumpstationen, 2 Wasserwerke und eine Kläranlage.[4] Die Leitungssysteme stammten jedoch zum großen Teil noch aus der Jahrhundertwende und waren so marode, dass einerseits die Wasserverluste beim Transport des Wassers mit 45 Prozent sehr hoch waren[5], andererseits der Wasserdruck in den Leitungen niedrig gehalten werden musste, um Rohrbrüche zu verhindern. Das Wasser hatte in der Regel eine braune Färbung und einen starken Chlorgeruch. Die Abwässer wurden nur zu etwa 5 Prozent gereinigt[6], der Rest direkt in die Flüsse Reconquista, Riachuelo-Matanza und Rio de la Plata, teilweise oberhalb der Wasserentnahmestellen, eingeleitet.

Der schlechte Zustand des Leitungssystems war vor allem auf den Umstand zurückzuführen, dass in den letzten Jahren vor der Privatisierung nahezu keine Erhaltungsinvestitionen mehr für das Netz getätigt worden waren. So betrugen die durchschnittlichen jährlichen Investitionen zwischen 1987 und 1991 nur noch $ 11 Millionen, was nicht einmal die ohnehin niedrigen Abschreibungen deckte.[7]

Der Wasserverbrauch war und ist mit 400 bis 500 Liter pro Tag und Person außerordentlich hoch.[8] Dies liegt insbesondere daran, dass der Wasserkonsum de facto nicht gemessen wurde, d.h. die Wasserkonsumenten nur alle zwei Monate einen Fixbetrag zu entrichten hatten und somit Anreize zum Einsparen von Wasser fehlten.

Weiterhin hatte die Wasserversorgungsbehörde OSN große Probleme bei der Einziehung der Rechnungen. Die hohen Zahlungsausfälle waren von verschiedenen Faktoren abhängig. So führte die schlechte Service-Qualität zu einer nied-

1 ETOSS (1994, 2).
2 ALCÁZAR et al. (2000, 4).
3 IDELOVICH/ RINGSKOG (1995, 24).
4 SENET et al. (1997, 55). WORLD BANK (1996, 1).
5 IDELOVICH/ RINGSKOG (1995, 24).
6 Es handelt sich um das Klärwerk Sudoeste Aldo Bonzi. IDELOVICH/ RINGSKOG (1995, 24).
7 ALCÁZAR et al. (2000, 4).
8 IDELOVICH/ RINGSKOG (1995, 24).

rigen Zahlungsbereitschaft.[1] Gesetzliche Regelungen verhinderten zudem, säumigen Schuldnern den Netzanschluss zu verwehren. Gerichtlich ließen sich die säumigen Schuldner zudem kaum belangen, weil Argentinien einerseits nur über ein langsames und ineffektives Rechtssystem verfügte, andererseits ein großer Teil der Schuldner so arm war, dass auch gerichtlich anerkannte Schulden nicht eingetrieben werden konnten. Zudem ließen die technischen Anlagen häufig eine Abkopplung von der Versorgung gar nicht zu.

Diese hohen Zahlungsausfälle waren neben den sehr niedrigen Tarifen mit ein Grund dafür, dass OSN defizitär und von staatlichen Subventionen abhängig war. Weitere Gründe für die Defizite sind in dem sehr komplizierten Wassertarif zu sehen. Dieser war und ist z.B. von der Lage und dem Alter der Gebäude abhängig, bildete aber auf Grund des hoffnungslos veralteten Katasters den wirklichen Zustand der Quartiere nicht adäquat ab. Zudem enthielt der Tarif eine Anzahl von Subventionselementen. So lag er bei älteren Gebäuden c.p niedriger als bei neueren Gebäuden, wodurch der Annahme Rechnung getragen werden sollte, dass die armen Haushalte in alten Häusern wohnen.[2]

Schließlich ist die hohe Anzahl der Beschäftigten bei OSN und die somit niedrige Arbeitsproduktivität als Mitverursacher des Defizits der Behörde zu nennen: Beschäftigt wurden 8 bis 9 Personen je 1000 Anschlüsse, was im internationalen Vergleich einen sehr hohen Wert darstellt.[3] Zudem galt das Personal von OSN als unterbezahlt und unmotiviert und Spitzenpositionen wurden eher politisch als nach Qualifikation besetzt.[4]

Die neunziger Jahre erwiesen sich für Lateinamerika als ein Jahrzehnt bemerkenswerter politischer Stabilität. In fast allen Ländern konnten sich mehr oder weniger demokratische Regierungen über einen längeren Zeitraum halten und trotz hoher ökonomischer Volatilität eine langfristig ausgerichtete Wirtschaftspolitik umsetzen. Wesentliche Aspekte dieser Wirtschaftspolitik waren die Bekämpfung der Inflation, die Verringerung der Budgetdefizite und die Reform staatlicher Institutionen. Dabei war die Privatisierung ehemals staatlicher Unternehmen ein wesentlicher Bestandteil der Regierungspolitik. Mit den Erlösen aus den Privatisierungen war es nicht nur möglich, einen Teil der Verschuldung und der Budgetdefizite abzubauen, sondern man konnte zudem mit einer größere Professionalität bei der Bereitstellung der öffentlichen Leistungen rechnen.

Auch im Hinblick auf diese Entwicklung stellt Argentinien das Parade-Beispiel dar. Im Jahr 1989 wurde Carlos Saul Menem zum Präsidenten gewählt. Er über-

---

1 Z.B. werden Kundenbeschwerden nur langsam - wenn überhaupt - bearbeitet. ALCÁZAR et al. (2000, 6).

2 ALCÁZAR et al. (2000, 5).

3 Bezeichnenderweise wurde die Anzahl der beschäftigten Personen innerhalb eines Jahres nach der Privatisierung um 48 Prozent gesenkt. WORD BANK (1996, 2). Da eine Senkung in so kurzer Zeit nicht durch technische Verbesserungen verursacht sein kann, bedeutet dies, dass rund die Hälfte des Personals von OSN einfach überflüssig war.

4 ALCÁZAR et al. (2000, 6).

nahm von der Vorgängerregierung Alfonsín ein durch Hyperinflation und eine instabile Wirtschaftspolitik erschüttertes Land.[1] Obwohl Menem ein Kandidat der Gerechtigkeits-Partei (PJ)[2] war, die in der Tradition von Perón ein eher sozialistisches und populistisches Programm vertrat[3], überraschte er die Welt bald nach seinem Amtsantritt mit einem ambitionierten marktwirtschaftlich ausgerichteten Privatisierungsprogramm.[4] Hauptziel der Privatisierung war es, durch die Einnahmen aus den Verkäufen sowie durch geringere laufende Ausgaben des Staates für die defizitären Unternehmen das Budgetdefizit zu reduzieren und gleichzeitig die Qualität der öffentlichen Leistung zu verbessern.[5] Mit Unterstützung der Weltbank wurde eine Reihe von Staatsunternehmen privatisiert und verkauft. Dazu gehörten die Telekommunikation, die Energieversorgung und das Transportwesen.[6]

Im Jahr 1992 sollte auch der Wassersektor von Buenos Aires privatisiert werden, ein in der Welt viel beachtetes Projekt[7], wobei man aus verschiedenen Privatisierungsoptionen eine 30 Jahre währende Konzession auswählte.[8] Kennzeichnend für eine Konzession ist es, dass der Konzessionär zwar die Infrastruktur erhalten und modernisieren muss, diese jedoch im Besitz des Staates verbleibt und nach Ablauf der Konzession in der Regel entschädigungslos an diesen zurückfällt.[9] Um das am besten geeignete private Unternehmen für die Konzession zu selektieren, wurde in Argentinien ein Auktionierungsverfahren - das so genannte Franchise-Verfahren - gewählt, bei dem der Bieter die Konzession erhält, der das beste Gebot abgibt. Eröffnet wurde die Bieterrunde nach internationaler Ausschreibung im Juni 1992. Zur Anwendung kam ein zweistufiges Selektionsverfahren:[10] In einem ersten Gebot mussten interessierte Bieter zunächst die technischen Maßnahmen darstellen, die ihrem Gebot zugrunde lie-

1 BIRLE (1995, 282).
2 PJ steht für „Partido Justicialista“.
3 Dieses Programm wird entsprechend der politischen Ausrichtung auch als „Peronismus“ bezeichnet.
4 Insbesondere durch den Plan Cavallo wurden auch in anderen Bereichen beachtenswerte wirtschaftliche Erfolge erzielt. U.a. wurde die Hyperinflation durch eine Dollarbindung des Peso gebrochen und zwischen 1990 und 1994 beachtliche Wachstumsraten der Wirtschaft erzielt. MESSNER (1996, 152f). van HALDENWANGEN (1996, 187).
5 WORLD BANK (1996, 1).
6 ALCÁZAR/ BROOK COWEN (1996, 48).
7 Z.B. wurde die Privatisierung des Wassersektors für die philippinische Hauptstadt Manila nach dem argentinischen Vorbild durchgeführt. In einem Weltbank-Bericht heißt es allgemein zu den Privatisierungen von Menem: "Argentina is increasingly viewed as a model of what private sector involvement in infrastructure services respresents for a developing country not only in terms of changes in the way the services are being delivered but also in terms of the new role of the government in these sectors." Vgl. dazu CRAMPES/ ESTACHE (1997, 18).
8 Zu den Privatisierungsoptionen vgl. IDELOVICH/ RINGSKOG (1995, 12-14).
9 Für den argentinischen Wassersektor vgl. dazu DECRETO 999/92, Kap. 10, Art. 59-64.
10 RICHARD/ TRICHE (1994, 13).

gen sollten,[1] um auf diese Weise dem Konzessionsgeber eine Überprüfung ihrer Seriosität zu ermöglichen. In Buenos Aires wurde mittels dieses Verfahrens bereits ein Bewerber abgelehnt, dessen Vorschläge zur Errichtung von Kläranlagen dem Konzessionsgeber zu fantastisch erschienen.[2] In einem zweiten Gebot erfolgte dann ein Preisgebot, womit der finanzielle Rahmen abgesteckt wurde, in dessen Grenzen sich die Konzession bewegen sollte. In Buenos Aires wurde ein möglichst niedriger Tarif bei gegebenen Qualitätsvorgaben als Auswahlkriterium gewählt. Gewinner der Konzession war ein Konsortium, das unter dem Namen Aguas Argentinas firmierte. Es bestand aus ausländischen und argentinischen Unternehmen unter der Führung von Lyonnaise des Eaux-Dumez, einem französischen Mischkonzern, der bereits über Erfahrungen im Wassersektor in einer Reihe von Ländern verfügte.[3] Schon im März 1993 wurde der Konzessionsvertrag unterzeichnet und zwei Monate später, am 1. Mai 1993, erfolgte die Übergabe der Verantwortung für die Wasserversorgung. Da die Konkurrenz der Bieter um den niedrigsten Tarif geführt worden war, hatte sich Aguas Argentinas verpflichtet, den ohnehin schon niedrigen Wassertarif um weitere 26,9 Prozent zu senken, und gleichzeitig zugesagt, innerhalb der nächsten 30 Jahre rund $ 4 Mrd. zu investieren, wobei in den ersten 5 Jahren bereits $ 1,084 Mrd. aufgebracht werden sollten.[4]

Bei der Privatisierung des Wassersektors ist ein wesentlicher Faktor zu beachten: Kein anderer industrieller Sektor weist ähnlich starke Monopoleigenschaften auf, so dass freie Konkurrenz prinzipiell nicht möglich ist. Dem Staat obliegt es daher, im Falle der Privatisierung regulatorische Institutionen zu schaffen, die das Marktverhalten des Monopolisten überwachen.

Zur Regulierung des Wassersektors in Buenos Aries wurde aus den Resten von OSN mittels einer Übereinkunft zwischen den drei involvierten Gebietskörperschaften - der Nation Argentinien, der Provinz Buenos Aires und der Stadt Buenos Aires - ein Regulierer mit der Bezeichnung ETOSS[5] geschaffen. Jede der drei involvierten Gebietskörperschaften stellt zwei jeweils für sechs Jahre amtierende Direktoren, so dass das Direktorium aus sechs Mitgliedern besteht.[6] Eine einmalige Wiederwahl der Direktoren ist möglich.[7] Den Vorsitz führt der aus dem Direktorium für ein Jahr gewählte Präsident, der in einem rotierenden Prinzip von jeweils einer der drei Gebietskörperschaften gestellt wird. Das Direktorium entscheidet über Regulierungsfragen mit einfacher Mehrheit. Bei Stimmengleichheit darf der Präsident noch einmal wählen, so dass seine Stimme

1 CRAMPES/ ESTACHE (1996, 2).
2 IDELOVICH/ RINGSKOG (1995, 31).
3 Weitere Teilhaber an dem Konsortium waren je ein französisches, spanisches und englisches Unternehmen sowie drei argentinische Investoren.
4 ETOSS (1994, 2).
5 Dieser Name steht für die Bezeichnung „Ente Tripartito de Obras y Servicios Sanitarios".
6 REGULIERUNGSRICHTLINIEN Art. 3. DECRETO 999/92 Kap. 3, Art. 19.
7 DECRETO 999/92 Kap. 3, Art. 22.

entscheidend ist.[1] Allgemeine Aufgabe des Regulierers ist die Überwachung der Erfüllung von Konzessionsvertrag und Regulierungsrichtlinien durch das Unternehmen.[2] Überwacht werden sollen insbesondere der Erhalt und die Ausweitung des Wasserversorgungs- und Abwasserentsorgungssystems und die Qualität und Kontinuität der Versorgung.[3] Für seine Aufgabenerfüllung kann der Regulierer von dem Konzessionär alle notwendigen Informationen verlangen, die er für wichtig hält.[4] Zudem passt er die Tarife an[5] und verhängt über das regulierte Unternehmen, falls erforderlich, Sanktionen.[6] Die Finanzierung von ETOSS erfolgt in autonomer Form über einen Anteil von 2,67 Prozent der Einnahmen, die Aguas Argentinas realisiert.[7] ETOSS nahm seine Arbeit am 20.4.1993 auf.[8]

Die Erfolge der Privatisierung des argentinischen Wassersektors können sich sehen lassen. Schon in den ersten Jahren der Konzession unternahm das private Versorgungsunternehmen umfangreiche Investitionen: Auf diese Weise wurde die Wasser- und Servicequalität substanziell verbessert. Zusätzlich schloss das Unternehmen innerhalb von 5 Jahren rund 1,7 Mill. Einwohner an das Trinkwasser- und rund 0,9 Mill. Einwohner an das Abwassernetz an.[9] Dabei lag der reguläre Wassertarif auch 1999 noch unter dem von OSN. Angesichts dieser offenkundigen Erfolge soll die Privatisierung des argentinischen Wassersektors in dieser Arbeit nicht in Frage gestellt werden. Ziel der Untersuchung ist es vielmehr, unbeschadet der Erfolge eventuelle institutionelle Fehlkonstruktionen aufzudecken, die zweifellos bestehen und bei künftigen Privatisierungen im Wassersektor anderer Länder vermieden werden können. Insofern darf der bisweilen etwas negative Tenor dieser Arbeit den Leser nicht darüber hinweg täuschen, dass die Privatisierung des Wassersektors von Buenos Aires im allgemeinen erfolgreich war.

Im Zuge der ökonomischen Analyse wird einerseits die Form der Privatisierung selbst betrachtet, andererseits der Regulierungsprozess in den Jahren 1993 bis 2000 untersucht. Die Analyse erfolgt über ein zweigleisiges Verfahren, das in jedem Kapitel Anwendung findet. In einem ersten Schritt wird analysiert, inwiefern Privatisierung und Regulierung in Buenos Aires von einem normativen Standpunkt aus gesehen akzeptabel waren. Es geht somit um die Frage, wie die realisierten Verfahren gemessen an ökonomischen Idealen bewertet werden müssen. Hinsichtlich der *Privatisierung* bezeichnen diese Ideale eine möglichst anreizkompatible Ausgestaltung des Vertragswerks angesichts beschränkter Rationalität bzw. Informationen der beteiligten Akteure. Hinsichtlich der *Regu-*

1 ETOSS (1994, 4f). DECRETO 999/92 Art. 19 und Art. 20.
2 DECRETO 999/92 Kap. 3, Art. 17.
3 DECRETO 999/92 Art. 3.
4 DECRETO 999/92 Art. 17 Ziffer c.
5 DECRETO 999/92 Art. 17 Ziffer j und k sowie Art. 46. und Art. 48.
6 DECRETO 999/92 Art. 17 Ziffer o.
7 ETOSS (1994, 4). CEVALLO (1997, 97). Geregelt ist dies im Gesetz Nr. 24156.
8 ETOSS (1994, 3).
9 AGUAS ARGENTINAS (1998e, 6).

lierung wird ausgehend von den Konditionen des Konzessionsvertrags die Fairness bzw. die Neutralität des Verfahrens gegenüber den verschiedenen involvierten Interessengruppen als der wesentliche normative Faktor herausgestellt, da der argentinische Staat nur auf diese Weise die notwendige Rechtssicherheit für internationale Investoren signalisieren kann und die Konzession auch langfristig stabil bleibt.[1]

In einem zweiten Schritt werden mögliche Abweichungen zwischen normativem Ideal und beobachteter Praxis in politökonomischen Zusammenhängen gesucht. Für diesen Zweck wird auf verschiedene von Ökonomen entwickelte Modelle zurückgegriffen.

1.2 Aufbau der Arbeit

Zunächst werden im *zweiten* Kapitel die theoretischen Grundlagen gelegt, auf denen die normative und positive Analyse der Folgekapitel aufbaut. Für diesen Zweck werden nach einer kurzen Einführung über die Bedeutung von natürlichen Monopolen (Abschnitt 2.1) die zwei grundlegenden Theoriestränge der Regulierungsmodelle dargestellt werden, die eine normative oder eine positive Ausrichtung aufweisen können.

Mit den *normativen* Regulierungsmodellen (Abschnitt 2.2) wird eine Ausgangslage beschrieben, in der ein Regulierer eine gesellschaftliche Wohlfahrtsfunktion maximiert. *Positive* Regulierungsmodelle (Abschnitt 2.3) sind aus politökonomischen Theorien abgeleitet. Das hervorragende Kennzeichen dieser Modelle ist, dass die Nutzenfunktion aller Akteure modellendogen ist, wobei sie meistens egoistisches und opportunistisches Verhalten impliziert. Grundlage beider Sichtweisen ist die Annahme, dass die handelnden Wirtschaftssubjekte zwar rational sind, jedoch nur über unvollständige Informationen verfügen.
Im *dritten* Kapitel wird das Privatisierungsverfahren in Buenos Aires aus normativer und positiver Sicht untersucht. Die Untersuchungsschwerpunkte werden dabei auf folgenden Fragen liegen:

a) War die Ausgestaltung des Versteigerungsverfahrens aus kurzfristiger Sicht effizient und wird es aus langfristiger Sicht nachhaltig sein? Welches sind mögliche politökonomische Erklärungen für die Abweichung von den normativen Idealen? (Abschnitt 3.1)

b) War die Ausgestaltung des Konzessionsvertrags hinsichtlich der Auswahl des Regulierungsverfahrens (Abschnitt 3.2) und der Tarifgestaltung (Abschnitt 3.3) effizient und welches sind die politökonomischen Erklärungen für mögliche Ineffizienzen?

1 Normativ akzeptabel sind hier nur solche Veränderungen des Regulierungsverfahrens, die zu einer Pareto-Verbesserung für alle beteiligten Akteure führen.

c) Hätte eine andere als die gewählte Marktstruktur Effizienzverbesserungen erwarten lassen und wenn ja, welches sind die politökonomischen Gründe für die Konzessionierung an nur ein Unternehmen? (Abschnitt 3.4)

Im *vierten* Kapitel wird das Regulierungsverfahren in Buenos Aires zwischen 1993 und 2000 aus normativer und positiver Sicht untersucht. Der Untersuchungsschwerpunkt wird dabei auf folgenden Fragen liegen:

a) War die Nachverhandlung des Konzessionsvertrags bereits ein Jahr nach Beginn der Konzession in dem Sinne fair, dass die Verhandlungsergebnisse nur zu Pareto-Verbesserungen für Unternehmen und Konsumenten geführt haben oder hat eine Interessengruppe auf Kosten der anderen von den Nachverhandlungen profitiert? Wie können die Verhandlungsergebnisse politökonomisch interpretiert werden? (Abschnitt 4.1.)

b) In den Jahren 1995 bis 1997 wurden Teile des Tarifs umgestaltet. Waren diese Umgestaltungen für das regulierte Unternehmen fair und welche Interessengruppen profitierten von ihnen? Wie können die Ergebnisse politökonomisch interpretiert werden? (Abschnitt 4.2.)

c) In den Jahren 1998-2000 wurde der Konzessionsvertrag ein zweites Mal nachverhandelt. Auch hier wird wieder die Fairness des Verfahrens analysiert werden, um Verlierer und Gewinner zu evaluieren. (Abschnitt 4.3.)

Im *fünften* Kapitel werden die wesentlichen Ergebnisse der Untersuchung der beiden vorherigen Kapitel zusammengestellt. Dabei wird dargestellt, inwiefern andere Länder insbesondere in Lateinamerika von den Erfahrungen in Buenos Aires lernen können, um sinnvolle Regelungen zu übernehmen und Fehler bei der Privatisierung und Regulierung zu vermeiden.

Im *Anhang* sind wesentliche Daten über die Regulierung von Aguas Argentinas beigefügt. Eine umfassende Dokumentation der Daten und Simulationsergebnisse kann auf Anfrage durch den Verfasser bereitgestellt werden.

2 Die theoretischen Grundlagen der Regulierung und Privatisierung im Wassersektor

2.1 Motive für die Regulierung und Privatisierung natürlicher Monopole

2.1.1 Die Eigenschaften des natürlichen Monopols

Der Wassersektor ist ein natürliches Monopol. Unter einem natürlichen Monopol kann man eine Industrie verstehen, in der ein einzelnes Unternehmen einen industriellen Output-Vektor günstiger produzieren kann, als dies einer anderen beliebigen Konstruktion von mehreren Firmen möglich ist.[1] Dies bedeutet, dass auf einem freien Markt auf Dauer nur ein Unternehmen überlebensfähig ist, da ein Produktbündel durch ein einzelnes Unternehmen stets kostengünstiger produziert und angeboten werden kann, als durch zwei oder mehr Unternehmen.

Welche Eigenschaften erfüllt nun die Kostenfunktion eines natürlichen Monopols? Als hinreichende Bedingung für die Existenz eines natürlichen Monopols wird das Vorliegen von *Economies of scale* angesehen. Diese treten dann auf, wenn bei totaler Faktorvariation die Stückkosten bei Produktionsausweitung sinken. Sinkende Stückkosten können auch bei partieller Faktorvariation auftreten, wenn bei der Produktion hohe Fixkosten anfallen, die dem Output zugerechnet werden müssen. Je höher der Output des Unternehmens ist, desto geringer ist die Belastung der einzelnen Outputeinheit mit Fixkosten. Bei z.B. konstanten variablen Kosten ergibt sich ein fallender Verlauf für die Durchschnittskostenfunktion. Dies bedeutet, dass ein Unternehmen seine Güter um so billiger anbieten kann, je mehr es von ihnen produziert. Allerdings ist das Vorliegen von fixen Kosten weder notwendig noch hinreichend für das Vorhandensein von *Economies of scale*. Notwendigkeit ist nicht gegeben, weil bei stetig sinkenden variablen Kosten ein natürliches Monopol auch ohne Fixkosten vorliegen kann. Die hinreichende Bedingung ist nicht gegeben, weil auch bei Vorliegen von Fixkosten noch kein natürliches Monopol bestehen muss. Vielmehr könnten die sinkenden fixen Stückkosten durch steigende variable Stückkosten überkompensiert werden, so dass die totalen Stückkosten bei steigender Ausbringungsmenge steigen.

Aber auch das Vorliegen von *Economies of scale* über den gesamten Verlauf der Kostenfunktion ist keine notwendige, sondern nur eine hinreichende Bedingung für ein natürliches Monopol. In der folgenden Grafik 2.1 stellt die durchschnittlichen Kostenfunktion C_s/Q des Unternehmens s positive *Economies of scale* über den gesamten Verlauf der Kostenfunktion dar.

Betrachtet wird ein zweites Unternehmen t mit der durchschnittlichen Kostenfunktion C/Q. Diese verläuft nicht an jedem Punkt einer möglichen Produktion fallend. Dennoch könnte auch dieses Unternehmen ein natürliches Monopol dartellen. Die Besonderheit der durchschnittlichen Kostenfunktion des Unterneh-

1 KAHN (1988b, 2), WATERSON (1988, 16).

mens t ist darin zu sehen, dass sie dort am niedrigsten ist, wo sie die Nachfragefunktion N schneidet. Über diesen Sachverhalt wird auch gesagt, dass für ein natürliches Monopol positive Skaleneffekte im relevanten Bereich vorliegen müssen, nämlich dort, wo die Kostenfunktion die Nachfragefunktion schneidet.

Grafik 2.1 Verlauf der Durchschnittskosten im Fall des natürlichen Monopols

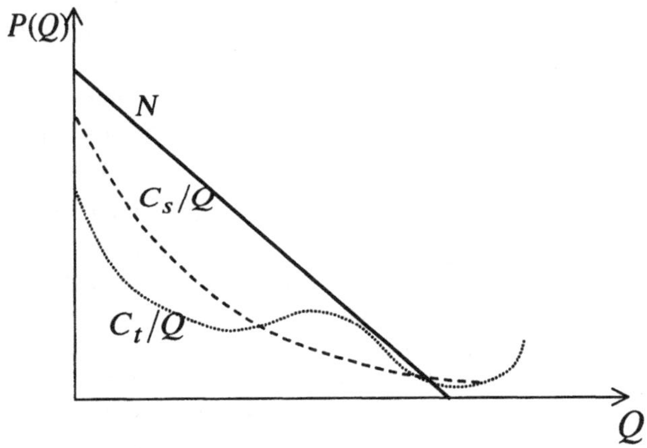

Quelle: Eigene Darstellung

Früher ging man davon aus, dass das Vorhandensein von *Economies of scale* im relevanten Bereich eine notwendige Bedingung für das Vorliegen eines natürlichen Monopols sei. Es ist jedoch auch ein Fall denkbar, in dem ein Unternehmen bei im relevanten Bereich steigenden Durchschnittskosten den Markt alleine bestreitet, also ein natürliches Monopol ist. Diese Möglichkeit wird durch die Grafik 2.2 dargestellt.

In der Grafik 2.2 werden von n verschiedenen um einen Markt konkurrierenden Unternehmen mit identischen Durchschnittskostenfunktionen C_c/Q die Kostenfunktionen zweier beliebiger Unternehmen s und t herausgegriffen.

Das Unternehmen s könnte die Menge $0\overline{Q}$ kostenminimal produzieren. Dabei erwirtschaftet es eine Rente und könnte die Produktion bis zu der Menge Q^* mit einem Preis P_s^* ausweiten, ohne Verluste zu machen. Die durchschnittlichen Kosten verlaufen jenseits von $\overline{Q}$ steigend. Gefragt werden muss, ob ein zweites Unternehmen mit einer identischen durchschnittlichen Kostenfunktion langfristig auf dem Markt bestehen kann. Dazu nimmt man an, dass das Unternehmen s die Menge $\overline{Q}$ auf jeden Fall am Markt notfalls zum Preis $\overline{P}_s$ anbietet. Das Unternehmen t kann somit nur die Nachfrage jenseits von $\overline{Q}$ befriedigen. Grafisch wird dies dadurch gezeigt, dass man die durchschnittliche Kostenfunktion des Unternehmen t bei $\overline{Q}$ beginnen lässt. Da die durchschnittliche Kostenfunktion dieses Unternehmens die Nachfragekurve zu keinem Zeitpunkt schneidet, wird das Unternehmen keinen Gewinn erwirtschaften und folglich nicht auf dem Markt überleben können.[1] Das Unternehmen *s* ist somit ein natürliches Monopol, obwohl im relevanten Bereich keine Skaleneffekte vorliegen.[2]

Grafik 2.2 Ein natürliches Monopol bei nicht fallenden Durchschnittskosten

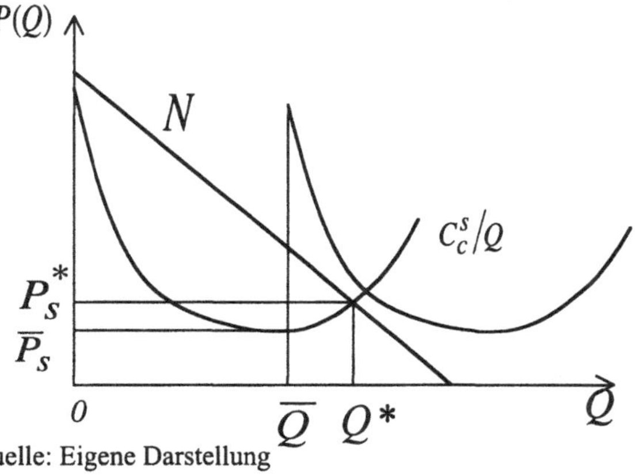

Quelle: Eigene Darstellung

Diese Überlegung führt zum Konzept der Subadditivität der Kosten, ein Konzept, das bereits in der oben gegebenen Definition eines natürlichen Monopols impliziert wurde. Liegt Subadditivität der Kosten vor, so ist eine notwendige und eine hinreichende Bedingung für die Existenz eines natürlichen Monopols gegeben. Subaddidivität der Kosten im Mehrproduktfall bedeutet, dass ein Unternehmen einen Vektor von Güterarten $i=(1,...,s)$ in den Mengen $j=(1,...,n)$, also Q_j^i zu niedrigeren Gesamtkosten herstellen kann, als dies mehrere Unternehmen zugleich tun könnten.[3] Auf den Einproduktfall in Grafik 2.2 bezogen bedeutet diese Definition, dass untersucht werden muss, ob sich die beiden Unternehmen den Markt aufteilen und dann zu niedrigeren Kosten produzieren könnten, als dies ein einzelnes Unternehmen tun kann. Wird die Frage mit „nein" beantwortet, wie in diesem Fall, so liegt ein natürliches Monopol vor.

Hat man ein natürliches Monopol konstatiert, so ist damit noch nicht beantwortet, inwiefern dieses auch nachhaltig ist.[4] Nachhaltigkeit bezieht sich hier auf die Frage, ob das Monopolunternehmen imstande ist, seine Monopolsituation z.B.

1 Wären die Kosten reversibel, so könnte ein Unternehmen versuchen, trotzdem in den Markt einzutreten und das andere Unternehmen zu verdrängen. Dadurch würde eine Konkurrenzsituation entstehen. Dies ändert jedoch nichts daran, dass sich langfristig nur ein Unternehmen auf dem Markt halten kann.

2 Dazu auch WATERSON (1988, 15-19).

3 BRAEUTIGAM (1989, 1294-1296).

4 Zur Theorie der Nachhaltigkeit vgl. auch BAUMOL/ PANZAR/ WILLIG (1982).

durch die Festsetzung von Monopolpreisen und der damit verbundenen Erzielung von Renten auszunutzen. Dies muss nicht unbedingt der Fall sein. So geht aus der Grafik 2.2 nicht hervor, ob nun das Unternehmen *s* oder das Unternehmen *t* den Markt bestreitet. Um andere Unternehmen von einem Markteintritt abzuschrecken, müsste das den Markt bestreitende Unternehmen die Preise gleich seinen Durchschnittskosten setzen, d.h. einen Unternehmensgewinn von Null erzielen, um andere Unternehmen von einem Markteintritt abzuschrecken. Im Mehrproduktfall ist entsprechend der Subadditivitätsbedingung für Nachhaltigkeit die Bedingung des nicht-dominierten Preisvektors erforderlich. Diese Bedingung besagt, dass ein Preisvektor *P* dann nicht dominiert wird, wenn alle Preise des Preisvektors *P* mindestens so niedrig sind wie die Preise eines anderen Preisvektors *P´* und mindestens ein Preis des Preisvektors *P* niedriger ist als ein Preis des Preisvektors *P´*.[1]

Unter Bedingung des kostenlosen Marktein- und Marktaustritts sind die Marktergebnisse trotz natürlicher Monopole ökonomisch effizient, denn das im Markt befindliche Unternehmen muss die Preise entsprechend seiner Durchschnittskosten festsetzen, um andere Unternehmen von einem Markteintritt abzuschrecken.[2] Beachtlich ist, dass dieses Ergebnis nicht durch direkte Konkurrenz *auf* dem Markt zustande kommt, sondern allein schon durch Konkurrenz *um* den Markt.

In der Regel bestehen im Fall von natürlichen Monopolen jedoch hohe Markteintrittsbarrieren, die potenzielle Konkurrenten abschrecken. Bereits oben wurde festgestellt, dass hohe Fixkosten ein Grund für die Existenz natürlicher Monopole sein können. Diese entstehen z.B. durch hohe Investitionen in Gebäude, Maschinen, Ausrüstung, Humankapital etc. Konkurrenten, die in den Markt eintreten wollen, müssen für die Aufnahme der Produktion diese Investitionen ebenfalls tätigen. Da jedoch im Fall des natürlichen Monopols zwei Unternehmen nicht profitabel auf dem Markt bestehen können, wird bei Markteintritt eines zweiten Unternehmens langfristig eines der Unternehmen die Produktion einstellen und seine Anlagen verkaufen müssen. Ein Verkauf ist meistens jedoch nur unter erheblichen Verlusten möglich, bisweilen lohnt er sich gar nicht. Ein großer Teil der Fixkosten ist dann irreversibel bzw. versunken und kann auch im Falle der Produktionseinstellung nicht vermieden werden.[3] Unternehmen, die dies antizipieren, werden nicht in einen Markt eintreten, auf dem bereits ein anderes Unternehmen tätig ist.

1 PANZAR/ WILLIG (1977, 1-22).

2 Effizienter ist die Situation, in der das Unternehmen entsprechend seinen Grenzkosten produziert und die Preise gleich diesen Kosten setzten würde. Der dabei entstehende Verlust müsste dann durch einen Transfer der Konsumenten an das Unternehmen ausgeglichen werden.

3 BRAEUTIGAM (1989, 1303-1305).

In dem folgenden Abschnitt soll anhand des Wassersektors, bei dem es sich um ein natürliches Monopol handelt, der Charakter der Markteintrittsbarrieren eingehender dargestellt werden.

2.1.2 Der Wassersektor als natürliches Monopol

Ein wesentliches Problem im Wassersektor ist der hohe Fixkostenblock. Während z.B. im Gas- und im Elektrizitätssektor das Verhältnis von variablen Kosten zu Gesamtkosten bei 3,2 zu 10 und 5,7 zu 10 liegt, beträgt es im Wassersektor 1 zu 10.[1] Die Fixkosten dominieren die variablen Kosten derart, dass häufig auch in Industrieländern bei den Konsumenten auf eine individuelle Messung des Konsums verzichtet und nur ein Fixbetrag erhoben wurde. Der Grund für die hohen Fixkosten sind die besonders hohen Aufwendungen, die für die Anlage des Versorgungsnetzes zu leisten sind. Diese Kosten sind weit höher als bei anderen Netzbetreibern wie Telekommunikations- oder Elektrizitätsunternehmen. Das Problem der hohen Fixkosten im Wassersektor wird zudem dadurch verschärft, dass diese weitgehend irreversibel sind. Sind die Wasserleitungen verlegt, so lohnt es sich für ein Unternehmen nicht, diese bei Geschäftsaufgabe wieder auszugraben und weiterzuverwerten, da die Bergungskosten höher wären als der Wiederverwertungswert. Aus diesem Grund lohnt es sich für potenzielle Konkurrenten nicht, in den Markt einzutreten und ein alternatives Netz einzurichten.[2]

Neben dem Problem der versunkenen Kosten bestehen im Wassersektor *Economies of scale,* d.h. mit steigender Anzahl versorgter Haushalte fallen für das Unternehmen die durchschnittlichen Kosten. Auch aus diesem Grund können auf dem gesamten Wassermarkt nur wenige Unternehmen bestehen.[3]

In der Vergangenheit sind viele natürliche Monopole auf Grund technischen Fortschritts beseitigt worden. So wurde durch die Entwicklung von Automobilen und Flugzeugen das Monopol der Eisenbahn für den schnellen Transport über Land aufgebrochen.[4] Ein jüngeres Beispiel ist der Telekommunikationssektor, wo durch die Einführung mobiler und drahtloser Datenübertragungstechniken die Monopolstellungen der Netzbetreiber beendet wurde. Im Wassersektor sind jedoch alternative z.B. netzunabhängige Versorgungsmöglichkeiten auf absehbare Zeit nicht vorstellbar, so dass ein weiteres Merkmal des natürlichen Monopols im Wassersektor seine zeitliche Persistenz ist.

---

1 SAVEDOFF/ SPILLER (1999, 5).

2 LITTLECHILD (1986, 5). SPULBER/ SABBAGHI (1994) versuchen in ihrer Monografie alternative Wege aufzuzeigen, wo zwei Wasserversorgungsnetze verlegt werden, die allerdings für Wasser unterschiedlicher Qualität dienen sollen.

3 SAVEDOFF/ SPILLER (1999, 6).

4 Diese Art von Konkurrenz wird von CHAMBERLIN (1962) als monopolistische Konkurrenz bezeichnet, da z.B. in Bezug auf den Schienentransport das Monopol im eigentlichen Sinne nicht aufgehoben wurde.

Im Zuge der Privatisierungspolitik des öffentlichen Sektors in den achtziger und neunziger Jahren wurde versucht, Monopolstrukturen zu beseitigen, indem man Monopolbereiche in einem Unternehmen von wettbewerblich organisierbaren Bereichen getrennt hat. Ziel war es dabei insbesondere, den monopolistischen Bereich „Netz“ von den übrigen Unternehmensaktivitäten zu trennen. So wurde z.B. im englischen Energiesektor der Bereich Energieherstellung von dem Bereich Energietransport getrennt.[1] Im deutschen Telekommunikationssektor mussten die Netzeigentümer ihr Netz für Telekommunikationsanbieter öffnen, die am Markt frei miteinander konkurrieren. Für die Abgabe von Netzkapazitäten können Netzbetreiber nur eine von einem Regulierer fixierte Nutzungsentschädigung verlangen. Auch im Wassersektor ist eine Trennung der Bereiche Trinkwasserproduktion und Abwasserreinigung von den Netzbereichen denkbar, wobei diese Option bislang nicht wahrgenommen wurde. Die wesentliche Ursache hierfür dürfte sein, dass die Vorteile eines solchen Vorgehens auf Grund der hohen Kostenanteile des Netzes an den Gesamtkosten weit geringer zu veranschlagen sind als bei anderen natürlichen Monopolen.

Eine andere Möglichkeit der Aufteilung des Wassersektors könnte in der Trennung von Wasserversorgern und Abwasserentsorgern bestehen, denn im Prinzip handelt es sich bei Trinkwasserversorgung und Abwasserentsorgung um zwei Märkte.[2] Jedoch müssen mögliche Vorteile einer Aufteilung gegen mögliche Nachteile auf Grund eines Verlusts von *Economies of scope* und eines Auftretens externer Effekte durch Abwassereinleitung und Trinkwasserentnahme aufgewogen werden.[3]

2.1.3 Marktversagen auf Grund natürlicher Monopole

Natürliche Monopole führen zu Wohlfahrtsverlusten, wenn der Monopolist seinen Grenzerlös gleich seinen Grenzkosten setzt. Diese negativen Wohlfahrtseffekte bestehen zum einen in einer geringeren Produktion und ungünstigen Allokation von Gütern, zum anderen auf Grund einer Umverteilung von Renten von den Konsumenten zum Unternehmen. Im folgenden werden hierzu drei Konzepte vorgestellt, die in den folgenden Abschnitten von Bedeutung sein werden: die produktive Effizienz, die allokative Effizienz und die wohlfahrtsoptimale Distribution.

Die produktive Effizienz ist ein Maßstab dafür, inwiefern ein Unternehmen seinen Produktvektor zu möglichst niedrigen Kosten herstellt. Volle produktive Effizienz ist dann gegeben, wenn sich das Unternehmen auf dem äußeren Rand seiner Produktionsfunktion befindet. Mit der allokativen Effizienz wird dargestellt, inwiefern ein Unternehmen seine Produkte zu möglichst niedrigen Preisen am Markt anbietet. Im Idealfall werden die Güter am Markt zu ihren Grenz-

1 KLEIN (1996, 5).
2 LITTLECHILD (1986, 5).
3 FOSTER (1996, 8). In Abschnitt 3.4 werden diese Fragen eingehender untersucht

kosten angeboten.[1] Die wohlfahrtsoptimale Distribution ist ein Hilfskonzept. Es besagt, dass ein allwissender Wohlfahrtsmaximierer die von einzelnen Akteuren am Markt erzielbaren Renten in einer Wohlfahrtsfunktion gewichtet und die Güterpreise so korrigiert, dass die gewünschte Verteilung der Renten erfolgt. Wie sich im Zuge der normativen Modelle zur Regulierung in Abschnitt 2.2 zeigen wird, gewichtet der Wohlfahrtsmaximierer in der Regel Konsumentenrenten stärker als Unternehmensrenten. Wie man unschwer erkennen kann, steht dieses Konzept unmittelbar quer zum Konzept der allokativen Effizienz, denn der Allokationsmechanismus des Marktes wird durch künstliche Veränderung der Preise korrigiert. Die Konzepte können anhand der Grafik 2.3 dargestellt werden.

Grafik 2.3 Das Preissetzungsverhalten des Monopolisten

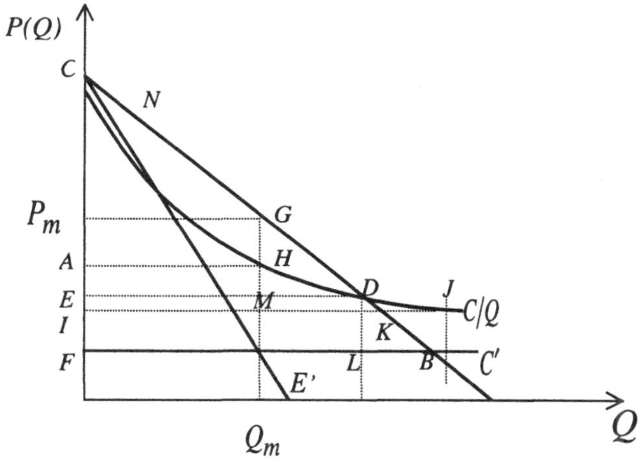

Quelle: Eigene Darstellung

In der Grafik wird ein Monopolist dargestellt, der mit einem Fixkostenblock und konstanten Grenzkosten *C´* produziert, so dass die totalen durchschnittlichen Kosten *C/Q* fallend verlaufen. Der gewinnmaximierende Monopolist wird seine Grenzkosten *C´* gleich dem Grenzerlös *E´* setzten, den Preis P_m realisieren und dabei eine Menge Q_m am Markt absetzen. Er erhält eine Monopolrente von der Größe der Fläche $AHGP_m$. Die Konsumenten erhalten eine Rente von CP_mG. Der Wohlfahrtsverlust gegenüber der Referenzsituation, in der das Unternehmen einen Preis entsprechend seiner Durchschnittskosten realisiert, entspricht der Fläche mit den Eckpunkten *AEDGH*. Da der Monopolist nicht zu niedrigst möglichen Kosten produziert, entsteht ein produktiver Effizienzverlust.[2] Zu

1 Zu den Begriffen der allokativen und produktiven Effizienz vgl. ARMSTRONG/ COWEN/ VICKERS (1994, 13).

2 Genau genommen entsteht der Verlust an produktiver Effizienz dadurch, dass sich die Kostenfunktion des Monopolisten auf Grund unternehmensinterner Ineffizienzen nach oben verlagert.

hohe Preise führen ferner zu einem allokativen Effizienzverlust *GMD*. Ist eine Umverteilung von Renten von den Konsumenten zugunsten des Unternehmens sozial unerwünscht, so entsteht auch noch eine suboptimale Distribution, da sich das Unternehmen im Falle monopolistischen Verhaltens Teile der Konsumentenrente, nämlich $P_m GME$, aneignet.

Wohlfahrtsökonomisch besser ist es somit, wenn der Monopolist gezwungen wird, seinen Preis gleich seinen Durchschnittskosten *C/Q* zu setzten. In diesem Fall wäre die Produzentenrente[1] gleich Null und die Konsumenten würde eine Rente von der Fläche *CED* erhalten. Das Unternehmen produziert also zu niedrigeren Kosten und verkauft seine Produkte zu niedrigeren Preisen, wobei Renten von dem Unternehmen zu den Konsumenten umverteilt werden.

Die Frage liegt nahe, ob die Gesamtrente noch weiter gesteigert werden könnte, wenn der Monopolist seinen Preis gleich den Grenzkosten C' setzen müsste. Die Konsumenten würden eine Rente in Höhe von *CBF* erhalten und das Unternehmen einen Verlust von *IFBJ* erleiden. Dieses Vorgehen ist bei Gleichgewichtung der Renten von Konsumenten und Unternehmen dann vorzuziehen, wenn der marginale Zugewinn an Konsumentenrente höher ist als der marginale Verlust des Unternehmens, d.h. wenn die Fläche *EFBD* größer ist als die Fläche *IFBJ*, bzw. die Fläche *EIKD* größer ist als die Fläche *KBJ*, was in diesem Fall gegeben ist. Der Wohlfahrtsmaximierer sollte also in diesem Fall den Preis gleich den Grenzkosten setzen. Wird zusätzlich die Distributionsnorm eingeführt, mit der die Konsumentenrente höher als die Unternehmensrente gewichtet wird, so kann der Gewinn an marginaler Konsumentenrente sogar geringer ausfallen als der marginale Unternehmensverlust und dennoch die Preissetzung zu Grenzkosten erwünscht sein.

Entsprechend der aus Grafik 2.3 abgeleiteten Annahme, dass unregulierte natürliche Monopole zu Marktversagen führen und deswegen der Kontrolle eines Wohlfahrtsmaximierers bedürfen, war in der Vergangenheit die Reaktion auf dieses Problem, natürliche Monopole zu verstaatlichen und die Bereitstellung der Güter öffentlich zu organisieren. Verluste staatlicher Unternehmen konnten u.a. mit der aus der Grafik abgeleiteten Argumentation einer Wohlfahrtsverbesserung begründet werden. So wurde in England und Wales der Wassersektor im Zuge eines umfassenden Nationalisierungsprogramms in der zweiten Hälfte der vierziger Jahre mit der Begründung von Marktversagen nationalisiert und 1973 sogar noch stärker zentralisiert.[2] In Frankreich und Deutschland ist die Wasserversorgung in Folge dieser Überlegungen bis heute dezentral auf kommunaler Ebene organisiert. Ähnliche Erfahrungen liegen auch für Lateinamerika vor: Der argentinische Wassersektor befand sich seit dem Jahr 1912 in staatlichem

1 Unter Produzentenrente wird hier der Unternehmensgewinn verstanden. Dieser Gewinn ist negativ, wenn das Unternehmen den Grenzkostenpreis setzt, weil dann die fixen Kosten des Unternehmens nicht gedeckt sind.

2 HERRINGTON/ PRICE (1987, 2). VICKERS/ YARROW (1988, 389-391).

Eigentum.[1] In Mexiko blieb der Wassersektor trotz einzelner Privatisierungen bis heute weitgehend im öffentlichen Eigentum.[2] Ähnlich sieht das Bild in Chile aus, wo der Wassersektor trotz der erfolgten Privatisierungen bis heute weitgehend in kommunalem Eigentum ist.[3]

Erst in den letzten Jahrzehnten setzte sich die Erkenntnis durch, dass es trotz der Probleme des Marktversagens sinnvoll sein kann, die Wasserversorgung privat zu organisieren. Die Gründe hierfür liegen in den im folgenden Abschnitt 2.1.4 beschriebenen Problemen einer staatlichen Leistungserstellung.

2.1.4 Staatsversagen als Motiv der Privatisierung natürlicher Monopole

In den achtziger und neunziger Jahren wurden eine Reihe von empirischen Studien zur relativen Effizienz privatisierter und staatlicher Unternehmen durchgeführt. Die vor allem in den achtziger Jahren durchgeführten Untersuchungen förderten dabei ein ambivalentes Ergebnis zutage, was teilweise jedoch an einer nicht genügend ausgearbeiteten Methodik lag.[4] Neuere Studien stellen hingegen eine größere Effizienz privater Unternehmen gegenüber öffentlichen Unternehmen fest.[5]

Auch auf theoretischer Ebene lassen sich Argumente für die relative Ineffizienz staatlich geführter Unternehmen gegenüber privat geführten Monopolunternehmen anführen. Die Argumentation stützt sich dabei auf die Erkenntnisse aus den Prinzipal-Agent Modellen. Der Agent wird in diesem Fall durch den Manager des Unternehmens dargestellt, während der Prinzipal der Eigentümer desselben ist.[6] Sowohl Eigentümer als auch Manager haben ein Interesse, den jeweils für sie resultierenden Ertrag aus dem Unternehmen zu maximieren. Für den Eigentümer kann dies z.B. der Unternehmensgewinn oder der Unternehmensoutput

1 FIEL (1999, 536).
2 OZUNA/ GÓMEZ (1999, 138).
3 MORANDÉ/ DOÑA (1999, 160).
4 So kommen PESCATRICE/ TRAPANI (1980, 83-95) sowie YARROW (1986, 324-377) bei einem Vergleich von Elektrizitäts- und Wasserunternehmen zu der Schlussfolgerung, dass öffentliche Unternehmen effizienter als private Unternehmen waren. Auch LYNK (1993, 112) und HUNT/ LYNK (1995, 386) erhalten das Resultat, dass die Überführung von öffentlichen Wasserunternehmen in den Privatbesitz zu Effizienzverlusten führte. Die Studien von FOREMAN-PECK/ WATERSON (1985, 20-33) sowie BORCHERDLING/ POMMEREHNE/ SCHNEIDER (1982, 127-156) erbrachten hingegen ein entgegengesetztes Resultat.
5 Der Wassersektor speziell wird von RAFFIEE et al. (1993, 18f) untersucht. Deren Untersuchung von 238 öffentlichen und 33 privaten Wasserunternehmen ergibt, dass die privaten Unternehmen effizienter als die öffentlichen sind. MEGGINSON/ NASH/ van RANDENBORGH (1994, 403-452) kommen bei einer Untersuchung von 61 Unternehmen in 18 Ländern zu dem Ergebnis, dass die Privatisierung der öffentlichen Unternehmen zu einer Effizienzverbesserung führte. Dieses Ergebnis entspricht auch dem von BOUBAKRI/ COSSET (1998, 1081-1110) und COOK/ KIRKPATRICK (2000, 292-316). Eine entsprechendes Fazit zieht SHIRLEY (1997, 852).
6 Zu den Grundlagen für derartige Modelle vgl. JENSEN/MECKLING (1976, 305-360).

sein. Der Manager möchte hingegen z.B. eine möglichst hohe Entlohnung oder eine angenehme Arbeitsumgebung erzielen. Normalerweise besteht eine negative Abhängigkeit zwischen den Zielen der beiden Parteien und der Manager kann um so eher seine Interessen zur Geltung bringen, desto geringere Kenntnisse der Eigentümer von der Situation des Unternehmens hat.

In großen privaten Unternehmen wird das Management in der Regel durch die Anteilseigner wie z.B. Aktionäre kontrolliert. Die Kontrolle erfolgt häufig über eine jährlich stattfindende Versammlung, auf der das Management Rechenschaft über seine Tätigkeit ablegen muss. Da die Anteilseigner auf Grund unvollständiger Informationen meistens keinen umfassenden Einblick in die Geschäfte des Unternehmens haben und nur über Programmpakete abgestimmt wird, gelingt es dem Management, Erträge von den Kapitaleignern zu ihren Gunsten umzuverteilen.

Im Falle der öffentlichen Unternehmen verschärft sich dieses Problem allerdings noch. Hier sind es im Prinzip die Steuerzahler und Konsumenten, die als „Eigner" der Unternehmen das Management derselben kontrollieren müssen. Die Kontrolle erfolgt aber nicht direkt, sondern wird an Politiker delegiert, die ebenso wie das Management der öffentlichen Unternehmen eigene Zielsetzungen verfolgen. Dieser indirekte Weg der Kontrolle wird zusätzlich durch die Tatsache problematisch, dass sich Politiker einerseits nur alle paar Jahre zur Wahl stellen müssen, andererseits für umfassende Programmpakete gewählt werden, die sich nicht nur auf das Management der öffentlichen Unternehmen beziehen. Zudem besteht für die Steuerzahler und Konsumenten ein verschärftes Problem unvollständiger Informationen. Einerseits ist deren Zahl in der Regel höher als die Zahl der Anteilseigner in einem privaten Unternehmen, andererseits gibt es keine Großeigner mit einem entsprechend hohen Gewicht bei Abstimmungen. Vielmehr hat jeder Konsument und Steuerzahler bei einer Abstimmung nur eine Stimme. Beide Aspekte führen zu einer starken Fragmentarisierung der Stimmgewichte, so dass die relativen Informationskosten für den einzelnen Steuerzahler oder Konsumenten im Vergleich zu den potenziellen Erträgen zusätzlicher Informationen besonders hoch sind. Die Folge ist, dass Wähler und Konsumenten in Bezug auf die Kontrolle öffentlicher Unternehmen relativ uninformiert sind.[1]

Anteilseigner privater Unternehmen können die Entlohnung des Managements an dem Unternehmenserfolg orientierten. Das Management hat dann einen Anreiz, den Wert des Unternehmens zum Nutzen der Anteilseigner zu steigern, da sie dadurch auch ein höheres Einkommen erwirtschaften können. In staatlichen Unternehmen fehlen diese Anreizmechanismen. Die Gehälter der Manager sind häufig fixiert, was nicht zuletzt an fehlenden Messlatten für den Erfolg dieser Unternehmen liegt.[2]

1 Vgl. ähnlich dazu auch VICKERS/ YARROW (1988, 11-15 und 29-35).
2 OGUS (1994, 272f).

Eine andere Möglichkeit der indirekten Kontrolle von Managern ist die Drohung der feindlichen Übernahme durch konkurrierende Unternehmen. So führt schlechtes Management zu einer Verringerung des Unternehmenswertes. Andere Unternehmen könnten daraus schließen, dass sich der Unternehmenswert durch das Auswechseln des Managements steigern lässt, und den Anteilseigentümer des Unternehmens ein Übernahmeangebot unterbreiten.[1] Bei öffentlichen Unternehmen fehlt dieser Anreiz-Mechanismus vollkommen, da diese Unternehmen zumeist unverkäuflich sind.

Auch Fremdkapitalgeber haben einen Anreiz zur Kontrolle des Managements, wenn sie einen Kredit an das private Unternehmen vergeben haben. So richten sich dessen Kreditkosten nach dem Ausfallrisiko des Kredits, das ceteris paribus bei einer schlechten Unternehmensführung steigt. Bei öffentlichen Unternehmen ist das Ausfallrisiko hingegen auch dann gering, wenn das Unternehmen ineffizient ist, da auf Grund der staatlichen Verlustdeckung eine Zahlungsunfähigkeit des Unternehmens unmöglich ist. Die Folge ist, dass auch Fremdkapitalgeber bei öffentlichen Unternehmen im Gegensatz zu privaten Unternehmen kaum einen Anreiz zur Kontrolle der Unternehmensmanagements haben.[2]

Zusammenfassend kann festgehalten werden, dass auf Grund der Prinzipal-Agent Problematik die Kontrollmechanismen des Managements bei öffentlichen Unternehmen weitaus weniger gut funktionieren als bei privaten Unternehmen.[3] Aus diesem Grund ist es wahrscheinlich, das öffentliche Unternehmen weniger effizient geführt werden als private Unternehmen.

2.1.5 Regulierung und Regulierungsmodelle

Ausgehend von der Erkenntnis der in den Abschnitten 2.1.3 und 2.1.4 geschilderten Problemen des Markt- und Staatsversagens soll die Regulierung privatisierter natürlicher Monopole einen Ausweg aus dem aufscheinenden Dilemma weisen. Zu dieser Idee hat sich eine Reihe von ökonomischen Modellen herausgebildet. Diese können in normative und positive Modelle gruppiert werden. Etwas vereinfacht stehen die normativen Modelle eher der Argumentation um das Marktversagen nahe, während die positiven Modelle eher den Aspekt des Staatsversagens betonen.

---

1 KLEIN (1996, 22). LITTLECHILD (1986, 11f). Wenn die Manager im Rahmen der Übernahme allerdings eine Abfindung angeboten bekommen, hätte dies für das Management geradezu einen perversen Anreiz.

2 OGUS (1994, 273).

3 FOSTER (1996, 3) führt die geschilderten Probleme öffentlicher Wasserunternehmen auf zwei fundamentale Ursachen zurück: Einerseits werde nicht genügend zwischen ausführenden und kontrollierenden Organen getrennt (In der Terminologie von FOSTER: Häufig ist der Wilderer zugleich der Wildhüter). Andererseits entscheide das Management eher nach politischen als nach ökonomisch-technischen Kriterien.

Normative Modelle sehen den Regulierer als Wohlfahrtsmaximierer.[1] Sie untersuchen, wie der Regulierer einen Regulierungsvertrag mit dem regulierten Unternehmen ausgestalten sollte, damit ein wohlfahrtsmaximales Ergebnis erzielt wird. Hervorzuheben ist hier die Schule der *New Economics of Regulation*. Sie unterstellt, dass zwischen Regulierer und Unternehmen asymmetrische Informationen vorliegen und fragt, welches Preissetzungsverhalten dem letzteren daraufhin durch den Regulierer gestattet werden sollte. Dabei ist ein *first-best* Ergebnis nicht möglich sondern die Lösungen haben nur *second-best* Charakter, da der Monopolist keinen Verlust erwirtschaften darf und in der Regel ein Kompromiss zwischen Effizienz und Verteilung gesucht wird. Einen Überblick über die normativen Regulierungsmodelle gibt der Abschnitt 2.2.

Positive Regulierungsmodelle kamen erstmals in den siebziger Jahren auf. Sie haben ihre Wurzeln einerseits in der *Public-choice* Schule, andererseits wurden theoretische Beiträge auch von Seiten der Schule der Neuen Institutionenökonomik geliefert. Untersucht wird der Regulierungsprozess, wobei nach Erklärungen für das Entstehen und die Entwicklung von Regulierung gesucht wird. Die Modelle können deswegen als positiv klassifiziert werden, weil sich mit ihnen vorwiegend der Anspruch verknüpft, reale Prozesse zu beschreiben. Auf Grund der Endogenisierung verschiedener ökonomischer Akteure, wie z.B. Politiker oder Regulierer sind diese Modelle wesentlich breiter als die normativen Modelle angelegt und weisen aus diesem Grund einen geringeren Formalisierungsgrad auf. Die positiven Theorien werden in dem Unterkapitel 2.3 abgehandelt.

2.2 Normative Modelle der Regulierung

In diesem Abschnitt werden verschiedene normative Regulierungsmodelle vorgestellt. In Abschnitt 2.2.1 wird der Vollständigkeit halber ein kurzer Überblick über die traditionellen Theorieansätze gegeben, die von symmetrischen Informationen zwischen Regulierer und Unternehmen ausgehen. Diese Modelle haben für die weitere Untersuchung jedoch keine wesentliche Bedeutung. In Abschnitt 2.2.2 wird die Annahme der vollständigen Informationen aufgegeben und jene Modelle betrachtet, die in der Unvollständigkeit der Informationen des Regulierers bzgl. verschiedener Charakteristika des Unternehmens und seines Marktes das wesentliche Problem sehen. Abschnitt 2.2.3 schließlich befasst sich mit mehrperiodischen Modellen, die gleichzeitig einen gewissen Übergang zu den positiven Regulierungsmodellen darstellen. Die für die weitere Untersuchung relevanten Ergebnisse werden in Abschnitt 2.2.4 zusammengefasst.

1 Deswegen werden diese Theorien auch als *Public-Interest*-Theorien bezeichnet. Vgl. dazu WATERSON (1988, 6) und DICK (1993, 14).

2.2.1 Ein kurzer Überblick über Modelle bei symmetrischen Informationen zwischen Unternehmen und Regulierer

Streng genommen handelt es sich bei den Modellen mit symmetrischen Informationen nicht um Modelle zur Regulierung. Der Grund hierfür liegt in der Tatsache begründet, dass im Fall symmetrischer Informationen ein Regulierungsproblem modellimmanent eigentlich nicht besteht. Regulierung wird vielmehr implizit vorausgesetzt, da ein Monopolunternehmen ohne Regulierung einen Monopolpreis festsetzen würde.

Das den hier behandelten Ansätzen zugrundeliegende Problem kann noch einmal anhand der im vorherigen Abschnitt betrachteten Grafik 2.3 dargestellt werden. Aus Sicht eines allwissenden, wohlfahrtsmaximierenden Regulierers kann es optimal sein, wenn ein Monopolist den Preis seiner Güter gleich seinen Grenzkosten setzt und entsprechend der Höhe seines Verlusts einen fixierten Transfer erhält. Häufig ist eine solche Kompensation jedoch nicht möglich. Insofern sind Preissetzungsverfahren zu suchen, welche die Gesamtwohlfahrt unter der Nebenbedingung der gleichzeitigen Kostendeckung im Unternehmen maximieren.

Aus einer reinen Effizienz-Perspektive könnte ein *first-best* Ergebnis dann verlangen, d.h. Preisdiskriminierung zu betreiben. Dabei würde es schon ausreichen, wenn das Unternehmen solchen Konsumenten, deren Zahlungsbereitschaft mindestens dem Preis zu Durchschnittskosten entspricht, einen entsprechenden Preis abverlangen dürfte und die übrigen Konsumenten den Grenzkostenpreis zahlen würden. Während diejenigen Konsumenten, die einen Preis zu Durchschnittskosten zahlen, neben den anfallenden variablen Kosten die gesamten Fixkosten des Unternehmens tragen, zahlen die übrigen Konsumenten nur die variablen Kosten der zusätzlichen Produktion. In Grafik 2.3 würde das Unternehmen keinen Verlust erwirtschaften und die Konsumenten eine Rente erhalten, die als die Flächen *CED* und *DLB* dargestellt sind. Abgesehen von rechtlichen Problemen einer solchen Preispolitik stellt sich die Frage, ob das Unternehmen überhaupt in der Lage sein wird, die Konsumentengruppen hinreichend zu diskriminieren. Insofern scheint die beschriebene Lösung als realistische Option wenig attraktiv.

In einer dynamischen Perspektive ist bei nicht speicherbaren Gütern *peak-load Pricing* als eine andere Form von Preisdiskriminierung denkbar. Diese Form der Preisdiskriminierung ist dann relevant, wenn die Nachfragefunktion periodenabhängig schwankt. In der Formulierung des Problems durch STEINER wird vereinfacht unter der Annahme einer Leontief'schen Produktionsfunktion folgende Norm herausgestellt: Nimmt man an, dass das Unternehmen mit zwei Gruppen von Perioden konfrontiert ist, einer *off-peak* und einer *peak* Periode, dann sollte das Unternehmen in der *off-peak* Periode nur die variablen Kosten und in der *peak* Periode die gesamten fixen Kosten für beide Periodengruppen zuzüglich der anfallenden variablen Kosten auf die Preise umlegen.[1] Für eine neoklassischen Produktionsfunktion zeigt PANZER allerdings, dass nicht alle fixen Kosten der *peak* Periode angelastet werden sollten.[2]

Für das preisdiskriminierende Mehrproduktunternehmen entwickelten BOITEUX[3] und BAUMOL/ BRADFORD[4] die Ramsey-Preissetzungsregel, wobei sie ein von dem Mathematiker RAMSEY[5] eingeführtes Konzept zur optimalen Besteuerung für die Monopoltheorie anwenden. Dabei geht es um die Frage, wie ein natürliches Mehrprodukt-Monopol seine Produktpreise setzen sollte, wenn es von den Konsumenten einheitliche Preise verlangen muss und keine Verluste erwirtschaften will. Unter der Bedingung, dass keine Einkommenseffekte und Kreuzpreiselastizitäten auftreten gilt[6]:

$$\left(\frac{p_i - \partial C/\partial Q_i}{p_i}\right)\frac{\partial p_i}{\partial Q_i}\frac{Q_i}{p_i} = \left(\frac{p_j - \partial C/\partial Q_j}{p_j}\right)\frac{\partial p_j}{\partial Q_j}\frac{Q_j}{p_j}. \qquad (2.1)$$

Der Term in den Klammern stellt einen *mark-up* dar, um den das Unternehmen die Preise p_i und p_j oberhalb der marginalen Kosten setzen soll. Der Term hinter den Klammern stellt die Preiselastizität der Nachfrage nach dem jeweiligen Gut in Abhängigkeit von seinem Preis dar. Da die Terme für alle Märkte gleich sein sollen, gilt die sogenannte inverse Elastizitätenregel, die besagt, dass bei steigender Preiselastizität für Gut i der *mark up*, den das Unternehmen verlangen soll, sinken sollte. Eine intuitive Erklärung hierfür ist, dass bei sinkender Preiselastizität der Nachfrage nach Produkt i der Wohlfahrtsverlust, der durch eine Festlegung des Preises oberhalb der marginalen Kosten entsteht, ebenfalls sinkt. Allgemein besagt die Ramsey Regel somit: Wähle diejenigen Preise, welche die Gesamtwohlfahrtsverluste auf Grund einer Preisfestsetzung oberhalb der marginalen Kosten minimieren.

Abschließend soll der Fall betrachtet werden, wo das Einprodukt-Unternehmen die marginale Zahlungsbereitschaft der Konsumenten nicht kennt. In diesem Fall sollte das Unternehmen gleichzeitig verschiedene nicht-lineare Tarife anbieten, aus denen sich die Konsumenten entsprechend ihres Profils den für sich optimalen Tarif aussuchen, d.h. die Tarife sollten selbstselektierend sein. Die einfachste Form eines nicht-linearen Tarifs ist der zweiteilige Tarif, der z.B. aus einem fixen und einem variablen Part besteht. Ist dem Unternehmen die Verteilung der Eigenschaften der Konsumenten bekannt, nicht aber das individuelle Eigenschaftsprofil eines Konsumenten, so kann es dennoch die optimale Ausgestaltung der nicht-linearen Tarife bestimmen. Ergebnis ist eine Abwandlung

1 STEINER (1957, 585-610).
2 PANZER (1976, 521-530).
3 BOITEUX (1971, 219-240).
4 BAUMOL/ BRADFORD (1970, 265-283).
5 RAMSEY (1927, 47-61).
6 BRAEUTIGAM (1989, 1322).

der Ramsey-Regel: Je geringer die Elastizität der Nachfrage bei einem gegebenen Bereich des Outputs Y ist, desto höher sollte der nicht lineare Tarif über den marginalen Kosten liegen. Bei der letzten Outputeinheit sollte der Tarif den marginalen Kosten entsprechen.[1]

Dieser letzte Fall markiert gleichzeitig einen Übergang zu den Modellen unter asymmetrischer Information, die in den folgenden Abschnitten betrachtet werden. War das Unternehmen oben mit dem Problem konfrontiert, ein optimales Tarifschema für unterschiedliche ihm unbekannte Typen von Konsumenten zu entwickeln, so muss der Regulierer in den folgenden Abschnitten einen optimalen Regulierungsvertrag für Unternehmen entwickeln, deren Charakteristika ihm unbekannt sind.

2.2.2 Statische Modelle bei asymmetrischen Informationen zwischen Unternehmen und Regulierer

In diesem und dem folgenden Abschnitt wird das Verhältnis zwischen Regulierer und Unternehmen im Rahmen asymmetrischer Informationen beschrieben. Die Grundidee der Modelle ist, dass dem Regulierer bestimmte Merkmale des regulierten Unternehmens, wie dessen Kostenfunktion oder der Arbeitseinsatz des Managements nicht bekannt sind und das Unternehmen dadurch einen Informationsvorteil besitzt. Während ersterer Informationsvorteil auch unter dem Begriff *hidden information* bzw. *adverse selection* analysiert wird, wurde für letzteren Informationsvorteil der Begriff *hidden action* oder *moral hazard* geprägt. Der wohlfahrtsmaximierende Regulierer steht nun vor dem Problem, angesichts seines Informationsnachteils einen Regulierungsvertrag formulieren zu müssen, dessen Kern das dem Unternehmen erlaubte Preissetzungsverfahren ist. Dieser Vertrag besteht, wie die Modelle zeigen, aus einem Menü von selbstselektierenden Verträgen, die einerseits einen fixen Part beinhalten, der sich als outputunabhängiger Transfer oder als Steuer darstellt, andererseits aus einem variablen ouputabhängigen Part bestehen. Es wird gezeigt werden, dass der Regulierer die Verträge unter dem bereits in Abschnitt 2.1.3 beschriebenen dreifachen *trade-off* zwischen allokativer und produktiver Effizienz sowie der Distributionsnorm optimieren muss.

Der Aufbau des Abschnitts ist wie folgt gestaltet: Das sicherlich bekannteste Modell zur Frage der Tarifsetzung, nicht zuletzt weil auch eines der ersten Modelle, ist das sogenannte AVERCH-JOHNSON Modell. Auch wenn es sich von der Herangehensweise, dem verwendeten Analyseinstrumentarium und den Modellergebnissen stark von den nachfolgenden Modellen unterscheidet, so soll es doch auf Grund seiner Bedeutung für die Regulierungsmodelle an dieser Stelle kurz vorgestellt werden. Es folgen die Grundlagen für die einperiodischen, statischen Modelle, die sich in Modelle mit *hidden information* und Modelle mit *hidden action* unterteilen lassen. Abschließend soll noch ein dyna-

1 Vgl. dazu GOLDMAN/ LELAND/SIBLEY (1984, 309-311).

misches Modell vorgestellt werden, das gleichzeitig den Übergang zu den positiven Regulierungsmodellen markiert.

2.2.2.1 Das AVERCH-JOHNSON Modell

In dem Modell von AVERCH/ JOHNSON (1962)[1] hat der Regulierer fast keine Kenntnisse über das von ihm regulierte Unternehmen. Weder kennt er dessen Produktionsfunktion, noch die Nachfragefunktionen der Konsumenten. Er kann jedoch ex post den Unternehmensgewinn π bestimmen. Das Unternehmen produziert ein Gut Q mit den Produktionsfaktoren Arbeit L und Kapital K mittels einer neoklassischen Produktionsfunktion. Der Preis der unbegrenzt zur Verfügung stehenden Inputfaktoren ist fix. Der Regulierer gesteht dem regulierten Unternehmen einen fairen Gewinn zu, der sich als ein Aufschlag auf die Kapitalkosten v multipliziert mit der eingesetzten Menge an Kapital darstellt. Ferner wird angenommen, dass der dem Unternehmen erlaubte Gewinn zwar niedriger als der Gewinn ist, der dem Unternehmen bei unbeschränkter Gewinnmaximierung möglich wäre, aber mindestens den Kosten des Kapitals entspricht.

Mit diesen Prämissen kommen die Autoren zu dem Ergebnis, dass das Unternehmen bei Gewinnregulierung einen Anreiz zur Überkapitalisierung der Produktion hat. Dies ergibt sich aus der einfachen Maximierung der folgenden Formel:

(2.2) $\pi = pQ - wL - rK$ unter der Nebenbedingung $s = r + v \geq \frac{pQ - wL}{K}$.[2]

s stellt die erlaubte Verzinsung des eingesetzten Kapitals dar, die den Stückkosten des Kapitals r zuzüglich des *mark up*-Faktors v entspricht. w steht für die Kosten je Arbeitseinheit L. Schreibt man die für einen bestimmten Output notwendige Menge einzusetzender Arbeit als Funktion des Kapitaleinsatzes $L(Q,K)$ so kann man folgende Lagrangefunktion bilden:

(2.3) $\Lambda = pQ - wL(Q,K) - rK + \lambda((r+v)K - pQ - wL(Q,K) - rK)),$

wobei λ positiv ist. Abgeleitet nach K erhält man[3]:

(2.4) $$\frac{\partial L}{\partial K} = \frac{\lambda}{1+\lambda}\frac{r+v}{w} - \frac{r}{w} > -\frac{r}{w}.$$

Bei einer effizienten Nutzung von Arbeit und Kapital wäre $\partial L / \partial K = -r/w$. Aus Gleichung 2.4 folgt somit, dass im Gleichgewicht der Preis für Kapital niedriger ist, als eigentlich effizient ist und somit zuviel Kapital in der Produktion eingesetzt wird.[4]

1 AVERCH/ JOHNSON (1962, 1053-1069).

2 Die Umformungsschritte für die Nebenbedingungen finden sich in Anhang 1.1.

3 Die Umformungsschritte von (2.3) nach (2.4) ergeben sich entsprechend Anhang 1.1.

4 Dazu auch BARON (1989, 1352-1354).

Ein Problem des Modells ist sicherlich seine statische Struktur. In der Realität verändern sich Preise, Technologien und Input-Niveaus ständig. Zudem wird in der Regel auch bei der Gewinnregulierung ein sogenannter *regulatory lag* bestehen, d.h. der Regulierer reagiert erst verspätet auf Veränderungen der Unternehmenssituation mit Preisanpassungen, so dass eine reine Form der Gewinnregulierung de facto nie besteht.[1] Weiterhin wird auch das Niveau des Informationsstands des Regulierers zu pessimistisch eingeschätzt. Wie noch eingehender in Abschnitt 2.2.3 dargestellt werden wird, beachtet das Modell außerdem das Problem der *sunk costs* auf Grund von Investitionen zu wenig, wodurch der Regulierer einen Anreiz haben könnte, das Unternehmen nach der Durchführung von Investitionen zu enteignen. Ein Unternehmen, das ein solches Verhalten antizipiert, wird dazu tendieren, wenig Investitionen durchzuführen. Angesichts dieser Unzulänglichkeiten ist es nicht verwunderlich, dass das AVERCH/ JOHNSON Modell anhand empirischer Beobachtungen nicht verifiziert werden konnte.

2.2.2.2 Ein Modell mit hidden information

Die Regulierungs-Modelle mit *hidden information* gehen meistens von der Annahme aus, dass Unternehmen auf Grund der verwendeten Technologie unterschiedlich effizient sind. Während das einzelne Unternehmen den Grad der eigenen technologischen Effizienz kennt, hat der Regulierer nur einige allgemeinen Informationen über die Verteilung und Dichte der Ausprägung der technischen Effizienz des Unternehmens.

BARON/ MYERSON (1982)[2] stellen in ihrem Modell den *trade off*, der zwischen der Verteilungsnorm auf der einen und der Effizienznorm auf der anderen Seite besteht, in grundsätzlicher Form dar. So kann ein wohlfahrtsmaximierender Regulierer, der Renten von dem Unternehmen zu Konsumenten hin umverteilen will, dies nur unter Einbußen bei der Effizienz erreichen. Der Regulierer löst dieses Entscheidungsproblem durch die Definition einer Wohlfahrtsfunktion:

(2.5) $W(P) = V(P) + \alpha\pi(P)$,

wobei V die Konsumentenrente in Abhängigkeit vom Preis P, π den Unternehmensgewinn und $0 \leq \alpha \leq 1$ eine Gewichtung darstellt, die der Unternehmensgewinn innerhalb der Wohlfahrtsfunktion des Regulierers hat. Der Regulierer kennt die lineare Kostenfunktion $C = C(Q,\theta)$ mit $\partial C/\partial Q > 0$, $\partial C/\partial\theta > 0$ des Monopolisten nicht, wobei Q die produzierte Menge und θ einen Effizienz- bzw. Kostenparameter darstellt, den der Regulierer in einem Intervall $\theta_0\theta_1$ vorhersagen kann. Dabei stellt θ_0 das effizientest mögliche Unternehmen und θ_1 das ineffizientest mögliche Unternehmen dar. Die zugehörige Dichtefunktion

1 BERG/ TSCHIRHART (1988, 341).

2 BARON/ MYERSON (1982, 911-930). Die Darstellung entspricht einer vereinfachten Version, wie sie in AMSTRONG/ COWAN/ VICKERS (1994, 30-33) wiedergegeben ist.

wird mit $f(\theta)=1/(\theta_1-\theta_0)$, die Verteilungsfunktion mit $F(\theta)=(\theta-\theta_0)/(\theta_1-\theta_0)$ dargestellt, so dass gilt: $f(\theta)=F'(\theta)$ und $F(\theta_1)=1$, $F(\theta_0)=0$. Die Höhe des Outputs kann der Regulierer beobachten. Das Unternehmen kann die Höhe seiner Kosten nicht durch Arbeitseinsatz beeinflussen[1], d.h. die Höhe der Kosten ist auch für das Unternehmen exogen vorgegeben. Es gilt ferner:

$$V'(P)=-Q(P), \tag{2.6}$$

d.h. die erste Ableitung der Konsumentenrente entspricht der Nachfragefunktion $Q(P)$. Der Unternehmensgewinn in Abhängigkeit von der Effizienzeigenschaft θ beträgt:

$$\pi(\theta)=(P(\theta)-\theta)Q(P(\theta))+s(P(\theta)). \tag{2.7}$$

Dabei stellt s einen positiven oder negativen Transfer an das Unternehmen dar. Als Bedingung erster Ordnung für das Gewinnmaximum für ein Unternehmen mit der Eigenschaft θ gilt:

$$\frac{\partial Q(P(\theta))}{\partial P(\theta)}(P(\theta)-\theta)+Q(P(\theta))+\frac{\partial s(P(\theta))}{\partial P(\theta)}=0. \tag{2.8}$$

Wird die Funktion 2.7 nach θ differenziert und setzt man 2.8 in diese Funktion ein, so erhält man[2]:

$$\frac{\partial \pi}{\partial \theta}=-Q(P(\theta)). \tag{2.9}$$

Unter der Annahme, dass $\pi(\theta_1)=0$ gilt, weil Unternehmens-Renten auf Grund der Wohlfahrtsfunktion für den Regulierer sozial unerwünscht sind und das ineffizienteste Unternehmen deshalb gerade noch einen Gewinn von Null erzielen soll, kann man durch partielle Integration aus (2.9) folgende Funktion erhalten:

$$\int_{\theta_0}^{\theta_1}\pi(\theta)f(\theta)d\theta=\pi(\theta_1)F(\theta_1)-\pi(\theta_0)F(\theta_0)-\int_{\theta_0}^{\theta_1}\pi' F(\theta)d\theta \tag{2.10}$$

$$=\int_{\theta_0}^{\theta_1}Q(P(\theta)F(\theta)d\theta.$$

Aus 2.5 kann man unter Einbeziehung der Subvention s schreiben:

$$\int_{\theta_0}^{\theta_1}W=\int_{\theta_0}^{\theta_1}[V(P(\theta))-s(P(\theta))+\alpha\pi(\theta)]f(\theta)d\theta. \tag{2.11}$$

Durch Erweiterung mit π und mit Hilfe von 2.10 erhält man:[3]

1 Die Einbeziehung des Arbeitseinsatzes erfolgt erst im Abschnitt 2.2.2.3.

2 Die entsprechenden Umformungsschritte finden sich in Anhang 1.2.

3 Vgl. dazu auch Anhang 1.2.

$$(2.12)\quad \int_{\theta_0}^{\theta_1} W = \int_{\theta_0}^{\theta_1} \{[V(P(\theta)) + (P(\theta) - \theta)Q(P(\theta))]f(\theta) - (1-\alpha)Q(P(\theta))F(\theta)\}d\theta.$$

Zur Berechnung des Wohlfahrtsmaximums ergibt sich mit Hilfe von (2.6) folgendes[1]:

$$(2.13)\quad \hat{P}(\theta) = \theta + (1-\alpha)\frac{F(\theta)}{f(\theta)} = (2-\alpha)\theta - (1-\alpha)\theta_0.$$

Je nachdem wie der Regulierer den Wert von α gewichtet, verändert sich der vom Unternehmen gewählte Preis *P*. Um zwei Extrembeispiele zu wählen: Spielt der Unternehmensgewinn bei der Entscheidung des Regulierers keine Rolle, d.h. ist $\alpha = 0$, so gilt $\hat{P} = 2\theta - \theta_0$. Es entsteht ein Wohlfahrtsverlust, weil außer in dem Fall, wo $\overline{\theta} = \theta_0$ ist, der Preis nicht gleich den Grenzkosten gesetzt wird, sondern das Unternehmen einen Preis festsetzen kann, der um $\overline{\theta} - \theta_0$ oberhalb seiner Grenzkosten liegt. D.h. je ineffizienter das Unternehmen ist, desto mehr weicht der Preis von den Grenzkosten ab. Über die Höhe der Subvention kann man an dieser Stelle nur eine Tendenzaussage machen. Je näher θ bei θ_0 liegt, um so eher wird das Unternehmen eine Subvention bekommen, je näher θ jedoch bei θ_1 liegt, um so eher wird es eine Abgabe zahlen müssen.

Wird hingegen der Unternehmensgewinn mit vollem Gewicht in die Wohlfahrtsfunktion aufgenommen, d.h. ist $\alpha = 1$, dann setzt das Unternehmen den Preis gleich den Grenzkosten $\hat{P} = \theta$.[2]

Entsprechend der Darstellung in Abschnitt 2.2.1 können die Subvention/Steuer und die erlaubten Preise als ein Bündel nicht linearer Tarife gedeutet werden, die der Regulierer dem Unternehmen anbietet und aus denen das Unternehmen über einen Selbst-Selektions-Mechanismus den für sich am besten passenden

1 Vgl. dazu auch Anhang 1.2.

2 Dies entspräche einer Lösung, die bereits von LOEB/ MAGAT entwickelt wurde. LOEB/ MAGAT gehen davon aus, dass der Regulierer die von Output und Arbeitseinsatz des Managements abhängige Kostenfunktion des Unternehmens nicht kennt. Jedoch kann der Regulierer sowohl den Marktpreis als auch die Nachfragefunktion der Konsumenten beobachten. Als Lösung wird vorgeschlagen, dass das Unternehmen den Preis frei festsetzen darf. Zusätzlich erhält das Unternehmen als einen Transfer die gesamte Konsumentenrente. Die Folge ist, dass das Unternehmen den Preis entsprechend den Grenzkosten setzt und die effiziente Menge des Arbeitseinsatzes wählt. LOEB/ MAGAT (1979, 399-404). Jedoch würde das Unternehmen im oben betrachteten Fall im Gegensatz zum Ansatz von LOEB/ MAGAT nicht die gesamte Konsumentenrente erhalten, weil sich das Unternehmen auf Grund des Wissens des Regulierers über das Intervall möglicher Kostenfunktionen bestenfalls als θ_1-Unternehmen ausgeben könnte und der Regulierer den Preis derart festsetzt, dass ein solches Unternehmen gerade einen Gewinn von Null erzielt. Insofern verbleibt den Konsumenten eine Konsumentenrente. Das Unternehmen erhält eine Subvention, die dem Bereich zwischen der als linear angenommenen Kostenfunktion θ_1 und dem Preis *P* entspricht.

Tarif auswählt. Diese Zusammenhänge können mittels Grafik 2.4 verdeutlicht werden:

Grafik 2.4 Selbst-Selektionsmechanismus im Modell von BARON/ MYERSON

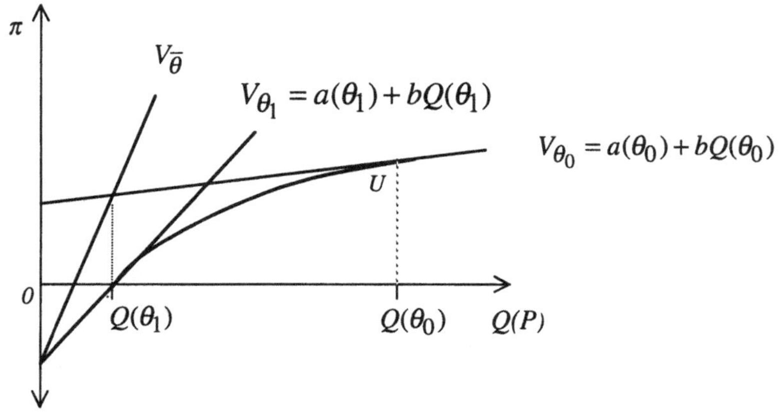

Quelle: Eigene Darstellung

Markiert man den Unternehmensgewinn π auf der Ordinate und den vom Preis P abhängigen Output Q auf der Abzisse, so kann man in der Grafik 2.4 die verschiedenen nicht-linearen anreizkompatiblen Regulierungsverträge V_θ eintragen. Diese Regulierungsverträge sind als Geraden dargestellt. Sie beinhalten einerseits eine Subvention bzw. einen Transfer des Unternehmens, was durch den Term a_θ bezeichnet wird, andererseits korrespondiert mit jedem Vertrag ein bestimmter Preis P, der sich in der Steigung der Geraden ausdrückt. Dazu vergegenwärtige man sich aus der Gleichung 2.13, dass Unternehmen mit niedriger Effizienz (d.h. hohem θ) zwar hohe Preise am Markt verlangen dürfen, dafür aber auch einen fixen Betrag an den Regulierer abführen müssen. Innerhalb der jeweiligen Regulierungsverträge (der Geraden) ist für die Unternehmen nur ein Punkt auf der Geraden erreichbar, da mit jedem Preis nur eine spezifische Höhe der Nachfrage korrespondiert. Damit wird auch der jeweils bei einem Regulierungsvertrag erreichbare Gewinn festgelegt. Die für die Unternehmen erreichbaren Punkte werden als Tangenten der Geraden mit der Umhüllenden U dargestellt. Die Regulierungsverträge werden dabei so ausgestaltet, dass ein Unternehmen mit θ_1 bei gegebener Nachfrage $Q(\theta_1)$ gerade einen Gewinn von Null erzielt. Diese Unternehmen müssen eine Subvention zahlen (negatives a_θ), bekommen dafür aber am Markt einen hohen Preis zugestanden (niedriges Q). Umgekehrt bekommen Unternehmen mit hoher Effizienz (d.h. niedrigem θ) am Markt nur einen niedrigen Preis zugestanden (hohes Q), erhalten dafür aber zusätzlich vom Regulierer eine Subvention (positives a_θ) und erzielen einen Gewinn.

Wie man aus der Grafik ersehen kann, muss der Regulierer dem Unternehmen im Tausch für einen höheren Output bzw. größere allokative und produktive Effizienz eine Rente zugestehen, d.h. ein Zugeständnis bei der Distribution machen, damit das Unternehmen bereit ist, seine wahren Kosten zu offenbaren. Würde der Regulierer dem Unternehmen diese Rente nicht zuerkennen, so wäre es z.B. für ein effizientes θ_0-Unternehmen lohnend, sich als ein ineffizientes θ_1-Unternehmen auszugeben. Das Unternehmen würde einen Transfer an den Regulierer entrichten müssen, könnte aber einen Preis entsprechend dem ineffizienten Unternehmen realisieren. Da es bei gleichem Output wie das ineffiziente Unternehmen niedrigere Kosten realisiert, kann es einen Gewinn erzielen. Dies wird in der Grafik 2.4 durch die Gerade $V_{\bar{\theta}}$ dargestellt. Da das effiziente Unternehmen jedoch im Tausch gegen einen niedrigen Preis eine Subvention bekommt, lohnt es sich für das Unternehmen, seine wahren Kosten zu offenbaren, da es dadurch einen noch höheren Gewinn erzielen kann.[1]

2.2.2.3 Ein Modell mit hidden action

Im Fall der Modelle mit *hidden action* sind dem Regulierer nicht nur die wahren Kosten des Unternehmens unbekannt, sondern auch der Arbeitseinsatz des Managements. Ein Basismodell für diesen Sachverhalt wurde von LAFFONT/ TIROLE (1986)[2] entwickelt. In diesem Modell arbeitet ein Unternehmen mit der Grenzkostenfunktion $c = \theta - e$. Während der Regulierer c ex post beobachten kann, sind ihm die Höhe des Effizienzparameters θ und das Niveau der Arbeitsanstrengung e des risikoneutralen Managements unbekannt. Nimmt man an, dass der Arbeitseinsatz dem Management Arbeitsleid in Höhe $\psi(e)$ erzeugt, so können die Arbeitsleidkosten des Managements auch als $\psi(\theta - c(\theta))$ geschrieben werden. Das Unternehmen produziert ein Gut, dessen Produktionshöhe das Unternehmen selbst festlegen kann. Seine Kosten c erhält das Unternehmen vom Regulierer vergütet. Zusätzlich erhält der Unternehmer als Kompensation seines Arbeitseinsatzes einen Transfer S, so dass der Unternehmernutzen als $\pi(\theta)=S-\psi(\theta-c(\theta))$ geschrieben werden kann. Der Transfer S und die Kompensation der Kosten c an das Unternehmen erzeugt bei den Konsumenten einen Negativnutzen $-(1+\lambda)(S+c)$. D.h. eine aus Steuern aufzubringende Kompensationseinheit verursacht bei den Konsumenten einen Wohlfahrtsverlust größer als eins. Wie man unschwer erkennen kann, spielt in diesem Modell λ die Rolle von α in

1 Ausgehend von dem BARON/ MYERSON-Modell wurde eine Vielzahl von Modellerweiterungen und Modellveränderungen diskutiert. BARON/ BESANKO (1984, 447-470) stellen ein Modell mit *hidden information* unter Risiko vor. LEWIS/ SAPPINGTON (1988, 986-998) untersuchen den Fall, in welchem der Regulierer zwar die Kostenfunktion des Unternehmens kennt, nicht aber die Nachfragefunktion. SAPPINGTON (1983, 453-463) schließlich analysiert den Fall eines Mehrproduktunternehmens, in welchem der Regulierer zwar die Kosten beobachten, jedoch die variablen und fixen Kosten nicht eindeutig zuordnen kann.

2 LAFFONT/ TIROLE (1986, 614-641). LAFFONT/ TIROLE (1993, 137-139). ARMSTRONG/ COWAN/ VICKERS (1994, 33-36).

dem Modell von BARON/ MYERSON. Der wohlfahrtsmaximierende Regulierer hat die folgende Wohlfahrtsfunktion:

(2.14) $$W = V(Q) - (1+\lambda)(S+c) + \pi = V(Q) - (1+\lambda)(S+\theta-e) + \pi$$

$$= V(Q) - (1+\lambda)(\pi + \psi(e) + \theta - e) + \pi = V(Q) - (1+\lambda)(\theta - e + \psi(e)) - \lambda\pi.$$

Im weiteren Verlauf kann man analog der Beschreibung des Modells von BARON/ MYERSON vorgehen. Der Unternehmernutzen für das Unternehmen von Typ θ beträgt:

(2.15) $$\pi(\theta)=S(c(\theta))-\psi(\theta-c(\theta)).$$

Das Unternehmen von Typ θ maximiert seinen Gewinn unter Wahl von *c*, so dass gilt:

(2.16) $$\frac{\partial S(c(\theta))}{\partial c(\theta)} + \frac{\partial\psi(\theta - c\theta))}{\partial c(\theta)} = 0.$$

Leitet man die Funktion 2.15 nach θ ab und setzt 2.16 ein, so erhält man:

(2.17) $$\frac{\partial\pi}{\partial\theta} = -\frac{\partial\psi(\theta - c(\theta))}{\partial\theta};$$

d.h. das Unternehmen ist im Optimum, wenn das Grenz-Arbeitsleid dem Grenzgewinn des Unternehmens entspricht. Partielle Integration von (2.17) ergibt unter der Bedingung, dass $\pi(\theta_1) = 0$ (da Unternehmensgewinne für den Regulierer sozial kostspielig sind) und $f(\theta) = F'(\theta)$:

(2.18) $$\int_{\theta_0}^{\theta_1} \pi(\theta) f(\theta) d\theta = \int_{\theta_0}^{\theta_1} \psi'(\theta - c(\theta)) F(\theta) d\theta.$$

Indem man 2.18 in die integrierte Wohlfahrtsfunktion des Regulierers einsetzt, erhält man folgende Funktion:

(2.19) $$\int_{\theta_0}^{\theta_1} W = \int_{\theta_0}^{\theta_1} \{[V(Q) - (1+\lambda)((\theta - e(\theta)) + \psi(e(\theta))] f(\theta) - \lambda(\psi'(e(\theta))F(\theta)\} d\theta.$$

Daraus ergibt sich für die Optimierung durch Ableitung nach *e* in Kurzschreibweise[1]:

(2.20) $$\psi'(e(\theta)) = 1 - \frac{\lambda}{1+\lambda}(\theta - \theta_0)\psi''(e(\theta)).$$

Aus der Funktion (2.20) lässt sich folgendes ablesen: Wäre die Kompensation des Unternehmens aufkommensneutral zu finanzieren, d.h. wäre $\lambda=0$, so würde sich die Formel (2.20) auf $\psi'(e(\theta))=1$ reduzieren. Die Höhe des Arbeitseinsatzes des Unternehmens wäre effizient.

1 Vgl. zu den Umformungsschritten Anhang 1.3.

Der zweite Teil der Funktion (2.20) ist somit ein Ausdruck dafür, dass dem Unternehmer aufgrund der Kosten der öffentlichen Mittelbereitstellung Renten zugestanden werden müssen. Dies drückt sich in einem niedrigeren Grenzarbeitsleid des Unternehmers aus, als eigentlich effizient ist, da $\psi'(e(\theta))<1$.

Wie man aus dem Modell ersehen kann, wird entsprechend dem Modell von BARON/ MYERSON im Optimum nicht die volle Effizienz erreicht. Je größer λ ist, desto eher weicht der Regulierer von einem effizienten Anreizschema ab, um kostspielige Renten zu vermeiden bzw. die Distribution zu verbessern.[1]

Mittels des Modells lässt sich ferner zeigen, dass der Regulierer den Unternehmen eine Reihe von linearen Verträgen anbietet, aus denen sich diese entsprechend ihrer Eigenschaft θ den jeweils günstigsten Vertrag auswählen. Zu diesem Zweck wird zunächst gezeigt, dass $S(c)$ eine konvexe Funktion ist. So ergibt sich für das gewinnmaximierende Unternehmen entsprechend der Formel (2.16) im Optimum $\hat{S}'(c) = -\psi'(\hat{e}(\theta))$. Da $\psi'(e)$ positiv ist, ist der linke Term negativ d.h. die Funktion hat einen fallenden Verlauf. In der zweiten Ableitung ist $\hat{S}''(c(\theta)) = -\psi''(\hat{e}(\theta))\hat{e}'(\theta)/\hat{c}'(\theta)$. Da $\psi''(e)$ wegen der Annahme zunehmenden Grenzarbeitsleids positiv, $e'(\theta)$ negativ und $c'(\theta)$ positiv ist, wird der gesamte linke Term und somit die zweite Ableitung positiv. Dies bedeutet, dass die Funktion $S(c)$ zunehmend flacher verläuft.

In der Grafik 2.5 auf der folgenden Seite wird diese Funktion abgebildet. Für unterschiedliche θ kann man die Funktion $S(c)$ auch als eine Menge von Tangentialpunkten ausdrücken, so dass diese die Umhüllende der Tangenten darstellt. Diese Tangenten sind linear in c und können als lineare Verträge gedeutet werden, die der Regulierer dem regulierten Unternehmen in Abhängigkeit der Kosten anbietet.

Die linearen Verträge bestehen aus einem fixen und einem variablen Part und haben die Form $S = a(b(\theta)) - b(\theta)c$, wobei $a'(b) > 0$ und $0 \leq b \leq 1$. Dabei wählt das Unternehmen im Vorfeld der Regulierung a in Abhängigkeit von b aus, indem es dem Regulierer eine Vorhersage über seine Kosten c macht. Der endgültige Transfer S bestimmt sich dann nach Bekanntwerden der realisierten Kosten c. Dieses Anreizschema führt dazu, dass das effizienteste Unternehmen mit $\theta = \theta_0$ tendenziell einen Fixpreis-Vertrag (Preisregulierungs-Vertrag) mit einem hohen b wählen wird, d.h. das Unternehmen sichert sich ex ante einen hohen Transfer a. Auf Grund der relativ niedrigen Kosten c wird das Unternehmen nur geringe ex post Abzüge bekommen. Umgekehrt wird das ineffizienteste Unternehmen mit $\theta = \theta_1$ einen Gewinnregulierungs-Vertrag mit niedrigem b wählen. D.h. das Unternehmen wählt einen Vertrag, nach dem es ex ante seine Kosten voll erstattet bekommt.

---

1 Dies verdeutlicht noch einmal, dass λ die Rolle von α im Modell von BARON/ MYERSON spielt, d.h. man weicht bei steigendem λ von der Effizienz ab, um die Distribution zu verbessern.

Grafik 2.5 Selbst-Selektionsmechanismus im Modell von LAFFONT/ TIROLE

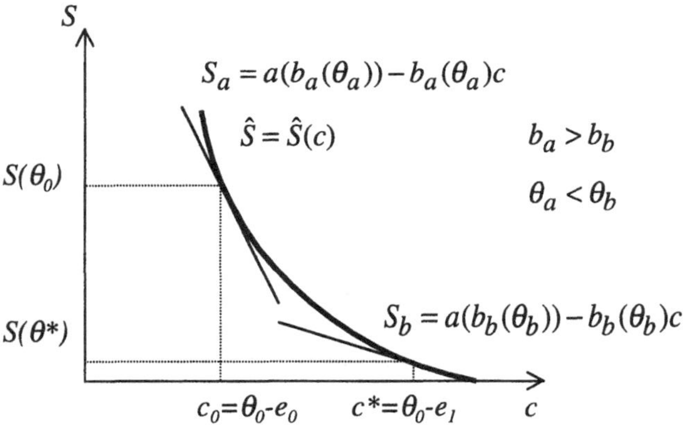

Quelle: Eigene Darstellung

Um die Funktionsweise dieser Grafik zu erläutern, sei ein Unternehmen mit c_0 betrachtet, das effizient produziert. Für dieses Unternehmen ist mittels des Regulierungsvertrags S_a ein Ertrag $S(\theta_0)$ erreichbar. Das Unternehmen wählt den Tangentialpunkt mit der Umhüllenden $\hat{S}$, da bei einer Steigerung des Arbeitseinsatzes, d.h. einer Bewegung auf der Geraden nach links, das Grenzarbeitsleid höher ist als der marginale Zugewinn an Subvention. Umgekehrt ist bei einer Bewegung auf der Geraden nach rechts aufgrund einer Senkung des Arbeitseinsatzes der marginale Verlust an Subvention größer als die marginale Verringerung des Arbeitsleides. Für die Anreizkompatibilität des Regulierungsvertrages ist es erforderlich, dass es für das Unternehmen nicht sinnvoll ist, sich z.B. als ein ineffizienteres c^*-Unternehmen auszugeben, indem das Management einen geringeren Arbeitseinsatz e_1 leistet, als dies eigentlich effizient wäre. Würde es dies tun, würde ihm ein Regulierungsvertrag S_b angeboten und es könnte somit nur noch eine Subvention in Höhe von $S(\theta^*)$ erhalten. Da dieses Unternehmen auf der anderen Seite Effizienz gegen geringeres Arbeitsleid tauscht, würde es noch einen Zusatznutzen $\psi(e_1) - \psi(e_0)$ erwirtschaften. Somit ist für die Anreizkompatibilität des Regulierungsvertrages erforderlich, dass $S(\theta_0) - \psi(e_0) > S(\theta^*) - \psi(e_1)$. Der Nettoertrag des Unternehmens aus der Subvention minus dem Arbeitsleid bei effizientem Arbeitseinsatz muss größer sein, als der Nettoertrag des Unternehmens, der sich bei einer geringeren Subvention und vermindertem Arbeitseinsatz respektive Arbeitsleid ergibt.[1]

1 Das Modell von LAFFONT/ TIROLE hat eine ganze Modellfamilie begründet. So analysieren BARON/ BESANKA (1987, 509-532) den Fall, dass das Management des Unternehmens risikoavers ist. LAFFONT/ TIROLE (1990) und LAFFONT/ TIROLE (1993, 169-181) analysieren den Fall eines Mehrproduktunternehmens. mit *hidden action*.

2.2.3 Dynamische Modelle

Ein einfaches Regulierungsmodell mit einer dynamischer Perspektive wurde von FEINSINGER/ VOGELSANG (1979) entwickelt.[1] In diesem Modell kennt der Regulierer die Kostenfunktion des Unternehmens nicht, sondern nur die Gesamtkosten, die Preise und die produzierten Gütermengen. Das Unternehmen ist an kurzfristiger Gewinnmaximierung interessiert. Es stellt mehrere Güter her und produziert unter der Bedingung fallender Durchschnittskosten. Zu Beginn der Regulierung in der Periode t arbeitet das Unternehmen noch als Monopolist und erwirtschaftet einen positiven Gewinn. Der Regulierer setzt nun für die Periode $t+1$ die folgende Restriktion:

(2.21) $$R_t = \{p | Q_t p - C(Q_t) \leq 0\}.,$$

wobei p der Preisvektor und Q der dazugehörige Mengenvektor ist. Dann gilt für die Folgeperiode $t+1$, dass das Unternehmen seine Preise höchstens so setzen darf, dass der Unternehmensgewinn der Vorperiode t bei entsprechender Preissetzung Null ergeben hätte. In ihrem Modell zeigen FEINSINGER/ VOGELSANG, dass unter dieser Regulierungsbedingung der Unternehmensgewinn langfristig gleich Null ist und das Unternehmen seine Preise als Ramsey-Preise setzt, weil der Regulierer in die Preissetzung selbst nicht eingreift und der Unternehmensgewinn nicht negativ wird.

Kritisch an dem Modell ist anzumerken, dass dessen Annahmen recht streng sind. So könnte das Unternehmen unter anderen Grundannahmen strategisch agieren, um die Restriktion der Regulierers zu manipulieren. Die Vernachlässigung einer solchen Option ist insbesondere bei dynamischen Modellen problematisch. Zudem ist die Annahme einer gegebenen Technologie und fehlender exogener Schocks zu restriktiv.

Das Modell von SALANT/ WOROCH (1992) bezieht sich auf das Problem der *sunk costs* im Mehrperiodenfall.[2] Wie bereits dargestellt wurde, entstehen *sunk costs* dann, wenn sich nicht reversible Investitionen über mehrere Folgeperioden amortisieren müssen. Für den Regulierer entsteht daraus ein Problem der Selbstbindung. So könnte er vor der Durchführung von Investitionen durch das Unternehmen diesem versprechen, eine Preispolitik zu genehmigen, durch welche die Investitionskosten gedeckt werden. Hat das Unternehmen die Investitionen einmal durchgeführt, könnte der Regulierer sein Versprechen jedoch brechen und die Preise so festlegen, dass es sich für das Unternehmen gerade nicht lohnt, den Markt zu verlassen. Ein Unternehmen, dass diese Möglichkeit antizipiert, wird die Investitionen nicht durchführen. Interessant mag an diesem Szenario sein, dass es in seinen Ergebnissen den Erkenntnissen aus dem AVERCH/ JOHNSON-Modell diametral entgegen steht: Nicht ein Zuviel an Investitionen wäre

1 VOGELSANG/ FINSINGER (1979, 157-171).

2 Eine vereinfachte Version des Modells wird von ARMSTRONG dargestellt. ARMSTRONG et al. (1994, 86-90).

hier das Problem sondern ein Zuwenig. Insofern hat der Regulierer einen Anreiz, sich selbst zu binden. Diese Selbstbindung könnte z.B. auf rechtlichem oder politischen Wege erfolgen. Interessant ist aber insbesondere der Fall, wo sich der Regulierer ohne eine dritte Partei selbst binden kann.

In dem hier betrachteten Modell von SALANT/ WOROCH interagieren Regulierer und Unternehmen über einen unendlichen Zeithorizont, wobei das Unternehmen die Höhe der von ihm durchzuführenden Investitionen und der Regulierer den erlaubten Preis festsetzt. Beide Akteure können erst nach Ablauf einer Periode auf unkooperatives Verhalten des jeweils anderen Spielers reagieren. Dabei besteht das Drohpotenzial des Unternehmens darin, nicht weiter zu investieren, während der Regulierer dem Unternehmen androht, die Preise gemäß den marginalen Kosten festzusetzen, so dass eine weitere Amortisation der getätigten Investitionen nicht mehr erfolgen kann. Für die Investitionen des Unternehmens kann man entweder annehmen, dass mit der Zeit Ersatzinvestitionen fällig werden, oder – im Falle von Investitionen, die nicht entwerten – dass das Unternehmen seine Investitionen sukzessive vornimmt, d.h. nicht sofort die volle Kapazität erreicht. Beide Szenarien bringen in dem Modell die gleichen Ergebnisse.

Ein Unternehmen führt über einen unendlichen Zeitraum sukzessive Investitionen bis zu einer Kapazitätsgrenze $Q_{kap}=1$ durch. Dem Unternehmen entstehen durch die Investitionen nur fixe Kosten, jährliche Abschreibungen entfallen.[1] Im Anschluss an die Durchführung einer Investitionen entscheidet der Regulierer über den Preis, den das Unternehmen am Markt realisieren darf. Die bestehende Kapazität Q zum Zeitpunkt t bestimmt sich nach folgender Formel:

(2.22) $Q_t = 1 - \varepsilon^t \text{mit } 0 < \varepsilon < 1.$

Aus dieser Formel geht hervor, dass das Unternehmen seine Investition sukzessive in degressiver Form durchführt, wobei die Kapazitätsgrenze bei 1 liegt. Die Stückkosten einer Investition in t, $Q_t - Q_{t-1}$, betragen c. Die Konsumentenrente aus einer Investition in t wird mit der Formel $\sum_{t=1}^{\infty} \delta^{t-1} = 1/(1-\delta)$ mit $0 < \delta < 1$ gewichtet. δ ist hierbei ein Ausdruck für die Abdiskontierung aller in der Zukunft aus der Investition fließenden Konsumentenrenten. Für die Vorteilhaftigkeit einer Investition muss somit $c < 1/(1-\delta)$ gelten. Der Preis P_t je Einheit Kapazität in t bestimmt sich entsprechend der in t entstanden Kosten für die Erweiterungsinvestitionen, so dass unter Einbeziehung von (2.22) gilt:[2]

(2.23) $$P_t = \frac{c(Q_t - Q_{t-1})}{Q_t} = \frac{c(1-\varepsilon)\varepsilon^{t-1}}{1-\varepsilon^t}.$$

1 Mit Abschreibung würde sich das Modell nicht wesentlich ändern.

2 Zu den Umformungen vgl. Anhang 1.4.

D.h. der Regulierer setzt die Preise P in t so, dass gerade die zusätzlichen Kosten der Erweiterungsinvestitionen gedeckt werden und das Unternehmen einen Anreiz hat, diese Investitionen durchzuführen.

Es wird nun gefragt, inwiefern das beschriebene Arrangement zu kooperativem Verhalten des Regulierers Anlass gibt. Dazu muss man die kooperative Strategie mit einer Strategie vergleichen, bei der der Regulierer defektiert. Wenn Defektion in dem Arrangement auftritt, dann in der ersten Periode, d.h. das Unternehmen führt die erste Investition $Q_1 = 1-\varepsilon$ durch und der Regulierer setzt $P_1=0$. Der Ertrag aus der Defektion ergibt sich gemäß der folgenden Formel[1]:

(2.24) $$(1-\varepsilon^1)\sum_{t=1}^{\infty}\delta^{t-1} = \frac{1-\varepsilon}{1-\delta}.$$

Diese Strategie wird mit einer kooperativen Strategie verglichen, die mit der folgenden Formel beschrieben wird.[2]

(2.25) $$\sum_{t=1}^{\infty}\delta^{t-1}(Q_t - P_t Q_t) = \frac{1}{1-\delta} - \frac{1}{1-\delta\varepsilon}(\varepsilon + c(1-\varepsilon)).$$

Vergleicht man die beiden Strategien in 2.24 und 2.25 so gilt, dass die kooperative Strategie dem Regulierer einen höheren Ertrag als die unkooperative Strategie bringen muss, d.h.:

(2.26) $$\frac{1-\varepsilon}{1-\delta} \leq \frac{1}{1-\delta} - \frac{\varepsilon + c(1-\varepsilon)}{1-\delta\varepsilon}.$$

Durch Umformung[3] erhält man:

(2.27) $$\varepsilon \geq \frac{c(1-\delta)}{\delta}.$$

Wie aus 2.27 zu ersehen ist, sinkt die rechte Seite des Terms bei steigendem δ. Damit kann auch der Wert ε bei steigendem δ geringer sein. Dies bedeutet, dass das Unternehmen bei abnehmender Abdiskontierung zukünftiger Erträge aus den Investitionen durch die Konsumenten seine Kapazitäten schneller ausdehnen kann, ohne Gefahr zu laufen, von dem Regulierer enteignet zu werden, wenn die Konsumenten den Wert einer marginalen Investition höher einschätzen.

2.2.4 Folgerungen aus den Modellen

In den vorherigen Abschnitten wurden verschiedene Typen von Modellen zur normativen Theorie der Regulierung dargestellt. Modelle mit symmetrischen Informationen zwischen Regulierer und Unternehmen befassen sich mit der Frage, welchen Tarif das regulierte Unternehmen unter der Nebenbedingung,

---

1 Man beachte, dass wegen (2.22) gilt: $1-\varepsilon^1 = Q_1$.

2 Zu den Umformungsschritten vgl. Anhang 1.4.

3 Vgl. dazu Anhang 1.4.

dass ein Unternehmensverlust nicht auftreten darf, von den Konsumenten verlangen soll. Wesentliches Ergebnis der Analyse war, dass das Mehrproduktunternehmen im Falle eines Diskriminierungsverbots der Konsumenten Ramsey-Preise wählen sollte. Ein Einproduktunternehmen, das die individuellen Eigenschaften der Konsumenten nicht kennt, sollte diesen ein Bündel nicht-linearer, selbstselektierender Tarife anbieten.

Die realisierte Tarifpolitik im argentinischen Wassersektor wird im Abschnitt 3.3 eingehender untersucht werden. Dabei wird sich zeigen, dass die de facto realisierten Tarife zwar nicht-linear sind, jedoch den Kriterien eines anreizkompatiblen Tarifs weitgehend nicht entsprechen.

Im Rahmen der Modelle mit asymmetrischen Informationen zwischen Unternehmen und Regulierer wurde zunächst zwischen statischen Modellen mit *hidden informationen* und *hidden action* unterschieden. Ausgangssituation dieser Modelle ist die Annahme, dass das regulierte Unternehmen auf Grund eines Informationsvorsprungs bzgl. seiner Technologie, der Charakteristika des Marktes oder des Arbeitseinsatzes des Managements Erträge zu eigenen Gunsten umverteilen kann. Angesichts dieses Informationsvorsprungs muss der Regulierer dem Unternehmen Verträge anbieten, die unter der gebenen Situation den Wohlfahrtsverlust minimieren. Dafür tauscht der Regulierer allokative und produktive Effizienz im Unternehmen gegen eine günstigere Distribution ein. Der optimale Tausch erfolgt in Abhängigkeit von der dem Regulierer unbekannten Information, wobei der Regulierer dem Unternehmen ein Bündel von Regulierungsverträgen anbietet, aus dem sich das Unternehmen den für seine Situation besten Vertrag auswählt. Der von dem Unternehmen ausgewählte selbstselektierende Vertrag ist gleichzeitig der unter den gegebenen Umständen günstigste Vertrag für den Regulierer. Wesentlicher Vertragsbestandteil ist das Regulierungsverfahren, das sich zwischen den folgenden Extremen bewegt: Auf der eine Seite eine Fixierung der Preise bei variablem Unternehmensertrag, d.h. ein risikoreicher Vertrag, auf der anderen Seite eine Fixierung des Gewinns bei variablen Preisen, d.h. ein risikoloser Vertrag. Wie in Abschnitt 3.2 dargestellt werden wird, deckt sich die aus den Theorien entwickelte Erkenntnis, dass in den meisten Fällen keines der beiden Extreme optimal ist, mit der empirischen Beobachtung hybrider Regulierungsverfahren. Andererseits erweist sich die Idee der selbstselektierenden Verträge im Rahmen der Monopolregulierung als nicht umsetzbar. Vielmehr wird in der Regel entsprechend der Darstellung in Abschnitt 3.1 von den Regulierern ein spezifischer Vertrag angeboten und mittels eines Bieterverfahrens das passendste Unternehmen für diesen spezifischen Vertrag selektiert. Auch das Problem der asymmetrischen Informationen ist in der Regel komplexer als die ein bis zwei Dimensionen, die in den Modellen dargestellt werden. Dies mag mit ein Grund dafür sein, dass die selbstselektierenden Verträge und deren formale Berechnung für die praktische Regulierungspraxis nicht anwendbar sind. Allerdings wird in Abschnitt 3.4 dargestellt, dass auch dem Regulierer z.B. durch implizite Marktmechanismen effektive Möglichkeiten gegeben sind, wahre Informationen über die technischen Eigenschaften eines Unternehmens zu generieren bzw. den Managementeinsatz zu stimulieren. Insofern sind die beschriebenen Modelle bzgl. der asymmetrischen Informationen zu pessimistisch.

Eine interessante und wichtige Erweiterung der Modelle mit asymmetrischen Informationen sind die mehrdimensionalen Modelle. Sie untersuchen das Problem einer effektiven Selbstbindung der Vertragspartner bei wiederholten Interaktionen. Bei natürlichen Monopolen besteht ein Problem der Selbstbindung insbesondere für den Regulierer, da sich die Investitionen, die ein Monopolunternehmen tätigt, in der Regel nur über einen mehrere Perioden anhaltenden Zahlungsrückfluss amortisieren. In dem dargestellten Lösungsvorschlag einigen sich Unternehmen und Regulierer auf einen Vertrag, bei dem das Unternehmen seine Investitionen sukzessive durchführt, so dass sich für den Regulierer eine Enteignung des Unternehmens gerade nicht lohnt. Ein solches Modell wird auch durch die Empirie bestätigt. Tatsächlich führen die Unternehmen insbesondere im Wassersektor bei hohen *sunk costs* die Investitionen nur sukzessive durch und ein großer Teil der Investitionskosten wird z.B. über Infrastrukturgebühren direkt gedeckt. Der Aspekt der Enteignung des Unternehmens, d.h. die Umverteilung von Unternehmenserträgen aus getätigten Investitionen hin zu den Konsumenten, ist das zentrale Problem der Regulierung in Ländern mit schwachen staatlichen Institutionen. Die praktische Regulierung des Wassersektors in Argentinien, die in Kapitel 4 dargestellt wird, bietet hierfür ein lehrreiches Anschauungsobjekt. So wird gezeigt werden, dass das regulierte Wasserunternehmen Staat und Regulierer dadurch disziplinieren konnte, dass es drohte, keine weiteren Investitionen durchzuführen.

Gleichzeitig bilden die dynamischen Modelle einen Übergang zu den politökonomischen Modellen der Regulierung, die in dem folgenden Abschnitt dargestellt werden. Der Grund hierfür liegt darin, dass Opportunismus von Wirtschaftssubjekten bei asymmetrischen Informationen in beiden Modellfamilien eine bedeutende Rolle spielt.

2.3 Positive Modelle der Regulierung

Bereits im letzten Abschnitt wurde dargestellt, dass ein Glaubwürdigkeitsproblem für den Regulierer besteht, da dieser versuchen könnte, auf Grund seiner zugunsten der Konsumenten gewichteten Wohlfahrtsfunktion das regulierte Unternehmen auszubeuten. Ein Schritt hin zu größerer Realitätsnähe ist es, die Wohlfahrtsfunktion des Regulierers ganz fortzulassen und statt dessen zu unterstellen, dass Regulierungsinstitutionen ähnlich wie das regulierte Unternehmen eigennützige Ziele verfolgen. Auf diese Weise kommt man zu den positiven politökonomischen Modellen der Regulierung, deren Grundlagen zum großen Teil in den siebziger Jahren gelegt wurden.

Während mittels der im vorherigen Abschnitt betrachteten normativen Theorien der Regulierung Entscheidungshilfen für wohlfahrtsmaximierende Regulierer gesucht werden, liegt der Fokus der positiven Theorien der Regulierung auf der Modellierung der Situation des Regulierers selbst. Diese Situation wird einerseits durch die Umwelt bzw. die Restriktionen des Regulierers bestimmt, die durch Interessengruppen und Politiker determiniert wird. Andererseits werden die Interessen bzw. Präferenzen des Regulierers selbst mit in die Analyse einbezogen. Gefragt wird, wieso unter diesen Bedingungen Regulierung entsteht und wie sie durchgeführt wird.[1]

Im Zusammenhang dieser Arbeit wird die Frage nach den Ursachen für Regulierung allerdings nicht von Interesse sein. Modelle, die diese Fragestellung beschreiben, sehen Regulierung als das im Grunde nicht wünschenswerte Ergebnis der Tätigkeit von Interessengruppen und opportunistischen Politikern an. Es wurde jedoch bereits dargestellt, dass Regulierung bei einem natürlichen Monopol, wie es im Wassersektor auftritt, unerlässlich ist und somit normativ gerechtfertigt werden kann. Da die Modelle zu den Ursachen von Regulierung aber gleichzeitig auch für die Durchführung bzw. die Entwicklung von Regulierung Erklärungspotenzial besitzen, weil die gleichen Kräfte, die zur Entstehung von Regulierung führen, auch bei der Durchführung bzw. Entwicklung aktiv sind, werden sie in den folgenden Abschnitten dennoch dargestellt werden.

Will man die verschiedenen Regulierungsmodelle in einzelne Kategorien einteilen, so bietet sich eine Unterscheidung an zwischen Modellen, welche die Nachfrage nach Regulierung betrachten, und solchen, die das Angebot an Regulierung beschreiben. Bei den nachfrageseitigen Modellen sind es Interessen- bzw. Lobbygruppen innerhalb der Gesellschaft, die sich formieren, um Regulierung durchzusetzen und zu ihren Gunsten zu beeinflussen. Angebotsseitige Modelle stellen den Politiker in den Vordergrund, der einzelnen Interessengruppen Regulierung im Tausch für Gegenleistungen wie z.B. politische Unterstützung anbietet. Diese Modelle werden im Abschnitt 2.3.1 betrachtet. Zwischen Angebot und Nachfrage von Regulierung steht ein Regulierer, den man auch als Bürokraten modellieren kann. Bürokratiemodelle, die in Abschnitt 2.3.2 betrachtet werden, formieren deshalb eine dritte Gruppe von relevanten Modellen. Im Abschnitt 2.3.3 soll schließlich eine Synthese aus den verschiedenen politökonomischen Modellen erarbeitet werden.

2.3.1 Das Verhältnis zwischen Politikern und Interessengruppen

2.3.1.1 Die Nachfrageseite nach Regulierung

Individuen organisieren sich kollektiv zu Interessengruppen, wenn dies ihren Nutzen erhöht. Der Nutzenzuwachs bemisst sich dabei an der Internalisierung externer Kosten. Mit externen Kosten sind die Kosten gemeint, die dem einzelnen Individuum durch das Verhalten von anderen Gesellschaftsmitgliedern auferlegt werden, also von diesem nicht direkt kontrolliert werden können. Diese

1 Vgl. SPULBER (1989, 94).

Kosten entstehen z.B. dadurch, dass andere Mitglieder sich zu Interessengruppen zusammenschließen und kollektive Entscheidungen zum Nachteil des einzelnen Individuums herbeiführen.

Den externen Kosten sind die sogenannten Entscheidungsfindungs-Kosten gegenüber zu stellen. Dies sind die Kosten, die dem Individuum durch die Partizipation in einer Interessengruppe entstehen, also direkt von diesem kontrolliert werden. Zu diesen Kosten gehören z.B. Kommunikations- und Koordinationskosten innerhalb der Interessengruppe. Das optimale Organisationsniveau wird dann erreicht, wenn die Summe aus externen Kosten und Entscheidungsfindungs-Kosten für die Individuen minimiert wird.[1]

Nach OLSEN[2] ist es nicht in erster Linie der Nutzen für die einzelnen Individuen, der zur Entstehung einer Interessengruppe führt. Der Grund hierfür liegt darin, dass es für Individuen vorteilhafter sein kann, von den Erträgen der Tätigkeit einer Interessengruppe zu partizipieren, ohne selbst einen Beitrag für diese zu leisten. Deswegen kommt es auf die Anreize an, die eine Interessengruppe ihren Mitgliedern bietet. Diese Anreize können z.B. selektiv sein, d.h. aus formellen und informellen Strafen oder Belohnungen für einzelne Individuen bestehen. Kleine Gruppen können ihre Mitglieder zudem über soziale Kontrolle am *free rider*-Verhalten hindern. Zudem sind kleine Gruppen meist homogener als große Gruppen, was die soziale Kontrolle zusätzlich erleichtert. In sehr kleinen Gruppen entfällt bisweilen sogar die Notwendigkeit selektiver Anreize, da die individuellen Erträge aus der Lobbytätigkeit die Kosten derselben überwiegen. Insofern haben kleine Lobbygruppen mit selektiven Anreizen gegenüber großen Lobbygruppen ohne selektive Anreize einen Vorteil. Die Folge ist, dass z.B. Konsumenten und Steuerzahler kaum eine effektive Interessenvertretung besitzen, während dies z.B. für freie Berufe und große Unternehmen häufig der Fall ist.

Ausgehend von diesen Erkenntnissen für die Bildung von Interessengruppen untersucht STIGLER (1971) die Entstehung von Regulierung.[3] Regulierung bietet für die verschiedenen sozialen Gruppen innerhalb einer Gesellschaft Erträge und Kosten. Sie wird dabei insbesondere als das Ergebnis von *Rent-seeking*-Verhalten einzelner industrieller Interessengruppen gedeutet. Deren Renten äußern sich in direkten Subventionen, in der Kontrolle von Markteintritt oder in der Fixierung von Preisen. Um Vorteile zu erreichen, unterstützt die regulierte Industrie die Politiker finanziell bei Wahlen z.B. über Parteispenden. Die Kosten der Regulierung z.B. in Form von höheren Preisen tragen letztendlich die Wähler, die auf Grund hoher individueller Informationskosten relativ uninformiert sind und nur eine schwache Interessenvertretung besitzen. Aber

1 Vgl. dazu BUCHANAN/ TULLOCK (1982, 19 und 43-46).

2 Vgl. dazu OLSON (1982, 20-45) und OLSON (1965).

3 STIGLER (1971, 3-21) Vgl. dazu auch die Übersicht von MITNICK (1980, 111-116) und ROMER/ ROSENTHAL (1987, 75-77).

auch innerhalb der Industrie sind die Möglichkeiten zur Durchsetzung von Interessen ungleich verteilt. Während große, konzentrierte Industriezweige mit einer relativ hohen Wahrscheinlichkeit Regulierung für sich erreichen, ist die Wahrscheinlichkeit für kleine, segmentierte Industrien gering. Wie POSNER (1975) darstellt, führen Monopolrenten dabei nicht nur auf Grund eines Verlustes der Konsumentenrente zu Wohlfahrtsverlusten, sondern auch, weil der Monopolist für Lobbying-Aktivitäten Ressourcen aufwenden muss, um ein Monopol zu erlangen.[1]

POSNER (1974) baut auf STIGLERS Analyse auf und weitet diese aus.[2] Dabei wird die ökonomische Theorie der Kartelle in die Erklärung politischer Prozesse integriert. Während kleine konzentrierte Industriezweige über Absprachen Monopole einrichten können und somit staatliche Regulierung nicht benötigen, haben große Industrien über Stimmenkauf die Möglichkeit, den politischen Prozess zu beeinflussen, um so Regulierung zu ihren Gunsten durchzusetzen.

BECKER (1983) schließlich entwickelt ein Modell, in dem einzelne Interessengruppen in einem Nullsummenspiel unter Wohlfahrtsverlusten miteinander konkurrieren.[3] Je mehr es einer oder mehreren Interessengruppen gelingt, den Regulierer so zu ihren Gunsten zu beeinflussen, dass er vom eigentlich effizienten Preisniveau abweicht, desto größer sind die Verluste bei den übrigen Interessengruppen. Dabei steigen die marginalen Verluste der unterlegenen Interessengruppen stärker als die marginalen Gewinne der überlegenen Interessengruppen an und der Nettowohlfahrtsverlust nimmt somit bei steigender Einflussnahme zu. Dieser Effekt führt zu einem Gleichgewichtszustand, in dem sich die marginalen Nettokosten der Lobbying-Aktivitäten der einzelnen Interessengruppen entsprechen. Ein Effekt in diesem Modell ist der, dass die einzelnen voll informierten Interessengruppen bei ihren Umverteilungsbemühungen den notwendigerweise entstehenden Wohlfahrtsverlust minimieren. Dies liegt an der einfachen Tatsachen, dass einzelne Interessengruppen nur in den Bereichen Umverteilungen anstreben werden, wo der Widerstand anderer Interessengruppen bzw. deren Kosten nicht zu hoch sind. Umverteilungsszenarien, die zu hohen Effizienzverlusten führen, werden somit vermieden.

Nachfolgend soll ein neueres Modell betrachtet werden, das die Lobbying-Aktivitäten unterschiedlicher Interessengruppen darstellt. Dabei werden ein monopolistisches Unternehmen auf der einen und die Konsumenten auf der anderen

1 Dazu POSNER (1975, 809-815). KAHANA/ KATZ (1990) zeigen, dass für den Fall, dass der Monopolist Preisdiskriminierung betreiben darf, POSNERS pessimistische Sicht nicht in jedem Fall zutreffend ist. Unter Umständen wird trotz der vollständigen Verschwendung der Monopolrente für Lobbying-Aktivitäten die Konsumentenrente durch Preisdiskriminierung gegenüber dem Fall des normalen Monopolisten, der keine Lobbying-Aktivitäten entfaltet, erhöht. Siehe hier insbesondere ein einfaches Modellbeispiel in KAHANA/ KATZ (1990, 98).

2 POSNER (1974, 335-358).

3 BECKER (1983, 371-400). Dazu auch PELTZMAN (1989, 11-13).

Seite als zwei unterschiedliche Interessengruppen gesehen. Die Interessengruppe der Konsumenten wird zudem in zwei Untergruppen unterteilt. Diese Unterteilung ist deswegen relevant, weil der Monopolist auf Grund unterschiedlicher Widerstandsniveaus bzw. politischer Einflussnahmemöglichkeiten der Konsumenten-Interessengruppen Preisdiskriminierung betreibt. Preisdiskriminierung wurde bereits im Rahmen der normativen Analyse in Abschnitt 2.2.1 vorgestellt und dort als ein Mittel zur Wohlfahrtsmaximierung angesehen. Im Rahmen der positiven Theorien bekommt Preisdiskriminierung jedoch einen anderen Gehalt. So sehen CHEUNG/ WANG Lobbying-Aktivitäten als eine Erklärung für Preisdiskriminierung an.[1] Monopolisten betreiben Preisdiskriminierung nicht, weil die Nachfrageelastizitäten verschieden sind, sondern weil die Konsumentengruppen unterschiedlich starken Widerstand gegen eine solche Monopolpreissetzung entfalten. Die Autoren kommen zu dem Ergebnis, dass der Monopolist bzw. der Regulierer für politisch mächtige Konsumentengruppen den Preis niedriger setzt als für politisch schwache Konsumenten. Im folgenden wird eine vereinfachte Version des Modells dargestellt.

In dem Modell wird angenommen, dass ein risikoneutrales Unternehmen mit zwei risikoneutralen Konsumentengruppen K_i mit $i=\{1,2\}$, die identische Nachfragefunktion $q_i=a-bp_i$ besitzen, konfrontiert ist. Das Unternehmen entfaltet Lobbying-Aktivitäten in Höhe von y. Von den Konsumenten betreibt nur die Konsumentengruppe K_1 Lobbying-Aktivitäten in Höhe von x. Die Wahrscheinlichkeit, dass sich das Unternehmen durchsetzen kann, beträgt $y/(x+y)$ und die Wahrscheinlichkeit, dass sich die Konsumentengruppe K_1 durchsetzen kann, beträgt $x/(x+y)$. Der Monopolist kann Preisdiskriminierung zwischen den beiden Konsumentengruppen betreiben.

Wie anhand der Grafik 2.6 nachvollzogen werden kann, ergeben sich aus dem *Rent-seeking*-Spiel folgende Auszahlungen: Gewinnt das Unternehmen, so setzt es für die Konsumentengruppe K_2 einen Monopolpreis fest, so dass es eine Monopolrente in Höhe des senkrecht gestreiften Quadrats $a^2/4b$ bekommt. Man beachte, dass aus Vereinfachungsgründen nur die jeweiligen Nettorenten betrachtet werden bzw. die Kostenfunktion des Monopolisten mit der Abzisse identisch ist. Den Konsumenten der Konsumentengruppe K_2 bleibt eine Rente in Höhe des rechtsgestreiften Dreiecks $a^2/8b$. Im Falle der Konsumentengruppe K_1 liegt der Fall des Sieges des Unternehmens komplizierter. Da man noch nicht sagen kann, ob das Unternehmen für die Konsumenten einen Monopolpreis festsetzt, kann man bislang nur von folgendem ausgehen: Die Konsumenten dieser Konsumentengruppe kaufen von dem Unternehmen Güter entsprechend der Nachfragefunktion $p_1=(a-q_1)/b$. Ihre Nettorente beträgt ohne die Lobbying-

1 CHEUNG/ WANG (1996, 103). Auch ihre Untersuchung implizieren, dass Preisdiskriminierung vorteilhaft sein kann. Der Vorteil beruht darauf, dass in ihrem Modell im Gleichgewicht keine *Rent-seeking* Aktivitäten durchgeführt werden, wie weiter unten gezeigt wird.

kosten x dann $(b/2)(a/b-p_1)^2$.[1] Entsprechend bekäme das Unternehmen ohne die Lobbyingkosten y eine Rente von $p_1(a-bp_1)$.

Gewinnen hingegen die Konsumenten bei der Lobbying-Aktivität, dann erhalten beide Konsumentengruppen je die gesamte gestreifte Fläche als Konsumentenrente $a^2/2b$ und das Unternehmen geht leer aus. Unabhängig davon, ob sich nun das Unternehmen durchsetzen kann oder die Konsumenten gewinnen, fallen für Unternehmen und Konsumentengruppe K_1 Kosten in Höhe der realisierten Lobbying-Aktivität y und x an. Aus Vereinfachungsgründen soll angenommen werden, dass $a=b=1$ ist.

Grafik 2.6 Preisdiskriminierung bei Lobbying-Aktivität der Konsumenten

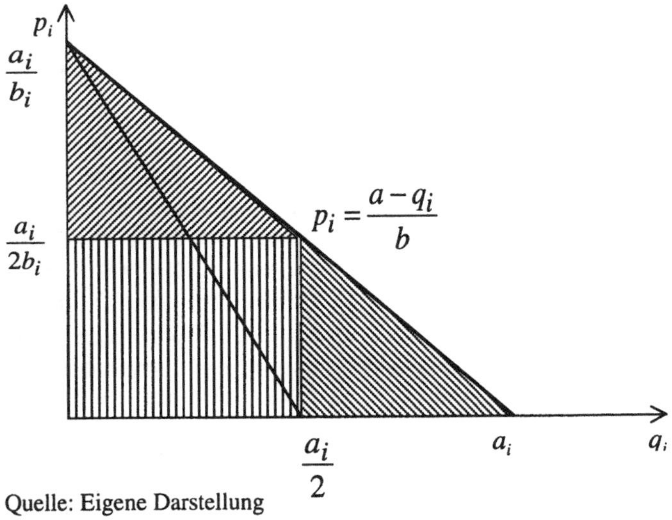

Quelle: Eigene Darstellung

Als *first mover* maximiert die Konsumentengruppe K_1 die folgende Funktion über x:[2]

$$(2.28)\quad U_1(x) = \max_x \left\{ \frac{y}{x+y}\frac{1}{2}(1-p_1)^2 + \frac{x}{x+y}\frac{1}{2} - x \right\}.$$

Setzt man die Ableitung nach x gleich Null, so erhält man folgende Bedingung erster Ordnung[3]:

1 Dazu beachtete man, dass gilt: $\frac{(a/b-p_1)q_1}{2} = \frac{(a/b-p_1)(a-bp_1)}{2} = \frac{b}{2}(\frac{a}{b}-p_1)^2$.

2 Dabei drückt der erste Teil des Terms die erwartete Konsumentenrente im Falle eines Sieges des Unternehmens, der zweite Teil des Terms die erwartete Konsumentenrente im Falle einer Niederlage des Unternehmens aus. Der dritte Teil stellt die in jedem Fall anfallenden Lobbying-Kosten dar.

3 Die Ableitung nach x ist in Anhang 1.5 dargestellt.

$$(2.29)\quad \frac{1}{2}\frac{y}{(x+y)^2}(1-(1-p_1)^2)=1.$$

Ausgehend von der Festlegung der Lobbying-Aktivitäten durch die Konsumenten maximiert das Unternehmen die folgende Funktion über *y*:[1]

$$(2.30)\quad \pi(y)=\max_y\left\{\frac{y}{x+y}\left(p_1(1-p_1)+\frac{1}{4}\right)-y\right\}$$

Durch Ableitung nach *y* erhält man als Bedingung erster Ordnung:

$$(2.31)\quad \frac{x}{(x+y)^2}(p_1(1-p_1)+\frac{1}{4})=1.$$

Werden 2.29 und 2.31 gleichgesetzt, so erhält man eine vom Preis p_l abhängige lineare Beziehung zwischen *x* und *y* der Form:

$$(2.32)\quad x=\frac{1-(1-p_1)^2}{2p_1(1-p_1)+1/2}y.$$

Zu erkennen ist, dass mit steigenden Preisen p_l die Lobbying-Aktivitäten der Konsumentengruppe K_l stärker steigen als die des Unternehmens. Die Beziehung kann man nun über die Bedingung erster Ordnung bei Konsumenten oder Unternehmen auflösen, um die Höhe der Lobbying-Aktivitäten *x* und *y* in Abhängigkeit vom Preis p_1 zu erhalten. Die Werte für *x* und *y* werden dann wieder in die jeweiligen Erlösfunktionen eingesetzt und diese maximiert. CHEUNG/ WANG zeigen, dass der Erlös für das Monopolunternehmen am größten ist, wenn die Konsumentengruppe K_l keinerlei Lobbyingaktivitäten entfaltet. Dies ist dann der Fall, wenn das Unternehmen den Preis für diese Konsumentengruppe gleich Null setzt. Dann erwirtschaftet das Unternehmen einen Erlös in Höhe von $a^2/4b$ bzw. bei $a=b=1$ in Höhe von *1/4*, weil es für die Konsumentengruppe K_2 den Preis gleich dem Monopolpreis $a/2b$ bzw. *1/2* setzen kann.[2]

Insbesondere in Abschnitt 4.1 und 4.3 wird dargestellt, dass sich das Preissetzungsverhalten des betrachteten Monopolisten im argentinischen Wassersektor tatsächlich mit einem solchen Modell erklären lässt. So wurden im hier untersuchten Fall zunächst die alten Konsumenten auf Kosten der neuen Konsumenten subventioniert, was möglich war, weil sich die neuen Konsumenten zu Beginn wenig artikulierten. (Abschnitt 4.1.) Später tendierte das Wasserunternehmen hingegen dazu, die noch zu beschreibende Infrastrukturgebühr gegen-

1 Der Ausdruck stellt die erwartete Rente des Unternehmens dar. *y/(x+y)* ist die Wahrscheinlichkeit, dass das Unternehmen gewinnt. $p^l(1-p^l)$ ist die Unternehmensrente, die aufgrund der Preissetzung gegenüber den Konsumenten K_l generiert wird. *1/4* ist die Unternehmensrente, die aufgrund der Monopolpreissetzung gegenüber den Konsumenten K_2 erzielt wird. *y* schließlich stellt die anfallenden Lobbyingkosten des Unternehmens dar.

2 CHEUNG/ WANG (1996, 103-116).

über der Interessengruppe der neuen Konsumenten, die sich lautstark artikulierte, herabzusetzen und stattdessen die Infrastrukturkosten der politisch weniger aktiven Interessengruppen der alten Konsumenten zu belasten (Abschnitt 4.2 und 4.3).

2.3.1.2 Die Angebotsseite für Regulierung

Bisher standen die Interessengruppen im Mittelpunkt der Analyse. Politiker waren die bloßen Adressaten von deren Lobbying-Arbeit, traten aber nicht selbst als aktive Nutzenmaximierer in Erscheinung. In diesem Abschnitt geht es um die Frage, wie sich Politiker als Anbieter von Regulierung gegenüber den Interessengruppen verhalten.

PELTZMAN (1976) sieht sein Modell als eine Erweiterung des Modells von STIGLER, indem auch er Interessengruppen und Politiker-Regulierer in einen expliziten Zusammenhang stellt.[1] Politiker bieten Konsumenten und Unternehmen Regulierung, d.h. Renten, im Tausch gegen Stimmen an. In einem einfachen Modell werden Konsumenten und Unternehmen als zwei verschiedene Interessengruppen betrachtet. Angenommen wird, dass Politiker entscheiden können, wie die bei der Produktion eines Outputs Q anfallende Konsumenten- und Produzentenrente zwischen den beiden Interessengruppen verteilt wird. Unter der Voraussetzung, dass $V = V(p)$ die Konsumentenrente, $\pi = \pi(p)$ der Unternehmensgewinn und p der Marktpreis ist, lässt sich eine Funktion $V(\pi(p))$ definieren, die angibt, welche Kombinationen von Unternehmensgewinn und Konsumentenrente erzielbar sind. Ferner kann man eine politische Produktionsfunktion $M = M(V,\pi)$ mit $\partial M/\partial V > 0$, $\partial^2 M/\partial V^2 < 0$, $\partial M/\partial \pi > 0$ und $\partial^2 M/\partial \pi^2 < 0$ annehmen, die ein Ausdruck für Stimmenmaximierung darstellt, weil die Anzahl der Stimmen positiv von Konsumentenrente und Unternehmensgewinn abhängig ist. Die zweite Ableitung ist dabei ein Ausdruck für die Annahme, dass es bei zunehmenden Renten immer schwieriger wird, zusätzliche Stimmen zu erlangen. Der stimmenmaximierende Politiker wählt daraufhin eine bestimmte Verteilung von Renten, wobei im Maximum gilt:

$$(2.33)\quad \frac{\partial M/\partial \pi}{\partial M/\partial V} = -\frac{\partial V(p)}{\partial \pi(p)}.$$

Die marginale Rate der politischen Substitution von Unternehmensgewinn und Konsumentenrente entspricht im Maximum somit der marginalen Rate der Transformation der Stimmengenerierung von Konsumentenrente und Unternehmensgewinnen.[2]

Das Modell von PELTZMAN lässt sich erweitern. In dem Modell von APPELBAUM/ KATZ (1987) wird angenommen, dass sich ein Politiker-Regulierer mit

1 PELTZMAN (1976, 211-240). Zur Selbstkritik auch PELTZMAN (1989, 9-11).

2 Zu dem Modell von PELTZMAN vgl. SPULBER (1989, 94-96) und ROMER/ ROSENTHAL (1987, 78f).

der regulierten Industrie Renten unter der Nebenbedingung teilt, dass die Chancen seiner Wiederwahl durch die Konsumenten hinreichend groß sind.[1] Dadurch, dass die rentensetzende Instanz selbst Renten einstreichen kann, wird die Höhe der festgesetzten Rente endogenisiert. Angenommen wird, dass sich die mit β bezeichnete Chance der Regulierungsbehörde, im Amt zu bleiben, nach der Höhe des den Konsumenten aufgebürdeten Wohlfahrtsverlusts auf Grund der dem Monopolunternehmen zugestandenen Monopolrenten S bestimmt. Für $\beta(S)$ gilt dabei $\partial\beta/\partial S < 0$ und $\partial^2\beta/\partial S^2 > 0$. Für den Unternehmensgewinn gilt $\pi = S - C(R)$, wobei die Kosten C als eine Funktion der Lobbying-Aktivitäten R des Unternehmens angesehen werden. Der Grenzertrag zusätzlicher Lobbying-Aktivitäten verläuft fallend. Der Regulierer maximiert die folgende Funktion seines erwarteten Nutzens $E(U)$:

(2.34) $E(U) = \beta(S)(y - T + \alpha R(S)) + T$,

wobei y das Basisgehalt des Regulierers, T die Opportunitätskosten einer Beschäftigung außerhalb des Regulierers für den Fall, dass dieser durch die Konsumenten seines Amtes enthoben wird, und $0 < \alpha < 1$ den Anteil angibt, den der Regulierer von den durch das Unternehmen aufgewendeten Lobbying-Kosten R als zusätzliches Einkommen erhält.[2] Ressourcen in Höhe von $(1-\alpha)R$ werden verschwendet. In Grafik 2.7 wird das Maximierungsproblem des Regulierers dargestellt.

Grafik 2.7 Lobbying-Gleichgewichte nach APPELBAUM/ KATZ

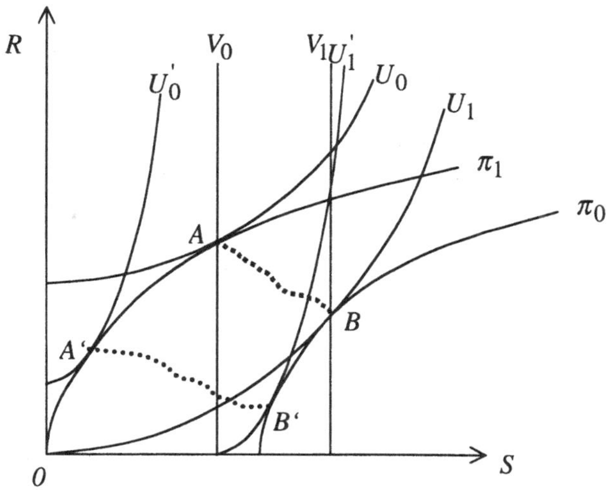

Quelle: APPELBAUM/ KATZ (1987, 695) mit eigenen Erweiterungen

1 APPELBAUM/ KATZ (1987, 685).
2 APPELBAUM/ KATZ (1987, 694-696).

Die π-Kurven stellen die Isoprofitlinien des Unternehmens und die U-Kurven die Isonutzenlinien für den Regulierer in Abhängigkeit der Monopolrenten S und der Lobbying-Aktivitäten R dar. Im Fall π_1 ist der Unternehmensgewinn Null. Isogewinnkurven, die rechts davon liegen entsprechen einer Zunahme des Unternehmensgewinns. Umgekehrt ist bei U_1 der erwartete Nutzen des Regulierers am geringsten. Isonutzenlinien links davon entsprechen einer Zunahme des erwarteten Nutzens des Regulierers. Die Kurve AB stellt eine Kontraktkurve zwischen Regulierer und Unternehmen dar. Zusätzlich lassen sich zwei Isonutzenkurven V für die Konsumenten einzeichnen, wobei der Isonutzen V_1 niedriger als der Isonutzen V_0 liegt, da die Monopolrente des Unternehmens im ersten Fall höher als im zweiten Fall ist. Das auf der Kontraktkurve erzielte Gleichgewicht hängt von den jeweiligen Verhandlungsstärken beider Seiten ab. Aus dem Modell geht hervor, dass einerseits immer eine Monopolrente entsteht und Lobbying-Aktivitäten für das Unternehmen lohnend sind, andererseits ein starker Regulierer mit starker Verhandlungsmacht für die Konsumenten günstiger ist, als ein schwacher Regulierer, auch wenn dieser einen Teil der Monopolrente vereinnahmt.

In dem Modell von APPELBAUM/ KATZ bleibt der Verlauf der Nutzenfunktion des Regulierers unbestimmt. Eine Tendenzaussage scheint jedoch möglich zu sein, wenn β, also die Wahrscheinlichkeit für den Regulierer, im Amt zu bleiben, eine eindeutigere Bestimmung erfährt. Für diesen Zweck kann auf die Erkenntnisse der sogenannten *Business*- bzw. *Budget-Cycles* Modelle verwiesen werden. Ein *Business-Cycle* Modell wurde erstmals von KALECKI (1943) dargestellt und von NORDHAUS (1975) formal aufbereitet:[1] Diese Modelle gehen von der Hypothese aus, dass Konjunkturzyklen entsprechend den Legislaturperioden verlaufen. Der Grund für diese Annahme ist, dass für eine Regierung die Chance einer Wiederwahl um so größer ist, je besser die wirtschaftliche Konjunktur und je niedriger die Arbeitslosigkeit ist. Rationale Politiker werden deshalb versuchen, durch Überraschungsinflation im Vorfeld der Wahlen die Konjunktur zu stimulieren und die Arbeitslosigkeit zu senken.[2] Eine Wirtschaftspolitik entlang von Legislaturperioden muss jedoch nicht auf Geldpolitik beschränkt bleiben, sondern kann auch fiskalpolitische Maßnahmen umfassen. So untersuchen ROGOFF (1990) und ROGOFF/ SIBERT (1988),

---

1 KALECKI (1943, 322-331). NORDHAUS (1975, 169-190). Einen umfassenden Überblick über die unterschiedlichen *Business Cycle*-Modelle gibt PRICE (1997, 407-427).

2 Dabei entsteht jedoch ein Problem der Zeitinkonsistenz. Da die Wähler Erfahrungen über das geldpolitische Verhalten der Regierungen sammeln, rechnen sie bereits im Vorfeld von Wahlen mit einer inflationären Geldpolitik der Regierung, so dass die Regierung die Wähler nicht mehr überraschen kann. Im Gegenteil: Die Regierung wird sogar dazu gezwungen, eine inflationäre Politik zu betreiben, da sie ansonsten eine Rezession erzeugen würde. Dazu auch KYDLAND/ PRESCOTT (1977, 473-491). BARRO/ GORDON (1983, 101-122). Vorschläge zur Überwindung des Zeitinkonsistenzproblems sind z.B. eine institutionelle Selbstbindung der Regierung, auch im Vorfeld von Wahlen ein inflationsfreie Geldpolitik zu betreiben. GIAVAZZI/ PAGANO (1988, 1055-1082).

inwiefern die Regierung im Vorfeld der Wahlen die Ausgaben für öffentlichkeitswirksame Projekte erhöht, also politische Budget-Zyklen entstehen.[1] Werden die Annahmen der geschilderten Modelle generalisiert, so kann man die Hypothese ableiten, dass die Regierung insbesondere im Vorfeld von Wahlen allgemein zu opportunistischem Verhalten gegenüber den Wählern neigt. Im oben beschriebenen Modell von APPELBAUM/ KATZ könnte dieser zunehmende Opportunismus im Vorfeld von Wahlen durch ein sinkendes β ausgedrückt werden. Eine Interpretation dieses Sachverhalts wäre dann, dass der Regulierer im Vorfeld von Wahlen Renten an die Konsumenten bzw. Wähler verteilt. Dies könnte sogar im Einklang mit dem regulierten Unternehmen geschehen, wenn die Regierung glaubhaft machen kann, dass nach den Wahlen dafür vermehrt Renten an das Unternehmen verteilt werden. Dem Wähler wird dabei ein kurzes Gedächtnis bzw. eine hohe Zeitpräferenzrate unterstellt. Eine Darstellung des Sachverhalts kann auch anhand der Grafik 2.7 erfolgen. Ein sinkendes β infolge eines nahenden Wahltermins wird in dem Modell durch steiler verlaufende Isonutzenlinien des Regulierers dargestellt, da auf Grund eines niedrigeren β Unternehmensrenten für den Regulierer kostspieliger werden. In dem Modell wird dies durch die Isonutzenlinien U_0' und U_1' dargestellt, die den Verhandlungsspielraum des Regulierers kurz vor Wahlen darstellen sollen. Wie unschwer zu erkennen ist, liegen die neuen Nutzenniveaus für den Regulierer niedriger als gegenüber der alten Referenzsituation bei U_0 bzw. U_1. Gleichzeitig sinkt ceteris paribus die Monopolrente des Unternehmens, da *A'* links von *A* und *B'* links von *B* liegt.

Wie in Kapitel 4 anhand der empirischen Beobachtungen für den argentinischen Wassersektor dargestellt wird, kann das Verhalten des Unternehmen und der argentinischen Regierung insbesondere in den ersten Jahren der Privatisierung gemäß diesem erweiterten Modell interpretiert werden. So verpflichtete sich das Wasserunternehmen im Vorfeld der Präsidentschaftswahlen von 1995 zur Durchführung bislang nicht vorgesehener Investitionen (Abschnitt 4.1.5), wodurch die Interessen der Konsumenten befriedigt wurden. Umgekehrt konnte die Regierung nach den Wahlen eine relativ unpopulistische Politik zugunsten des Wasserunternehmens betreiben. (Abschnitt 4.2.4).

2.3.2 Der Regulierer als Bürokrat

Die Modelle, die das Zusammenspiel zwischen Politik und Interessengruppen betrachten, wurden dafür kritisiert, dass sie die Institutionen außer acht lassen. Diese seien in den Modellen nur *black boxes*, die auf geheimnisvolle Weise zwi-

1 ROGOFF (1990 21-36). ROGOFF/ SIBERT (1988, 1-16). Ein anderer Modellzweig untersucht die Möglichkeiten einer strategischen Verschuldung. Regierungen treiben im Vorfeld von Wahlen die Verschuldung in die Höhe, um den Handlungsspielraum nachfolgender Regierungen im Sinne ihrer Interessen einzuschränken. Dazu z.B. PERSSON/ SVENSSON (1989, 325-345).

schen Interessengruppen und Politik vermitteln.[1] Als Antwort auf diese Unzulänglichkeiten haben sich in den achtziger Jahren politische und ökonomische Institutionenmodelle etabliert. Diese nehmen an, dass Probleme kollektiver Handlungen maßgeblich durch Institutionen entstehen und innerhalb derselben gelöst werden. Institutionen sind dabei die Entitäten, die den Handlungsrahmen für politische Akteure vorgeben und ihre Handlungsmöglichkeiten bestimmen.

Um sich der Realität anzunähern, wird in den folgenden Abschnitten die Regulierungsbehörde als bürokratische Institution in die Analyse einbezogen. Politiker betreiben Regulierung nun nicht mehr direkt, sondern delegieren diese an einen mehr oder weniger unabhängigen Regulierer. Dabei können einerseits seine Präferenzen als die eines Bürokraten dargestellt werden, andererseits ist es möglich, die Restriktionen zu modellieren, denen er durch seine Umwelt bestehend aus Politikern und Interessengruppen ausgesetzt ist.

2.3.2.1 Die Präferenzen des Regulierers

Traditionell wird angenommen, dass die wesentlichen Präferenzen von Bürokraten in persönlichen politischen Präferenzen, Karrierezielen und einer Abneigung gegenüber persönlichem Arbeitseinsatz bestehen, solange die Erträge dieses Arbeitseinsatzes dem Bürokraten nicht zugute kommen.[2] NISKANAN (1975) formuliert für die Zwecke einer formalen Darstellung dieser Präferenzen die allgemeine Nutzenfunktion eines Büroleiters als $U = \alpha YP$, wobei Y den (erwarteten) Gegenwartswert des Arbeitseinkommens darstellt und P die Freizeit und weitere soziale wie physische Annehmlichkeiten der Tätigkeit.[3]

In der Literatur wurden noch einige weitere Präferenzen des Bürokraten diskutiert. So sehen RUSSELL/ SHELTON (1974) die Ziele des Bürokraten zum einen in einer Risikominimierungsstrategie. Das Handeln eines Bürokraten wird danach ausgerichtet sein, das Einkommen nach einem eventuellen Ausscheiden aus der Regulierungsbehörde sicherzustellen. Andererseits wird er, solange er in der Regulierungsbehörde tätig ist, seine Reputation gegenüber den Mitarbeitern und der Peer-Gruppe erhalten wollen. Diese Ziele werden unter der Nebenbedingung maximiert, dass er sich seine eigene Integrität erhält, d.h. nicht gegen eigene Überzeugungen bzgl. des öffentlichen Wohls verstoßen muss.[4]

Für NOLL (1971) ist der Regulierer in erster Linie daran interessiert, Konflikten aus dem Weg zu gehen.[5] Hierbei sind zwei Faktoren entscheidend: Erstens hat der Regulierer ein Interesse daran, dass seine Entscheidungen nicht von den Politikern oder Gerichten revidiert werden. Zum anderen versucht er, das finanzielle Gleichgewicht des regulierten Unternehmens zu erhalten, so dass er nicht

1 MOE (1983, 475).
2 McCUBBINS et al. (1987, 247).
3 NISKANAN (1975, 245). Vgl. auch NISKANAN (1994, 273-275).
4 RUSSELL/ SHELTON (1974).
5 NOLL (1971, 15-19).

für Betriebsunterbrechungen oder gar den Konkurs des Unternehmens verantwortlich gemacht werden kann.[1] Diese beiden Effekte können in unterschiedlichen Richtungen auf Regulierungsentscheidungen wirken. Auf der einen Seite wird der Regulierer für den Fall starken politischen Drucks zu einer Politik zugunsten der Wähler und Konsumenten tendieren, um so Konflikte mit den Politikern zu vermeiden. Auf der anderen Seite wird die Sorge um das finanzielle Gleichgewicht des Unternehmen bei dem Regulierer eher eine Tendenz bewirken, dem Unternehmen höhere Unternehmensgewinne zuzuerkennen.

Auch JOSKOW (1974) sieht den Regulierer als einen Konfliktminimierer an, der versucht, unterschiedliche von außen einwirkende Interessen im Rahmen seiner rechtlichen Möglichkeiten zum Ausgleich zu bringen.[2] Normalerweise gelingt es dem Regulierer mit der Zeit, ein Gleichgewicht zu finden und die adäquaten Strukturen und Durchführungsregeln zu entwickeln. Von Zeit zu Zeit treten aber auch externe Störungen ein, wie zum Beispiel Beschwerden von Seiten der Konsumenten über steigende Preise und sinkende Qualität oder die Klage der regulierten Industrie über steigende Kosten auf Grund von Umweltgesetzgebung oder höheren Inputpreisen. Werden die Konflikte zu groß, dann kann der Regulierer in eine Innovationsphase eintreten, um neue Verhaltensweisen und Handlungsstrategien zu entwickeln. JOSKOW überprüft seine These z.B. anhand der Gewinn-Regulierung[3] in den USA. So kann er anhand empirischer Untersuchungen zeigen, dass in Zeiten fallender Durchschnittskosten keine Überprüfung der Unternehmensgewinne durchgeführt wird, da Unternehmen nicht auf eine Überprüfung bestehen.[4] Regulierer sind also in Zeiten, in denen die Kosten für das Unternehmen fallen, gegenüber Veränderungen in den nominalen Preisen aufmerksamer als gegenüber der realen Gewinnrate. In Zeiten steigender Kosten neigen sie jedoch dazu, die notwendigen Anpassungen an Marktveränderungen und Veränderungen der technologischen Bedingungen zu verschleppen.[5]

Im vierten Kapitel wird anhand des gewählten Fallbeispiels des argentinischen Wassersektors zu untersuchen sein, inwiefern sich die Präferenzen des Regulierers tatsächlich in seinem Verhalten manifestieren. Wie in Abschnitt 4.1.5 darzustellen sein wird, kann das Verhalten des Regulierers in der Anfangszeit teilweise tatsächlich mit bürokratische Präferenzen erklärt werden. Allerdings wird sich insbesondere in Abschnitt 4.3.3 zeigen, dass der Regulierer später in Folge seiner Politisierung schwere Konflikte mit dem regulierten Unternehmen und den Politikern ausgetragen hat. Es sind somit anscheinend noch andere Rahmenbedingungen zu beachten, wie die im folgenden Abschnitt beschriebenen Restriktionen für den Regulierer, die das Verhalten desselben beeinflussen.

1 Vgl. dazu auch SPULBER (1989, 97).
2 JOSKOW (1974, 297).
3 Dies ist die Übersetzung von „rate of return regulation“
4 Dazu auch MITNICK (1980, 138-140).
5 ROMER/ ROSENTHAL (1987, 89).

2.3.2.2 Die Restriktionen für den Regulierer

Ähnlich wie bereits im Rahmen der normativen Regulierungstheorien beschrieben wurde, kann auch das Verhältnis zwischen Politik und Regulierer als ein Prinzipal-Agent Verhältnis gedeutet werden. Da es ineffizient wäre, wenn die Regierung bzw. in den Modellen häufig der Kongress jeden Verwaltungsakt selbst vollziehen müsste, delegiert sie bzw. er als Prinzipal diese Aufgaben an den Regulierer-Bürokraten. Dieser nimmt die Funktion des Agenten ein, der in Anbetracht von Informationsvorteilen Erträge zu seinen Gunsten umverteilt. Im Rahmen einer positiven Analyse wird dabei untersucht, inwiefern sich eine bestimmte institutionelle Ausgestaltung der Aufgaben-Delegation durch ein solches Prinzipal-Agent Arrangement erklären lässt.[1] Der Kongress als Prinzipal hat im wesentlichen zwei Möglichkeiten zur Kontrolle und Disziplinierung des Regulierers als Agenten. Er kann ihn einerseits direkt überwachen, andererseits kann er ihn bei Verfehlungen sanktionieren.

Überwachung kann in verschiedenen Formen auftreten, zum einen als fortlaufende Kontrolle durch die Politiker bzw. deren Beauftragte selbst oder aber durch die von Regulierungsentscheidungen betroffenen Interessengruppen. Während erstere Form der Überwachung auch als „Polizeikontrolle" bezeichnet wird, hat sich für die letztere Art die Bezeichnung „Feueralarm-Überwachung" eingebürgert, da Politiker erst dann aktiv werden, wenn Beschwerden von Interessengruppen über die Regulierungsbehörde eingehen.[2] Letztere Kontrollmöglichkeit ist nach McCUBBINS/ SCHWARTZ (1984) eine effizientere Form der Überwachung.[3]

„Feueralarm-Überwachung" hat aber den nicht unerheblichen Nachteil, dass die daraufhin von Politikern getroffenen Entscheidungen einen „Bias" besitzen. Während der Prinzipal dazu tendiert, schwache Signale von Interessengruppen zu ignorieren und den Entscheidungen des Regulierers zu vertrauen, schließt er aus starken Feueralarm-Signalen, dass die Entscheidung seines Agenten revi-

---

1 Dieser Ansatz wird z.B. von WEINGAST (1984, 147-192) und WEINGAST/ MORAN (1983, 765-800).sowie CALVERT/ McCUBBINS/ WEINGAST (1989, 588-611) vertreten. MOE (1987, 480-482) und WILSON, (1989, 255) kritisieren an den Modellen, dass diese zu kongress-zentriert seien und zu wenig das Prinzipal-Agent Verhältnis und die Möglichkeit der diskretionären Vertragsumverteilung zugunsten des Bürokraten berücksichtigen. Sie gehen davon aus, dass logischer Ausgangspunkt von Erklärungen von Institutionen die öffentliche Bürokratie und somit der Regulierer als bürokratische Instanz selbst sein muss. MOE (1990 222f.) Gerade dadurch, dass Bürokraten in einem Prinzipal-Agent-Spiel unter asymmetrischen Informationen einen diskretionären Handlungsspielraum haben, sind sie Ziel von Interessengruppen, die versuchen, ihre Interessen durch Einflussnahme durchzusetzen. Gleichzeitig sind Interessengruppen aber auch in gewisser Weise den autonomen Bürokratien ausgeliefert, die den Handlungsrahmen dieser Interessengruppen bestimmen. MOE (1990 234f).

2 McCUBBINS/ SCHWARTZ (1984, 165-179). WEINGAST (1984, 147-192).

3 LUPIA/ McCUBBINS (1994, 96-125) zeigen, unter welchen Bedingungen auch Polizeiüberwachung effizienter sein kann als Feueralarm-Überwachung.

diert werden muss.[1] Zudem könnten sich rationale vorausschauende Individuen und Interessengruppen veranlasst sehen, falsche „Feueralarme" auszulösen, um so die Regulierungsbehörde in ihrem Sinne zu beeinflussen. Ein solcher Fall wird z.B. von EPSTEIN/ O'HALLORAN untersucht.[2] Er kann eintreten, wenn die Präferenzen der Interessengruppen zwar in gleicher Richtung, aber stärker als die des Regulierers von den Interessen des Kongresses abweichen.

Um die Überwachungskosten zu reduzieren, ist ein zur Überwachung komplementäres System von Sanktionen bzw. Belohnungen denkbar. Wird z.B. bei Überprüfungen entdeckt, dass der Regulierer von der intendierten Zielsetzung abgewichen ist, so können leitende Angestellte aus ihren Ämtern entfernt oder strafversetzt werden. Umgekehrt sind bei guten Leistungen des Regulierers Beförderungen oder Gehaltserhöhungen möglich.[3] Jedoch weisen auch Sanktionssysteme Kosten auf. So können Sanktionen die relativ uninformierten Wähler zu der Auffassung veranlassen, dass die Regierung eine schlechte Politik betreibt, so dass eine Abstrafung bei den nächsten Wahlen erfolgt. Zudem kann sich die sanktionierte Behörde zu Abwehrmaßnahmen veranlasst sehen, die zu weiteren Unterbrechungen der Arbeit der Behörde führt, was nicht im Sinne des Kongresses wäre.[4]

Wie im vierten Kapitel für den Wassersektor von Buenos Aires und hier insbesondere in Abschnitt 4.3.3 darzustellen sein wird, war die Kontrolle des Regulierers durch die argentinische Regierung in Form einer Feueralarm-Überwachung recht effektiv. So revidierte die argentinische Regierung nach Protesten des Unternehmens einzelne Regulierungsentscheidungen. Die Disziplinierung des Regulierers erfolgte dabei im wesentlichen durch eine informelle politische Einbindung des Führungspersonals. Der Konflikt, den die Regierung mit dem Regulierer austrug, erzeugte jedoch bei den Wählern den Eindruck, dass ihre Interessen nur unvollkommen vertreten würden, was mit zu der Abwahl der Regierung im Jahr 1999 beigetragen haben mag.

---

1 Zu dieser Problematik siehe z.B. HOPENHAYN/ LOHMANN (1996, 199).

2 EPSTEIN/ O'HALLORAN (1995, 240-243).

3 Untersucht werden solche Sanktionssysteme von FIORINA (1982, 33-36).

4 McCUBBINS et al. (1987, 252). Eine weitere Form der Kontrolle des Regulierers besteht in der Festsetzung von Handlungsstatuten durch die Legislative. McCUBBINS et al. (1987, 253-256). Die Frage, ob Handlungsstatuten (also z.B. die Festlegung von Richtlinien, Standards etc.) als eine Form der ex ante Beaufsichtigung der Regulierungsbehörde oder aber ex post Kontrolle durch die Legislative bevorzugt wird, hängt nach BAWN (1997, 101-126) von den Einflussnahmemöglichkeiten einzelner Gruppen innerhalb der Legislative auf den Regulierer ab. Dabei wählen die Gruppen die Form der Kontrolle, die ihnen den größeren politischen Nutzen eröffnet. Gruppen, die einen geringe Einflussnahme auf den Regulierer besitzen, ziehen Statuten für den Regulierer tendenziell einer ex post Kontrolle vor.

2.3.3 Folgerungen aus den Modellen und Ausblick

2.3.3.1 Politiker und Interessengruppen

Ein wesentliches Ergebnis der Interessengruppenmodelle ist, dass sich kleine gut organisierte Interessengruppen gegenüber großen, inhomogenen Interessengruppen durchsetzen können. Dabei werden sie versuchen, die Kosten einer Durchsetzung ihrer Interessen den schwachen Interessengruppen aufzubürden. Das wesentliche Ergebnis der Stimmenmaximierungsmodelle ist hingegen, dass Politiker die Interessen der Gruppe(n) favorisieren, die ihnen die meisten Wählerstimmen einbringen. Zwischen beiden Modellen muss im Prinzip kein Widerspruch bestehen. So könnten kleine Interessengruppen die öffentliche Meinung davon überzeugen, dass eine Politik zu ihren Gunsten auch der Allgemeinheit zugute kommt oder zumindest ihr nicht schadet. Zudem besteht die Möglichkeit, dass sie über Spenden den Wahlkampf von Politikern finanzieren, so dass eine potenzielle Imageverschlechterung für die Politiker auf Grund einer Interessenpolitik zugunsten einer kleinen Minderheit durch eine Imageverbesserung über die Wahlwerbung überkompensiert wird. Schließlich könnten Politiker Interessengruppen erst nach den Wahlen für Wahlkampfhilfen kompensieren, so dass die Wähler keine Möglichkeit mehr haben, ihren Unmut über die Interessenpolitik direkt zu artikulieren.

Zwischen beiden Theorien kann jedoch dann ein Widerspruch bestehen, wenn die Interessen einer kleinen durchsetzungsfähigen Interessengruppe den Interessen einer breiten Wählerschicht diametral entgegenlaufen und Interessenkonflikte für eine Öffentlichkeit unmittelbar erkennbar sind. Betrachtet man im Zusammenhang mit dieser Analyse das Verhältnis zwischen dem Monopolunternehmen als einer starken „Interessengruppe“[1] und die schwache Interessengruppe der Konsumenten bzw. Wähler, so wird der Widerspruch evident. Auch wenn sich die Konsumenten als Interessengruppe schlechter als die Monopolunternehmen organisieren können, so muss es doch als fraglich gelten, ob die Politiker dem Unternehmen Zugeständnisse bei den Preisen machen, wenn dies den Konsumenten unmittelbar bewusst wird und sie die Politiker dafür bei den nächsten Wahlen abstrafen können. Um diesem Einwand zu begegnen, wurde unterstellt, dass Wähler vergesslich sind. Für den Monopolisten könnte dies bedeuten, dass er sich als Interessengruppe gegenüber den Konsumenten am besten direkt nach den Wahlen durchsetzen kann, wobei er Monopolpreise insbesondere für die schwächeren Interessengruppen unter den Konsumenten fordern wird. Je näher der Wahltermin rückt, desto eher werden jedoch die Interessen der Konsumenten in der Nutzenfunktion der Politiker berücksichtigt. Nimmt man zudem an, dass der Monopolist als organisierte „Interessengruppen“ über einen längeren Zeithorizont verfügt als die Wähler-

1 Aus Vereinfachungsgründen wird in der folgenden Analyse auch das einzelne Unternehmen als Interessengruppe bezeichnet, obwohl es sich bei einem einzelnen Subjekt streng genommen um keine Gruppe handelt.

Konsumenten, so wäre sogar das Szenario denkbar, dass der Monopolist im Vorfeld von Wahlen bewusst auf Monopolrenten verzichtet bzw. sogar Verluste in Kauf nimmt, wenn er gleichzeitig davon ausgehen kann, von den Politikern nach den Wahlen entsprechend kompensiert zu werden.

Anhand des Wassersektors von Buenos Aires können diese Mechanismen in gewisser Weise nachvollzogen werden. So betrieb die Regierung im Vorfeld der Wahlen von 1995 eine Politik, die die vorhandenen Wasserkonsumenten begünstigte. Das Unternehmen verpflichtete sich dazu, vermehrt Investitionen durchzuführen. Nach den Wahlen war die Regierung hingegen gegenüber den Interessen der Konsumenten relativ immun und das Wasserunternehmen konnte für sich eine Reihe von Vorteilen aushandeln. Die Wahlkampfzeit von 1998/1999 entspricht diesen Vorhersagen allerdings nicht ganz. Die Regierung betrieb auch noch unmittelbar von den Wahlen eine relativ unpopulistische Politik. Es wird darzustellen sein, dass in diesem Fall andere Gründe für das Verhalten der Regierung ausschlaggebend gewesen sein können.

2.3.3.2 Der Regulierer als Bürokrat, Politiker und Interessengruppen

Der Regulierer ist als Bürokrat eine intermediäre Instanz zwischen Interessengruppen und Politikern. Da er im Auftrag der Politiker agiert, kann das Verhältnis zwischen Politikern und Bürokraten als Prinzipal-Agent Verhältnis gedeutet werden. Den notwendigerweise bestehenden Informationsasymmetrien kann der Politiker teilweise dadurch begegnen, dass er Kontrollmechanismen etabliert, welche die Interessengruppen explizit einbeziehen.

Der Grad an Modifikationen, den das unter 2.3.3.1 beschriebene synthetische Interessengruppen-Stimmenmaximierungsmodell durch die Einbeziehung eines Regulierers als Bürokraten erfährt, ist davon abhängig, inwiefern es der Politik gelingt, den Regulierer effektiv zu kontrollieren. Ist der Regulierer relativ autonom, so werden seine eigenen Präferenzen vermehrt in die praktizierte Regulierung einfließen. Diese können z.B. in Karrierezielen, Konfliktvermeidungsstrategien oder bloßen Arbeitsvermeidungsstrategien bestehen. Die Art und Weise, wie der Regulierer seine Präferenzen unter relativer hoher Autonomie verwirklichen kann und wie sie sich in Regulierungsentscheidungen manifestieren, ist ihrerseits wieder von den institutionellen Rahmenbedingungen des Regulierers, d.h. den durch die Politiker etablierten ex ante-Kontrollen abhängig. Dies kann an zwei Beispielen erläutert werden. Ist es einem Direktor des Regulierers möglich, bei Ausscheiden aus dem Regulierer ohne große Probleme in das regulierte Unternehmen überzuwechseln, so könnten ihn Karriereziele und ein Bedürfnis nach beruflicher Sicherheit veranlassen, eine Regulierungspolitik zugunsten des regulierten Unternehmens zu betreiben. Steht der Regulierer umgekehrt sehr exponiert in der Öffentlichkeit, weil er z.B. verpflichtet ist, regelmäßig öffentliche Anhörungen über seine Entscheidungen durchführen zu lassen, so könnte er, um öffentliche Konflikte zu vermeiden, eine Politik zugunsten von Konsumentengruppen betreiben.

Wie der Fall des Regulierers in Buenos Aires zeigt, war die Autonomie des Regulierers durch informelle Bindungen gegenüber der Politik stark begrenzt, so dass er kaum ein bürokratisches Eigenleben entfalten konnte. Dies war, wie in Abschnitt 4.1.5 gezeigt wird, nur insofern möglich, als sich die Interessengruppen relativ ruhig verhielten und somit von Seiten der Politik nur geringer Druck auf die Regulierungsbehörde ausgeübt wurde. Allerdings wurde der Regulierer spätestens mit dem Zeitpunkt, als auch die Opposition Zugriff auf den Regulierer hatte und Interessenkonflikte zwischen den Konsumenten und dem Unternehmen verschärft aufbrachen, zum bloßen Erfüllungsgehilfen der Politik degradiert. Diese Entwicklung wird in den Abschnitten 4.2.4 und 4.3.3 nachgezeichnet werden.

2.3.3.3 Ausblick

Vor dem Hintergrund der in diesem Kapitel gewonnenen Erkenntnisse wird in den folgenden Kapiteln die Privatisierung und Regulierung des Wassersektors von Buenos Aires in den Jahren 1993 bis 2000 analysiert.

Mit der Privatisierung des Wassersektors von Buenos Aires, die in Kapitel 3 untersucht wird, ist die Setzung des institutionellen Rahmens für die Regulierung gemeint. Es handelt sich insofern um die Rahmenbedingungen, die der argentinische Staat geschaffen hat, um den nachhaltigen Erfolg einer privatwirtschaftlichen Bereitstellung der sanitären Versorgung sicherzustellen. In jedem einzelnen Abschnitt des Kapitels wird dabei den Fragen nachgegangen, inwiefern einzelne institutionelle Rahmenbedingungen von einer ökonomischen Perspektive aus sinnvoll waren und welche politökonomischen Erklärungen sich für die Wahl bestimmter institutioneller Ausgestaltungen der Privatisierung finden lassen.

Die eigentliche Regulierung des argentinischen Wassersektors wird in Kapitel 4 untersucht. Dabei geht es um die Entwicklung, welche die privatwirtschaftliche Bereitstellung der Wasserversorgung im Zeitablauf nahm. So wurden zwischen dem Unternehmen und den staatlichen Instanzen mit den Jahren Veränderungen des regulatorischen Rahmens ausgehandelt. Diese Veränderungen können einerseits hinsichtlich ihrer ökonomischen Zweckmäßigkeit untersucht werden. Andererseits ist auch von Interesse, inwiefern die Veränderungen vor dem Hintergrund der Darstellung des Abschnitts 2.3 als das Ergebnis der Interessendurchsetzung einzelner politökonomischer Akteure interpretiert werden können.

Im fünften Kapitel schließlich sollen die Ergebnisse der beiden vorhergehenden Kapitel generalisiert werden, um vor dem Hintergrund der Erfahrungen im argentinischen Wassersektor Empfehlungen für die Privatisierung in anderen Ländern geben zu können.

3 Die Effizienz der Privatisierung des Wassersektors in Buenos Aires

Im Jahr 1993 wurde der Wassersektor von Buenos Aires privatisiert. Das Konsortium Aguas Argentinas bekam eine dreißig Jahre währende Konzession zur Versorgung der Stadt Buenos Aires und einiger umliegende Stadtteile in der Provinz Buenos Aires zuerkannt. Die Aufsicht über das Unternehmen wurde dem Regulierer ETOSS übertragen.

Die Effizienz dieses Privatisierungsverfahrens kann ausgehend von den zwei im vorherigen Kapitel dargestellten Modellkomplexen untersucht werden. Im Mittelpunkt steht somit die Analyse der potenziellen und realisierten Lösungen für das Problem asymmetrischer Informationen zwischen dem argentinischen Staat als dem Prinzipal und dem regulierten Unternehmen als dem Agenten. Insofern baut dieses Kapitel auf den in den Abschnitten 2.2 beschriebenen normativen Modellen auf. Erklärungen für die Auswahl bestimmter Verfahrensweisen im Zuge der Privatisierung rekurrieren auf die in Abschnitt 2.3 dargestellten politökonomischen Modelle.

Das Privatisierungsverfahren kann im Hinblick auf vier Themenkomplexe analysiert werden. In Abschnitt 3.1 geht es um die Frage, inwiefern das Verfahren der Auswahl des geeignetesten privaten Unternehmens für die Übernahme der Konzession effizient war. Das Auswahlverfahren fand im Rahmen einer Versteigerung, dem sogenannte Franchising, statt. Analysiert wird somit, ob die spezielle Ausgestaltung des Franchising in Buenos Aires geeignet war, den besten Bewerber zu selektieren. In Abschnitt 3.2 wird untersucht, inwiefern durch die institutionelle Ausgestaltung des durchzuführenden Regulierungsverfahrens das Problem asymmetrischer Informationen zwischen Regulierer und Unternehmen vermindert wird. Im Hintergrund steht dabei zusätzlich der Gedanke, dass die Allokation von Risiken zwischen Unternehmen und Konsumenten, die sich in Gewinn- und Preisregulierung ausdrückt, möglichst effizient ist. Abschnitt 3.3 ist der Analyse des Wassertarifs und den damit zusammenhängenden Anreizen für Konsumenten und Unternehmen vorbehalten, denn auch über den Tarif wurde im Rahmen der Privatisierung entschieden. Abschnitt 3.4 schließlich befasst sich mit der Ausgestaltung des Marktes im Zuge einer Marktstrukturierungspolitik durch den argentinischen Staat, die dem Regulierer durch die Schaffung bestimmter Formen von Konkurrenz auf dem Markt Möglichkeiten zu Linderung des Problems asymmetrischer Informationen liefert.

3.1 Die Effizienz von Franchising bzw. Konkurrenz um den Markt

Der Begriff „Franchising" beschreibt ein Vertragsarrangement, bei dem ein Unternehmen einem oder mehreren anderen Unternehmen unter vertraglich fixierten Bedingungen seinen Markennamen überlässt, unter dem Produkte des

Unternehmens vertrieben werden dürfen.[1] In der Literatur wird das Verhältnis der beiden Franchising-Partner unter Gesichtspunkten der Prinzipal-Agent Theorie diskutiert, wobei der Fokus auf Problemen langfristiger Vertragsbeziehungen liegt. Dieser Sichtweise kann eine zweite gegenübergestellt werden, die Franchising im Rahmen von Auktionsmodellen untersucht. Dabei geht es um die Frage, wie das Auktionsverfahren ausgestaltet werden sollte, damit unter einer Vielzahl von Bewerbern der beste Bewerber ausgewählt wird. Die nachfolgende Diskussion des Franchising im Rahmen des natürlichen Monopols im Wassersektor gründet sich auf beide Wurzeln.

In die Diskussion in Bezug auf natürliche Monopole wurde das Franchising-Konzept von DEMSETZ (1968) gebracht. DEMSETZ greift dabei ein älteres Konzept von CHADWICK auf, der die Vorteile von Konkurrenz um das Feld dargestellt hat, wenn Konkurrenz innerhalb des Feldes nicht möglich ist.[2] So können auch für den Fall, dass der Markt ex post nur von einem Unternehmen bestritten werden kann, ex ante auf dem Markt Konkurrenzbedingungen hergestellt werden, wenn mehrere Bieter um ein Monopol konkurrieren. Der Wettbewerb um ein Monopol führt dazu, dass die Unternehmen für den Markt Preise bieten, die ihren Durchschnitts- bzw. Grenzkosten entsprechen.[3] Formal aufbereitet wird ein Franchise-Mechanismus schließlich von RIORDAN/ SAPPINGTON (1987).[4]

In Abschnitt 3.1.1 wird zunächst in Anknüpfung an die im zweiten Kapitel vorgestellten normativen Regulierungsmodelle ein einfaches Modell zum Franchising bei asymmetrischen Informationen vorgestellt. Sodann werden ausgehend von diesem Modell Einzelaspekte diskutiert, die im Zusammenhang mit der Privatisierung des Wassersektors in Buenos Aires relevant waren. So wird gefragt, inwiefern die Anzahl der Bieter für den Erfolg von Franchising bedeutsam ist und in welcher Form die Unternehmen ihre Gebote abgeben sollten. Sodann geht es um ein gutes Selektionskriterium zur Auswahl des geeignetesten Bieters und schließlich um Fragen der Risikominimierung bei langfristigen Verträgen. In Abschnitt 3.1.2 wird analysiert, inwiefern die in Abschnitt 3.1.1 entwickelten normativen Kriterien im argentinischen Wassersektor Anwendung fanden.

1 Dazu McMASTER/ SAWKINS (1993, 4). Der Fall von Franchising ist deswegen besonders interessant, weil Franchising aus institutioneller Sicht eine Mittelstellung zwischen Markt und Hierarchie einnimmt. DNES (1996, 297). Dieser Autor gibt in seinem Aufsatz auch einen guten Überblick über die Modelle zum Franchising auf Unternehmensebene.

2 CHADWICK (1859, 381-420).

3 DEMSETZ (1968, 63).

4 RIORDAN/ SAPPINGTON (1987, 375-387). Für das Modell von RIORDAN/SAPPINGTON gibt es verschiedene Varianten. Insbesondere sind die Modelle von LAFFONT/ TIROLE (1987, 921-937) und LAFFONT/ TIROLE (1993, 307-340) zu erwähnen, die Franchising-Verträge unter der Annahme von *moral hazard* bzw. arbeitsscheuem Management betrachten. Ein weiteres Modell wird von McAFEE/ McMILLAN (1986, 326-338) dargestellt.

Abschnitt 3.1.3 schließlich ist der Suche nach politökonomischen Erklärungen für die in Abschnitt 3.1.2 getroffenen Feststellungen vorbehalten.

3.1.1 Die normative Analyse des Franchising

3.1.1.1 Ein einfaches Franchising-Modell

Angenommen wird, dass in θ unterschiedlich effiziente Unternehmen für ein Monopol bieten, wobei die durch θ festgelegten marginalen Kosten konstant sind. Die unternehmerische Effizienz ist dem jeweiligen Unternehmen und der Konkurrenz, nicht aber dem Regulierer bekannt. Der Regulierer kann jedoch die Dichte und Verteilung der Kostenfunktion innerhalb eines Intervalls $\theta_0\theta_1$ vorhersagen. Das Monopol bekommt derjenige Bieter zugeschlagen, der dem Regulierer die niedrigsten marginalen Kosten vorhersagt. Der Regulierer setzt daraufhin den Preis gleich den Grenzkosten. Die fallend verlaufende Nachfragefunktion *N* ist sowohl den Unternehmen wie auch dem Regulierer bekannt.

Die Zusammenhänge können anhand der Grafik 3.1 erläutert werden. Dazu wird zunächst angenommen, dass nur ein θ_a-Unternehmen für das Franchise bietet. Dieses Unternehmen kann sich gegenüber dem Regulierer, der die θ-Eigenschaften der Unternehmen nicht kennt, als ein θ_1-Unternehmen ausgeben, um eine Rente in Höhe von *BCFE* zu erzielen. Die Konsumentenrente beträgt dann nur *ABE* und der Wohlfahrtsverlust *EFH.* Dieser Wohlfahrtsverlust lässt sich nur vermeiden, wenn der Regulierer bzw. die Konsumenten bereit sind, dem Unternehmen eine Subvention in Höhe von *BCFE* zu bezahlen. Unter diesen Umständen wird das Unternehmen bereit sein, seine wahren Kosten zu offenbaren. Die Konsumentenrente beträgt dann *ABE+EFH.*

Grafik 3.1 Grafische Darstellung eines einfachen Franchise-Modells

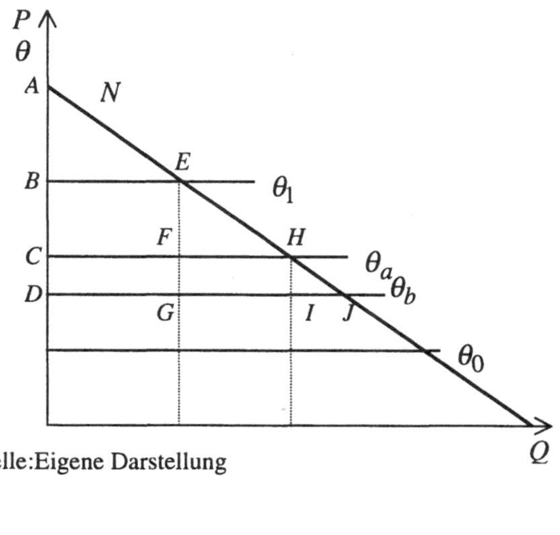

Quelle:Eigene Darstellung

Das Ergebnis verbessert sich für die Konsumenten allerdings, wenn ein θ_b-Unternehmen für das Franchise mitbietet. Da das θ_a-Unternehmen bereit ist, einen Preis von $P_a = \theta_a$ zu bieten, kann sich das θ_b-Unternehmen schlechtestenfalls als ein θ_a-Unternehmen ausgeben, um das Franchise zu gewinnen. Zwar erwirtschaftet auch das θ_b-Unternehmen eine Monopolrente, jedoch verbessert sich das Ergebnis für die Konsumenten substanziell, weil sie nun eine Konsumentenrente in Höhe von ACH erhalten. Um den Wohlfahrtsverlust HIJ zu vermeiden, müsste der Regulierer dem Unternehmen eine Subvention von *CDIJ* zukommen lassen.

Folgende Aspekte sind in Bezug auf dieses Modell interessant: Ein effizientes Ergebnis kann zwar unabhängig von der Anzahl der Bieter erreicht werden, jedoch verbessert sich das Ergebnis für die Konsumenten, je mehr Bieter am Markt sind. Gibt es nur einen Bieter, so verbleibt den Konsumenten nur eine Konsumentenrente *ABE*. Sind unendliche viele Unternehmen am Markt, so dass sich nur marginale Kostendifferenzen zwischen dem besten und dem zweitbesten Unternehmen ergeben, geht die Unternehmensrente gegen Null bzw. eine Subvention der Unternehmen ist nicht nötig.

Kritisch ist gegenüber diesem Modell zu bemerken, dass es zwar allgemeine Einblicke in die Mechanismen von Franchising gewährt, für die Fragen der Praxis allerdings nur eingeschränkte Bedeutung besitzt. Um nur einige Aspekte zu nennen, die in den folgenden Unterabschnitten diskutiert werden: Der Kurvenverlauf der Nachfragefunktion der Konsumenten ist meistens nicht bekannt und die Kostenfunktionen der Unternehmen sind in der Regel nicht linear. Somit scheint ein Subventionsschema nicht implementierbar und die Anzahl der Bieter im Franchising-Prozess bleibt für die Erreichung effizienter Ergebnisse relevant (Abschnitt 3.1.1.2). Da es sich meistens um Mehrproduktunternehmen handelt, ist zudem die Frage des Selektionskriteriums relevant, um das die Unternehmen einen Bieterwettkampf führen müssen (Abschnitt 3.1.1.3). Schließlich besteht auf Grund der Unsicherheit über den zukünftigen technischen Fortschritt und Veränderungen von Umweltzuständen das Problem von Nachverhandlungen, was wieder Fragen bzgl. der optimalen Länge und der Form von Franchising-Verträgen nach sich zieht (Abschnitt 3.1.1.4).

3.1.1.2 Die Anzahl der Bieter und das Bietverfahren

In dem Modell von 3.1.1.1 wurde festgestellt, dass die Anzahl der Bieter für die Effizienz des Franchise-Verfahrens unerheblich ist, wenn der Regulierer den Unternehmen eine Subvention zukommen lassen kann. In der Realität ist dies jedoch nicht der Fall. Neben den bereits geschilderten Problemen bei der Abschätzung der Nachfragefunktion und der Kostenfunktion sind auch die an das Unternehmen zu zahlenden Subventionen selbst problematisch. Will der Staat an das Unternehmen Subventionen zahlen, so muss er diese z.B. in Form von Steuern bei den Konsumenten erheben. Dabei wird, wie dies bereits in dem Modell von TIROLE/ LAFFONT in Abschnitt 2.2.2.3 angesprochen wurde, das

Steueraufkommen die Wohlfahrtsverluste bei den Steuerzahlern auf Grund von Erhebungskosten und Ausweichreaktionen nicht ausgleichen. Dies kann dazu führen, dass selbst für den Fall, dass der Regulierer die relevanten Kosten- und Nachfragefunktionen abschätzen könnte, der Wohlfahrtsverlust bei den Konsumenten höher ist als bei einem alternativen Franchise-Schema ohne Subventionen. Zudem setzt ein Subventionsschema einen hohen Grad an Selbstbindung sowohl bei dem Unternehmen als Franchise-Nehmer wie auch beim Staat als Franchise-Geber voraus. Dies ist in der Realität jedoch kaum zu verwirklichen.[1] Wie die in Kapitel 4 zu analysierenden Nachverhandlungen im argentinischen Wassersektor zeigen werden, wurde der Regulierungsvertrag zwischen Staat und Unternehmen im Laufe der Zeit sehr stark modifiziert. Insofern wäre es wahrscheinlich gewesen, dass auch eventuelle zugesagte Subventionen von dem argentinischen Staat zur Disposition gestellt worden wären.

Das Fortlassen des Subventionsschemas bringt es mit sich, Überlegungen über die optimale Anzahl der am Franchise-Prozess beteiligten Bieter anzustellen, da deren Anzahl über die Höhe der möglichen Monopolrente entscheidet. Zunächst muss gefragt werden, ob deren Anzahl durch das Vertragsangebot des Franchise-Gebers beeinflusst wird. Dies erscheint möglich. So kann der Staat eine Startgebühr festsetzen, wodurch solche Unternehmen, die sich im Bieterwettbewerb keine großen Chancen ausrechnen oder zu risikoavers sind, von vornherein ausscheiden.[2] In eine ähnlich Richtung wirkt die Vorgabe bzgl. der von den Unternehmen für das Bieterverfahren einzureichenden Unterlagen, da deren Vorbereitung den Unternehmen Kosten verursacht.[3] Eine andere Form der indirekten Selektion erfolgt durch den Umfang des Franchise selbst: So wird durch die Dauer, für die sich ein Unternehmen binden muss, durch den erforderlichen Finanzbedarf oder das erforderliche Wissen zur erfolgreichen Übernahme eines Franchise die Art der Unternehmen bestimmt, die an dem Bieterverfahren teilnehmen. Selektionsgrößen wären somit die Unternehmensgröße bzw. der Zugang zum Kapitalmarkt, die Möglichkeit zum Ausgleich von Risiken und das technische *know-how* eines Unternehmens.

Gefragt werden muss darüber hinaus, ob es überhaupt eine optimale Anzahl von Bietern gibt. Im dem oben dargestellten Franchise-Modell wurde festgestellt,

1 Fehlende Möglichkeiten zur glaubhaften Selbstbindung sind insbesondere für Entwicklungsländer mit einem schwachen Staat relevant.

2 Diese Kosten scheinen für Unternehmen in Lateinamerika tatsächlich erheblich zu sein. So klagen viele Unternehmen über die hohen Kosten der Teilnahme an Geboten RICHARD/ TRICHE (1994, 17), so dass man tatsächlich von einer gewollten Begrenzung der Bieteranzahl ausgehen kann.

3 Werden detaillierte technische Darstellungen von den Unternehmen eingefordert, so kann es sein, dass Unternehmen deswegen auf ein Gebot verzichten, weil sie Angst vor einem Missbrauch der von ihnen vorgelegten Unterlagen haben. Zu detaillierte Unterlagen würden also kontraproduktiv wirken, wenn dadurch gerade Unternehmen mit der effizientesten Technologie ausscheiden, weil sie am sensibelsten gegenüber den Risiken eines Missbrauchs sind.

dass sich der Franchise-Bieter mit dem besten Gebot an dem zweitbesten Gebot orientieren kann, um Renten abzuschöpfen. Dies bedeutet im Rahmen des Modells ceteris paribus, dass die Gebote um so besser werden, je mehr Bieter am Markt sind, weil die Streuung und Dichte der Gebote zunimmt. Eine zu geringe Zahl von Bietern am Markt ist aber auch deswegen problematisch, weil bei nur wenigen Bietern die Chance steigt, dass sich diese in ihren Geboten abstimmen. So wäre es denkbar, dass ein bietendes Unternehmen versucht, ein anderes aus dem Bietverfahren herauszukaufen, indem es ihm heimlich einen Geldbetrag anbietet. In der Grafik 3.1 würde das effizientere Unternehmen mit der Kostenfunktion θ_b dem ineffizienteren θ_a-Unternehmen einen Betrag anbieten, der je nach Verhandlungsmacht zwischen Null und der Fläche *BCFE* variiert. Daraufhin könnte es einen Monopolpreis festsetzen, der zwischen θ_1 und θ_b liegt.[1]

Es gibt jedoch auch eine Reihe von Argumenten, die für eine Einschränkung der Anzahl der Bieter sprechen. FRENCH/ McCORMICK nehmen an, dass für Bieter der erwartete Ertrag aus einem Franchise sinkt, wenn die Anzahl der Bieter steigt. Die Autoren zeigen, dass Unternehmen ihren erwarteten Ertrag aus einem Gebot steigern können, wenn sie Gebote abgeben, die unter dem von ihnen angenommenen Ertrag des Franchise liegen. Zwar sinkt dadurch die Chance, den Zuschlag für ein Franchise zu bekommen. Dagegen steigt jedoch der Nettoerlös für den Fall an, dass sie trotz vermindertem Gebot den Zuschlag bekommen sollten. Die Folge ist, dass die Höhe der Gebote bei steigender Anzahl von Bietern ceteris paribus abnimmt und der Erlös für den Franchise-Geber sinkt.[2] Für eine Reduktion der Anzahl der Bieter spricht auch die Tatsache, dass dem Franchise-Geber Kosten auf Grund der notwendigen Evaluation der Gebote entstehen. Weiterhin kann man annehmen, dass durch die Erhöhung der Bieterkosten und der damit einhergehenden Reduktion der Anzahl der Bieter eine Positivselektion unter den Bietern erfolgt. Nimmt man an, dass die Unternehmen ihre Situation im Markt mit einer gewissen Sicherheit einschätzen können, so werden bei hohen Bieterkosten nur die Unternehmen am Wettbewerb teilnehmen, die sich auch eine Chance auf einen Erfolg im Auktionsverfahren ausrechnen. Ineffiziente Unternehmen würden hingegen von einer Teilnahme abgeschreckt.

Die optimale Anzahl der Bieter für den Wassersektor lässt sich nicht eindeutig bestimmen. Da es aber im Wassersektor nur wenige international tätige Wasserunternehmen mit den notwendigen Erfahrungen gibt, die für ein Franchise in Frage kommen, wird eine zu hohe Anzahl von Konkurrenten um ein Franchise weniger relevant sein als eine zu geringe Anzahl. Die Weltbank geht auf Grund

1 Da das ineffizientere Unternehmen weiß, dass es das Franchise-Verfahren gegen das effizientere Unternehmen nicht gewinnen kann, tritt es bei jedem Betrag, der größer als Null ist, in Verhandlungen ein.
2 FRENCH/ McCORMICK (1984, 420-423).

der hohen Evaluationskosten im Wassersektor von einer optimalen Anzahl von etwa vier Bietern aus.[1]

Dem oben beschriebenen Modell lag die Prämisse zu Grunde, dass der Wettbewerb um das Franchise in einem offenen Verfahren ausgetragen wird, da die Unternehmen den eigenen Grad der Effizienz θ im Vergleich zur Konkurrenz bestimmen können. In der Praxis können solche Informationen den Unternehmen auch über ein dynamisches Versteigerungsverfahren offengelegt werden, das über mehrere Runden läuft. Der Nachteil an einem solchen Bietverfahren ist, dass sich der Bieter mit dem besten Gebot immer am zweitbesten Gebot orientieren kann und nicht offengelegt wird, welchen darüber hinaus gehenden Preis er zu zahlen bereit gewesen wäre. Unternehmen könnten zudem vor einer Teilnahme an dem Versteigerungsverfahren zurückschrecken, weil durch das Verfahren der Konkurrenz z.B. technische Standards bekannt werden. Da die Anzahl der Bieter im Wassersektor nur gering ist, könnte ein offenes Verfahren zu erheblichen Wohlfahrtsverlusten führen.

Als eine Alternative bietet sich ein verdeckter Bieterwettbewerb um das Franchise an, bei dem sich die Wettbewerber gegenseitig nur schwer einschätzen können. Allerdings könnte dadurch ein Problem auftreten, das als *winners curse* bezeichnet wird und insbesondere dann auftritt, wenn viele Unternehmen mitbieten.[2] So hängt der Wert eines Franchise nicht nur von der technischen Effizienz der Bieter ab, sondern auch von den Charakteristika des Franchise und seiner Umwelt, die den Unternehmen nicht genau bekannt sind, wie z.B. der Zahlungsmoral der Konsumenten, dem Zustand des Versorgungsnetzes etc. Die Einschätzung dieser Faktoren durch die bietenden Unternehmen könnte so verteilt sein, dass ein Teil der Unternehmen die Charakteristika zu optimistisch, ein anderer hingegen zu pessimistisch einschätzt. Unter sonst gleichen Bedingungen läuft nun ein Unternehmen Gefahr, allein auf Grund seiner optimistischen Einschätzung und dem damit verbundenen günstigen Gebot den Zuschlag zu bekommen. Stellen sich die Charakteristika ex post weniger günstig dar, wird das Unternehmen unter den auf der Grundlage des Gebots geschlossenen Vertragsbedingungen einen Verlust erwirtschaften. Erfahrene Unternehmen, die das Problem antizipieren, werden deshalb die allgemeinen Umweltfaktoren tendenziell immer pessimistischer einschätzen, als sie es unter anderen Umständen tun würden. Offene Auktionierungsverfahren können hingegen das Problem des *winners curse* lindern, weil Unternehmen die Einschätzung des Franchise durch die Konkurrenz beobachten und in ihr Entscheidungskalkül aufnehmen können.[3]

Die vorgetragenen Argumente lassen folgende Schlussfolgerung zu: Bei wenigen Bietern wird tendenziell ein verdecktes Bietverfahren vorteilhaft sein, weil

1 KLEIN (1998, 8).

2 Dazu z.B. KLEIN (1998, 17).

3 Um das Problem des *winners curse* zu vermeiden, ist es erforderlich, dass die Vertragsbedingungen und die Situation des zu privatisierenden Unternehmens möglichst transparent sind.

das Problem des *winners curse* weniger problematisch ist und die Bieter sich nicht an den Geboten der Konkurrenz orientieren können. Bei vielen Bietern sollte hingegen zur Verringerung der Probleme des *winners curse* ein offenes Verfahren gewählt werden. In diesem Fall ist es auf Grund der höheren Dichte der Gebote weniger problematisch, dass sich der beste Bieter nur an den Geboten des zweitbesten Bieters orientiert. Für den als optimal angenommenen Fall von vier Bietern im Wassersektor scheint ein verdecktes Bietverfahren noch sinnvoll zu sein, weil die Anzahl der Bieter hinreichend niedrig ist.

3.1.1.3 Das optimale Auswahlkriterium und die Nebenbedingungen

Auch wenn auf dem freien Markt der Wettbewerb in der Regel um unterschiedliche Eigenschaften eines Gutes, wie Preis und Qualität, gleichzeitig stattfindet, ist es im Fall von Franchising transparenter, die Bieter-Konkurrenz nur um eine Eigenschaft auszutragen und alle restlichen Eigenschaften des Franchise konstant zu halten. In dem oben beschriebenen Modell ist das Auswahlkriterium der Preis bzw. die gemeldeten Kosten. Es lassen sich jedoch auch alternative Selektionsschemata vorstellen.

Im Prinzip können innerhalb der Auswahlkriterien zwei Grundformen unterschieden werden: Gebote um das Recht auf ein Monopol (MPB) und Gebote um den niedrigsten Konsumentenpreis (CPB).[1] Über MPB wird dasjenige Unternehmen selektiert, das bereit ist, den höchsten Preis für das Recht auf ein Monopol zu bezahlen. Der Franchise-Geber maximiert somit unter ex ante fixierten Vertragsbedingungen seine Einnahmen. Steht der Konsumentenpreis in den Nebenbedingungen, dann besteht eine trade-off Beziehung zwischen Preis und Einnahmen: Je näher der festgelegte Preis am Monopolpreis liegt, desto höher sind die Einnahmen des Franchise-Gebers. Mit CPB wird das Unternehmen ausgewählt, das bei gegebenem Verkaufspreis den niedrigsten Marktpreis realisiert.[2] Statt der Verkaufserlöse wird durch den Franchise-Geber somit die Konsumentenrente maximiert. Durch eine einfache Überlegung lässt sich zeigen, dass CPB dem MPB wohlfahrtstheoretisch überlegen ist. Dies kann anhand der Grafik 3.2 dargestellt werden.

Angenommen wird, dass der Franchise-Geber unter der Bedingung einer fallenden Nachfragekurve *N* die Optionen MPB und CPB hat. Da der Staat bei MPB seine Einnahmen maximieren will, wird der von den Unternehmen gebotene Preis P_{MPB} oberhalb des bei CPB erzielten Preises P_{CPB} liegen, bei dem nicht die Einnahmen im Vordergrund stehen, sondern die Konsumentenrente. Bei MPB erzielt der Franchise-Geber eine zusätzliche Einnahme, die der bei P_{MPB} gegenüber P_{CPB} entstehenden Unternehmensrente, also dem linksgestreiften Feld, entspricht. Diesen Erlös kann er an die Konsumenten weiterleiten. Zusätzlich erhalten die Konsumenten eine Rente entsprechend dem gepunkteten Dreieck.

1 Dies sind Übersetzungen aus dem Englischen für *monopoly price bidding* (MPB) und *consumer price bidding* (CPB).

2 OGUS (1994, 326). Der Verkaufspreis kann auch Null sein.

Wie man unschwer erkennen kann, wird die Wohlfahrt durch CPB gesteigert, weil in diesem Fall die Konsumenten neben dem linksgestreiften Feld auch noch das rechtsgestreifte Dreieck hinzu bekommen.

Grafik 3.2 Wohlfahrtsökonomischer Vergleich zwischen MPB und CPB

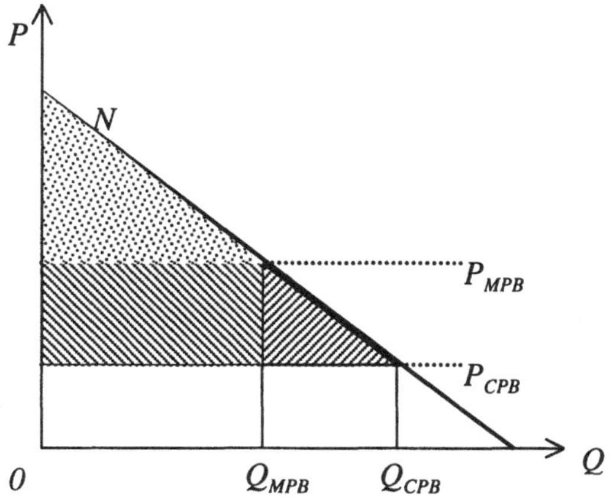

Quelle: Eigene Darstellung

Wird CPB als ein Verfahren zur Maximierung der Konsumentenrente betrachtet, so kann dieses wiederum in zwei Untergruppen gegliedert werden: Auf der einen Seite wäre ein Verfahren denkbar, das bei gegebenem Preis die Qualität maximiert, auf der anderen Seite könnte man das niedrigste Preisgebot bei gegebener Qualität als Auswahlkriterium wählen. Nimmt man an, dass die Zahlungsbereitschaft der Konsumenten für ein Gut mit hoher Qualität höher liegt als für ein Gut mit niedriger Qualität, so wären aus einer wohlfahrtstheoretischen Sicht beide Verfahren gleich gut, denn in Grafik 3.2 würde sich eine Qualitätsmaximierung zwar in einem gegenüber der Preisminimierung höheren Preis, aber auch in einer Verlagerung der Nachfragekurve nach rechts manifestieren.

Allerdings sprechen einige Gründe für eine Minimierung des Preises und eine Fixierung des Qualitätsstandards. So wird es für den Franchise-Geber wesentlich einfacher und transparenter sein, verschiedene Angebote von Unternehmen hinsichtlich ihres Preis zu vergleichen als hinsichtlich der angebotenen Qualität. Dies liegt an dem Umstand, dass mögliche Qualitätskriterien im Wassersektor wie z.B. der Anteil von Schadstoffen im Trinkwasser, Reaktionsgeschwindigkeit auf Kundenbeschwerden, Verluste beim Wassertransport etc. sehr heterogen und deshalb kaum miteinander vergleichbar sind.[1] Der Preis hingegen lässt sich als monetäre Größe genau bestimmen. Ein weiterer Grund ist, dass Konsumenten

1 Dazu auch WATERSON (1988, 110) und OGUS (1994, 327). Es würde aber auch wenig Sinn machen, nur ein Qualitätskriterium auszuwählen, über das die Bieter miteinander konkurrieren müssten.

im Wassersektor für die Herstellung einer Mindestqualität zwar eine hohe Zahlungsbereitschaft besitzen werden, darüber hinaus aber zusätzliche Qualitätsverbesserungen kaum zu vermitteln sind.[1] So wird es von den Konsumenten zwar geschätzt, wenn das Trinkwasser weder einen Geruch noch eine Verfärbung aufweist, jedoch ist es fraglich, ob eine zusätzliche aufwändige Reduzierung gesundheitsschädigender Inhaltsstoffe wie z.B. Schwermetalle oder Nitrat auf eine hohe Zahlungsbereitschaft stoßen wird. Aus diesem Grund erscheinen Mindeststandards an Qualität und ein Wettbewerb um den Preis als die bessere Alternative.

Hat man sich für Wettbewerb um den niedrigsten Preis entschieden, so ergibt sich als ein weiteres Problem, dass auch der Preis im Wassersektor keine eindimensionale Größe ist. So handelt es sich in der Regel um ein Tarifsystem, das mindestens aus einem Preis für Trink- und einem Preis für Abwasser besteht. Selbst dort, wo beide Güter zusammen abgerechnet werden, kann ein nicht-linearer Tarif bestehend aus einem variablen konsumabhängigen Preisanteil und einem konsumunabhängigen Fixpreisanteil vorliegen. Für den Fall, dass der Konsum nicht gemessen wird, kann der Preis an Kriterien wie der Grundstücksgröße, der Anzahl der Fenster eines Hauses, der Anzahl der Einwohner etc. gebunden sein, so dass Konsumenten mit unterschiedlichen Merkmalen unterschiedliche Preise zahlen. Schließlich wird, wie in dem hier betrachteten Fall des Wassersektors von Buenos Aires, noch eine vom operativen Tarif unabhängige Infrastrukturgebühr erhoben. Aus der zunächst einfachen Ausgangslage der Preisminimierung wird somit ein komplexes Problem der Verteilung von Privatisierungsgewinnen unter verschiedenen Konsumentengruppen unter der Bedingung der Anreizkonformität für das Unternehmen. Eine weitergehende Analyse anhand des Wassersektors in Buenos Aires erfolgt in Abschnitt 3.1.2.2.

3.1.1.4 Risiken und Unvollständigkeit von Verträgen

In dem oben beschriebenen einfachen Franchise-Modell wurde Franchising im Rahmen zweier Perioden analysiert, wobei das Augenmerk auf dem Versteigerungsverfahren lag. Betrachtet man kompetitives Franchising für einen mehrere Perioden währenden Vertrag, so treten weitere Probleme auf, die insbesondere mit dem langfristigen Charakter der abzuschließenden Verträge zusammenhängen. In diesem Zusammenhang hat WILLIAMSON (1976) den Erfolg von Monopol-Franchising angezweifelt.[2] Langfristige Verträge sind unvollständig, weil bei Vertragsschluss nicht alle möglichen zukünftigen Umweltzustände bekannt sind, die Einfluss auf das Vertragsverhältnis der Parteien haben können. Die Folge dieser Unvollständigkeiten ist, dass die Parteien mit der Zeit Lücken

1 Insofern hat Trinkwasser in gewisser Weise die Eigenschaft eines meritorischen Gutes.

2 WILLIAMSON (1976, 74 und 78f). CREW/ ZUPAN (1991) legen anhand der Kabel-TV Diskussion zu Franchising dar, dass die Vorhersagen von WILLIAMSON über die Wirksamkeit von Franchising bei natürlichen Monopolen zu pessimistisch sind.

im Vertragswerk entdecken und zu Nachverhandlungen ausnützen können.[1] Das Nachverhandlungsrisiko ist im Zusammenhang mit Franchising deswegen besonders problematisch, weil dadurch im Bietverfahren Verzerrungen auftreten können. Unternehmen richten unter Umständen ihre Gebote nicht an den erwarteten Kosten aus, sondern an den erwarteten Nachverhandlungsspielräumen, d.h. es steht nicht, wie in dem oben beschriebenen Modell dargestellt wird, die technische Effizienz des Unternehmens im Vordergrund, sondern z.B. die Risikobereitschaft in Bezug auf Nachverhandlungen.[2] Problematisch sind Nachverhandlungen auch in Bezug auf das Risiko von Geschäftsmodellen der Unternehmen, wenn Unternehmen um ein Franchise konkurrieren, deren Geschäftsmodelle ex ante zwar den gleichen erwarteten Ertrag aufweisen, sich jedoch hinsichtlich ihrer Risiken unterscheiden. Um das Problem zu verdeutlichen, nehme man an, dass zwei Unternehmen mit unterschiedlich riskanten Geschäftsmodellen um ein Franchise konkurrieren. Nur für das Unternehmen mit dem riskanten Geschäftsmodell besteht ex ante ein gewisses Verlustrisiko. Allerdings kann das Unternehmen, wenn es einen Verlust zu erwirtschaften droht, erfolgreich Nachverhandlungen führen, so dass die Verluste auf die Konsumenten abgewälzt werden. Antizipiert das Unternehmen mit dem risikoreichen Geschäftsmodell diese Nachverhandlungsspielräume, so liegt für dieses Unternehmen der tatsächlich erwartete Ertrag über dem des Unternehmens mit dem risikoarmen Geschäftsmodell. Insofern kann es im Zuge des Franchising besser Gebote als das Konkurrenzunternehmen abgeben.

Nachverhandlungen sind aus verschiedenen Gründen wahrscheinlich: Privatisierungen stellen für den staatlichen Franchise-Geber immer ein politisches Risiko dar. Auch wenn primär das Unternehmen die Schuld an einem eventuel-

1 Schon aus diesem Grund kann Franchising nie ein Ersatz, sondern allenfalls ein Hilfsmittel für direkte Regulierung sein. Zur Notwendigkeit von direkter Regulierung trotz Franchising auch ZUPAN (1989, 403). Gute langfristige Verträge zeichnen sich allgemein dadurch aus, dass sie auf der einen Seite hinreichend klar spezifiziert sind, um mögliche Umweltzustände abzubilden, andererseits aber auch hinreichend flexibel bleiben, um auf nicht vorhergesehene Umweltzustände ohne zu große Verhandlungskosten reagieren zu können.

2 PRAGER (1990, 214, 220-223) bestätigt diese Vorhersage anhand einer Umfrage unter 398 Gemeinden in den USA, die den Betrieb von Kabelfernsehen (CATV) an private Unternehmen übergeben haben. So war das opportunistische Verhalten von Unternehmen, z.B. gemessen anhand von Investitionsverzögerungen, fehlender Systemverbesserungen und Konflikten zwischen Gemeinde und Unternehmen in solchen Fällen signifikant größer, wo die Gemeinden ein kompetitives Franchise anstatt einer nicht-kompetitiven Übergabe inauguriert hatten. PRAGER folgert daraus, dass Unternehmen durch Franchising dazu veranlasst werden, zunächst ein Angebot unterhalb der eigenen Kosten abzugeben, um Konkurrenten aus dem Feld zu schlagen. Dabei kalkulieren die Unternehmen ein, nach der Übernahme des Monopols durch Nachverhandlungen die Vertragskonditionen verbessern zu können. Auf der anderen Seite kommt ZUPAN (1989, 402, 416f) zu dem Ergebnis, dass Franchise zumindest im Bereich Kabelfernsehen weit besser funktioniert, als allgemein angenommen wird. So sanken die Konsumentenpreise nach dem Franchise signifikant.

len Scheitern eines Franchise-Vertrags hat, so wird das Misslingen der Privatisierung von der Öffentlichkeit auch als Fehlentscheidung des Franchise-Gebers angesehen, der das Unternehmen ausgewählt hat.[1] Wird diese Situation von dem nachverhandlungswilligen Franchise-Nehmer antizipiert, könnte er versuchen, dem Franchise-Geber Zugeständnisse abzuringen.

Ein anderer Aspekt, der dem Unternehmen einen Nachverhandlungsspielraum eröffnet, könnte darin begründet sein, dass dem Franchise-Geber kein wirklicher Ersatz für ein nachverhandelndes Unternehmen bereitsteht. So hat der alte Franchise-Nehmer den Vorteil, dass er hinreichend Erfahrung in dem übernommenen Bereich hat und auch den Zustand der übernommenen Infrastruktur gut kennt. Potenzielle Konkurrenten sind diesbezüglich mit einem erhöhten *winners-curse* Problem konfrontiert, weil sie nicht wissen können, wie profitabel das Franchise tatsächlich ist.[2] Zudem müsste bei Austausch des Franchise-Nehmers das scheidende Unternehmen durch seinen Nachfolger für die getätigten Investitionen entschädigt werden, wobei die Höhe der Entschädigung bilateral ausgehandelt werden müsste.[3] Indem das alte Unternehmen dem potenziellen Übernehmer zeit- und kostenaufwändige Verhandlungen signalisiert, könnte dieser von einer Übernahme des Franchise abgeschreckt werden.[4]

Bei Vertragsunsicherheiten ergeben sich natürlich nicht nur für das Unternehmen Möglichkeiten zur Nachverhandlung, sondern auch für den Franchise-Geber.[5] Dies ist insbesondere dann relevant, wenn der Franchise-Geber nicht nur Vertragspartner sondern zugleich die Exekutive ist und die judikativen Funktionen in dem Land schwach ausgebildet sind. Der Franchise-Geber ist dabei einem Problem der Zeitinkonsistenz ausgesetzt, denn je größer ex post, d.h. nach Vertragsschluss, der Anreiz zu Nachverhandlungen ist, desto mehr muss sein Interesse darauf gerichtet sein, sich ex ante selbst zu binden, um dem Vertragspartner zukünftige Vertragstreue zu signalisieren. Gelingt dies nicht, wird kein vorausschauendes Unternehmen bereit sein, einen Franchise-Vertrag abzuschließen oder aber es werden nur solche Unternehmen selektiert, die das erhöhte Nachverhandlungsrisiko tragen können, sei es, dass sie in ihren Geboten einen Risikozuschlag berücksichtigen oder aber selbst die Absicht haben nachzuverhandeln.

Das Zeitinkonsistenzproblem hat noch eine weitere Dimension: Führt das Nachverhandlungsrisiko durch den Franchise-Geber dazu, dass das Unternehmen

1 Ähnlich dazu auch WILLIAMSON (1976, 80-83). Vgl. dazu auch Abschnitt 2.3.2.1.

2 Anhand einer Untersuchung in Frankreich hat sich gezeigt, dass bei einer Erneuerung des Franchising meistens die amtierenden Franchise-Besitzer gewinnen. LEE (1999, 109, 131). OGUS (1994, 329).

3 SPELTHAHN (1994, 58-71).

4 Zu derartigen Problemen, die mit *hold-up* beschrieben werden siehe auch ZUPAN (1989, 418).

5 Zu den Anreizen zur Nachverhandlung auf Grund von *sunken costs* siehe LEE/ JOURAVLEV (1998, 163).

einen Risikozuschlag für Nachverhandlungsrisiken des Franchise-Gebers in seine Gebote einkalkuliert, kann dies ex post geradezu Nachverhandlungen von Seiten des Franchise-Gebers provozieren. Will der Franchise-Geber ex post nämlich an sich keine Nachverhandlungen durchführen, so sieht der Risikozuschlag des Unternehmens für die Öffentlichkeit wie eine Monopolrente aus und der öffentliche Druck auf den Franchise-Geber steigt, diese Rente doch noch abzuschöpfen.

Eine Folgerung aus den Problemen langfristiger Franchising-Verträge könnte es sein, nur kurzfristige, revolvierende Verträge abzuschließen. Im Wassersektor besteht bei kurzfristigen Verträgen jedoch das Problem des *asset hangover*, da hohen Investitionen ein kurzfristig relativ geringer *cash flow* gegenüber steht. Unter Umständen müsste ein nachfolgendes Unternehmen dem scheidenden Unternehmen einen Teil seiner Investitionen vergüten, wodurch hohe Verhandlungskosten entstehen könnten.[1]

Eine andere Alternative könnten relativ kurzfristige Management-Verträge für den Wassersektor sein, um Franchising nur als sogenanntes operatives Franchising durchzuführen.[2] Die notwendigen Investitionen würden dann vom Staat getätigt werden, so dass das Problem des *asset hangover* nicht auftritt.[3] Vorstellbar wäre darüber hinaus ein von der Weltbank vorgeschlagenes mehrstufiges Verfahren, bei dem zunächst nur Management-Verträge mit den privaten Betreibern ausgehandelt werden, die später in Konzessionen und schließlich in vollen Privatbesitz münden.[4] Auf diese Weise könnte Vertrauen zwischen den Vertragspartnern aufgebaut werden und das von den Unternehmen zu antizipierende Risiko wäre geringer. Ein Problem wäre dann aber, dass die Privatisierung zunächst nur teilweise erfolgt und eine Privatisierungsdividende erst mit starker Zeitverzögerung entsteht.

Doch auch bei langfristigen Franchise-Verträgen lassen sich Spielräume und Anreize zur Nachverhandlungen begrenzen. Eine Minderung von Nachverhandlungsanreizen auf Seiten des Unternehmens könnte durch die Gestaltung der Regulierungsverträge erfolgen, die bereits in Abschnitt 2.2.2 behandelt wurden. Einfache Gewinnregulierung bietet für das Unternehmen kaum Anreize zur Nachverhandlung, da unvorhergesehene, die Kosten beeinflussende Ereignisse in Form von Preisveränderungen auf die Konsumenten übergewälzt werden können.[5] Reine Preisregulierung hingegen beinhaltet hohe Anreize zur Kosten-

1 WILLIAMSON (1976, 83-91).

2 WATERSON (1988, 112f).

3 Operatives Franchising ist insbesondere dort sinnvoll, wo sonst zu wenig Bieter am Franchising-Prozess teilnehmen würden, da die finanziellen Anforderungen bzw. Risiken sowie die mitzubringenden Erfahrungen bei operativem Franchising relativ niedrig sind.

4 KLEIN (1996, 10).

5 Darüber hinaus macht reine Gewinnregulierung einen wettbewerblichen Franchise-Prozess obsolet, weil selbst dem technisch ineffizientesten Unternehmen ein ausreichender Unternehmensgewinn zugesichert würde.

senkung für das Unternehmen, impliziert aber auch ein hohes unternehmerisches Risiko verbunden mit großen Anreizen zu Nachverhandlungen. Insofern besteht eine *trade-off* Situation zwischen der Senkung von Nachverhandlungsrisiken und der Senkung von Kosten. Sinnvoll wäre also ein Kompromiss aus beidem. Entsprechend schlägt KLEIN (1998) vor, dass das Unternehmen nur die unternehmerischen Risiken tragen sollte, andere Risiken hingegen, die das Unternehmen nicht zu verantworten hat, auf die Konsumenten zu überwälzen seien.[1] Für Investitionen sollten darüber hinaus nur allgemeine Output-Ziele festgelegt werden, um die Unternehmensrisiken zu senken. Die Festlegung von Investitionszielen sei demgegenüber zu risikoreich, weil sich Märkte anders als geplant entwickeln und geplante Investitionen daraufhin überflüssig werden könnten, so dass die Investitionen schließlich neu verhandelt werden müssen.[2] Ein weiterer Ansatz zur Verminderung von Nachverhandlungsspielräumen auf Grund des *sunk-cost* Charakters langfristiger Investitionen wurde bereits in Abschnitt 2.2.2.3 mit dem Modell von SALANT/ WOROCH dargestellt. Demnach führt das Unternehmen zum Zeitpunkt *t* gerade nur so viele Investitionen durch, dass die Konsumentenrente aus zukünftigen Investitionen höher ist, als die Konsumentenrente, die bei einer Enteignung des Unternehmens entsteht, wobei das Unternehmen dann in der Zukunft keine Investitionen mehr durchführt. D.h. das Unternehmen soll seine Investitionen über einen längeren Zeitraum verteilen, damit es den Franchise-Geber zur Vertragstreue anhalten kann.

Zusammenfassend kann folgendes festgestellt werden: Der Umfang des Franchise-Vertrages im Wassersektor sollte einerseits von den Zielen abhängig sein, die durch die Privatisierung verfolgt werden, andererseits von den Möglichkeiten des Staates, sich selbst glaubhaft zu binden. Franchising, das auch die Übernahme der Infrastrukturinvestitionen beinhaltet, verbunden mit einer hohen Privatisierungsdividende scheint daher nur für einen starken und leistungsfähigen Staat empfehlenswert, der einerseits dem Unternehmen hinreichende Vertragstreue signalisieren kann, andererseits aber auch die Einhaltung des Vertrages gegenüber dem privaten Unternehmen durchsetzen kann.

3.1.2 Normative Analyse der Durchführung des Franchising in Buenos Aires

3.1.2.1 Die Anzahl der Bieter und das Bietverfahren

Die Konzession für die Wasserversorgung in Buenos Aires wurde international ausgeschrieben. Kein argentinisches Unternehmen hätte die Konzession für sich allein übernehmen können, denn es handelte sich um die größte Privatisierung,

1 KLEIN (1998, 5f). Wie bereits dargestellt wurde, ist ein solches Konzept allerdings nur tragfähig, wenn es dem Staat gleichzeitig gelingt, sich selbst glaubhaft zu binden. Ansonsten könnten die Konsumenten ihrerseits z.B. bei Konjunkturschocks veranlasst werden, Druck auf den Staat auszuüben, Nachverhandlungen durchzuführen.

2 KLEIN (1998, 3f).

die jemals im Wassersektor durchgeführt wurde.[1] So wurden die Bewerbungskosten für jedes Unternehmen auf Mill. $ 5 geschätzt[2], Kosten und Risiken, die nur von großen Unternehmen getragen werden konnten. Die Zahl der potenziell infrage kommenden Unternehmen wurde zusätzlich dadurch verringert, dass der argentinische Staat die Konzession nur an erfahrene, große und international tätige Unternehmen vergeben wollte. So mussten die Unternehmen, wenn sie am Bietverfahren teilnehmen wollten, mindestens ein Eigenkapital von Mill. $ 750 aufweisen und weitere Mill. $ 200 über Kredite aufbringen können. Die jährlichen Einnahmen sollten sich auf mindestens Mill. $ 200 belaufen und mindestens 10 Millionen Konsumenten versorgt werden.[3] Offenkundiges Ziel dieser Begrenzung war es, Unternehmen mit langer Erfahrung und der nötigen Finanzkraft zu attrahieren. Unerfahrene Unternehmen oder unternehmerische Hazadeure sollten möglichst von dem Bieterverfahren ausgeschlossen werden. Insofern kamen eigentlich nur die großen international tätigen europäischen Wasserversorgungsunternehmen aus England, Frankreich und Spanien für die Konzession infrage. Selbst für diese Unternehmen war die Konzession aber noch zu groß, so dass sie sich zu internationalen Bieterkonsortien zusammentaten. Beteiligt an den Bieterkonsortien waren auch argentinische Unternehmen wie Sociedad Comercial del Plata (SCP) und Meller, Unternehmen, die über keinerlei Erfahrung im Wassersektor verfügten, sondern aus politstrategischen Gründen mit einbezogen wurden.[4]

Durch die starke Vorauswahl ersparte sich der argentinische Staat einerseits hohe Evaluationskosten, andererseits wurde das Nachverhandlungsrisiko durch die Unternehmen gesenkt, weil sich bekannte Unternehmen mit Expansionsplänen in Lateinamerika Nachverhandlungen nur wenig leisten konnten. Da die Konzession in Buenos Aires auf Grund seiner Größe und strategischen Bedeutung für die international tätigen Wasserunternehmen sehr attraktiv war und eine Reihe von anderen Privatisierungen in Argentinien erfolgreich durchgeführt worden waren, musste auch nicht befürchtet werden, dass sich zu wenige Bieter für das Franchise finden würden.[5]

---

1 ALCÁZAR et al. (2000, 19).

2 KLEIN (1996, 11).

3 ALCÁZAR et al. (2000, 20). Zusätzlich zu diesen Anforderungen hatte jedes Unternehmen eine Startgebühr von $ 30.000 zu entrichten, was allerdings gegenüber den übrigen Kosten mit der Bewerbung verbundenen Kosten nur eine geringe Summe war.

4 Diese werden ihr Engagement als Kapitalanlage betrachtet haben. Für die internationalen Wasserunternehmen hatte die Beteiligung von argentinischen Unternehmen den Vorteil, dem Konzessionsgeber Verbindungen zur einheimischen Wirtschaft präsentieren zu können.

5 LEVY/ SPILLER (2000, 84) stellen das *Sequencing* der Privatisierungen in Argentinien heraus. Durch die erfolgreiche Privatisierung anderer öffentlichen Unternehmen vor 1993 wurde das Vertrauen der Investoren bei nachfolgenden Privatisierungen im argentinischen Wassersektor gestärkt.

In der ersten Bieterrunde waren fünf Konsortien im Rennen, die unter der Führung der folgenden Unternehmen Gebote abgaben: Lyonnaise des Eaux-Dumez unter der Bezeichnung Aguas Argentinas[1], Compagnie Generale des Eaux, Thames Water International Services Ltd.[2], North West Water International Ltd.[3] und das spanische Unternehmen Canal Isabel Segunda. Diese Anzahl kann in Bezug auf die Privatisierungen im Wassersektor als vollkommen ausreichend angesehen werden, um hinreichend Konkurrenz zwischen den Bietern herzustellen.

Das Bietverfahren erfolgte in einem zweistufigen sogenannten Zwei-Briefe-Verfahren[4]. Mit dem ersten Brief mussten die Bewerber verdeckt die technischen Details darlegen, die ihren Geboten zu Grunde liegen sollten. Beschrieben wurden in diesem Brief die Art und Weise der geplanten Investitionen und Reparaturen, die zur Erreichung vorgegebener Standards hinsichtlich Trinkwasserqualität, Wasserverlusten, Abwasserqualität etc. erforderlich waren. Ziel dieser Verfahrensweise war es, möglichst frühzeitig solche Bewerber auszuselektieren, deren Vorschläge unrealistisch erschienen. Dies war erstens im Hinblick auf die bereits geschilderten riskanten Geschäftsmodelle relevant, die das Risiko von Nachverhandlungen der Verträge hätten erhöhen können. Zweitens wurden dem Konzessionsgeber und den Unternehmen auf diese Weise Evaluationskosten erspart, weil chancenlose Bewerber eine zweite Runde gar nicht mehr erreichten.[5] Drittens diente das Verfahren dazu, die Glaubwürdigkeit des im zweiten Brief übermittelten finanziellen Angebots besser überprüfen zu können. Viertens sollte mit diesem Verfahren die Transparenz des Bieterprozesses verbessert werden. So wäre es für die Transparenz des Verfahrens problematisch gewesen, wenn der Bieter mit dem finanziell günstigsten Angebot deswegen nicht zum Zuge kommt, weil dem Konzessionsgeber die technischen Vorschläge des zweitgünstigsten Bieters besser gefallen. Ein solches Szenario wäre nicht nur für das Franchising selbst problematisch, weil es zu endlosen Verhandlungen bis hin zu gerichtlichen Auseinandersetzungen zwischen Konzessionsgeber und Bietern führen kann. Es könnte auch eine destabilisierende Wirkung für die spätere Konzession entfalten, wenn sich der Konzessionsgeber bei u.U. schlechter Performance der Konzession später den öffentlichen Vorwurf gefallen lassen

1 Zu diesem Konsortium gehörten zunächst die Unternehmen Sociedad Comercial de Plata, Sociedad General de Aguas de Barcelona, Meller, Banco de Galicia y Buenos Aires und Anglian Water. FIEL (1999, 569).

2 Zu diesem Konsortium gehörten noch die Firmen Waste Management International Ltd. von den Bermudas, Kocourek SA Construcciones CIF (Argentinien) und Empresa Argentina de Cemento Armado (Argentinien). FIEL (1999, 569).

3 Zu diesem Konsortium gehörten noch die argentinischen Unternehmen Acindar und Loma Negra. FIEL (1999, 569).

4 Dies ist die Übersetzung für die Bezeichnung *double envelope*.

5 CRAMPES/ ESTACHE (1997, 16). So verwundert es nicht, dass das Zwei-Briefe-Verfahren zur Reduzierung von Risiken von den privaten Unternehmen begrüßt wurde. RICHARD/ TRICHE (1994, 13).

muss, nicht nur einen unseriösen sondern darüber hinaus auch nicht den günstigsten Bieter gewählt zu haben.

Die Evaluation der technischen Gebote für die Konzession in Buenos Aires erbrachte, dass das spanische Unternehmen nicht mehr berücksichtigt wurde, weil dessen Vorschläge als technisch zu risikoreich und unkonventionell galten. Somit blieben vier Bewerber für die Konzession, was immer noch als ausreichend angesehen werden kann. In der Schlussphase der Ausschreibung im Zuge der Abgabe der finanziellen Angebote sank die Anzahl der Bieter jedoch auf drei Unternehmen, weil sich die beiden französischen Unternehmen zusammenschlossen.[1] Dieser Zusammenschluss gerade von zwei französischen Unternehmen während des Bietverfahrens lässt vermuten, dass Absprachen zwischen den beiden Unternehmen bestanden und Daten ausgetauscht wurden. Hierin zeigt sich, wie problematisch ein Franchising-Wettbewerb auf internationaler Ebene sein kann, da der Franchise-Geber kaum in der Lage ist, Absprachen zwischen Unternehmen zu kontrollieren bzw. zu verhindern.[2] Hinsichtlich der Bieteranzahl war mit drei Unternehmen eine kritische Grenze erreicht, bis zu der ein Wettbewerb um ein Monopol über Franchise gegenüber direkten Verhandlungen gerade noch sinnvoll ist.

Die Gebote wurden verdeckt abgegeben, was ex ante in Anbetracht der geringen Zahl der Wettbewerber sinnvoll war. Bei drei Bietern hätte der Unterschied zwischen den finanziellen Geboten sehr groß sein können, so dass das effizienteste Unternehmen bei offenen Geboten eine hohe Rente hätte erzielen können. Aus einer ex post-Betrachtung hätte es vielleicht auch bei einem offenen Bieterverfahren einen harten Wettbewerb gegeben. Während Northwest Water International Ltd. mit dem Angebot einer Preisreduzierung um 10,5 Prozent weit abgeschlagen war, lagen die französischen Unternehmen mit einem Preissenkungsangebot um 26,9 Prozent und Thames Water International mit 26,1 Prozent dicht beieinander.[3]

3.1.2.2 Das Auswahlkriterium und Nebenbedingungen

Hinsichtlich des oben diskutierten idealtypischen Auswahlkriteriums entschied sich die argentinische Regierung bei der Privatisierung für das CPB-Verfahren und nicht für das MPB-Verfahren. Dabei wurde insofern ein Extrem gewählt als

1 ALCÁZAR et al. (2000, 20).

2 Der Zusammenschluss von europäischen Unternehmen bei Bieterwettbewerben in Drittländern ist anscheinend durchaus üblich und wird sogar teilweise von den Herkunftsländern gefördert. Insofern kann man auch hier annehmen, dass der französische Staat, der an den beiden Unternehmen beteiligt war, den Zusammenschluss unterstützt hat. Dazu z.B. CAILLAUD/ JÉHIEL (1998, 680f). Bei der Privatisierung des argentinischen Telefonunternehmens ENTel sprachen sich die Bieter über den Bietpreis ab. Dasjenige Unternehmen, das den Zuschlag bekam, sollte die Erlöse aus den niedrigeren Geboten mit den anderen Unternehmen teilen. BIRLE (1995, 320f).

3 FIEL (1999, 548).

dem Staat aus dem Franchise keine Einnahmen entstanden.[1] Auch wenn das gewählte Verfahren hinsichtlich einer normativen Beurteilung gemäß Abschnitt 3.1.1.3 zustimmungsfähig ist, so wäre auch eine Erzielung von Einnahmen zur Reduzierung der hohen argentinischen Verschuldung normativ begründbar gewesen. Allerdings sprachen andere Gründe für einen Verzicht auf zusätzliche Staatseinnahmen: Der Wassersektor wurde in Form einer Konzession und nicht in Form eines Eigentumstransfers privatisiert, wobei auf die Gründe für diese Wahl noch in den Abschnitten 3.1.2.3 und 3.1.3 einzugehen sein wird. Da die Wasserinfrastruktur somit rein rechtlich gesehen im Eigentum des argentinischen Staates verblieb, wären im Zuge der bloßen Besitzübergabe keine hohen Einnahmen zu erwarten gewesen, insbesondere deswegen nicht, weil der Konzessionär auch noch Ersatz- und Erweiterungsinvestitionen in Höhe von rund Mrd. $ 4 durchführen sollte, die dem argentinischen Staat nach Ablauf von 30 Jahren unentgeltlich zufallen. Ein weiterer Aspekt, der gegen eine Einnahmenerzielung durch den Staat sprach, war die Tatsache, dass drei argentinische Gebietskörperschaften in das Privatisierungsverfahren involviert waren. Verteilungskonflikte zwischen den Gebietskörperschaften wären im Fall von Privatisierungserlösen vorprogrammiert gewesen.

Im folgenden wird entsprechend dem Vorgehen in Abschnitt 3.1.1.3 das CPB-Verfahren genauer betrachtet. Gewählt wurde für Buenos Aires dasjenige Angebot, das den größten Abschlag auf den bestehenden Wassertarif erbrachte. Dieser Abschlag stellte sich als sogenannter K-Faktor dar, ein Prozentsatz, um den der Gesamttarif reduziert werden musste.[2] Als Nebenbedingungen legte man eine zu erreichende Mindestqualität der Wasserversorgung und die Höhe der vorzunehmenden Investitionen fest. Bezüglich der Qualitätskriterien wurden z.B. Wasserdruck, Wasserqualität oder die Reaktionsgeschwindigkeit auf Kundenbeschwerden ausgewählt, die innerhalb einer bestimmten Frist zu erreichen waren. Hinsichtlich der Investitionsvorgaben sollte der Konzessionär innerhalb der ersten fünf Jahre rund Mrd. $ 1 und in den folgenden 25 Jahren weitere Mrd. $ 3 investieren. Neben dem bestehenden Tarif wurde zur teilweisen Deckung der Investitionskosten für das Versorgungs- und Entsorgungsnetz eine sogenannte Infrastrukturgebühr[3] festgelegt, die über einen Zeitraum von zwei Jahren bei den neu angeschlossenen Konsumenten erhoben werden sollte. Als eine weitere Nebenbedingung kann interpretiert werden, dass der argentinische Staat für die Frühpensionierung von Beschäftigten des hochgradig überpersonalisierten OSN Mill. $ 30 zur Verfügung stellte.[4] Der argentinische Staat verzichtete also bei der

1 Wie noch weiter unten dargestellt wird, entstanden dem Staat sogar weitere Ausgaben.

2 IDELOVICH/ RINGSKOG (1995, 31). Der Tarif wird in Abschnitt 3.3 beschrieben werden. Die Auswahl des Buchstaben K lehnt sich an das noch zu beschreibende Regulierungsverfahren in England und Wales an.

3 Dies ist eine Übersetzung für *Cargo de Infraestructura.*

4 IDELOVICH/ RINGSKOG (1995, 34). Das Frühpensionsprogramm wurde voll in Anspruch genommen und bereits nach einem Jahr von Aguas Argentinas eine Erweiterung

Privatisierung des Wassersektors nicht nur auf Einnahmen sondern musste sogar noch zusätzliche Aufwendungen leisten.

Die Auswahl eines K-Faktors als einer eindimensionalen und transparenten Dimension erscheint richtig. Auf diese Weise konnten die Angebote der verschiedenen Bieter auch von der Öffentlichkeit leicht verglichen werden. Hätte man mehrere Dimensionen gewählt, indem man z.B. für die verschiedenen Tarifbestandteile unterschiedliche Preissenkungsniveaus gewählt hätte, so wäre Intransparenz und Ambiguität bei der Beurteilung der Gebote mit den damit verbundenen Interpretationsspielräumen die Folge gewesen.[1]

Allerdings wäre ein Abschlag auf den Tarif in Form eines K-Faktors nicht die einzige Möglichkeit eines eindimensionalen Preiskriteriums gewesen. Man hätte auch die Investitionen in die Ausdehnung des Versorgungssystems bei gegebenem Tarif und fixierten Infrastrukturgebühren maximieren oder die Infrastrukturgebühr bei gegebenem Tarif und gegebenen Investitionen minimieren können. Vorteil der Variante einer Investitionsmaximierung wäre eine raschere Ausdehnung des Versorgungssystems und der Versorgungsqualität gewesen. Insbesondere die Konsumenten in den Randbereichen von Buenos Aires wären schneller in den Genuss eines Wasseranschlusses gekommen als dies letztendlich im Rahmen des derzeitigen Investitionsprogramms von Aguas Argentinas geschieht. Ein zusätzliches Nachfragerisiko für das Unternehmen mit den damit verbundenen ungünstigeren Geboten wie etwa bei anderen Investitionsmaximierungsprojekten[2] wäre nicht aufgetreten, weil die Investitionen über eine Zwangsgebühr finanziert werden und die Konsumenten gezwungen sind, sich an das Versorgungsnetz anschließen zu lassen, sobald dies im Bereich ihrer Grundstücke verlegt worden ist.[3] Allerdings zeigte sich nach Übernahme der Konzession, dass ein relativ großer Anteil der neuen Konsumenten entweder nicht in der Lage oder nicht willig war, die Infrastrukturgebühren an Aguas Argentinas zu entrichten. Somit hätte die Beschleunigung der Investitionen bei gegebenen Infrastrukturgebühren die Konzession weiter destabilisiert. Ein weiteres Problem hinsichtlich der Investitionsmaximierung ist die stärkere unmittelbare Verquickung von technischen Faktoren und Auswahlkriterium innerhalb des geschilderten Zwei-Briefe-Verfahrens. So ist anzunehmen, dass das Niveau an vorzunehmenden Investitionen stärker von den technischen Vorschlägen abhängig ist, als dies bei einem Auswahlkriterium in Form einer Tarifsenkung der Fall ist, da letztere großteils durch eine kurzfristige Verringerung der operativen

aufgelegt, so dass ein Jahr nach der Übernahme von OSN etwa die Hälfte der Beschäftigten das Unternehmen verlassen hatten.

1 FIEL (1999, 23).

2 Nachfragerisiken bestanden z.B. bei Straßenbauprojekten in Chile.

3 So sind gemäß DECRETO 999/92 Kap. 2, Art. 10 die Eigentümer und Besitzer von Grundstücken und Immobilien verpflichtet, auf ihrem Grundstück die internen Anschlüsse für Abwasserentsorgung und Wasserversorgung zu installieren und in gutem Zustand zu erhalten. Ferner müssen sie die Anschlussgebühren tragen und die Leistungen des Konzessionärs bezahlen.

Kosten erreicht wird. Damit würde die Vorauswahl mittels des ersten Brief ein zu starkes Gewicht innerhalb des Franchise-Verfahrens bekommen.

Angesichts dieser Probleme bietet sich als Alternative die Minimierung der Infrastrukturgebühr bei gegebenen Investitionen und gegebenem Tarif an. Dieses Kriterium wäre ebenfalls den Konsumentengruppen in den Randbereichen von Buenos Aires zugute gekommen, wobei sich als Vorteil erwiesen hätte, dass später die Zahlungsausfälle auf Grund zu hoher Infrastrukturgebühren nicht so hoch ausgefallen wären und der noch darzustellende spätere Bedarf an Nachverhandlungen geringer gewesen wäre. Aber auch im direkten Vergleich wäre eine Infrastrukturgebührminimierung die bessere Alternative gegenüber einer Tarifminimierung gewesen. So musste die Zielsetzung der Privatisierung des Wassersektors insbesondere die Erweiterung des Versorgungsnetzes bzw. die Verbesserung der Versorgungsqualität sein, nicht aber die Reduzierung des Wassertarifs, der in Buenos Aires auch schon vor der Privatisierung sehr niedrig gewesen war. Insofern wäre eine Selektionsgröße beim Franchising, die in unmittelbarer Beziehung zu dem Privatisierungsziel, d.h. zu den Investitionen, steht, aus einer systematischen Perspektive heraus sinnvoller gewesen.[1] Schließlich wäre die Minimierung der Infrastrukturgebühr anstatt der Tarife auch von der sozialen Auswirkung her günstiger gewesen, denn das realisierte Verfahren bevorzugte überwiegend die bereits versorgte besser situierte Bevölkerung im Zentrum von Buenos Aires, während eine Infrastrukturgebührminimierung eher der ärmeren Bevölkerung in den Randbereichen von Buenos Aires zugute gekommen wäre.[2]

Zusammenfassend kann also festgestellt werden, dass mit der Wahl eines Tarif-Abschlags in Form eines K-Faktors zwar ein transparentes und einfaches Selektionskriterium gewählt wurde, es jedoch auch alternative, ähnlich transparente Kriterien, wie z.B. einen Diskont auf die Infrastrukturgebühr gegeben hätte, die wahrscheinlich effektiver gewesen wären.

3.1.2.3 Risiken und Unvollständigkeit des Vertrages

Die Privatisierung des Wassersektors in Buenos Aires wurde im Rahmen eines vollständigen Franchisings durchgeführt. Dies bedeutet, dass ein langfristiger Vertrag gewählt werden musste, der in diesem Fall eine Laufzeit von 30 Jahren hat. Ein derartig langfristig angelegter Vertrag erscheint vor dem Hintergrund

1 In einer ähnlichen Weise äußert sich Cevallo, der Präsident von ETOSS, zu den Zielen der Konzession. MESA REDONDA (1994, 6). Für ihn sind die zentralen Ziele der Privatisierung die Ausweitung der Trinkwasserver- und Abwasserentsorgung und die Verbesserung der Qualität, beides Ziele, die von den Investitionen abhängig sind.

2 Kritik an dem Selektionskriterium wird auch von ABDALA (1996, 13f) geäußert und später auch in der argentinischen Öffentlichkeit formuliert. Vgl. dazu: EL CRONISTA, Las Bajas Tarifas Sanitarias Favorecen Sólo a los más Ricos (21.2.1997, 3f).

problematisch, dass die staatlichen Institutionen in Argentinien und hier insbesondere die Judikative als schwach angesehen werden.[1]

Bevor der Vertrag selbst hinsichtlich möglicher Probleme beurteilt werden soll, muss gefragt werden, ob ein Franchising von kurzfristigen Managementverträgen im Rahmen operativen Franchisings für den argentinischen Staat eine sinnvolle Alternative gewesen wäre. Neben den beschriebenen politischen Risiken hätte für kurzfristige Franchise-Verträge sicherlich auch die mangelnde Qualität der Unterlagen gesprochen, die den Bewerbern von OSN zur Verfügung gestellt wurden. So konnten z.B. der Zustand der größtenteils nicht direkt zugänglichen Infrastruktur, die Höhe der Einnahmen oder die Menge des geförderten und transportieren Wassers nur über ungenaue Schätzungen bestimmt werden.[2] Gerade im Hinblick darauf, dass die Infrastrukturkosten einen wesentlichen Bestandteil der Kosten im Wassersektor ausmachen, wird dieser Sachverhalt das unternehmerische Risiko für die Bewerber stark erhöht haben.

Auf der anderen Seite hätte operatives Franchising eine Reihe von Nachteilen impliziert, die bereits weiter oben angesprochen wurden. Hätte der Staat für die Kosten der Infrastrukturinvestitionen aufkommen müssen, so wäre die Entlastung des öffentlichen Budgets, eines der Hauptziele der Privatisierungen in Argentinien, nur gering ausgefallen.[3] Zudem hätte der argentinische Staat nicht auf die Erfahrungen und das Wissen bei der Durchführung von Investitionsprojekten zurückgreifen können, wie sie einem spezialisierten, global tätigen Wasserunternehmen zur Verfügung stehen. Die Investitionen wären somit möglicherweise teurer gewesen, als wenn sie durch ein privates Unternehmen durchgeführt werden. Weiterhin wären auch alle politökonomischen Probleme bestehen geblieben, die bereits weiter oben in Bezug auf die unternehmerische Tätigkeit des Staates angeführt wurden. Zudem wäre durch die Trennung von Zuständigkeit und Nutzung der Infrastruktur dem privaten Unternehmen ein Anreiz zu *moral hazard*, also zu einer Übernutzung der Infrastruktur, gegeben worden.[4] Schließlich wäre es auch schwer gewesen, die Verantwortung für Qualität und Quantität den unterschiedlichen Zuständigkeiten zuzuordnen.[5] Es bleibt also

1 Als ein Indiz der Schwäche der Judikative kann angesehen werden, dass Menem kurz nach seinem Machtantritt die Zahl der obersten Richter von 5 auf 9 erhöhte, wobei die vier neuen Richter durch ihn eingesetzt wurden. BIRLE (1995, 296).

2 LEE (1999, 120).

3 Die hohen Investitionen waren eine Hauptursache dafür, dass auch die Infrastruktur privatisiert wurde. IDELOVICH/ RINGSKOG (1995, 26). LEE (1999, 125).

4 Für den Fall, dass der Staat für die Investitionen, das private Unternehmen aber für die Unterhaltung der Anlagen verantwortlich ist, hat das private Unternehmen einen Anreiz, durch Reduzierung der Unterhaltungsaufwendungen seine Gewinne zu erhöhen. Dieses Szenarium trat z.B. in Guinea auf. BURNS/ ESTACHE (1998, 17) Ähnlich dazu auch FRANCEYS (1997, 10).

5 Um nur ein Beispiel zu nennen: Niedriger Wasserdruck kann verschiedene Ursachen haben. So könnte es sein, dass das Wasserunternehmen zu wenig Wasser in das Netz einspeist und insofern das Unternehmen nicht die erforderliche Leistungsqualität erbringt.

festzustellen, dass der argentinische Staat trotz der nur geringen Informationen gute Gründe für ein vollständiges Franchising vorweisen konnte.

Die Risiken der Unvollständigkeit des Vertrags wurde durch einige Vertragskomponenten gemildert. Dies betraf im wesentlichen den *sunk-cost*-Charakter der Investitionen. So waren schon durch die Wahl einer Konzession anstatt einer Vollprivatisierung die *sunk-costs* zu Beginn des Vertrages gering, da der Franchise-Bieter keine Zahlungen für die Übernahme der Infrastruktur entrichten musste.[1] *Sunk-costs* entstehen somit vorwiegend aus den vom Konzessionär durchzuführenden Erweiterungs- und Erhaltungsinvestitionen in Höhe von insgesamt Mrd. $ 4. Allerdings werden diese Investitionen entsprechend dem in Abschnitt 2.2.3 geschilderten Modell von SALANT/ WOROCH gestreckt, wobei innerhalb der ersten 5 Jahre etwa 1/4 der Gesamtinvestitionen durchzuführen waren, mit einer degressiv abnehmenden Tendenz für die Folgejahre. Dies entspricht der Aussage des Modells, das ebenfalls die Durchführung von Investitionen in degressiver Form vorsieht, da für den argentinischen Staat ein Vertragsbruch zu Beginn der Konzession am teuersten ist. Schließlich mildern auch die noch zu beschreibenden Infrastrukturgebühren, welche die Kosten des Ausbaus des sekundären Netzes finanzieren und relativ zeitnah erhoben werden, das Problem der *sunk-costs*.

Problematisch ist die vertragliche Regelung, dass die Infrastruktur nach Ablauf der Konzession ersatzlos an den Staat zurückfällt. Somit hat der Konzessionär keinen Anreiz, bis zum Ende der Konzession ausreichende Investitionen durchzuführen bzw. die Anlagen in gutem Zustand zu erhalten. Der argentinische Staat wird auf Grund dieses Problems gezwungen, nicht nur Versorgungsziele, sondern auch Investitionsziele vorzugeben. SPILLER sieht aus diesem Grund eine Regelung als besser an, die am Ende der Konzession eine Zahlung des argentinischen Staates an den Konzessionär für getätigte Investitionen vorsieht.[2] Allerdings besteht dann das große Problem, die Investitionen zu bewerten. So befindet sich ein Großteil der Infrastruktur in Form von Leitungsrohren unterhalb der Erde und es mag nicht klar sein, in welchem Zustand sich diese befinden. Der Ansatz von Abschreibungswerten ist nur eine unvollkommene Linderung des Problems, da die Abschreibungszeiträume sehr lang sind und große Unterschiede zwischen dem angenommenen und dem tatsächlichen Zustand der Rohre entstehen können.

FIEL sieht die Verwechslung von Mitteln und Zielen als eines der großen Probleme des Konzessionsvertrags an. Auf der einen Seite würden in dem Vertrag Ziele vorgegeben, die im Laufe der Konzession erreicht werden sollen, wie z.B.

Möglich ist aber auch, dass ein niedriger Wasserdruck auf Grund hoher Verluste im Netz auftritt, so dass mehr Investitionen durch den Netzeigentümer erforderlich wären, um die Leistungsqualität zu verbessern. Angesichts solcher Probleme ist es denkbar, dass sich die Verantwortlichen gegenseitig die Schuld an einem zu niedrigen Wasserdruck zuschieben.

1 FIEL (1999, 547f).

2 SPILLER (1998, 7f).

eine zu erreichende Wasser-Qualität, ein bestimmter Wasserdruck, ein erlaubter Wassertarif oder eine bestimmte Versorgungsdichte, auf der anderen Seite würden dem Unternehmen aber auch Investitionsvorgaben wie Erhaltungsaufwendungen, notwendige Erneuerung etc. gemacht, die eigentlich nur Mittel zur Erreichung der geforderten Ziele sein können.[1] Die Vermischung von Zielen und Mitteln bedeutet einen höheren Regulierungsaufwand, weil mehr Vertragsbestandteile kontrolliert werden müssen. Zudem werden dem Unternehmen Freiheitsgrade genommen, die erforderlichen Ziele zu erreichen, und das Unternehmen u. U. sogar zu Investitionen gezwungen, die nicht sinnvoll sind.[2] Ein weiteres Problem kann in einem möglichen Konflikt zwischen Ziel- und Mittelvorgaben bestehen.

Allerdings kann es unter bestimmten Umständen auch sinnvoll sein, neben Outputzielen Investitionsziele vorzugeben, insbesondere dann, wenn die erwartete Lebensdauer des Investitionsgutes über den Zeitraum der Vertragsbeziehung hinausgeht. Ansonsten könnte das Unternehmen einen Anreiz haben, weniger Investitionen durchzuführen als eigentlich effizient ist, wobei es den festgelegten Outputzielen gerade noch genügt. Insofern besteht also ein Zusammenhang mit dem bereits geschilderten Problem des Rücktransfers der Infrastruktur an den Staat im Rahmen der Konzession.[3] Zudem ist es möglich, dass die Ziele für sich allein nicht spezifisch genug sind: So hätte die bloße Festsetzung von Expansionszielen das Unternehmen veranlassen können, nur in den Bereichen Investitionen vorzunehmen, welche die höchste Rendite versprechen. Z.B. werden nur Haushalte in dichtbesiedelten und wohlhabenden Regionen an das Netz angeschlossen, während die Versorgung ärmerer Regionen von dem Unternehmen zurückgestellt wird. In Anbetracht dieser Argumente relativiert sich die in

1 Im Anhang 2 wird diese Überschneidung anhand der Ziele für die geplante Versorgungsdichte und der zugehörigen Investitionen als ein Mittel zur Erreichung dieser Ziele dargestellt.

2 FIEL (1999, 550f). So war in Buenos Aires beispielsweise vier Jahre nach Übernahmen der Konzession für das Unternehmen absehbar, dass eine Abwasserhauptleitung, die in den Investitionsplänen stand, nicht mehr besonders notwendig war und man die Gelder besser für andere Investitionen einsetzen sollte. Dazu auch: ÁMBITO FINANCIERO, El Gobierno Renegociará el Contrato de Aguas Argentinas (21.2.1997, 3). Das für ETOSS bestehende Problem kann auch anhand des Wasserwerks San Martín verdeutlicht werden. In der Offerte war vorgesehen, dass Aguas Argentinas Investitionen für die Erweiterung des Werkes durchführen sollte, um eine höhere Kapazität zu erreichen. Stattdessen führte Aguas Argentinas Investitionen in die Modernisierung des Werkes durch und erreichte damit die gleichen Produktionsziele, wie in der Offerte vorgesehen war. ETOSS (1999d, 229).

3 Aber auch für den Fall, dass die Infrastruktur auf Dauer im Besitz des Unternehmens verbleibt, könnte es einen Anreiz haben, weniger Investitionen durchzuführen als eigentlich notwendig sind. Dies gilt insbesondere für börsennotierte Unternehmen, die sich dem sogenannten *shareholder value*-Konzept verpflichtet fühlen, denn dieses Konzept ist eher auf kurzfristige Ertragsmaximierung ausgerichtet, als auf eine langfristige Unternehmensperspektive.

der Literatur vorgetragene Kritik einer Überschneidung von Mitteln und Zielen im Konzessionsvertrag.

Eine Vorkehrung gegen Nachverhandlung durch das regulierte Unternehmen war die Wahl eines in Abschnitt 3.2 darzustellenden *hybriden Preisregulierungsverfahrens*. Einerseits folgte das Modell der Idee der Preisregulierung, indem die Konsumentenpreise innerhalb des Konzessionsvertrags fixiert wurden, um so für den Konzessionär genügend Anreize zur Kostensenkung zu geben. Andererseits enthält das Regulierungsmodell auch Elemente der Gewinnregulierung, indem dem Konzessionär erlaubt wird, Risiken, die nicht unternehmerischer Natur sind, wie z.B. Inflationsrisiken, auf die Konsumenten abzuwälzen. Um das *hold-up* Problem durch das Unternehmen zu mindern, wurde der Konzessionär zudem verpflichtet, eine Sicherheit von Mill. $ 100 zu stellen, wobei die Summe in dem Fall an den argentinischen Staat übergehen soll, dass der Konzessionär die Vertragsregeln bricht.[1]

Zusammenfassend kann festgestellt werden, dass die Auswahl eines langfristigen Vertrags anstatt eines kurzfristigen Managementvertrags gerechtfertigt werden kann. Für eine Konzession anstatt eines Eigentumstransfers spricht der Umstand, dass auf diese Weise die Risiken auf Grund des Auftretens von *sunk cost* verringert werden. Allerdings wird es insbesondere dadurch notwendig, Mittel und Ziele gemeinsam im Konzessionsvertrag zu definieren. Weiterhin wurden vom Konzessionsgeber verschiedene Aspekte zur Minderung des Nachverhandlungsrisikos in den Vertrag aufgenommen. Wie in Kapitel 4 noch gezeigt werden wird, haben diese Vorkehrungen die Nachverhandlungsbestrebungen der Vertragspartner jedoch nicht zu hindern vermocht.[2]

3.1.3 Positive Analyse der Durchführung des Franchising in Buenos Aires

Der Zeitpunkt der Privatisierung des Wassersektors im Jahr 1993 war verglichen mit den anderen von der argentinischen Regierung unternommenen Privatisierungen zwar relativ spät, die Privatisierung selbst wurde dann jedoch sehr zügig durchgeführt. Dass der argentinische Wassersektor im Vergleich zu anderen Sektoren wie Telekom oder Elektrizität erst relativ spät privatisiert wurde, ist insofern erklärlich, als der Wassersektor auf Grund seiner ausgeprägten Monopoleigenschaften den am schwierigsten zu privatisierenden öffentlichen Bereich darstellt. So musste die argentinische Regierung einerseits zunächst

1 Ein Aspekt, der das *hold-up* Problem des argentinischen Staates durch Aguas Argentinas verhindert haben wird, ist, dass Aguas Argentinas auf den Erhalt seiner Reputation bedacht sein musste, denn die Privatisierung in Buenos Aires hatte Pilot- und Signalcharakter für weitere Privatisierungen des Wassersektors in verschiedenen argentinischen Provinzen. Nachverhandlungsbemühungen durch Aguas Argentinas hätten hier sicherlich die Bewerberposition für die französischen Betreiberunternehmen geschwächt. Dieser Punkt wird später noch einmal aufgegriffen.

2 Bereits in den Jahren 1994 und 1997 kam es zu Nachverhandlungen, wobei wesentliche Aspekte des Konzessionsvertrags verändert wurden. Im vierten Kapitel wird dies anhand einer eingehenderen Analyse betrachtet.

einmal Erfahrungen mit anderen Privatisierung sammeln. Andererseits musste sie aber auch gegenüber möglichen Investoren Vertrauen dahingegen aufbauen, dass die Abkehr von der in Argentinien traditionellen populistischen Politik auch wirklich vollzogen war.

Die zügige Privatisierung des Wassersektors - sie dauerte von der ersten Ausschreibung bis zur Übergabe an Aguas Argentinas nur knapp ein Jahr - ist in erster Linie aus dem Umstand heraus erklärlich, dass im Frühjahr 1995 die Präsidentschaftswahlen bevorstanden. Je näher dieser Termin rückte, desto wichtiger wurde es für Präsident Menem, hohe Popularitätswerte vorzuweisen. Die Privatisierung des Wassersektors beinhaltete hier ein hohes politisches Risiko. So hätte sie auf Grund fehlender Bieter oder des Widerstands von Interessengruppen scheitern können, was einen Ansehensverlust der Regierung mit sich gebracht hätte, der um so schwerer gewogen hätte, je weniger Zeit der Regierung bis zu den Wahlen verblieb, den Gesichtsverlust vergessen zu machen. Ein anderer Grund für das forcierte Tempo bei der Privatisierung mag gewesen sein, dass man diese aus dem Wahlkampf heraushalten wollte. So können mit der Vorstellung, Wasser als ein lebenswichtiges Gut in die Hände eines profitorientierten privaten Unternehmens zu geben, in Wahlkampfzeiten auf einfache Weise Ängste unter den Wählern geschürt werden.[1] Die Opposition als eine erklärte Gegnerin der Privatisierungspolitik von Menem hätte sich diese Möglichkeit zum Stimmengewinn nicht entgehen lassen.

Neben den oben angebrachten normativen Argumenten zugunsten einer Konzession anstatt eines Eigentumstransfers lassen sich somit auch politökonomische Erklärungen für den gewählten Weg anführen, denn ein Eigentumstransfer wäre wesentlichen zeitaufwändiger als eine Konzession gewesen. So hätte ein Eigentumstransfer unter Umständen einen längeren Streit über die Anteile und Kompensationen zwischen den drei involvierten Gebietskörperschaften nach sich gezogen. Auch die notwendige genaue Bewertung der Infrastrukturen im Zuge eines Eigentumstransfers hätte mehr Zeit in Anspruch genommen als dies bei der einfachen Konzessionierung der Fall war.[2] Schließlich wäre wahrscheinlich auch der Verhandlungsprozess mit den Bewerbern über den Transfer und die angemessene Kompensation langwierig gewesen.[3]

1 Tatsächlich waren Privatisierungen im Wassersektor, die in den neunziger Jahren in Lateinamerika durchgeführt wurden, fast immer unpopulär. Vgl. dazu HALL (1999, 4). Die Zustimmung zu den Privatisierungen sank in den relevanten Jahren 1991 und 1992 innerhalb des Großraums Buenos Aires von 39,0 Prozent auf 26,4 Prozent, während die Gruppe, die Privatisierungen ablehnte, von 29,3 Prozent auf 43,6 Prozent anwuchs. ALCÁZAR et al. (2000, 13).

2 WORLD BANK (1996, 1).

3 Ein weiterer Grund für eine Konzessionierung könnte gewesen sein, dass die Regierung durch diese Wahl die öffentliche Akzeptanz für die Privatisierung des Wassersektors steigern wollte. Mit dem gewählten Modell konnte der Eindruck erweckt werden, dass der Staat seinen Einfluss auf die Wasserversorgung im Prinzip erhält und ein „Ausverkauf“ an ein ausländisches Unternehmen nicht stattfindet.

Angesichts dieser Eile ist es nicht verwunderlich, dass die Bieterunterlagen ungenau und unvollständig bleiben mussten. Offensichtlich zog die argentinische Regierung aus wahltaktischen Erwägungen einen Risikoaufschlag der Bieter auf Grund der unvollständigen Unterlagen bzw. ein höheres Nachverhandlungsrisiko einer verzögerten Privatisierung des Wassersektors vor.

Die Auswahl von CPB anstatt von MPB, also die Maximierung des Konsumentennutzens anstatt der Privatisierungserlöse, kann im Hinblick auf den kurz bevorstehenden Wahltermin ebenfalls noch einmal politökonomisch interpretiert werden. So ist eine Reduzierung der Verschuldung durch Privatisierungserlöse im Zuge von MPB eher im Sinne einer langfristig orientierten Wirtschaftspolitik zu deuten und somit für den Beginn einer Legislaturperiode zu erwarten. Der Grund ist darin zu sehen, dass eine Politik der Schuldenreduzierung zwar der gesamten Bevölkerung zugute kommt, jedoch nur in geringem Maße von den Wählern wahrgenommen wird.[1] Gestützt wird diese Annahme durch die Tatsache, dass die argentinische Regierung nur in den Jahren 1990 bis 1992, also in der ersten Hälfte der Legislaturperiode MPB durchführte.[2] Wesentlich öffentlichkeitswirksamer scheint in dem betrachteten Fall die Reduzierung des Wassertarifs mittels CPB zu sein, die den direkt betroffenen Konsumenten zugute kam und es der Regierung ermöglichte, die Privatisierung als eine Erfolgsgeschichte zu darzustellen.[3]

Eine Privatisierung kann nur dann erfolgreich sein, wenn sich die Regierung die Unterstützung verschiedener relevanter Interessengruppen sichert. Für die Privatisierung von OSN manifestiert sich diese Erkenntnis in der Gründung eines Komitees, in dem neben den Politikern der Gebietskörperschaften auch Vertreter der Konsumenten, Gewerkschaftler und Mitarbeiter von OSN vertreten waren.[4]

Alle in dem Komitee vertretenen Interessengruppen erhielten für ihre Zustimmung zu der Privatisierung eine Kompensation. Diese fiel für die bei OSN Beschäftigten besonders großzügig aus, denn in Argentinien waren insbesondere die organisierten Beschäftigten traditionell eine machtvolle Interessengruppe,

1 CASTELAR PINHEIRO/ SCHNEIDER (1995, 772-774) argumentieren genau umgekehrt. Sie sehen MPB mit einer korrespondierenden Reduzierung des Budget-Defizits als die beste Alternative eines populistischen Politikers an. Dies ist aber wenig plausibel.

2 CASTELAR PINHEIRO/ SCHNEIDER (1995, 754, 767). Argentinien erlöste mit seinen Privatisierungen zwischen 1990 und 1993 Mill. $ 18,79.

3 Kritisiert wird, dass die Regierung die Tarifsenkung nur durch einen Trick erreicht hätte. Kurz vor der Privatisierung sei der Wassertarif durch OSN um 45 Prozent angehoben worden, um später die Senkung des Tarifs besser als einen Erfolg darstellen zu können. AMÉRICA (Mitschnitt), Palabras Cruzadas (23.3.1995 um 22:52 Uhr). FIEL (1999, 571). Rechnet man die Infrastrukturgebühr zudem auch als Teil des Tarifs, so ist im Zuge der Privatisierung der Gesamttarif sogar stark erhöht worden. Diese Erhöhung wurde jedoch von den Konsumenten nicht wahrgenommen, weil die Infrastrukturgebühren noch nicht fällig waren.

4 Die Arbeiter von OSN waren größtenteils gewerkschaftlich organisiert. IDELOVICH/ RINGSKOG (1995, 6 und 26).

die Privatisierungen verhindern konnte und deswegen entsprechend abgefunden werden musste.[1] Die Zustimmung der Gewerkschafter zu einer erforderlichen Reduktion der Arbeitskräfte von OSN wurde durch ein finanziell gut ausgestattetes Frühpensionierungsprogramm gewonnen. Die verbleibenden Beschäftigten von OSN erhielten Mitarbeiterbeteiligungen in Höhe von 10 Prozent der Aktien von OSN. Ein Teil der Mitarbeiter von OSN wurde für die Neubesetzung des Regulierers ETOSS rekrutiert, der ex-Chef von OSN, Cevallo, erhielt sogar den Posten des Präsidenten im Regulierer.

Die Zustimmung der alten Konsumenten wurde dadurch erreicht, dass ihnen die Senkung der Wassertarife verbunden mit substanziellen Qualitätsverbesserungen in der Versorgung versprochen wurde.

Nicht im Komitee vertreten waren die Steuerzahler und diejenigen Konsumenten, die erst in Zukunft an das Versorgungsnetz angeschlossen werden sollten. Während sich die Steuerzahler tendenziell deswegen schlechter stellten, weil sie für das Frühpensionierungsprogramm der argentinischen Regierung aufkommen mussten, wurden die neuen Konsumenten durch die noch eingehender darzustellende Infrastrukturgebühr überproportional belastet. Da die ersten Infrastrukturgebühren erst nach den Wahlen im Jahr 1995 anfallen würden, konnte die Regierung damit rechnen, dass zumindest bis zu den Wahlen von Seiten dieser Interessengruppe kein Widerstand zu erwarten war.

Abschließend ist noch ein kurzer Blick auf die bietenden Unternehmen zu werfen, deren Interessen sich im Prinzip nur in ihren Geboten im Zuge des Franchising äußern konnten. Es wurde bereits beschrieben, dass für die Unternehmen die Übernahme der Konzession in Buenos Aires für eine Expansionspolitik in Lateinamerika von großer strategischer Bedeutung war. Es wäre somit naiv zu erwarten, dass sich die Unternehmen strikt an die Spielregeln des Bieterverfahrens gehalten haben. Vielmehr spricht einiges dafür, dass die Gebote von Aguas Argentinas nicht kostendeckend waren und das Unternehmen Nachverhandlungen in sein Kalkül mit einbezog.[2] In der Öffentlichkeit wurde später sogar der Verdacht geäußert, dass es zwischen Regierung und Konzessionär Geheimabsprachen in Hinblick auf spätere Nachverhandlungen gab.[3] Andere Interpretationen gehen dahin, dass Aguas Argentinas die Konzession nur deswegen gewinnen konnte, weil das Konsortium kurz vor Ende des Bietverfahrens Kenntnisse

1 BIENEN/ WATERBURY (1989, 625). Dazu auch COOK/ MINOGUE (1990, 393).

2 So nahm das Unternehmen im Jahr 1994 einen Kredit auf, den es nur unter der Voraussetzung eines höheren *Cash flows* als in der Konzession vorgesehen war, zurückzahlen konnte. ALCÁZAR et al. (2000, 41).

3 Entsprechende Vermutungen äußerte später einmal der Vizebürgermeister der Stadt Buenos Aires, Aníbal Ibarra: Aguas Argentinas habe auf der einen Seite eine hohe, nicht kostendeckende Tarifsenkung angeboten und dafür auf der anderen Seite von der Regierung Menem das Versprechen bekommen, den Tarif nach den Wahlen nachverhandeln zu dürfen. PÁGINA 12, Responsables (21.2.1998, 11).

über die Gebote der Konkurrenz erhalten hatte und daraufhin seine Gebote noch einmal nach unten korrigieren konnte.[1]

Ungeachtet der hier vorgetragenen Kritik an dem Franchise-Verfahren in Buenos Aires ist an dieser Stelle allerdings noch einmal darauf hinzuweisen, dass das Verfahren insgesamt relativ erfolgreich war. Insofern ist die bereits beschriebene substanzielle Senkung des Tarifs bei gleichzeitig hohen Investitionen und einer starken Verbesserung der Versorgungsqualität ein Indiz dafür, dass tatsächlich ein Wettbewerb im Zuge des Franchising stattfand, der dem siegreichen Unternehmen die Aufgabe eines großen Teils möglicher Monopolrenten abnötigte.

3.2 Die Effizienz des Regulierungsverfahrens

Während in Abschnitt 3.1 die Prinzipien und Probleme des Versteigerungsverfahrens der Konzession diskutiert wurden, stehen in diesem und in dem darauf folgenden Abschnitt die Details des im Rahmen der Privatisierung abgeschlossenen Konzessionsvertrags im Vordergrund. In dem folgenden Abschnitt wird das gewählte hybride Regulierungsverfahren, das aus Elementen von Gewinn- und Preisregulierung besteht, einer Analyse unterzogen. Diese erfolgt entsprechend dem vorherigen Abschnitt in drei Schritten. Zunächst ist es notwendig, die in Abschnitt 2.2. dargestellten Erkenntnisse aus den normativen Regulierungsmodellen für die Regulierungspraxis zu modifizieren. Auf der Grundlage dieser Modifikationen wird in einem zweiten Schritt das Regulierungsverfahren des Wassersektors von Buenos Aires beurteilt. Im letzten Abschnitt erfolgt wiederum eine politökonomischen Analyse der gewählten Verfahren.

3.2.1 Die normative Analyse des Regulierungsverfahrens

Normativ gute Regulierungsverfahren sind bereits im zweiten Kapitel diskutiert worden. Ergebnis der theoretischen Modelle war, dass auf Grund asymmetrischer Informationen zwischen Unternehmen und Regulierer der anreizkompatible Regulierungsvertrag normalerweise sowohl Elemente der Gewinn- als auch

1 Das Augenmerk liegt hier insbesondere auf dem geringen Abstand der Gebote von Thames Water und Suez Lyonnaise des Eaux. Die Vertreter von Thames Water mussten für die Gebotsabgabe nach London telefonieren, um sich ihren Handlungsspielraum bestätigen zu lassen. Da das Telekomunternehmen Telefónica, über das die Verbindungen hergestellt wurde, gleichzeitig in enger Verbindung mit Soldati stand, dem Eigentümer der Sociedad Comercial de Plata (SCP) und Teilhaber in dem Konsortium Aguas Argentinas, könnte der Bieter Suez Lyonnaise de Eaux von den Geboten der Konkurrenz erfahren haben. Angeblich soll Aguas Argentinas seine Offerte am letzten Tag noch einmal nach unten korrigiert haben. PÁGINA 12, Suma y Sigue (18.10.1998, 10f). In diesem Sinne wäre die Aussage von Chaussade, dem Präsidenten von Aguas Argentinas, über das spätere Ausscheiden der SCP aus dem Konsortium zynisch: „Wir beklagen das Ausscheiden von Soldati sehr, weil er uns sehr geholfen hat, auf dem argentinischen Markt Fuß zu fassen." Vgl. dazu LA NACIÓN, Aguas Agentinas Quiere Seguridad para Invertir (1.7.1999, 12).

der Preisregulierung enthalten sollte.[1] Da der Regulierer die wahre Effizienz des regulierten Unternehmens nicht kennt, bietet er ihm selbstselektierende Verträge an, aus dem dieses sich einen Vertrag entsprechend seiner Charakteristika aussucht. Ineffiziente Unternehmen wählen tendenziell einen Gewinnregulierungsvertrag, effiziente Unternehmen hingegen einen Preisregulierungsvertrag. In der Praxis haben selbstselektierende Verträge keine Bedeutung. Vielmehr wird, wie im Abschnitt 3.1 dargestellt wurde, über Franchising ein Unternehmen für einen gegebenen Regulierungsvertrag selektiert. Ziel dieses Verfahrens ist es, das effizienteste Unternehmen auszuwählen. Insofern müsste sich das Regulierungsverfahren ausgehend von den Erkenntnissen der Modelle in Abschnitt 2.2 eher an einem Preisregulierungsverfahren als an einem Gewinnregulierungsverfahren orientieren. Allerdings erscheinen selbst für effiziente Unternehmen reine Preisregulierungsverfahren nicht sinnvoll. So wurde bereits in Abschnitt 3.1.1.4 darauf hingewiesen, dass auf Grund von Unsicherheiten über die Zukunft und der damit verbundenen Risiken von Nachverhandlungen bestimmte Risiken nicht von den Unternehmen, sondern von den Konsumenten getragen werden sollten. Einerseits sind dies die Risiken, die nicht von den Unternehmen zu verantworten sind. Andererseits ist es aber auch nicht sinnvoll, auf Grund der Unsicherheiten über die Zukunft die Preise im Preisregulierungsverfahren auf Dauer zu fixieren. Ansonsten kann der Fall eintreten, dass das Unternehmen entweder exzessive Gewinne auf Kosten der Konsumentenrente erwirtschaftet oder aber Verluste erleidet, die Nachverhandlungen der Regulierungsverträge erforderlich machen.

Diese Einsichten wurden seit Beginn der achtziger Jahre bei den britischen Privatisierungen berücksichtigt. Für die Privatisierung von Britisch Telecom im Jahr 1983 schlägt LITTLECHILD unter der Bezeichnung RPI-X ein hybrides Regulierungsverfahren mit nacheilender Regulierung[2] und Inflationsanpassung vor.[3] Dieses Verfahren beinhaltet ein Element der Preisregulierung, da die von den Konsumenten zu bezahlenden Preise ex ante über zehn Jahre lang fixiert werden. Preisanpassungen sind nur in Form eines Inflationsausgleichs möglich.[4] Zudem werden die Preise jährlich durch einen zu Beginn der Zehnjahresperiode fixierten Faktor X nach unten korrigiert, der die mögliche jährliche Erhöhung der unternehmerischen Effizienz widerspiegeln soll.[5] Das Element der Gewinn-

---

1 Im allgemeinen werden die USA als ein Beispiel für Gewinnregulierung und das Vereinigte Königreich als ein Beispiel für realtypische Preisregulierung angesehen. Dazu z.B. SOLANES (1995, 158).

2 Dies ist eine Übersetzung für „*regulatory lag*".

3 LITTLECHILD (1983).

4 Die Inflation wird dabei an einem Index für die Einzelhandelspreise gemessen. RPI steht in diesem Fall für **R**etail-**P**rice-**I**ndex.

5 Für die Bezeichnung der Effizienzsteigerung mit X mag das Konzept der leibensteinschen X-Ineffizienz Pate gestanden haben LEIBENSTEIN (1966). Vereinfacht dargestellt ist X-Ineffizienz ein Konzept, das die Abweichung von realisierter zu möglicher Effizienz in einem Unternehmen infolge fehlenden Wettbewerbdrucks messen soll.

regulierung besteht im wesentlichen darin, dass nach zehn Jahren eine Neufestsetzung der Telefongebühren derart erfolgt, dass dem Unternehmen die faire Verzinsung seines Kapitals verbleibt. Entscheidend für eine Charakterisierung des Regulierungsverfahrens ist somit der Grad der nacheilenden Regulierung. Er beschreibt die Übergänge zwischen Gewinn- und Preisregulierung. Je kürzer die Nacheilung ist, desto eher ähnelt ein Regulierungsverfahren der Gewinnregulierung, je länger sie ist, desto mehr nähert es sich der Preisregulierung an.[1]

Obwohl das Regulierungsverfahren ursprünglich nur für den Sektor Telekommunikation konzipiert worden war, wurde es später auf andere unter Thatcher privatisierte Bereiche ausgedehnt und fand schließlich auch für den 1989 privatisierten englisch-walisischen Wassersektor Anwendung.[2] In ihrer Studie für den Wassersektor gehen BEESLY/ LITTLECHILD davon aus, dass RPI-X Regulierung sowohl kurz- als auch langfristig ein gutes Regulierungsverfahren für diesen Sektor darstellen kann. So seien die Chancen für einen hohen Produktivitätsgewinn in der Anfangsphase des privaten Betriebes sehr hoch, ein Aspekt, der bei dem alternativen Verfahren der Gewinnregulierung nicht ausreichend berücksichtigt würde. Andererseits sei es auf Grund von Unsicherheiten über zukünftige Produktivitätsentwicklungen nicht sinnvoll, den Zeitraum bis zur nächsten Revision der Preise übermäßig lange hinauszuschieben. Auf längere Sicht sei für die Wasserindustrie allerdings nur ein geringer technischer Fortschritt zu erwarten, so dass der Anpassungsbedarf der Verträge im Laufe der Zeit nicht mehr so bedeutend ist.[3]

Ausgehend von den positiven britischen Erfahrungen mit der RPI-X Regulierung fanden ähnliche Verfahren auch in anderen Ländern Verwendung. Auch die Regulierung des Wassersektors in Buenos Aires orientierte sich mit einigen Abweichungen an dem britischen Modell.[4] Aus diesem Grunde sollen in den folgenden Abschnitten einzelne Aspekte des britischen Regulierungsverfahrens eingehender diskutiert werden, um auf dieser Grundlage einzelne Abweichungen des Regulierungsverfahrens in Buenos Aires daraufhin zu untersuchen, ob sie eine Verbesserung gegenüber dem britischen System darstellen. Zunächst geht es um die Länge und Form der nacheilenden Regulierung. Anschließend wird das Preisindexierungsverfahren diskutiert. Sodann sind die unter bestimmten Bedingungen gegebenen Möglichkeiten zur Überwälzung von Kosten auf die Konsumenten darzustellen. Schließlich werden die Festsetzung des X-Faktors und verschiedene Methoden zur Berechnung der Kapitalkosten dargestellt.

---

1 Vgl. dazu auch POWELL (1996, 12).

2 Überdies wurde das Verfahren auch für British Gas, British Airports Authority und die britische Elektrizitätswirtschaft verwendet. ARMSTRONG et al. (1994, 165).

3 BEESLEY/ LITTLECHILD (1989, 470f). Zwar waren die Produktivitätsgewinne im britischen Wassersektor in der Anfangsphase tatsächlich besonders hoch, aber auch langfristig, d.h. nach mittlerweile 10 Jahren sind auch bei den effizientesten britischen Unternehmen Produktivitätssteigerungen von jährlich einem Prozent möglich.

4 FIEL (1999, 568). Dazu gehörte die Inflationsindexierung, die Formulierung eine K-Faktors und die Fixierung der Preise über fünf Jahre hinweg.

3.2.1.1 Der Grad und die Form der nacheilenden Regulierung

Wie bereits gezeigt wurde, ist der Grad der Nacheilung der Regulierung das wesentliche Merkmal, das Gewinn- und Preisregulierung voneinander unterscheidet. Ein grundlegendes Regulierungsmodell mit nacheilender Regulierung wurde bereits im Abschnitt 2.2.3 mit dem Modell von VOGELSANG/ FEINSINGER beschrieben. BAILEY entwickelt ein einfaches mikroökonomisches Modell zum optimalen Grad der nacheilenden Regulierung, in dem die Möglichkeit zu kostensparenden Innovationen und die optimale Länge der Nacheilung positiv miteinander korreliert sind.[1] Ein neueres Modell wird von REES/ VICKERS (1995) vorgestellt.[2] Hier ist die optimale Länge der Nacheilung einerseits positiv von der Sensitivität der Unternehmenskosten bezüglich der Kostensenkungsmöglichkeiten und andererseits negativ von der Nachfrageelastizität abhängig. Ist also das Potenzial für Kostensenkungen hoch und ist die Nachfrageelastizität gering, dann sollte auch der Zeitraum der Nacheilung lang sein.

Neben der Bestimmung der optimalen Länge der Nacheilung könnte ferner die Frage diskutiert werden, ob die Länge der Nacheilung bzw. der Zeitpunkt der Revision dem Unternehmen bekannt sein sollte oder nicht. Ist der Revisionszeitpunkt bekannt, dann sinkt für das Unternehmen der Anreiz zu Kosteneinsparungen, je näher der Revisionstermin rückt. U.U. könnte es sogar veranlasst werden, unmittelbar vor der Revision große Ineffizienz zu simulieren, um erst nach der erfolgten Revision mögliche Kosteneinsparungen zu realisieren.[3] Dies bedeutet, dass nacheilende Regulierung nicht immer effizienzverbessernd wirken muss, sondern mitunter sogar zu einer Verschlechterung der Effizienz führen kann. Der Regulierer kommt also bei festgelegten Revisionszeitpunkten nicht umhin, auch zwischen den Anpassungsphasen die Kostenentwicklung im Unternehmen zu überwachen, um eventuelle Abweichungen von einem antizipierten Produktivitätswachstumspfad im regulierten Unternehmen erkennen zu können. Nicht zuletzt aus einer dynamischen Perspektive ist auf der anderen Seite eine nacheilende Regulierung, bei der dem Unternehmen der Revisionszeitpunkt nicht bekannt ist, unrealistisch. Ein solches Regime würde dem Regulierer eine hohe diskretionäre Regulierungsbefugnis gewähren und somit anfällig für opportunistisches Verhalten sein. Insbesondere in Entwicklungsländern könnten die von den Investoren angenommenen unternehmerischen Risiken eines solchen regulatorischen Regimes so hoch sein, dass der notwendige Risikoaufschlag mögliche Vorteile eines solchen Systems überkompensieren würde.

---

1 BAILEY (1978, 285-295). Der wohfahrtsmaximierende Regulierer ist mit einem *trade off* konfrontiert, da er Unternehmensrenten auf Grund von Innovationen gegenüber zusätzlichen Konsumentenrenten abwägen muss.

2 REES/ VICKERS (1995, 363). Der negative Zusammenhang zwischen Nacheilung und Nachfrageelastizität besteht wegen der zu erwartenden Wohlfahrtsverluste auf Grund allokativer Ineffizienzen einer zu langen Nacheilung.

3 VICKERS/ YARROW (1988, 87). Auch FOSTER (1992, 215f).

LITTLECHILD stellt fest, dass der optimale Zeitraum zwischen den Revisionen zwischen fünf und zehn Jahren beträgt. Die Revisionen sollten nicht in kürzeren Abständen als alle fünf Jahre erfolgen, damit die Anreize zur Kostensenkung erhalten bleiben. Die Abstände sollten aber auch nicht länger als zehn Jahre betragen, um auf Kosten- und Umweltveränderungen reagieren zu können.[1] Gemäß HERRINGTON/ PRICE sollte die Nacheilung zu Beginn der Privatisierung eher kürzer sein, weil häufig noch nicht genügend Informationen über die Kostenstrukturen des Monopols vorliegen.[2] Der Grund für diese Informationsdefizite wird darin zu sehen sein, dass mögliche Kostensenkungen nicht nur durch technische Fortschritte erzielt werden können, sondern auch durch einen Abbau von Ineffizienzen im Monopolunternehmen.

Entsprechend dieser praktischen Vorgaben wurde der Zeitraum zwischen den Revisionen für den britischen Wassersektor auf 10 Jahren festgelegt. Eine Vertragsklausel erlaubte es dem Regulierer oder den Wasserunternehmen allerdings, eine vorzeitige Revision nach fünf Jahren, also im Jahr 1994 anzustrengen.[3] Als sich zeigte, dass die Kosteneinsparungen der Wasserunternehmen größer waren, als zum Zeitraum der Privatisierung antizipiert worden war, und in der Öffentlichkeit der Eindruck entstand, die Wasserunternehmen würden exzessive Gewinne erzielen, machte der Regulierer OFWAT von dieser Möglichkeit Gebrauch.[4] De facto ging der Regulierer also zu einem 5-Jahresrhythmus der Revisionen über, ein Modifikation, die im Zuge der zweiten Revision im Jahr 1999 auch vertraglich fixiert wurde und sich offenbar bewährt hat.[5]

3.2.1.2 Die Preisindexierung

Es wurde bereits mehrfach erwähnt, dass den Unternehmen aus Gründen einer besseren Risikoallokation bestimmte Risiken nicht aufgebürdet werden sollten. Dies gilt insbesondere für die nicht-unternehmerischen Risiken, d.h. diejenigen Risiken, die weder von den Unternehmen veranlasst wurden noch von ihnen beeinflusst werden können. Dazu gehören u.a. die allgemeinen Inflationsrisiken. Deswegen ist es auch bei der Preisregulierung sinnvoll, den Unternehmen die Anpassung ihrer Preise gemäß eines oder mehrerer Inflationsindizes zu erlauben, solange die Unternehmen die Auswahl der Indizes nicht beeinflussen können bzw. unternehmerische Entscheidungen nicht durch die Auswahl der Indizes verzerrt werden. Der bei Preisregulierung eingefügte Preisindexierungsmechanismus ist dabei Quelle eines weitverbreiteten Missverständnisses geworden. So kritisieren verschiedene Autoren an dem noch zu beschreibenden argentinischen Preisregulierungs-Verfahren, dass dessen Preisindexierungsmechanismus zu einem der Gewinnregulierung ähnlichen Regulierungsverfahren führt, wobei für

1 LITTLECHILD (1996, 30). HERRINGTON/ PRICE (1987, 16).
2 HERRINGTON/ PRICE (1987, 16).
3 HELM/ RAJAH (1994, 78).
4 STOUT (1996, 55).
5 OFWAT (1997, 11).

das Unternehmen die Anreize zur Kostensenkung gering seien.[1] Das Missverständnis liegt hierbei in einer Verwechslung von tatsächlichen und regulierten Kosten begründet. Gewinnregulierung orientiert sich an den dem Unternehmen tatsächlich entstehenden Kosten. Preisregulierung hingegen ist bis zum Zeitpunkt der Revision nur an den regulierten Kosten orientiert. Wenn aber nur die regulierten Kosten mit einer Preisindexierung auf Grund der tatsächlichen Entwicklung der Preise versehen werden, so bleiben die Anreize zur Senkung der Kosten voll bestehen, weil die Veränderung der regulierten Kosten keinerlei Auswirkung auf die Entwicklung der tatsächlichen Kosten hat.

Da sich die Preise auf Grund einer Preisindexierung auch zwischen den Revisionen verändern, muss die Frage gestellt werden, inwiefern einem Monopolisten, der auf räumlich, zeitlich oder konsumentenspezifisch aufgeteilten Märkten tätig ist, bei der Anpassung der Preise Gestaltungsspielraum gelassen werden soll. Als Vorteil einer größeren Flexibilität gegenüber einer restriktiven Festlegung für jeden einzelnen Markt wird angesehen, dass die allokative und produktive Effizienz im Unternehmen erhalten bleibt, wenn sich die relativen Kosten für die einzelnen Produkte verschieben.[2] Zudem wird das Unternehmen nicht gezwungen, eine übernommene u.U. ineffiziente Tarifstruktur beizubehalten. Auf der anderen Seite besteht die Gefahr, dass das Unternehmen die Preissetzungsspielräume für diskriminierendes Verhalten nutzt. So könnte der Monopolist z.B. in Märkten mit geringer Nachfrageelastizität hohe Preise, und in Märkten mit geringer Nachfrageelastizität niedrige Preise fordern, wobei der Durchschnittspreis konstant bleibt.[3] Eine Erhöhung der Preise auf Grund von Inflation würde dann dazu führen, dass ceteris paribus seine Einnahmen überproportional ansteigen, da die Rente in den Märkten mit niedriger Nachfrageelastizität stärker steigt als die Verluste in den Märkten mit hoher Nachfrageelastizität. Verhindert werden kann ein solches Verhalten dann nur durch ein im Regulierungsvertrag festgelegtes Verbot von Diskriminierung, wobei die Überwachung und Durchsetzung dieses Verbots allerdings zusätzliche regulatorische Kapazitäten erfordert.[4]

Wie bereits dargestellt wurde, können die Wasserunternehmen in England und Wales ihre Preise entsprechend der Entwicklung der Einzelhandelspreise anpassen. Dies bedeutet, dass die Preisentwicklung der empfangenen Vorleistungen, welche die Kosten der Unternehmen determinieren, irrelevant ist und der Mechanismus indirekt wirkt. Als Vorteil des Einzelhandelspreisindex wird demge-

1 Dazu gehören u.a. FIEL (1999, 553), ALCÁZAR et al. (2000, 28f), ABDALA (1996, 3) und auch CONTE GRANDE (1998, 2).

2 HERRINGTON/ PRICE (1987, 40).

3 D.h. der Monopolist würde in dem Markt mit niedriger Nachfrageelastizität Preise oberhalb seiner Durchschnittskosten setzen, um eine Rente zu erzielen, während in dem Markt mit hoher Nachfrageelastizität auf Grund einer Preissetzung unterhalb der Durchschnittskosten ein Verlust erwirtschaftet würde.

4 Vgl. dazu auch HERRINGTON/ PRICE (1987, 40f).

genüber herausgestellt, dass er von den regulierten Unternehmen nicht beeinflusst werden kann und den Konsumenten ein klares Signal über zukünftige Preissteigerungen liefert.[1]

Die Preisanpassung erfolgt in England und Wales gemäß eines gewichteten Durchschnitts der einzelnen Wassertarife innerhalb eines Tarifkorbs. Dabei entspricht der in der Periode t gestattete Anstieg der durchschnittlichen Tarife W_t den mit ihren jeweiligen relativen Einnahmen r gewichteten Anstiegen der Tarifkörbe $\sum_i \frac{A_t(i)}{A_{t-1}(i)} r(i)$ für den ungemessenen Konsum und $\sum_j \frac{B_t(j)}{B_{t-1}(j)} r(j)$ für den gemessenen Konsum.[2] Die Gebührenanhebungen erfolgen somit nach der Formel:

$$3.1 \qquad W_t = \sum_i \left(\frac{A_t(i)}{A_{t-1}(i)} \cdot r(i)\right) + \sum_j \left(\frac{B_t(j)}{B_{t-1}(j)} \cdot r(j)\right) - 1 \text{ mit } \sum_i r_i + \sum_j r_j = 1.$$

Da die Unternehmen durch das Tarifkorbsystem einen großen Gestaltungsspielraum bei den Preisen haben, wurde ein von dem Regulierer zu überwachendes Verbot ungerechtfertigter Diskriminierung zwischen den Konsumentengruppen in den Regulierungsverträgen implementiert.[3] Auch für die Regulierung des Wassersektors in Buenos Aires wurde eine Form der Preisindexierung gewählt. Wie sich zeigen wird, weicht das verwendete Verfahren jedoch von dem hier geschilderten einfachen Indexierungsverfahren ab.

3.2.1.3 Die Kostendurchleitung

Neben den Inflationsrisiken bestehen weitere allgemeine Risiken, die in England und Wales den regulierten Wasserunternehmen nicht aufgebürdet werden sollen. Die sogenannte Kostendurchleitung[4] wurde in der Wasserindustrie deswegen erlaubt, weil eine hohe Unsicherheit bzgl. zukünftiger Qualitätsstandards und notwendiger Investitionen bestand.[5] Auch diese Regelung kann wohlfahrtsverbessernd wirken, weil Umwelteinflüsse auf die Kostenfunktion, die von dem Unternehmen nicht zu beeinflussen sind, ausgeschlossen werden können und auf Grund geringerer Risiken die Fixierung von Preisen über einen längeren Zeitraum erfolgen kann.[6] Allerdings bergen weitreichende Möglichkeiten zur Kostendurchleitung auch die Gefahr in sich, dass zusätzliche Interpretationsspielräume eröffnet werden, welche die Parteien zu Nachverhandlungen nutzen können.

1 ARMSTRONG et al. (1994, 168).
2 STOUT (1996, 53).
3 STOUT (1996, 9 und 54).
4 Dies ist eine Übersetzung von *cost pass through*.
5 STOUT (1996, 55).
6 REES/ VICKERS (1995, 364).

Zwei Arten von Kostendurchleitungen existieren in der englischen Wasserindustrie. Mit der sogenannten diskretionären Möglichkeit zur Kostendurchleitung, auch „Schiffbruch-Klausel“ genannt, werden die Ereignisse, die eine Kostendurchleitung auslösen können, nicht näher definiert. Eine Anpassung der Kosten erfolgt demnach dann, wenn ein von verantwortungsvollem Management nicht zu vermeidendes singuläres Ereignis eintritt, bei dem der Nettogegenwartswert der durch das Ereignis verursachten Veränderung des *cash-flows* bis zur nächsten planmäßigen Revision 20 Prozent des *cash-flows* der vorangegangenen Wirtschaftsperiode entspricht.[1] Die sogenannte nicht-diskretionäre Kostendurchleitung wird hingegen ausgelöst, wenn ein definiertes Ereignis eintritt[2], das ebenfalls nicht vom Management hätten verhindert werden können: Darunter fallen im wesentlichen Aspekte, die mit neuen Umwelt- und Ressourcenschutzmaßnahmen zusammenhängen und die Nicht-Erfüllung von Servicestandards.[3] Während die Form der Preisanpassung im Fall des diskretionären Ereignisses nicht näher beschrieben wird, erfolgt sie bei der nicht-diskretionären Preisanpassung über die Anpassung eines K-Faktors, wie er bereits für den argentinischen Wassersektor erwähnt wurde. Hierzu wird die durch die Kostenveränderung verursachte Veränderung des Nettogegenwartswerts des *cash-flows* bis zur nächsten planmäßigen Revision betrachtet. Übertrifft dieser Wert den *cash-flow* der Vorperiode um mindestens 10 Prozent, so wird der Faktor K so angepasst, dass der Nettogegenwartswert der zusätzlichen Einnahmen dem Nettogegenwartswert der Kostenveränderung entspricht. Das neue K wird dann so festgelegt, dass die finanzielle Position des Unternehmens bis zur nächsten 10 Jahres-Periode die gleiche ist, wie sie es in dem Falle gewesen wäre, wenn die Aspekte, die auf die Preise übergewälzt wurden, bereits bei der letzten Setzung von K berücksichtigt worden wären. Mit anderen Worten: Der Nettogegenwartswert der Veränderungen in den Einnahmen muss dem Nettogegenwartswert der zusätzlichen Kosten entsprechen.[4] Der Zinssatz für die Berechnung des Nettogegenwartswerts entspricht der Gewinnrate, den Investor und Kreditgeber vernünftigerweise für ein gut geführtes Wasserunternehmen erwarten können, ein Aspekt, der weiter unten noch eingehender dargestellt werden soll.

Sicherlich lassen sich derartige Mechanismen der Kostendurchleitung nicht ohne weiteres auf Entwicklungsländer wie Argentinien übertragen, insbesondere dann, wenn auf Grund institutioneller Faktoren von höheren Nachverhandlungsrisiken ausgegangen werden muss. Soll ein solcher Mechanismus dennoch

1 STOUT (1996, 56).

2 Dies sind die sogenannte *relevant changes of circumstance* (RCC).

3 Ersteres wird auch als RCC1 bezeichnet, letzteres ist die sogenannte *claw-back*-Klausel RCC3. Von 1989 bis 1994 gab es noch eine Reihe anderer RCCs, wie Veränderungen der Zinssätze und Investitionsgüterpreise und die allgemeine Rubrik "andere Kostenveränderungen". Diese wurden abgeschafft, um eine größere Preistransparenz zu erzielen. Allerdings konnten die einzelnen Wasserunternehmen bei den Nachverhandlungen Sonderkonditionen heraushandeln. STOUT (1996, 57).

4 STOUT (1996, 58-60).

implementiert werden, so ist es notwendig, für die Auslösung einer Anpassung Hürden aufzustellen, um die Maßnahmen nur in Ausnahmefällen greifen zu lassen.

3.2.1.4 Die Vorgaben zur Verbesserung der Effizienz

Steigende Effizienz und Kostensenkungspotenziale im regulierten Unternehmen sollen in Form niedrigerer Preise an die Konsumenten weitergegeben werden, wobei dem Unternehmen Anreize zur Kostensenkung erhalten bleiben.[1] Aus diesem Grund findet bei der Regulierung in England und Wales neben der automatischen Inflationsanpassung über die RPI-Formel ein X-Faktor Verwendung, der die Rate angibt, um welche die regulierten Unternehmen ihre Preise ceteris paribus jährlich nach unten korrigieren müssen. Im Wassersektor wird dieser X-Faktor jedoch durch einen K-Faktor überlagert, so dass die Wasserunternehmen in den ersten Jahren keine jährlichen Tarifsenkungen akzeptieren mussten, sondern jährliche Tariferhöhungen in Anschlag bringen durften. Der Grund hierfür war der hohe antizipierte Investitionsbedarf im Wassersektor[2] und die in diesem Zusammenhang anfallenden versunkenen Kosten: Unabhängig von der Abschreibungsrate soll entsprechend den Erkenntnissen des Modells von SALANT/ WOROCH in Abschnitt 2.2.3 möglichst zeitnah zu den Investitionen ein hoher *cash-flow* generiert werden, wobei den Konsumenten Gelegenheit gegeben wird, sich langsam an die höheren Tarife zu gewöhnen.

Während sich das Preisindexierungsverfahren an vergangenheitsbezogenen Daten orientiert, soll mittels des K-Faktors eine zukünftige Entwicklung der Kosten prognostiziert werden. Dies ist jedoch schwierig, wenn nicht gar unmöglich, da sich die Rate des technischen Fortschritts und mögliche *Economies of scale* nur schwer vorhersehen lassen.[3] Der Regulierer für den englischen Wassersektor greift bei der Festsetzung von K auf Vergangenheitswerte zurück und schreibt diese unter Durchführung verschiedener Plausibilitätsannahmen für die Zukunft fort. So schätzte OFWAT in der Revision von 1994 die durchschnittlichen jährlichen Einsparungen bei den operativen Kosten im Wasser-

1 Selbst bei einer stationären technischen Effizienz kann ein X-Faktor eine Berechtigung haben, wenn auf Grund einer Ausweitung des Netzes oder fallender Preise Skaleneffekte im Unternehmen generiert werden, die zu sinkenden Durchschnittskosten führen.

2 Im Zuge der planmäßigen Revision des Jahres 1999 wurden unter K auch noch die Faktoren –P0, V und S subsummiert. Mit P0 wird der Wert angegeben, um den die Tarifpreise auf Grund in der Vergangenheit höher als erwartet ausgefallener Effizienzsteigerungen nach unten angepasst werden müssen – ein im übrigen höchst problematisches Kriterium, weil es mit dem Prinzip der Preisregulierung bricht. Mit V und S werden hingegen Verbesserungen bei Versorgungssicherheit (V) und Service (S) gewürdigt. OFWAT (1997, 9f).

3 LANG (1994, 7f).

sektor von 1995 bis 2000 mit zwei Prozent ein. Ab 2001 sollen die Einsparungen jährlich nur noch ein Prozent betragen.[1]

3.2.1.5 Die angemessene Verzinsung des eingesetzten Kapitals

Wie bereits weiter oben dargestellt wurde, ist auch bei einer Preisregulierung im Wassersektor die Bestimmung eines angemessenen Gewinns für das eingesetzten Kapital erforderlich. Investoren werden nur dann bereit sein, Investitionen durchzuführen, wenn sie erwarten können, dass die Kosten des eingesetzten Kapitals in den Folgeperioden gedeckt werden und eine faire Verzinsung erzielt wird. Bei den Berechnungen müssen dabei die Opportunitätskosten eines alternativen Einsatzes des Kapitals im unregulierten Markt zu Grunde gelegt werden.[2] Unterschiedliche Modelle finden für die Berechnung der Kapitalkosten Verwendung, von denen an dieser Stelle das wichtigste Modell, das auch im britischen Wassersektor Verwendung fand, kurz vorgestellt werden soll.

Das sogenannte *Capital Asset Pricing Model* (CAPM) baut auf den Erkenntnissen der *Portfolio-Selection-Theory* auf. Diese geht davon aus, dass bei effizienten Kapitalmärkten Risiko und erwarteter Ertrag positiv miteinander korreliert sein müssen, denn risikoscheue Investoren verlangen für ein höheres Risiko einen höheren erwarteten Ertrag. Dabei können unterschiedlich risikoaverse Wirtschaftssubjekte eine risikolose Kapitalanlage mit Rendite r_f mit einem wohldiversifzierten Marktportfeuille aus verschiedenen risikobehafteten Anlagen mischen. Innerhalb des Marktportfeuilles stellt r_m die erwartete Rendite und VAR_m die Varianz der erwarteten Rendite als Ausdruck des Risikos dar. Da rationale Wirtschaftssubjekte immer eine Linearkombination aus risikoloser Anlage und wohldiversifiziertem Marktportfeuille wählen werden, weist das optimale Marktportfeuille in Abhängigkeit von dem Ertrag der risikolosen Anlage eine gegebene Ertrags-Risiko-Struktur auf, die unabhängig vom Grad der Risikoaversion des jeweiligen Wirtschaftssubjekts ist. D.h. aus der Vielzahl möglicher Zusammenstellungen von risikobehafteten Anlageformen im Marktportfeuille ist nur eine Zusammenstellung effizient. Das CAPM-Modell versucht nun, den Wert einer einzelnen risikobehafteten Anlage des Unternehmen i innerhalb des Marktportefeuilles, das ein Investor hält, zu bestimmen, wobei sich dieser Wert aus dem Beitrag ergibt, den die risikobehaftete Anlage zur erwarteten Ertrags- und Risikostruktur des Gesamtportfolios leistet.[3] Das Risiko, das der Investor bei guter Diversifikation der Anlagen im Marktportfolio vermeiden kann (das unsystematische bzw. spezifische Risiko) wird für die Renditeberechnung nicht berücksichtigt. Relevant ist nur das systematische Risiko,

1 OFWAT (1997, 22). Bei den Finanzierungskosten wurden 1994 im Durchschnitt jährliche Einsparungen von 1 Prozent erwartet, wobei die tatsächlichen Einsparungen noch höher lagen. OFWAT (1997, 23).

2 GROUT (1995, 388) definiert die Kapitalkosten als "...the rate of return that suppliers of funds to a business require the business to provide on those funds."

3 ADAM (1996, 260f).

das sich aus Korrelation der Anlagen ergibt, gegen die sich ein Investor nicht schützen kann.[1] Das systematische Risiko wird als Kovarianz $COV(r_i, r_m)$ zwischen der Renditeentwicklung der spezifischen Anlage *i* und der Renditeentwicklung des Marktportfeuilles ausgedrückt. Für die erwartete Rendite r_i einer risikobehafteten Anlage innerhalb des Marktportfeuilles ergibt sich aus dem CAPM-Verfahren im Gleichgewicht: $r_i = r_f + (r_m - r_f)\frac{COV(r_i, r_m)}{VAR_m}$, wobei $\frac{COV(r_i, r_m)}{VAR_m}$ auch als β_i bzw. Beta der spezifischen Anlage bezeichnet wird.[2]
Das *Beta* ist somit das systematische Risiko einer Anlage *i*.[3] Die Rendite der risikolosen Anlageform r_f wird gewöhnlich durch die Verzinsung einer hochqualitativen Staatsanleihe der USA ausgedrückt.[4] Für die Berechnung der Rendite des Marktportfeuilles r_m schlagen ALEXANDER/ MAYER/ WEEDS die durchschnittliche Marktrendite des nationalen Kapitalmarkts vor, auf dem das Unternehmen *i* tätig ist, um so z.B. Wechselkurseffekte ausschließen zu können. Dabei ist jedoch darauf zu achten, dass dieser Markt hinreichend groß ist. Ist dies nicht der Fall, sollten lieber Weltindizes gewählt werden.[5] Die Kovarianz $COV(r_i, r_m)$ stellt die Beziehungen zwischen den Erträgen bzw. Wertentwicklungen der Aktien des Unternehmens und dem Gesamtmarkt dar. Das Beta misst also die Volatilität einer bestimmten Kapitalanlage *i* im Verhältnis zum Gesamtmarkt.

Bisher ausgeklammert wurde die Unterscheidung von Eigen- und Fremdkapitel. Da die Risiken für Fremdkapitalgeber geringer sind als für Eigenkapitalgeber, müssten für ein Unternehmen im Prinzip zwei Betas berechnet werden, eines für Eigenkapital und ein anderes für Fremdkapital. Aus Vereinfachungsgründen wird jedoch in der Praxis davon ausgegangen, dass die Fremdkapitalfinanzierungskosten z.B. über die Zinssätze von indexorientierten Unternehmensschuldverschreibungen errechnet werden können.[6] Der Risikoaufschlag für das unternehmensspezifische Fremdkapital drückt sich dann als sogenannter *spread* zwischen dem Zinssatz der hochqualitativen Staatsanleihe und dem der spezifischen Unternehmensanleihe aus.

Da das Ertrags-Risiko-Verhältnis für Eigen- und Fremdkapital unterschiedlich hoch ist, muss der Verschuldungsgrad eines Unternehmens für die Berechnung einer angemessenen Verzinsung des Kapitals mit einbezogen werden, da ein Unternehmen mit hohem Verschuldungsgrad ceteris paribus ein höheres Risiko und einen höheren erwarteten Ertrag für die Anteilsinhaber beinhaltet als ein

1 GROUT (1995, 396).
2 Aus Vereinfachungsgründen wird der Effekt von Steuern in dem Modell nicht betrachtet.
3 ADAM (1996, 262).
4 ADAM (1996, 258).
5 ALEXANDER et al. (1996, 36).
6 So z.B. auch durch OFWAT (1997, 38).

Unternehmen mit niedrigem Verschuldungsgrad. Der Verschuldungsgrad wird als sogenannter "Hebel" für die Anpassung der Eigenkapital-Betas β_{EK} benutzt, wobei die folgende Formel für die Berechnung der Gesamtkapital-Betas β_{GK} verwendet wird:[1]

$$(3.2) \quad \beta_{GK} = \beta_{EK}(1 + \frac{FK}{EK + FK}).$$

Die Gesamt-Kapitalkosten ergeben sich dann aus folgender Formel:

$$(3.3) \quad r_{GK} = r_{FK}\frac{FK}{GK} + r_{EK}\frac{EK}{GK}.$$

Die CAPM-Methode weist eine Reihe verfahrenstechnischer und logischer Probleme auf, die jedoch an dieser Stelle aus Platzgründen nicht behandelt werden sollen.[2]

OFWAT benutzt vorwiegend die CAPM-Methode für die Berechnung der fairen Erträge im britischen Wassersektor.[3] Relativ zu anderen Industrien wird der Grad des unternehmerischen Risikos im Wassersektor von dem Regulierer als niedrig eingeschätzt, da Inflationsrisiken durch Preisindexierung ausgeglichen werden, die Einnahmen relativ stetig fließen, die Nachfrage auf Grund fehlender Verbrauchsmessung preisunelastisch ist und schließlich weil kein oder nur ein relativ geringer Wettbewerb besteht.[4] Zum Zeitpunkt der Privatisierung im Jahr 1989 wurden die Kapitalkosten für neue Investitionen im sanitären Sektor durch die Regierung mittels der CAPM-Methode mit einem realen Renditeaufschlag oberhalb risikoloser Staatsanleihen von real 7 Prozent eingeschätzt.[5] Im Zuge der ersten planmäßigen Preisanpassung durch OFWAT im Jahr 1994 sank dieser Wert bereits auf real 5 bis 6 Prozent.[6] Die zweite planmäßige Preisanpassung im Jahr 1999 erbrachte schließlich nur noch einen Wert von real 4,25 bis 5,25 Prozent.[7]

1 Die Hebelwirkung entsteht dadurch, dass unter der Annahme konstanter Fremdkapitalzinsen bei zunehmender Verschuldung der Gewinn bei gutem Geschäftsverlauf überproportional steigt, bei schlechtem Geschäftsverlauf aber überproportional fällt.

2 Zu einer ausführlichen Beschreibung der Probleme bei der Berechnung von Beta-Werten siehe ALEXANDER et al. (1996, 33-44), CEER (1997, 18-26) und CHISARI et al. (2000, 8-17).

3 OFWAT (1994, 49). OFWAT (1997, 39). OFWAT (1999, 133).

4 OFWAT (1997, 36).

5 ARMSTRONG et al. (1994, 345).

6 OFWAT (1994, 48).

7 OFWAT (1999, 123). Dabei beträgt die Risikoprämie für das Marktportfolio gemäß Regulierer in den Jahren 1994 und 1999 jeweils 3 bis 4 Prozent. OFWAT (1997, 38). OFWAT (1999, 123). Die risikofreie Anlage wurde 1999 mit real 2,5 bis 3 Prozent eingeschätzt. OFWAT (1999, 124). Das Eigenkapital-Beta beträgt im Durchschnitt 0,65. Bereinigt um den Hebel gelangt man zu Werten zwischen 0,9 und 1,0. OFWAT (1999, 135). Zudem nimmt der Regulierer an, dass es einen idealen Verschuldungsgrad der Wasserunternehmen gibt, der sich als Minimum des *trade-offs* zwischen Gesamt-Beta-Anstieg und Erhö-

In England und Wales wurde für die Berechung der Kapitalkosten im Jahr 1994 zudem die Börsenbewertung der Wasserunternehmen als Hilfsmittel herangezogen. Dabei wurde ein 200-Tage-Durchschnitt des Börsenkurses der ersten 200 Tage der Börsennotierung der Unternehmen gebildet, der um die Netto-Verschuldung zum Zeitpunkt der Privatisierung und um die später erfolgten Kapitalerhöhungen korrigiert wurde. Dieser Betrag wurde auf die Gegenwart aufgezinst, wobei man Inflation und neue Investitionen mit in die Berechnung einbezog, und schließlich mit den erreichten Börsenkursen der Unternehmen verglichen.[1] Auf diese Weise bekam der Regulierer einen Eindruck, wie die Kapitalmärkte die Wertentwicklung der Unternehmen einschätzten.

Eine wichtige Erkenntnis bei der Berechnung von Kapitalkosten regulierter Unternehmen ist, dass das Unternehmensrisiko auch von dem verwendeten Regulierungsverfahren abhängig ist. So lässt sich mit ökonometrischen Methoden feststellen, dass z.B. Gewinnregulierung ein weit niedrigeres Beta als Preisregulierung impliziert. Während das Beta im Vereinigten Königreich entsprechend der Einschätzung des Regulierers bei 0,65 liegt, beträgt es in den USA, wo ein an der Gewinnregulierung orientiertes Verfahren praktiziert wird, nur etwa 0,29.[2] Diese Ergebnisse decken sich mit den zuvor dargestellten theoretischen Untersuchungen: Je weniger die Unternehmen in der Lage sind, Kostenveränderungen an die Konsumenten zu überwälzen, d.h. je stärker für das Unternehmen die Anreize zu Kostensenkungen sind, desto höher ist das unternehmerische Risiko bzw. - bei höherer marktunabhängiger Volatilität des Wertes der Unternehmensanteile - der Beta-Faktor.

3.2.2 Die normative Analyse des Regulierungsverfahrens im Wassersektor von Buenos Aires

3.2.2.1 Die Wahl des Regulierungsverfahrens

Bei der Ausgestaltung des Regulierungsverfahrens für den Wassersektor von Buenos Aires stand das britische Regulierungsverfahren Pate, wobei einige noch zu beschreibende Modifikationen implementiert wurden, mit denen die diskretionären Befugnisse des Regulierers zusätzlich eingeschränkt werden sollten. Grund für diese Modifikationen war, dass das britische Verfahren für Entwicklungsländer mit schwachen staatlichen Institutionen auf Grund der großen diskretionären Handlungsspielräume des Regulierers und der damit einhergehenden Manipulierbarkeit des Regulierungsprozesses problematisch erschien.[3]

Als sich die Konzession ungünstiger entwickelte als von Aguas Argentinas antizipiert worden war, kam es jedoch zu einem Streit zwischen ETOSS und Aguas

hung der marginalen Finanzierungskosten ergibt. Dieser liegt für den Regulierer zwischen 45 und 55 Prozent. OFWAT (1999, 138).

1 STOUT (1996, 12).

2 Vgl. dazu auch ALEXANDER et al. (1996, 27).

3 LEVY/ SPILLER (2000, 90f).

Argentinas über die grundsätzliche Frage, ob das Leitbild für die Regulierung in Buenos Aires tatsächlich Preisregulierung darstellt oder nicht eher als Gewinnregulierung zu deuten sei. Auslöser der Nachverhandlungsbestrebungen von Aguas Argentinas waren einige unklare und scheinbar widersprüchliche Formulierung im Konzessionsvertrag und in den Regulierungsrichtlinien, den beiden zentralen, der Konzession zu Grunde liegenden Vertragswerken. Somit bestätigte sich die bereits in Abschnitt 3.1 dargestellte Annahme, dass die Unvollständigkeit langfristiger Verträge Anlass zu Nachverhandlungen derselben geben kann. So steht in den Regulierungsrichtlinien:

> „GENERELLE PRINZIPIEN: (...) Der sich aus dem Tarif ergebende, den Konsumenten berechnete Betrag soll es dem Konzessionär erlauben, genügend Einnahmen zu erzielen, um die impliziten Kosten der Leistungserstellung, der Erhaltung und der Ausweitung der Versorgung zu decken, wenn dieser effizient arbeitet."[1]

> „Regulierung: (...) Die tarifäre Regulierungsvariable soll die Höhe der Einkünfte sein, die der Konzessionär für seine Leistungserstellung erhält, die er in Bezug auf die Zahl der Konsumenten in jedem Jahr unter der Bedingung der Effizienz, wie sie in jedem Plan festgelegt ist, einnimmt."[2]

Dies wurde von Aguas Argentinas als Bestätigung für eine Form von *Gewinnregulierung* gedeutet. Gewinnanforderung an das Unternehmen sei es allein, die eigene produktive Effizienz sicherzustellen. Sonstige Risiken, insbesondere eine fehlende Zahlungsbereitschaft der Konsumenten, eine falsch berechnete Nachfrage oder ein schlechter als erwarteter Zustand der Infrastruktur, wären hingegen von den Konsumenten zu tragen, indem die entstehenden Mehrkosten auf die Preise überwälzt werden dürften.[3]

Im Konzessionsvertrag heißt es demgegenüber:

> "Die Konzession beruht auf dem Prinzip des unternehmerischen Risikos. Deshalb können keine Gründe wegen der Veränderungen der Marktbedingungen, der Infrastruktur und/ oder der geleisteten Dienstleistung vorgebracht werden, wenn sie außerhalb der Entscheidungen der staatlichen Exekutive liegen (...)."[4]

> "Der Regulierer soll ohne weitere Umstände Anträge einer vollständigen oder teilweisen Erhöhung der tarifären Werte und Preise zurückweisen, wenn sie aus einem der folgenden Motive gestellt werden: Jeder Umstand oder jedes Ereignis, das mit dem Zustand oder der Nicht-Existenz der an den Konzessio-

1 Vgl. REGULIERUNGSRICHTLINIEN (1992) Art. 44.
2 Vgl. REGULIERUNGSRICHTLINIEN (1992) Art. 47.
3 So wird z.B. von Carlos Ben (Aguas Argentinas, Abteilung Öffentlichkeitsarbeit) referiert, dass im Unterschied zu UK, wo der Preis die Regulierungsvariable ist, in Buenos Aires die Höhe der Einnahmen die Regulierungsvariable sei. BEN (1994, 46).
4 KONZESSIONSVERTRAG (1993) Art. 11.11.1.

när transferierten Infrastrukturen zusammenhängt. Unterschiede zwischen der realen Nachfrage und den Nachfrageschätzungen, die der Konzessionär in seinen fünfjährlichen Plänen gemacht hat. Ergebnisse, die auf Entscheidungen des Konzessionärs zurückzuführen sind, wobei die den Entscheidungen zunächst zu Grunde gelegten Annahmen nicht eingetreten sind. Umstände, die einer Neuordnung von Betriebskosten der Konzession zuzuschreiben sind, die nicht zuvor durch den Regulierer genehmigt worden ist. (...) Fehler und Ungenauigkeiten, die der Konzessionär in der Offerte und/ oder den fünfjährlichen Plänen und/ oder den jährlichen Berichten gemacht hat, was immer auch der Grund dafür gewesen ist. Umstände, die der Ineffizienz des Konzessionärs bei der Leistungserstellung zuzuschreiben sind."[1]

Aus dem Konzessionsvertrag geht hervor, dass der Konzessionär das gesamte unternehmerische Risiko tragen soll, also auch z.B. erhöhte Kosten auf Grund falsch eingeschätzter Nachfrage, maroder Infrastruktur etc. ETOSS stützte sich bei seiner Argumentation zugunsten von *Preisregulierung* maßgeblich auf diese Passagen des Konzessionsvertrags.

Die Einschätzung liegt nahe, dass die Interpretation von ETOSS angemessener als die von Aguas Argentinas ist. So legt der Konzessionsvertrag in klarer Weise dar, was unter unternehmerischem Risiko zu verstehen ist bzw. welche Risiken das Unternehmen zu tragen hat. Die unklare Definition von unternehmerischer Effizienz in den Regulierungsrichtlinien kam demgegenüber anscheinend auf Grund einer verkürzten Formulierung zustande. Gemeint war mit diesem Satz wahrscheinlich nur, dass die Effizienz des Unternehmens eine notwendige Bedingung für einen fairen Gewinn ist bzw. dass der faire Gewinn ex ante anhand einer antizipierten Effizienz des Unternehmens bis zum nächsten Revisionszeitpunkt kalkuliert wird.[2] Gegen die Interpretation von Aguas Argentinas spricht ferner, dass ein Vertragsarrangement, bei dem das wahre unternehmerische Risiko faktisch auf Null reduziert wird und kaum Anreizwirkungen zu Kosteneinsparungen entfaltet werden, in der modernen Regulierung eher unüblich ist.[3] Auch aus juristischer Sicht ist die Position von Aguas Argentinas zweifelhaft: Rechtlich gesehen ist der So nimmt der Konzessionsvertrag rechtlich gesehen eine höhere Hierarchie ein als die Regulierungsrichtlinien, denn ein Konzessionsvertrag kann nur durch beide Vertragsparteien geändert werden, während die Regulierungsrichtlinien einseitig von Seiten der Exekutive abgewandelt werden können.[4] Im Zweifel wäre also dem Konzessionsvertrag Vor-

1 KONZESSIONSVERTRAG (1993) Art. 11.11.2.

2 Wie gezeigt wurde, wird der faire Gewinne im englisch/ walisischen Wassersektor auch anhand einer antizipierten unternehmerischen Effizienz unter Einbeziehung der Kosten des Kapitals kalkuliert, ohne dass die Wasserunternehmen z.B. Nachfragerisiken auf die Verbraucher überwälzen dürfen.

3 Ähnlich dazu auch FIEL (1999, 557f).

4 Insofern sollten Kompetenzüberschneidungen zwischen beiden Regulierungsgrundlagen verhindert werden und Aspekte des Tarifs nur im Konzessionsvertrag festgehalten werden, um so das unternehmerische Risiko zu senken. SPILLER (1998, S4f).

rang einzuräumen. Schließlich erscheint es merkwürdig, dass dem Unternehmen die Interpretationsspielräume erst nach Vertragsschluss aufgefallen sein sollen. Wenn das Konsortium Konzessionsvertrag und Regulierungsrichtlinien vor Abschluss des Bietverfahrens in Händen gehabt hat, um beide Vertragswerke einer intensiven Prüfung zu unterziehen, bei der widersprüchliche Formulierungen in einem so zentralen Bestandteil wie dem Regulierungsverfahren zweifelsohne hätten erkannt werden müssen, so hätte das Unternehmen ex ante von dem argentinischen Staat Klärung der strittigen Passagen erbitten müssen.

Ungeachtet der strittigen Fragen sollen nun weitere Einzelheiten des argentinischen Regulierungsverfahrens dargelegt werden.

3.2.2.2 Die nacheilende Regulierung

Entsprechend den Erfahrungen bei der Regulierung des Wassersektors in England und Wales wurde in Buenos Aires der Zeitraum zwischen den planmäßigen Preisrevisionen von Beginn an auf fünf Jahre begrenzt. Dies mag angesichts der späteren Praxis des Regulierers OFWAT plausibel sein, der 1994 ebenfalls zu einem solchen Zeitraum überging, da sich die Periode von zehn Jahren als zu lang erwies. Zudem herrschten in Buenos Aires zum Zeitpunkt der Privatisierung große Unsicherheiten bzgl. der Bewertung der Infrastrukturen und den Möglichkeiten von Effizienzsteigerungen, denn es fehlten z.B. verlässliche Daten über den Zustand und das Alter der Versorgungsleitungen. Die damit zusammenhängenden Risiken für beide Vertragspartner wurden durch eine frühzeitige Revision gemildert. Wie in Kapitel 4 noch gezeigt werden wird, verhindert auch dieser relativ kurze Zeitraum nicht, dass schon innerhalb der Fünfjahresperiode umfangreiche Veränderungen an der Konzession vorgenommen wurden. Zudem erwies sich der Stichtag für die Revision, der 30.4.1998, auf Grund der noch zu beschreibenden Unzulänglichkeiten des Regulierers als nicht haltbar.

Im Zusammenhang mit der Festsetzung der Preise auf fünf Jahre ist auf das Problem hinzuweisen, dass Preisfixierung und die oben beschriebene Fixierung von Investitionen als Mittel der Zielerreichung in einem Widerspruch zueinander stehen. So schränkt sich der Handlungsspielraum für das Unternehmen durch die Bestimmung der Art und Höhe der durchzuführenden Investitionen ein, wodurch ein Ziel der Preisfestsetzung, nämlich dem Unternehmen Anreize zur Verbesserung seiner Effizienz zu geben, konterkariert wird. Für Aguas Argentinas trat dieses Problem sogar noch verschärft auf. So legte das Unternehmen den größten Teil seiner Investitionen für die nächsten Jahre erst im Zuge der Festsetzung der Infrastrukturgebühr nach Übernahme der Konzession mittels Kostenvoranschlägen fest. Die Realisierung von Effizienzsteigerungen im Bereich der Investitionen für die nächsten Jahre wurde auf diese Weise stark behindert, denn das Unternehmen musste später dem Regulierer erklären, wieso die Investitionskosten im Nachhinein unter den in den Kostenvoranschlägen dargestellten Kosten lagen. Derartige Erklärungen des Unternehmens mussten bei dem Regulierer den Eindruck erwecken, dass Aguas Argentinas die Kostenvoranschläge wissentlich zu hoch angesetzt hatte. In Abschnitt 4.2. wird dargestellt werden, dass dieses Problem einen schweren Konflikt zwischen Unternehmen und Regulierer provozierte.

3.2.2.3 Das Preisindexierungsverfahren

Das argentinische Preisanpassungsverfahren auf Grund der inflationären Entwicklung unterscheidet sich von dem des englisch/ walisischen Wassersektors. Der Grund für den Unterschied wird darin zu suchen sein, dass das argentinische Verfahren dem regulierten Unternehmen ein größeres Maß an Sicherheit geben sollte als das britische Preisindexierungsverfahren. Letztendlich führte das System jedoch vor allem zu einem größeren Maß an Willkür. Auch dies wird in Abschnitt 4.1 und 4.3 noch eingehender dargestellt. Wie bereits gezeigt wurde, erfolgt die Indexierung der Preise in England und Wales anhand der Einzelhandelspreise in *output*orientierter Form. In Buenos Aires hingegen wurde bis 1998 eine Indexierung anhand der *Input*preise durchgeführt. Die Indexierung erfolgte dabei nicht über einen allgemeinen Index wie z.B. den der Großhandelspreise. Stattdessen wurden die Kosten disaggregiert und für die einzelnen Kostenbestandteile die jeweiligen Indizes aus den statistischen Veröffentlichungen von INDEC[1] herangezogen. Eine Gewichtung der Kostenbestandteile erfolgte gemäß der von OSN angegebenen angenommenen Kostenstruktur, wobei der Regulierer vertraglich erst nach 10 Jahren berechtigt war, die Liste und ihre Gewichte zu verändern.[2] In Anbetracht der großen Ineffizienz von OSN und der damit verbundenen Verschiebung der relativen Kosten im Zuge von Effizienzsteigerungen durch Aguas Argentinas kann dieses Verfahren nicht überzeugen.

Auch der Mechanismus der Auslösung der Preisanpassung war in Buenos Aires ein anderer als in England und Wales. Anstatt die Preise jährlich anzupassen, wurde im Konzessionsvertrag ein zweistufiges Verfahren, bestehend aus einem Auslöse- und einem Evaluationsmechanismus, festgeschrieben: Mittels des Auslösemechanismus wird festgestellt, dass eine Überprüfung der Preise stattfinden soll. Dies geschieht, wenn eine der Vertragsparteien der Meinung ist, dass sich die Kosten der Konzession um mehr als sieben Prozent verändert haben. Die Veränderung wird anhand eines Kostenplans abgelesen, den der Konzessionär jedes Jahr aufbereitet. Die Kostenkomponenten werden mit ihren Anteilsgewichten und mit der Variation des zu Grunde liegenden Indexes multipliziert.[3] Für eine anschließende Evaluation wird ein sogenannter runder Tisch gebildet, an dem der Regulierer und Aguas Argentinas Platz nehmen, um dann

1 Instituto Nacional de Estatística y Censos.

2 KONZESSIONSVERTRAG (1993) Art 11.11.4.2. Folgende Kostenkomponenten werden spezifiziert und gewichtet: Personal, Brennstoffe, chemische Produkte, elektrische Energie, Versicherung, Baumaterialien, Ersatzteile, Fahrzeuge, Abschreibung, Finanzierungskosten. In Bezug auf die Finanzierungskosten werden Indizes für die internationalen Zinssätze errechnet. (Libor zzgl. 1,5 Prozent und Primerate zzgl. 1,5 Prozent). FIEL (1999, 570).

3 KONZESSIONSVERTRAG (1993) Art. 11.11.4.2.

die Kosten im Zusammenhang mit den zugehörigen Indizes noch einmal gemeinsam eingehend zu untersuchen. Wird festgestellt, dass die effektive Veränderung der Gesamtkosten mehr als drei Prozent beträgt, darf der Konzessionär seine Tarife so anpassen, dass seine realen Nettoeinnahmen wieder das alte Planniveau erreichen. Bei Veränderungen unter drei Prozent wird eine Preisanpassung zurückgewiesen. [1]

Vergleicht man das englisch/ walisische mit dem argentinischen Preisindexierungsverfahren, so fällt zunächst auf, dass das argentinische Verfahren wesentlich genauer auf das zu regulierende Unternehmen zugeschnitten ist als das britische Verfahren. Immerhin handelt es sich bei den Inputpreisen um die für das Unternehmen eigentlich relevanten Kosten. Insbesondere für den Fall, dass die Inputpreise schneller als andere Preisindizes wie z.B. die allgemeinen Verbraucherpreise steigen, können bei einer Indexierung anhand der Inputpreise finanzielle Ungleichgewichte für das Unternehmen vermieden werden.[2]

Dieser Vorteil relativiert sich jedoch stark, wenn man die verschiedenen *Nachteile* der argentinischen Praxis betrachtet. Als ein wichtiger Grundsatz für die Indexierung von Preisen kann gelten, dass durch das Verfahren die unternehmerischen Entscheidungen nicht verzerrt werden sollten.[3] Dieser Grundsatz wird in dem betrachteten Fall gleich mehrfach durchbrochen. So besteht für Aguas Argentinas ein Anreiz, im Vorfeld von Revisionen eine ineffiziente Kostenstruktur beizubehalten bzw. herbeizuführen, wenn es für unterschiedliche Inputfaktoren unterschiedliche Preisentwicklungen erwartet. Inputfaktoren mit hoher antizipierter Preissteigerung wird das Unternehmen im Vorfeld von Revisionen vermehrt einsetzen. Im Zuge der dann erfolgenden Revision, bei der die Kostenstruktur für die nächste Periode festgelegt wird, muss sich der Regulierer an der vorgefundenen Kostenstruktur orientieren.[4] Nach der Revision könnte das Unternehmen die Kosten wieder an die effiziente Struktur anpassen und bis zur nächsten Preisanpassung eine zusätzliche Rente einbehalten, indem es von den Inputfaktoren mit hohen Preissteigerungen nun weniger einsetzt als bei der Anpassung vorgesehen war.

Auf Grund der Inputpreissteigerungen könnte es dem Unternehmen zudem gelingen, zusätzliche Kosten auf die Konsumenten abzuwälzen. Ein Unternehmen ohne institutionelle Kostenüberwälzungsmöglichkeiten wird normalerweise versuchen, durch langfristige Verträge mit seinen Lieferanten die Preise für seine Vorprodukte stabil zu halten. Da auf diese Weise der Lieferant das Preisrisiko zu tragen hat, wird er von dem Unternehmen einen Risikoaufschlag bzw. einen höheren Durchschnittspreis für die gelieferten Waren fordern. Wenn das

1 KONZESSIONSVERTRAG (1993) Art. 11.11.4.3.

2 Vgl. dazu z.B. auch BERG/ TSCHIRHART (1988, 366). Relevant könnte eine Inputpreisindexierung besonders in solchen Fällen sein, wo ein Unternehmen stark von einzelnen Importgütern wie z.B. Erdöl abhängig ist. Dies ist im Wassersektor aber nicht der Fall.

3 HERRINGTON/ PRICE (1987, 12).

4 Dies gilt in Buenos Aires im Prinzip erst für die planmäßige Revision des Jahres 2003.

Unternehmen jedoch die Kostenerhöhung bei Vorprodukten auf die Konsumenten abwälzen kann, so wird es mit den Lieferanten flexible Verträge eingehen, da ja unerwartete Kostensteigerungen auf die Konsumenten abgewälzt werden können. Für das Unternehmen lohnt sich eine solche Preispolitik deshalb, weil es dann die Vorprodukte günstiger beziehen kann.[1]

Ein anderes Problem bezüglich der Input-Preisindexierung ist die Behandlung von Produktivitätssteigerungen. So kann z.B. die Erhöhung des allgemeinen Lohnniveaus innerhalb der Volkswirtschaft auch Ausdruck einer Steigerung der Arbeitsproduktivität sein, so dass die Produktionskosten für eine Einheit Wasser in der Wasserindustrie gar nicht ansteigen. So kann das Unternehmen auf die Erhöhung des Lohnniveaus mit Rationalisierungen reagieren, so dass die Kosten für Arbeit je Einheit Wasser stabil bleiben. Orientiert sich die Input-Preisindexierung jedoch an den Lohnabschlüssen, so könnten die Unternehmen der Wasserindustrie fiktive Erhöhungen der Arbeitskosten geltend machen. Insofern müssten aus den Preisindizes die Produktivitätssteigerungen herausgerechnet werden, was ein schwieriges Unterfangen ist. Im Fall des Wassersektors von Buenos Aires war aus diesem Grund ein solches Vorgehen nicht vorgesehen.

Ein spezifisches Problem in Bezug auf den Konzessionsvertrag von Aguas Argentinas war, dass die Bestimmung der Indizes, anhand derer eine Preisanpassung durchgeführt werden sollte, einerseits nur in unvollständiger Form erfolgte[2], andererseits dort, wo Indizes bestimmt wurden, diese bereits ein Jahr nach der Übergabe der Konzession von dem Regulierer nicht mehr als bindend erachtet und teilweise durch andere als die im Konzessionsvertrag genannten Indizes ersetzt wurden.[3]

Ein weiteres Problem ist die Tatsache, dass das Anpassungsverfahren sehr aufwändig ist und notwendige Anpassungsprozesse verzögert werden. So zeigte sich bei jeder der Preisanpassungen in Buenos Aires, dass die im Konzessionsvertrag vorgesehene Frist von 90 Tagen nicht einzuhalten war.

Als problematisch stellte sich ferner die im Jahr 1995 erfolgte Umstellung der Indizes durch INDEC heraus. In diesem Jahr wurde einerseits eine neue Basisperiode zu Grunde gelegt, andererseits wurden die Indexfamilien selbst neu zusammengesetzt.[4] Dies führte zu dem Problem, dass die Höhe der Preisanpassung von der Art und Weise, wie die Indizes substituiert wurden, abhängig war.[5] Die Folge war ein heftiger Streit zwischen ETOSS und Aguas Argentinas um die richtige Interpretation.

---

1 Vgl. ähnlich dazu auch BEESLEY/ LITTLECHILD (1989, 463).

2 Siehe KONZESSIONSVERTRAG (1993) Art. 11.11.4.2. und Anhang XI des Konzessionsvertrags.

3 Dies wird eingehend im Kapitel 4 untersucht.

4 So wurde z.B. der Index IPM durch eine Indexfamilie der Großhandelspreise IPIM und IPIB ersetzt.

5 FIEL (1999, 558).

Als problematisch kann auch die 7-Prozent-Regel selbst betrachtet werden. Diese stellte einen in die Konzession eingebauten Verzögerungsmechanismus dar, der sich für das Unternehmen um so nachteiliger auswirkte, je niedriger die Inflationsrate war[1], da die Anpassungszeiträume länger werden. Wenn das Unternehmen diesen Nachteil im Bietverfahren einkalkuliert hat, wird es dafür einen Risikozuschlag angesetzt haben.[2] Unternehmen und Regulierer gingen jedoch im Zuge der ersten Preisanpassung im Jahr 1994 davon aus, dass der verzögerte Inflationsausgleich nicht im Bietverfahren einkalkuliert worden war.

Ein weiteres schwerwiegendes Problem der Inputpreisindexierung besteht in dem komplizierten Verfahren der Preisfeststellung und den notwendigen bilateralen Verhandlungen zwischen Regulierer und Konzessionär. Hier waren Meinungsverschiedenheiten vorprogrammiert, die letztendlich nur durch einen externen Schlichter geklärt werden konnten, weil der Regulierer keine abschließende Entscheidungsbefugnis hatte.[3] Eine faire streitschlichtende Instanz war in Argentinien jedoch nicht in Sicht, weil die argentinische Justiz langsam und anfällig für politische Interventionen war.[4]

Zusammenfassend kann festgehalten werden, dass der geschilderte Vorteil eines Inputpreisindexierungsverfahren von den vielen Nachteilen, die dieses Verfahren in sich birgt, überkompensiert wird. Insofern wäre ein etwas ungenaueres, dafür aber transparentes Verfahren, wie es z.B. von OFWAT praktiziert wird, sicherlich auch für den Wassersektor in Buenos Aires sinnvoller gewesen.

3.2.2.4 Die Kostendurchleitung

Entsprechend der britischen Regulierung des Wassersektors wurden auch in Buenos Aires Bedingungen festgelegt, die eine Kostendurchleitung auf Grund außerordentlicher Umstände rechtfertigten. Auslöser für eine Kostendurchleitung können eine substanzielle Verschärfung der Trink- und Abwasserqualitätsvorgaben, Veränderungen der Steuerbelastung oder neue Umweltschutzgesetze sein.[5] Anders als im britischen Wassersektor wurde es jedoch versäumt, klare kostenspezifische Kritierien für eine Kostendurchleitung zu definieren. Der Begriff „substanziell“ bleibt vielmehr unbestimmt. Neben den damit verbundenen

1 CENTRO DE ESTUDIOS DE TRANSPORTE E INFRAESTRUCTURA (1994, 7).

2 FIEL (1999, 558). Dieses Problem wurde erst durch das DECRETO 1167/97 teilweise gelöst, worauf noch weiter unten näher einzugehen sein wird.

3 Hier ist ein Beschwerdebrief interessant, der die Erfahrungen des ETOSS Direktoriums mit dem regulierten Unternehmen zwischen 1993 und 1998 wiedergibt. So wurde später von einem der Direktoren von ETOSS beklagt, dass Verhandlungen mit dem Konzessionär immer zu Meinungsverschiedenheiten geführt hätten, die nur durch einen externen Schiedsspruch gelöst werden konnten. Auch wird kritisiert, dass es für den Regulierer stets schwer war, die erforderlichen Informationen von dem Unternehmen zu erlangen. ETOSS (1998a).

4 Vgl. SPILLER (1998, 6).

5 KONZESSIONSVERTRAG (1993) Art. 11.11.5.

höheren Risiken für das Unternehmen könnte die unklare Formulierung ein Potenzial für Nachverhandlungen ergeben.[1]

3.2.2.5 Die Vorgaben zur Verbesserung der unternehmerischen Effizienz

Auf die Vorgabe jährlicher Preissenkungen im Rahmen angenommener Effizienzverbesserungen wurde in Buenos Aires verzichtet. Vielmehr ist, wie bereits beschrieben wurde, für den Beginn der Konzession eine generelle Preissenkung über einen K-Faktor implementiert worden. Das Fortlassen eines X-Faktors mag auch in der Tatsache begründet sein, dass man dem Regulierer angesichts schwacher argentinischer Institutionen Handlungsspielräume nehmen wollte, um auf diese Weise die Risiken opportunistischen Verhaltens des Regulierers zu reduzieren.

Aus einer theoretischen, statischen Perspektive ist es hinsichtlich der Anreizwirkung gleichgültig, ob im Zuge der Privatisierung jährliche, relativ geringe Tarifsenkungen vereinbart werden oder aber ob zu Beginn der Konzession die Preise stark gesenkt werden, um anschließend für längere Zeit konstant gehalten zu werden. Das in Buenos Aires durchgeführte Verfahren könnte jedoch aus rein wohlfahrtstheoretischer Sicht problematisch sein. Hat das Unternehmen bei seinem Gebot mit jährlichen Effizienzsteigerungen gerechnet, so nimmt der von dem Unternehmen zu Beginn der Konzession gebotene Preisabschlag zukünftige erwartete Effizienzsteigerung im Unternehmen vorweg. Der gebotene Abschlag orientiert sich also an der über einen Zeitraum erwarteten durchschnittlichen Effizienz des Unternehmens. Insofern werden die Leistungen des Unternehmens im Prinzip zu Beginn der Konzession zu billig, später jedoch zu teuer angeboten werden.[2] Dadurch kommt es unter der Annahme einer preiselastischen Nachfrage zu einer intertemporalen Umverteilung von Konsum aus der Zukunft in die Gegenwart.

Ein weiteres Problem ist folgendes: Nimmt man an, dass das Unternehmen seine Effizienz kontinuierlich verbessert und seine Kosten sinken, dann wird es im Laufe einer Periode mit konstanten Preisen immer profitabler. In der Öffentlichkeit kann angesichts steigender Gewinne daraufhin schnell der Eindruck zu hoher Profite im regulierten Unternehmen entstehen, weil vergessen wird, dass die Gewinne des Unternehmens zu Beginn der Periode zu niedrig waren. Populistische Politiker könnten sich daraufhin veranlasst sehen, schon vor dem regulären Ende der Periode Nachverhandlungen anzustrengen, um die Preise des Unternehmens zu senken. Antizipiert das Unternehmen diese Möglichkeit der Nachverhandlungsbestrebungen, so wird es in seinen Geboten einen zusätz-

1 Die Gefahr unkoordinierter Nachverhandlungen auf Grund fehlender Spezifikation der Kostendurchleitungsnorm wird auch von LEE (1999, 134) gesehen.

2 Dieses Argument folgt allerdings nur unter der Annahme, dass die Konsumenten ihren Konsum z.B. nicht über Kreditaufnahmen temporal verschieben können, was in Buenos Aires bei ärmeren Haushalte mit schlechtem Zugang zu Kreditmärkten durchaus der Fall sein mag.

lichen Risikozuschlag implementieren. Insofern könnte ein X-Faktor, d.h. die unmittelbare Berücksichtigung von erwarteten Effizienzgewinnen mittels jährlich zu erfolgender Preissenkungen den durchschnittlichen Wasserpreis über eine Periode senken.

3.2.2.6 Die angemessene Verzinsung des eingesetzten Kapitals

Im Zuge der Privatisierung des Wassersektors in Buenos Aires erfolgte zunächst keine gesonderte Berechnung der Kosten des Kapitals für Aguas Argentinas. Vielmehr wurden ausgehend von den Offerten-Werten ex post nur einfache Finanzindikatoren gebildet. Der wichtigste dieser Indikatoren ist die interne Verzinsung des eingesetzten Eigenkapitals ausgehend von den in den folgenden dreißig Jahren geplanten Dividendenzahlungen. Gemäß den noch zu beschreibenden Tabellen der Offerte lag der Wert nominal bei 15,5 Prozent. Die Höhe des Wertes ist in Anbetracht der Verzinsung des Kapitals im Vereinigten Königreich erstaunlich, kann jedoch auch als Ausdruck des hohen Länderrisikos und einer hohen antizipierten Inflation gedeutet werden.

Auch wenn der Offerten-Wert für die Verzinsung des Kapitals als das Ergebnis eines fairen Markt-Selektionsprozesses über den Franchising-Mechanismus gedeutet wird und aus einer theoretischen Perspektive heraus deshalb die Festsetzung einer fairen Kapitalverzinsung zumindest bis zur ersten planmäßigen Revision unwichtig erscheint, so bestanden in der Regulierungspraxis doch einige Tatbestände, die die Verwendung einer ausgearbeiteten Methode für die Berechnung der Kapitalkosten erfordert hätten. So wurden bereits im Jahr 1994 von den verschiedenen argentinischen Gebietskörperschaften Nachverhandlungen angestrengt, die letztendlich auf die Erhöhung der Investitionsziele hinausliefen.[1] Die zusätzlichen Investitionen wurden durch das Unternehmen über neues Fremdkapital finanziert. In Ermangelung anderer Möglichkeiten zur Berechnung einer fairen Kapitalverzinsung nahm der Regulierer an, dass die Neutralität der Maßnahmen für das Unternehmen dann gesichert sei, wenn in einem noch zu beschreibenden Simulationsmodell der Konzession die Verschuldung des Unternehmens für das zehnte Konzessionsjahr wieder das alte Niveau erreicht. Hätte der Regulierer hingegen z.B. die CAPM-Methode verwendet, so wären auf Grund des steigenden Verschuldungsgrads zwei Effekte aufgetreten: Zum einen wäre durch den Hebeleffekt das Gesamt-Beta angestiegen, d.h. das unternehmerische Risiko hätte sich erhöht. Andererseits wären die Kapitalkosten auf Grund der geringeren Refinanzierungskosten des Fremdkapitals gesunken. D.h. es wären zwei gegenläufige Effekte eingetreten, wobei die Auswirkung auf die faire Verzinsung des Kapitals an dieser Stelle unbestimmt bleiben müssen.

1 Wären diese neuen Investitionen durch zusätzliches Eigenkapital finanziert worden, so hätte eine Neuberechnung der internen Zinssätze erfolgen müssen, weil der Zustand der Infrastruktur dem Unternehmen nun bekannt war und deswegen ein geringerer Risikoaufschlag gerechtfertigt gewesen wäre.

Eine Basis für die Berechnung der Kapitalkosten auf der Grundlage der CAPM-Methode für den Wassersektor wurde erst im Rahmen der Neuverhandlung der Konzession im Jahr 1997 gelegt.[1] Dabei wurde das in Abschnitt 3.2.1.5 dargestellte Modell mit einigen Modifikationen übernommen.[2] Eine eingehende Analyse des in Buenos Aires verwendeten Verfahrens erfolgt in Abschnitt 4.3.2.2.

3.2.2.7 Zusammenfassung

Zusammenfassend sind aus einer normativen Sicht folgende Aspekte des argentinischen Regulierungsverfahrens zu kritisieren. Auf Grund ungenauer Formulierungen in den Regulierungsverträgen hatte Aguas Argentinas einen Vorwand, die Modifikation des Regulierungsverfahrens zu fordern. Ein Anreiz zu Nachverhandlungen bestand für das Unternehmen auch auf Grund unspezifizierter Kostendurchleitungsregelungen. Statt des komplizierten und intransparenten Inputpreisindexierungsverfahrens hätte ein Preisindexierungsverfahren nach britischem Vorbild verwendet werden müssen. Zudem wäre es sinnvoll gewesen, ein Verfahren zur Berechnung der Kapitalkosten bereits frühzeitig zu implementieren. In dem nachfolgenden Abschnitt 3.2.3 sollen einige der geschilderten Unzulänglichkeiten politökonomisch erklärt werden.

3.2.3 Die positive Analyse des Regulierungsverfahrens im Wassersektor von Buenos Aires

Viele der in Abschnitt 3.1.1.2 dargestellten Probleme des Regulierungsverfahrens werden dadurch entstanden sein, dass die beteiligten Akteure einige Aspekte bei der Vertragsgestaltung einfach übersehen oder nicht für wichtig gehalten haben. Ungeachtet dessen kann jedoch auch der Versuch unternommen werden, den Vertragspartnern bei den vertraglichen Arrangements Intentionen im Sinne politökonomischer Modelle zu unterstellen. Soweit möglich, soll dies in dem folgenden Abschnitt erfolgen.

Wie bereits weiter oben erwähnt wurde, wird es ein Ziel des argentinischen Staates gewesen sein, die Privatisierung des Wassersektors im Hinblick auf die im Jahr 1995 bevorstehenden Präsidentschaftswahlen als einen Erfolg darstellen zu können. Insofern wird die kurzfristige Popularität der Privatisierung einen gewissen Vorrang vor ihrer langfristigen Nachhaltigkeit gehabt haben. In diesem Sinne könnte erklärt werden, dass der Staat versuchte, die Risiken für das Unternehmen innerhalb des Konzessionsvertrags und der Regulierungsricht-

---

1 GROUT (1995, 390) weist darauf hin, dass diese nachträgliche Festsetzung problematisch ist. So wurden z.B. auch im englischen Wassersektor die Kosten des Kapitals erst zwei Jahre nach der Privatisierung im Jahr 1991 bestimmt, wobei OFWAT argumentierte, dass die Kosten des Kapitals niedriger angesetzt werden müssten, als noch zum Zeitpunkt der Privatisierung vorgesehen war. Insofern wurde also ein Teil des von dem Unternehmen bei der Privatisierung antizipierten Risikos nicht mehr berücksichtigt.

2 Das CAPM Verfahren wurde von ETOSS vorgeschlagen, wobei sich der Regulierer stark an einer Darstellung des CEER (1997) orientierte.

linien möglichst umfassend zu reduzieren, auch wenn das Regulierungsverfahren dadurch komplizierter und intransparenter wurde. Die Logik hinter dieser Überlegung wäre, dass sich ein geringeres Risiko des Unternehmens letztendlich in einem niedrigeren Tarifgebot niederschlagen würde, wodurch die Zustimmung der Konsumenten zu der Privatisierung verbessert würde. Tatsächlich reduzierte sich das Risiko für das Unternehmen durch folgende Tatbestände: Die unklare Formulierung des unternehmerischen Risikos in den Vertragswerken ermöglichte dem Unternehmen die Option, das unternehmerische Risiko mittels Nachverhandlungen auf die Verbraucher zu überwälzen.[1] Die fehlende Definition eines rigiden Auslösemechanismus für die Kostendurchleitung, wie er im britischen Wassersektor besteht, erleichterte es Aguas Argentinas, eine Kostendurchleitung im Falle unvorhergesehener Ereignisse einzufordern.

Auch das Inputpreisindexierungsverfahren senkte das unternehmerische Risiko gegenüber einer ouputorientierten Indexierung, da sich das Verfahren stark an den tatsächlich für das Unternehmen relevanten Kosten orientiert. Die 7-Prozent Klausel widerspricht scheinbar diesen Überlegungen, weil sie die Risiken für das Unternehmen erhöht. Aus Sicht des Unternehmen wären jährliche Preisanpassungen sicherlich günstiger gewesen. Bei der Einführung dieser Klausel mag jedoch die Überlegung der Regierung eine Rolle gespielt haben, auf Grund des eingebauten Verzögerungsmechanismus bis zu den Wahlen im Jahr 1995 zweifellos unpopuläre Preiserhöhungen möglichst vermeiden zu können.[2]

Auch das Fehlen des oben beschriebenen Kostensenkungsmechanismus über einen X-Faktor könnte sich zugunsten einer hohen Tarifsenkung zu Beginn der Konzession ausgewirkt haben. So wurde zwar das unternehmerische Risiko erhöht, da das Unternehmen entsprechend der Analyse in Abschnitt 3.2.2.5 Erträge aus Effizienzsteigerungen in die Zukunft verlagern musste, allerdings konnte die Preissenkung ceteris paribus bei konstantem Tarif zu Beginn der Konzession höher ausfallen, als es bei Einführung eines X-Faktors der Fall gewesen wäre.

In eine ähnliche Richtung könnte schließlich auch die hohe Verzinsung des eingesetzten Kapitals innerhalb des Konzessionsvertrags gewirkt haben, wenn dieser Zinssatz von der argentinischen Regierung als Nebenbedingung im Franchi-

1 Darin schließt sich die Frage an, wieso der Staat unter diesen Umständen nicht gleich zu einem Gewinnregulierungsregime übergegangen ist. Eine Erklärung hierfür könnte sein, dass durch Gewinnregulierung die langfristigen Privatisierungsgewinne auf Grund fehlender Anreize gering gewesen wären. Der Staat könnte den langfristigen Erfolg der Privatisierung gegen ihren kurzfristigen Erfolg abgewogen haben, wobei die abdiskontierten Grenzkosten einer Verringerung des langfristigen Erfolgs gleich den Grenzkosten kurzfristig geringerer Popularität der Privatisierung gewesen wären. Zudem wurde in Abschnitt 3.1.1.4 bereits darauf hingewiesen, dass ein Franchising-Prozess bei Gewinnregulierung nicht effektiv ist.

2 Wie noch dargestellt werden wird, erfüllten sich diese Hoffnungen nicht: Bereits im Jahr 1994 konnte Aguas Argentinas die erste Preiserhöhung beantragen.

sing-Prozess vorgegeben wurde. Dies liegt an dem einfachen Zusammenhang, dass bei steigender Verzinsung des eingesetzten Kapitals, d.h. bei steigenden Kapitalerträgen in der Zukunft, die gegenwärtigen Kapitalerträge unter der Annahme impliziter vom Unternehmen angenommener Kapitalkosten geringer ausfallen können. Der K-Faktor konnte somit bei steigender Verzinsung des Kapitals einen niedrigeren Wert annehmen.

Auch wenn die unterstellte Motivation der Regierung zur kurzfristig orientierten Stimmenmaximierung für das spezifische Vertragsarrangement nicht zwingend ist, so können dadurch doch einige der normativ für die Regulierung des Wassersektors ungünstigen Regelungen in den Vertragswerken erklärt werden.

3.3 Der Wassertarif

3.3.1 Grundsätze für die Ausgestaltung des Wassertarifs

In Abschnitt 2.2.1 wurden in kurzer Form einige Bedingungen für normativ gute Tarife aus theoretischer Sicht angesprochen: Wenn das Unternehmen die Charakteristika der Konsumenten nicht kennt, sollte es ihnen mehrteilige Tarife anbieten, die sich an deren Nachfrageelastizität orientieren. Diese theoretischen Erkenntnisse lassen sich insbesondere in Bezug auf den Wassersektor kaum in die Praxis übertragen. Hier sind die Fixkosten besonders hoch, so dass sich eine individuelle Messung des Verbrauchs aus einer rein ökonomischen Perspektive häufig nicht lohnt und die Konsumenten nur einen vom Konsum unabhängigen Tarif zahlen. Zudem spielen neben den ökonomischen Kriterien überdies ökologische und soziale Gesichtspunkte eine große Rolle: Auf der einen Seite steht aus Gründen des Ressourcenschutzes häufig der politische Wille im Vordergrund, den Wasserkonsum zu begrenzen, auf der anderen Seite sollen insbesondere in Entwicklungsländern einkommensschwächerer Haushalte über den Wassertarif direkt subventioniert werden, weil staatliche Institutionen für sich allein eine soziale Absicherung häufig nicht gewährleisten können.[1]

Im Hinblick auf die nachfolgende Analyse des argentinischen Tarifsystems bietet es sich deswegen an, vorweg einige allgemeine Zielsetzungen für einen guten Tarif zu formulieren, der ökonomische, soziale und umweltspezifische Faktoren berücksichtigt: So sollte ein guter Tarif die Kosten des Unternehmens für die Bereitstellung der Ressource Wasser bezogen auf den einzelnen Konsumenten reflektieren . Diese Kosten lassen sich in operative und fixe Kosten aufteilen. Die operativen Kosten könnten von der Menge des gelieferten Wassers bzw. den Kosten der Rechnungsstellung und -einziehung abhängig gemacht werden. Für die Fixkosten würden die Haushalte eine Grundgebühr entrichten, die den fixen Kosten von Produktion und Transport des Wasser entspricht. Während die Kosten der Produktion z.B. einheitlich auf die Haushalte aufgeteilt werden könnten, würden die Netzkosten entsprechend den je Haushalt beanspruchten

1 Auf Grund ihrer preisunelastischen Nachfrage müsste diese Konsumentengruppe gemäß der ökonomischen Theorie aber eigentlich einen hohen Tarif zahlen.

Netzanteilen errechnet. Da die operativen Kosten im Vergleich zu den Fixkosten gering sind, ist es möglich, dass eine Installation und periodische Ablesung von Wasserzählern aus unternehmerischer Sicht nicht sinnvoll ist und nur eine Grundgebühr erhoben werden sollte.[1]

Diese unternehmensspezifische ökonomische Zielsetzung für einen guten Tarif wird durch eine ökologische und eine soziale Zielsetzung modifiziert: So sollte das Tarifsystem die Haushalte zu einem sparsamen Umgang mit der Ressource Wasser veranlassen. Hintergrund dieser Überlegung ist es, das Auftreten externer Effekte im Wassersektor als ein ökonomisches Kriterium mit in das Entscheidungskalkül von Unternehmen und Haushalten zu implementieren. So werden durch die Wassernutzung einerseits andere Sektoren in der Regel negativ beeinflusst,[2] andererseits muss die Nachhaltigkeit der Nutzung sichergestellt werden, so dass künftige Generationen die gleichen Zugangsmöglichkeiten zu der Ressource haben, wie die gegenwärtigen Generationen. Diese externen Effekte können nur internalisiert werden, wenn der Verbrauch der Haushalte gemessen wird, so dass sich für diese die Einsparung von Wasser lohnt. Der Tarif könnte dann sogar eine gewisse Progression beinhalten, so dass bestimmte Formen der exzessiven Wassernutzung wie die Gartenbewässerung oder das Waschen von Fahrzeugen diskriminiert werden. Insofern besteht ein *Konflikt* zwischen der rein unternehmerischen Perspektive zugunsten einer hohen fixen Grundgebühr und dem ökologischen Gedanken der Minderung externer Effekte.

Schließlich sollte durch das Tarifsystem der Konsum einer bestimmten Menge Wassers subventioniert werden, so dass für einkommensschwache Haushalte ein kostengünstiger Grundkonsum sichergestellt wird. Auch diese Vorgabe steht in gewisser Weise quer zu den anderen beiden genannten Kriterien. So müssen auf der einen Seite einkommensschwache Haushalte durch einkommensstarke Haushalte subventioniert werden, wodurch das ökonomische Kriterium der genauen Zurechnung der Kosten nicht erfüllt wird, auf der anderen Seite sinken die Anreize zur Einsparung von Wasser auf Grund des niedrigen Tarifs, wodurch das ökologische Kriterium beeinträchtigt wird.

Ein guter Wassertarif, der alle Kriterien hinreichend berücksichtigt, ist somit mit einem dreifachen *trade-off* behaftet. Unter diesen Bedingungen sollte er aus einer relativ niedrigen Grundgebühr und einem variablen, verbrauchsabhängigen Part bestehen. Der variable Part könnte einen progressiven Stufentarif beinhalten. Während der Tarif für die ersten konsumierten Kubikmeter Wasser niedrig ist und somit der soziale Aspekt besonders im Vordergrund steht, ist er für die letzten konsumierten Kubikmeter Wasser besonders hoch, um dem Gedanken des Ressourcenschutzes Rechnung zu tragen.

---

1 Dazu auch YEPES (1999, 7).

2 Das klassische Beispiel ist hier, dass durch die Abwassereinleitung die Freizeitnutzung eines Gewässers beeinträchtigt wird.

3.3.2 Die normative Analyse des Tarifs im Wassersektor von Buenos Aires

3.3.2.1 Die Beschreibung des Tarifs

Im Zuge der Konzessionierung der Wasserversorgung von Buenos Aires wurde Aguas Argentinas zu einer Übernahme des bestehenden Tarifsystems von OSN verpflichtet. Innerhalb dieses Wassertarifs wird zwischen gewerblichen Nutzern und Privathaushalten, unterschieden. Während gewerbliche Nutzer ihren Konsum messen lassen müssen[1], besteht für Privathaushalte eine Wahlmöglichkeit, ihren Konsum messen zu lassen oder einen Pauschaltarif zu bezahlen. Im folgenden wird der Tarif der Privathaushalte eingehender beschrieben.

Bei einem Übergang von einem Pauschaltarif zu einem Tarif mit Verbrauchsmessung gibt es für Unternehmen und Konsumenten ein Optionsrecht. Diese Option kann einmal während der Konzessionszeit ausgeübt werden, wobei diejenige Seite, die die Messung einführen will, für die Kosten der Zählerinstallation aufkommen muss.[2] Haushalte mit gemessenem Konsum haben nur in bestimmten Ausnahmefällen die Möglichkeit, zu einem Tarif mit ungemessenem Konsum zurückzukehren.[3] Im Falle der Messung wird ein zweiteiliger Tarif eingeführt, wobei der fixe Teil die Hälfte des vorherigen Pauschaltarifs ausmacht.[4]

Die Tarife für den ungemessenen und den gemessenen Verbrauch sind sehr kompliziert. Für den *ungemessenen* Konsum wird er gemäß dem folgenden Schema berechnet:

(3.5) $max \{BBT_i = ER * Gt_i * K * Z * (SC * E + ST/10), BBT_i^{min}\}.$

BBT steht dabei für den zweimonatlichen Basistarif, *i* für die Art der Leistung, d.h. Trink- oder Abwasser, *ER* für die Finanzierung von ETOSS entsprechend eines Faktors von 1,0267, *Gt* für den allgemeinen von OSN übernommenen Preis von $ 0,0279 für Trink- und Abwasser und *K* für den bereits bekannten Diskontfaktor mit einem Wert von 0,731 im Jahr 1993. *Z* ist ein Zonenkoeffizient für die Lage des Grundstückes je nach Zone bzw. Distrikt, der zwischen 0,8 und 3,5 variieren kann. *SC* steht für die bebaute Fläche des Grundstücks in Quadratmetern und *E* als ein Koeffizient, der den Haustyp abbildet, der in sechs Kategorien von „luxuriös" bis „ärmlich" gegliedert ist und gleichzeitig das Alter

1 IDELOVICH/ RINGSKOG (1995, 33f).

2 Zu den Regelungen DECRETO 999/92 Kap. 7, Art 45 und Kap. 7, Art 49. Im Vereinigten Königreich kommt die Wasserindustrie gemäß des Water Industry Act von 1999 in jedem Fall für die Kosten der Zählerinstallation auf. OFWAT (1999a, 35 und 37). OFWAT (2000, 18). Die meisten englischen Wasserunternehmen nahmen aber bereits vorher keine Installationsgebühren. OFWAT (1999a, 38).

3 DECRETO 999/92 Kap. 7, Art 45.

4 1995 waren erst acht Prozent der Haushalte mit Wasserzählern ausgestattet ABDALA (1996, 3). Ein Faktor, der dazu beitrug, war eine gerichtliche Entscheidung, die Aguas Argentinas die pauschale Messung in Gebäuden mit mehreren Haushalten verbot. FIEL (1999, 570).

des Gebäudes abbildet. Der Wert kann zwischen 0,6 und 2,6 variieren und ist negativ von dem Alter des Gebäudes abhängig. *ST* stellt die gesamte Grundstücksfläche in Quadratmetern dar. BBT^{min} schließlich ist ein Mindesttarif, der für Privathaushalte bei *$ 4 * K* für Trink- und Abwasser liegt.

Insbesondere die Faktoren *Z* und *E* üben einen großen Einfluss aus, so dass Konsumenten mit gleicher Gebäude- und Grundstücksgröße im Extremfall Wasserpreise im Verhältnis 7 zu 1 zahlen. Am Ende des Konzessionsvertrages soll dieser Unterschied sogar 9,5 zu 1 betragen.[1]

Haushalte mit *gemessenem* Konsum zahlen einen zweiteiligen Tarif *MT* für den Wasserverbrauch, der aus einer fixen Komponente, einem freien Konsum für die ersten 30 Kubikmeter Wasser innerhalb von zwei Monaten und einem variablen verbrauchsabhängigen Teil besteht. Er berechnet sich nach folgendem Schema:

(3.6) $MT_i = 0{,}5 * BBT_i + P_i * K * (C - \tilde{A}).$

BBT_i stellt die Tarifrate für den ungemessenen Konsum[2] und *P* den Wasserpreis dar, der bei $ 0,33 je Kubikmeter Trinkwasser und bei $ 0,66 je Kubikmeter Trink- und Abwasser liegt. Dieser Preis wird aber nur für den Konsum $C - \tilde{A}$ berechnet, also für den Wasserverbrauch, der über die 30 Kubikmeter freien Konsums hinaus geht.

Die im Konzessionsvertrag festgelegte *Infrastrukturgebühr* ist zwar eine bedeutende zusätzliche Einnahmequelle für Aguas Argentinas, jedoch im engeren Sinne nicht Bestandteil des Wassertarifs. Aus Gründen der Vollständigkeit soll dennoch bereits an dieser Stelle kurz auf diese Gebühr eingegangen werden. Eine eingehende Diskussion erfolgt dann in Kapitel 4.

Die Infrastrukturgebühr dient zur Deckung der Investitionskosten für die Ausweitung des sekundären Trinkwasser- und Abwassernetzes, wobei in Abhängigkeit von der jeweiligen Versorgungskategorie eine Netz- und eine Anschlussgebühr erhoben wird.[3] Bis zum Jahr 1997 wurde sie nur bei den Haushalten erhoben, die direkte Nutznießer eines neuen Trink- und Abwasseranschlusses waren.[4] ARTANA et al. (1999) zitieren eine Studie der Weltbank, wonach berechnet wurde, dass die alten Konsumenten von Aguas Argentinas die Ausdehnung des Systems trotzdem noch zu 80 Prozent subventionieren.[5] Auch wenn

1 ABDALA (1996, 4).

2 Diese wird verdoppelt, wenn der Konsument neben der Trinkwasserversorgung auch eine Abwasserentsorgung in Anspruch nimmt

3 Die Netzgebühr deckt die Kosten des Verteilungsnetzes ab, die Anschlussgebühr wird für die Rohrabzweigungen von dem Verteilungsnetz zu den Grundstücksgrenzen erhoben. Wie bereits dargestellt wurde, ist eine Infrastrukturgebühr zur Finanzierung der Netzausweitung dann sinnvoll, wenn die Höhe der versunkenen Kosten für das Unternehmen begrenzt werden soll. Dazu auch SPILLER/ SAVEDOFF (1999, 12).

4 Die Änderung der Regelung wird erst im vierten Kapitel diskutiert.

5 Der Gegenwartswert der Subventionen über einen Zeitraum von 30 Jahren beträgt Mill. $ 480. Die Kosten für einen Wasseranschluss werden je Konsument und Jahr mit $ 47,60

diese Berechnung korrekt ist, erscheint eine Subventionierung im Hinblick darauf, dass vor 1993 die Investitionen von OSN weitgehend über Steuern finanziert wurden, fair.[1]

Die im Konzessionsvertrag festgelegten Referenzwerte für die Infrastrukturgebühr betrugen $ 325 für einen Trinkwasseranschluss und $ 460 für einen Abwasseranschluss.[2] Die Anschlusskosten berechnen sich je nachdem, auf welcher Straßenseite die Verteilungsrohre verlegt sind. Ein Trinkwasseranschluss für eine Leitung mit 20 mm Durchmesser diesseits der Straße kostet $ 135, jenseits hingegen $ 200. Ein Abwasseranschluss kostet unabhängig vom Leitungsdurchmesser diesseits $ 200 und jenseits $ 225.[3] Folglich liegen die Referenz-Anschlusskosten bei $ 167,50 für Trinkwasser und 212,50 für Abwasser[4], die Referenz-Netzgebühr für Trinkwasser hingegen bei $ 157,50 und für bei Abwasser $ 247,50.[5]

Auch wenn es im Prinzip richtig ist, dass das Unternehmen Aguas Argentinas seinen Tarif nicht frei wählen darf[6], ist der von OSN übernommene Tarif von Aguas Argentinas mit einer Reihe von Unzulänglichkeiten behaftet, die den oben postulierten normativen Grundsätzen widersprechen und im folgenden eingehender darzustellen sind. Im weiteren Verlauf dieses Abschnitts wird zunächst der Tarif für den ungemessenen Konsum, dann der Tarif für den gemessenen Konsum, die Optionsregelung und schließlich die Infrastrukturgebühr analysiert.

3.3.2.2 Die Analyse des Tarifs für den ungemessenen Konsum

Der Tarif für den *ungemessenen* Konsum enthält insbesondere auf Grund des Gebäudefaktors E und des Zonenkoeffizienten Z ein starkes Element der Quer-

---

angegeben, wobei unter Annahme einer Diskontrate von 10 Prozent in 30 Jahren $ 520 je Konsument bzw. $ 2600 je Haushalt zusammenkommen, wenn man annimmt, dass ein Haushalt im Durchschnitt aus fünf Personen besteht. ARTANA et al. (1999, 22). Anzumerken ist hierzu, dass der wahre Wert der Subvention weit darunter lag, weil bereits ein Jahr nach der Konzessionsübernahme die Infrastrukturgebühr um über 40 Prozent erhöht wurde.

1 Das Vorgehen bei den Infrastrukturgebühren entspricht in etwa dem in England und Wales. Auch dort sollen die Infrastrukturgebühren nur die Kosten der Entwicklung des lokalen Netzes abdecken. Sie sollten im Jahr 1994 bei £ 200 liegen. OFWAT (1999a, 57). STOUT (1996, 61).

2 KONZESSIONSVERTRAG (1993), Anhang VII, Art. 40. Diese Referenzwerte sind, wie noch dazustellen sein wird, keine Durchschnittswerte.

3 KONZESSIONSVERTRAG (1993), Anhang VII, Art. 36.

4 Referenzwert Trinkwasseranschluss: ($135+$200)/2=$167,50. Referenzwert Abwasseranschluss: ($200+$225)/2=$212,50.

5 Referenzwert Trinkwassernetz: $325-$165,50=$157,50. Referenzwert Abwassernetz: $460 -$212,50=$247,50.

6 Eine freie Tarifwahl würde dem Unternehmen weitreichende Möglichkeiten zur Monopolpreissetzung ermöglichen. Einem Regulierer, der das Verhalten des Unternehmens effektiv überwachen will, müssten hohe technische Kapazitäten abverlangt werden. ETOSS erfüllt dieses Kriterium jedoch nicht.

subvention. Der Grund hierfür liegt in dem politischen Willen, dass ärmere Haushalte einen niedrigen Tarif zahlen sollen. Gefragt wird, ob das *Targeting* dieses Tarifs, d.h. die umfassende und alleinige Begünstigung ärmerer Haushalte, tatsächlich effektiv ist. Wie aus dem Tarifschema hervorgeht, beträgt das Verhältnis eines Quadratmeters unbebauter Fläche im Verhältnis zu einem Quadratmeter bebauter Fläche bei ärmlicher Bebauung 1 zu 6. Bei luxuriöser Bebauung beträgt dieses Verhältnis 1 zu 26.[1] D.h. bei ärmlicher Bebauung wird das gesamte Grundstück prozentual wesentlich stärker innerhalb des Tarifs berücksichtigt als bei luxuriöser Bebauung. Einige Autoren sehen hierin unter der Annahme, dass reichere Haushalte größere Grundstücke besitzen, die zudem im Sommer bewässert werden, einen regressiven Verteilungseffekt.[2] Allerdings ist die Annahme, reichere Haushalte seien generell im Besitz größerer Grundstücke als ärmere Haushalte, fraglich. So sind die durchschnittlichen Grundstücksgrößen vielmehr von den jeweiligen Stadtteilen abhängig und tendenziell in den ärmlichen Randregionen von Buenos Aires größer als im Zentrum.

Neben der Grundstücksgröße spielt jedoch auch der Gebäudetyp für die Selektion armer Haushalte eine Rolle, wenn man annimmt, dass die arme Bevölkerung in alten, heruntergekommenen Quartieren wohnt. Die Einbeziehung eines Gebäudetyps ist jedoch aus verschiedenen Gründen problematisch: So haben die Hausbesitzer unabhängig von ihrem Einkommen einen Anreiz, ihre Häuser äußerlich verfallen zu lassen, um auf diese Weise eine günstigere Einstufung zu erhalten. Dies muss der Wohnqualität innerhalb der Gebäude allerdings keinen Abbruch tun. Insofern wäre der äußerliche Zustand eines Gebäudes kein guter Maßstab für das Einkommen eines Haushalts. Zudem mögen es reichere Haushalte als schick empfinden, in älteren Häusern zu wohnen. Insbesondere dann, wenn die Kataster nicht rechtzeitig aktualisiert werden, hätten reichere Haushalte, die alte Häuser aufkaufen und instand setzen lassen, einen Vorteil.

Ähnliche Argumente können für den Zonenkoeffizienten *Z* gelten. So können ganze Zonen Aufwertungen z.B. auf Grund einer Mode erfahren, was u.U. nicht rechtzeitig innerhalb des Tarifs berücksichtigt wird. So galten z.B. die Stadtteile La Boca und San Telmo im Stadtzentrum von Buenos Aires lange Zeit als alte, heruntergekommene Stadtquartiere. In letzter Zeit wurden in diesen Stadtteilen jedoch umfangreiche Luxussanierungen vorgenommen.

Zusammenfassend kann festgestellt werden, dass das soziale Targeting des Tarifs für den ungemessenen Konsum unvollkommen und grundsätzlich problematisch ist.

---

1 Berechnet wird der Multiplikator *SC*E+ST/10*. Für ärmlicher Bebauung gilt *SC*0,6 +ST*0,1*. D.h. die bebaute Fläche *SC* geht sechs mal so hoch in den Tarif ein, wie die unbebaute Fläche *ST*. Für luxuriöse Bebauung gilt hingegen *SC*2,6+ST*0,1*, d.h. die bebaute Fläche wird innerhalb des Tarifs 26 mal so stark gewichtet wie die unbebaute Fläche.

2 FIEL (1999, 555).

Da die Haushalte einen fixen Tarif bezahlen, haben sie keinen Anreiz zu einem sparsamen Wasserkonsum. Fehlende Anreize zur Einsparung von Wasser bestehen aber auch auf Grund des Gebäudefaktors *E*. Die Vermutung liegt nahe, dass der Wasserverbrauch in älteren Gebäuden in der Regel höher ist als in neuen Gebäuden, weil z.B. das hauseigene Leitungssystem marode ist, Wasserhähne tropfen und die Toilettenspülungen undicht sind. Ein niedriger Pauschaltarif gerade für diese Gebäude bietet jedoch für die Haushalte keinen Anreiz, mittels der noch zu beschreibenden Optionsregelung von ungemessenem Konsum zu gemessenem Konsum überzugehen, weil die Kosten der Installation von Zählern im Vergleich zu dem niedrigen Tarif relativ hoch sind. Insofern haben die Haushalte auch keinen Anlass, die Verschwendung von Wasser einzudämmen.

Letztendlich ist der Pauschaltarif auch aus einer ökonomischen Perspektive heraus problematisch. So muss Aguas Argentinas auf Grund des Gebäudefaktors jedes Gebäude einzeln bewerten lassen, was einerseits kostenaufwändig, andererseits angesichts von Bewertungsunsicherheiten problematisch ist. Zudem werden notwendige Anpassungen auf Grund von Veränderungen an den Gebäuden nicht immer zu gegebener Zeit erfolgen, was zu Konflikten zwischen Hauseigentümern und Unternehmen führen kann.[1]

Weiterhin bietet der Tarif Aguas Argentinas einen Anreiz, die einzelnen weichen Komponenten des Tarifs zu manipulieren. So könnte das Unternehmen die Qualität der Häuser aufwerten oder aber durch die Hinzurechnung von Terrassen, Pergolas und Balkonen den Bebauungsgrad der Grundstücke erhöhen.[2] Diese Manipulation wurde de facto dadurch begünstigt, dass die Kataster in Buenos Aires sehr ungenau und veraltet waren.[3]

Schließlich hat Aguas Argentinas auf Grund der Struktur des Tarifs ein Interesse, das Versorgungsnetz insbesondere in Gebieten mit hohen Zonen- und Gebäudewerten auszubauen, d.h. es ist für Aguas Argentinas attraktiv, die tendenziell wohlhabenden Einwohner von Buenos Aires an die Versorgung anzuschließen.[4] Neben den ungünstigen Auswirkungen für ärmere Haushalte steigen

1 Vgl. dazu auch GRUPO DE RIO et al. (1993, 12f).

2 Siehe hierzu z.B. eine Beschwerde von CONSUMIDORES ARGENTINOS (1998, 11). Demnach waren 75 Prozent der Konsumenten mit der neuen Wertfeststellung von Aguas Argentinas nicht einverstanden.

3 GRUPO DE RIO et al. (1993, 14). Tatsächlich führte Aguas Argentinas eine Aktualisierung des Katasters über das geografische Informationssystem GIS durch, was eine allgemeinen Aufwertung der Grundstücke zur Folge hatte. Allerdings konnte Aguas Argentinas die Werte von etwa 1 Mill. Grundstücken nur mit Genehmigung der Regierung und ETOSS erhöhen. ÁMBITO FINANCIERO, Presionan para que el Agua sea más cara en Buenos Aires (24.5.1996, 4) und ÁMBITO FINANCIERO, Una Grave Denuncia por las Tarifas contra Aguas Argentinas y Economía (5.7.1996, 4).

4 Dieser verteilungspolitisch problematische Anreiz für Wasserunternehmen wird auch von HERRINGTON/ PRICE (1987, 46f) in Bezug auf die Problematik der Orientierung eines Wassertarifs an Grundsteuerwerten gesehen. Zu den generell damit zusammenhängen

dadurch auch die Kontrollkosten für den Regulierer. Dieser wird gezwungen, dem Unternehmen klare Vorgaben zu machen, in welchen Regionen die Investitionen durchzuführen sind, ein Umstand, der sich praktisch in Buenos Aires kaum durchsetzen ließ.[1] So führte Aguas Argentinas Investitionen teilweise auch in Regionen durch, die im Investitionsplan nicht vorgesehen waren, während andere Gebiete gleichzeitig vernachlässigt wurden.[2]

Allgemein kann aus den geschilderten Problemen gefolgert werden, dass der Tarif für den ungemessenen Konsum die Zielgruppe der Armen, die in den Genuss von Vergünstigungen kommen sollen, nur sehr ungenau erfasst, dass die Anreize zu einem sparsamen Wasserkonsum fehlen und dass der Tarif für Aguas Argentinas und ETOSS hohe Kontroll- und Evaluationskosten verursacht.

In Anbetracht der oben geschilderten Probleme muss gefragt werden, ob für den ungemessenen Konsum bessere Tarife möglich sind. Bisweilen wird vorgeschlagen, je Wasseranschluss einfach einen Fixbetrag festzulegen. Dieser Vorschlag bedingt jedoch das Problem einer starken Umverteilungswirkung zugunsten größerer Haushalte und Haushalten mit großen Grundstücken bzw. die Benachteiligung von Einpersonenhaushalten. Zudem könnten Haushalte versucht sein, sich zwecks gemeinsamer Wassernutzung zusammenzuschließen, so dass trotz der Einfachheit dieses Kriteriums Anreize zur Umgehung von Zahlungen bestehen bleiben. Eine alternative Möglichkeit wäre die Tarif-Berechnung anhand der geschätzten Anzahl der Hausbewohner. Problem eines solchen Tarifs ist jedoch die Bestimmung der wahren Haushaltsgröße. Zudem treten saisonale Fluktuationen durch Urlauber oder Studenten auf, die ebenfalls schwer mittels eines solchen Tarifs erfasst werden können.

Ein guter Indikator für einen Tarif mit ungemessenem Konsum, der viele der vorher geschilderten Probleme vermeidet, könnte z.B. die geschätzte Wohnfläche je Wasseranschluss sein. Vorteil einer solchen Regelung wäre, dass sie einerseits eine gute Annäherung an den tatsächlichen Wasserkonsum darstellen könnte, wenn man annimmt, das die Wohnfläche mit der Anzahl der Hausbewohner korreliert ist, und gleichzeitig einen gewisse Umverteilung zugunsten armer Haushalte beinhaltet, weil die Wohndichte in ärmeren Haushalten größer als in reicheren Haushalten sein wird. Weiterhin ist ein solches Schema gegenüber Manipulationen weniger anfällig als der bisherige Tarif. Bzgl. der durchzuführenden Erweiterungsinvestitionen hätte Aguas Argentinas eine

Problemen hoher Kreuzpreissubventionierungen zugunsten der ärmeren Bevölkerungsteile siehe auch YEPES (1999, 3).

1 Die Begründungen des Unternehmens, bestimmte vorgegebene Investitionen nicht durchzuführen, dafür aber andere vorzuziehen, sind mannigfaltig. Meistens werden Sachzwänge wie z.B. verkehrstechnische Fragen oder Verzögerungen bei Verhandlungen mit den Gemeinden angeführt.

2 Gemäß T. Baudon, Managing-Direktor bei Suez Lyonnaise des Eaux, wurden zunächst tatsächlich die Wohngebiete mit hohem und mittleren Einkommen, nicht aber die der armen Bevölkerung an das Netz angeschlossen. Nach HALL (1998, 26).

Anreiz, diese in Gegenden mit hoher Bebauungsdichte durchzuführen, was aus wohlfahrtsökonomischen Überlegungen heraus sinnvoll ist. Schließlich wäre ein solcher Tarif durch den Regulierer relativ leicht zu überwachen.[1] Anreize zu einem sparsamen Konsum von Wasser bietet aber auch ein solcher Tarif nicht. Dieser Mangel kann erst durch eine verbrauchsabhängige Tarifgestaltung behoben werden, die in dem folgenden Abschnitt betrachtet wird.

3.3.2.3 Die Analyse des Tarifs für den gemessenen Konsum

Die Analyse des Tarifs für den gemessenen Konsum kann entsprechend dem vorherigen Abschnitt hinsichtlich der sozialen, ökologischen und ökonomischen Kriterien erfolgen.

Die Subventionierung armer Haushalte erfolgt über eine kostenlose Abgabe der ersten dreißig Kubikmeter Wasser. Diese Regelung ist zwar einfach, jedoch unvollständig, weil die Anzahl der Personen im Haushalt nicht berücksichtigt wird. In Anbetracht der fehlenden staatlichen Kapazitäten für direkte Sozialleistungen an arme Haushalte erscheint eine solche Art der Subventionierung jedoch akzeptabel. Auch die Höhe der Subvention erscheint reichlich bemessen: Nimmt man an, dass je Haushalt durchschnittlich 3,4 Personen leben, so stehen jedem Haushaltsmitglied täglich rd. 150 Liter kostenlos zur Verfügung.[2]

Problematisch an dem Tarif ist der hohe Anteil der Fixkosten, da der Tarif für den ungemessenen Konsum zu 50 Prozent angerechnet wird. Auf Grund dessen ist der Anreiz zu einem sparsamen Wasserverbrauch relativ gering.

Aus einer ökonomischen Perspektive ist zu fragen, wieso die marginalen Kosten eines Kubikmeters Trinkwasser mit $ 0,33 den marginalen Kosten des Abwassers entsprechen sollen. Vielmehr ist anzunehmen, dass sich die Preise der Trinkwasserbereitstellung substanziell von denen der Abwasserentsorgung unterscheiden. Eine einfache Verdopplung des variablen Tarifs bei gleichzeitiger Trink- und Abwasserversorgung mit $ 0,66 erscheint zudem auch deswegen nicht gerechtfertigt, weil dadurch die *Economies of scale* nicht berücksichtigen werden, die für das Unternehmen auf Grund einer Doppelversorgung entstehen. So müssen z.B. Messungen des Konsum nur einmal erfolgen und Rechnungen nur einmal verschicken werden.[3]

Ein weiterer Fehler der Tarifformel liegt in den problematischen Anreizwirkungen begründet, die für den Regulierer und das regulierte Unternehmen bestehen. So wird ETOSS kein Interesse an einer verstärkten Einführung des variablen

1 Der Nachteil dieses Tarifs wäre allerdings, dass Eigentümer mit Grundstücken, die in großen Teilen unbebaut sind, bevorzugt werden. Es wurde allerdings schon dargestellt, dass damit nicht unbedingt ein regressiver Verteilungseffekt verbunden sein muss.

2 Die Gebührenrechnung fällt alle zwei Monate an.

3 Gemäß ARTANA et al. (1999, 221) führen *economies of scale* im Wassersektor dazu, dass Rechnungen für die Doppelversorgung anstatt mit einem Faktor 2 nur mit dem Faktor 1,5 multipliziert werden müssten.

Tarifs haben, weil seine Finanzierung ausschließlich über den fixen Verbrauchsanteil erfolgt und eine vermehrte Einführung des verbrauchsabhängigen Tarifs zu einem Absinken seiner Einnahmen führen würde. Ähnlich gelagerte Probleme bestehen auch für das Unternehmen im Zusammenhang mit dem von ETOSS angewendeten Regulierungsverfahren: So sieht dieses vor, dass bei einem Anstieg der Inputpreise und dem damit korrespondierenden Anstieg der regulierten Kosten des Unternehmens der K-Faktor derart angehoben wird, dass auf Grund steigender regulierter Einnahmen die nominale Verschuldung des Unternehmens im zehnten Jahr der Konzession konstant bleibt. Bei preiselastischerer Nachfrage auf Grund eines Übergangs vom ungemessenen zum gemessenen Konsum[1] erhöhen sich die Einnahmen von Aguas Argentinas jedoch nicht proportional zu der Erhöhung des K-Faktors, so dass die realen Einnahmen des Unternehmens hinter den regulierten Einnahmen zurückbleiben.[2] Dieser für das Unternehmen nachteilige Effekt wird um so stärker, je mehr Haushalte zu einem gemessenen Konsum übergehen.

In einem Tarif für den gemessenen Konsum, der die oben genannten Kritikpunkte berücksichtigt, muss der verbrauchsabhängige Kostenanteil hoch sein, während die fixe Grundgebühr nur einen kleinen Teil innerhalb des Tarifs ausmacht. Auf diese Weise hätten die Haushalte einen stärkeren Anreiz zu Wassereinsparungen. Der Regulierer im Vereinigten Königreich vertritt sogar die Auffassung, dass aus diesen Gründen nur die Kosten der Messung und einige konsumentenspezifische Kosten - insgesamt £ 37 pro Jahr für Trinkwasser und Abwasser zusammen - den Fixpart des Tarifs ausmachen sollten.[3] Die variablen Kosten für Trink- und Abwasser sollten den zurechenbaren Kosten für die Produktion und den Transport der jeweiligen Versorgungskategorie entsprechen, wobei Synergieeffekte bei einer gleichzeitigen Lieferung von Trink- und Abwasser berücksichtigt werden müssten. Auf diese Weise hätten die Haushalte einen verstärkten Anreiz, beide Versorgungskategorien zu beziehen. Zudem sollte die Finanzierung des Regulierers nicht als ein Teil des konsum-unabhängigen Tarifs, sondern als ein fixer Block der Einnahmen von Aguas Argentinas erfolgen.

---

1 ABDALA (1996, 8) geht für Buenos Aires von einer Preiselastizität der Nachfrage nach Trinkwasser von –0,35 aus.

2 Der Grund hierfür wird in dem in Kapitel 4 noch näher zu beschreibenden von ETOSS verwendeten Simulationsmodell veranschaulicht. In diesem Modell wird implizit vorausgesetzt, dass die Preiselastizität der Nachfrage null ist. Wie z.B. in Abschnitt 4.1. dargestellt wird, geht der Regulierer von der Annahme aus, dass eine Anhebung des K-Faktors im Tarif um 13,5 Prozent zu einer korrespondierenden Erhöhung der Gesamteinnahmen von Aguas Argentinas um ebenfalls 13,5 Prozent führt. Bei preiselastischer Nachfrage ist diese Annahme jedoch nicht richtig.

3 OFWAT (1999a, 28). Später ist sogar nur noch von den reinen Messkosten in Höhe von £ 30 die Rede. OFWAT (2000, 14).

Eine Verbesserung wäre es im Prinzip auch, wenn der Tarif für den gemessenen Verbrauch ein saisonales Element enthalten würde.[1] So ist der Verbrauch in den Sommermonaten besonders hoch, wenn z.B. die Schwimmbäder gefüllt bzw. die Gärten bewässert werden. Die für diese Saison notwendigen Vorhaltekapazitäten verursachen dem Unternehmen fixe Kosten, die deshalb in den Sommermonaten dem Tarif zugerechnet werden müssten. Eine höherer Preis während der Sommermonate wäre letztendlich auch ein Beitrag zum Schutz der Wasserressourcen.

In dem folgenden Abschnitt wird die Optionsregelung und damit das Verfahren analysiert, mittels dem Unternehmen und Haushalte von dem ungemessenen zu dem gemessenen Konsum wechseln können.

3.3.2.4 Zählerkosten und Optionsregelung

Die Preise für die Zähler und deren Installation durfte Aguas Argentinas nach der Übernahme der Konzession selbst bestimmen. Entsprechend dem Querschnitt des Zulaufrohres sind für 15 mm $ 31, für 20 mm $ 36, für 25 mm $ 112 und für 50 mm $ 219 zu zahlen. Diese Kosten sind – verglichen mit anderen Regionen in Argentinien – sehr hoch.[2] Zudem besteht eine sehr starke, wenig verständliche Progression der Preise. Dies beschert Aguas Argentinas u.a. den Vorteil, dass insbesondere Großabnehmer, für die Wahrnehmung eines Optionsrechts auf Zählerinstallation interessant ist, abgeschreckt werden, dieses Recht wahrzunehmen.

Abgesehen von den hohen Kosten einer Zählerinstallation und der starken Progression muss gefragt werden, ob die Optionsregelung sinnvoll ist. Geht man davon aus, dass ein *trade off* zwischen den ökonomischen Kosten der Installation und Verbrauchsmessung einerseits und den wohlfahrtsfördernden Aspekten der besseren Anpassung des Tarifs an die Nachfragefunktion andererseits besteht, so scheint die Optionsregelung sinnvoll zu sein. Da sich jede Seite auf eigene Initiative für die Installation von Zählern entscheiden kann, dann aber auch alleine die Kosten der Installation tragen muss, werden Zähler nur installiert, wenn nach Einschätzung der Wirtschaftssubjekte die Installationskosten durch die erwarteten Kosteneinsparungen gedeckt werden.

Allerdings sprechen auch einige Argumente gegen das Optionsmodell. So ist der Fall denkbar, dass zwar für beide Parteien zusammen der Nettoertrag einer Zählerinstallation positiv ist, für jede einzelne Partei die Kosten der Installation jedoch die Erträge überwiegen würden. Da eine Verhandlungslösung auf Grund der vertraglichen Regelungen und asymmetrischer Informationen nicht wahr-

1 Für England und Wales werden solche Tarife mit saisonalen Elementen diskutiert. OFWAT (1999a, 39).

2 ARTANA et al. (1999, 229). Während z.B. die Zählerkosten in Buenos Aires zwischen $ 31 und $ 112 schwanken, betragen sie in der Provinz Corrientes nur zwischen $ 15 und $ 30. CONTE GRAND (1998, 10).

scheinlich ist, erfolgt in solchen Fällen trotz positiver Wohlfahrtseffekte keine Installation des Zählers.[1] Hier wäre also eine restriktive Lösung, die einer Seite die Kosten der Zählerinstallation aufbürdet, wohlfahrtsökonomisch besser.

Für Aguas Argentinas treten zudem Problem von *adverse selection* und *moral hazard* auf Grund des Verhaltens der Haushalte auf: Nur solche Haushalte lassen ihren Verbrauch messen, die einen unterdurchschnittlichen Verbrauch erwarten.[2] Da Aguas Argentinas das individuelle Konsumverhalten eines Haushalts nicht kennt, sondern die Entscheidung zur Installation von Zählern nur auf Grund allgemeiner Merkmale im Rahmen von Durchschnittsverbrauchen treffen kann, wird das Unternehmen seinerseits die lohnenden Kandidaten nur schwer herausgreifen können.[3] Insofern hat das Unternehmen gegenüber den Konsumenten einen strategischen Nachteil, der mit Einnahmeverlusten einhergeht.

Ein anderes Problem hinsichtlich des Optionsrechts besteht darin, dass die meisten Haushalte ihren eigenen Konsum nicht genau einschätzen können. Sie werden dann auf Grund von Risikoaversion dazu tendieren, ihrerseits die Option nicht wahrzunehmen. Um die Risiken für die Konsumenten zu vermindern, hat der argentinische Staat daher die folgende Zusatzregel implementiert: Erhöhen sich für die Konsumenten die Kosten auf Grund der Messung um mehr als 20 Prozent, so kann der Haushalt die Messung rückgängig machen lassen. Will der Konzessionär die Messung beibehalten, so muss er dem Konsumenten die Installationskosten erstatten. Allerdings wird durch diese Regelung das Risiko für den Konsumenten nur wenig gelindert, da einerseits ein Residualrisiko bleibt, wenn die Preiserhöhung unter 20 Prozent bleibt, andererseits die Risikoabsicherung bis zur Höhe der Installationskosten gedeckelt ist.

ABDALA (1996) geht davon aus, dass die Optionsregelung regressive Effekte beinhaltet:[4] Auf Grund der Tarifstruktur lohne sich für reiche Haushalte der Übergang von ungemessenem zu gemessenem Konsum, wenn der Haushalt von einem niedrigen Verbrauch ausgeht. Der Grund hierfür sei, dass der variable Konsum – abgesehen von den ersten dreißig Kubikmetern – einkommensunelastisch ist und nur noch die Hälfte des für die Haushalte teuren Tarifs für den ungemessenen Konsum berechnet wird. Für arme Haushalte lohne sich hingegen ein Übergang zum gemessenen Verbrauch nie. C.p. hätte Aguas Argen-

---

1 Dieser Fall kann anhand eines fiktiven Beispiels dargestellt werden: Der Ertrag aus der Installation eines Zählers betrage für beide Parteien je $ 100. Die Kosten für die Installation eines Zählers betragen hingegen $ 112. D.h. die Installation eines Zählers würde für beide Parteien zusammen einen Nettoertrag von $ 88 erbringen. Wenn eine Verhandlungslösung nicht zustande kommt, wird der Zähler trotz dieses Ertrages nicht installiert, weil die Partei, die den Zähler installieren will, einen Verlust von $ 12 erwirtschaften würde.

2 Dies wird auch von CRAMPES/ ESTACHE (1996, 4) angedeutet.

3 In der Literatur wird auf Grund dieser Probleme vorgeschlagen, dass die Verbrauchsmessung einheitlich und deckend für eine Region erfolgen sollte. VICKERS/ YARROW (1988, 407).

4 ABDALA (1996, 4f).

tinas somit stets stärkere Anreize, Zähler bei armen als bei reichen Haushalten zu installieren. Kritisch ist gegenüber einer solchen Interpretation jedoch einzuwenden, dass dieser Effekt nur deswegen zustande kommt, weil der fixe Tarif bereits ein starkes Subventionselement zugunsten armer Haushalte enthält.

Nicht zuletzt wird Aguas Argentinas auch deswegen kein großes Interesse an der Einführung von Zählern haben, weil dadurch die Nachfrage preiselastischer wird und eine höhere Fluktuation der Einnahmen des Unternehmens verbunden mit höheren unternehmerischen Risiken besteht. Das Unternehmen wird also tendenziell auch dann keine Zähler installieren, wenn es sich von dieser Maßnahme kurzfristig höhere Einnahmen verspricht.

Zusammenfassend kann festgehalten werden, dass trotz der ökonomischen Vorteile, die ein Optionsrecht auf den ersten Blick haben mag, auch eine Reihe von Einwänden gegen eine solche Regelung vorgebracht werden können. Nicht zuletzt auch im Hinblick auf den hohen Wasserkonsum in Buenos Aires und aus Gründen des Ressourcenschutzes scheint deshalb eine restriktive Regelung sinnvoller, die den Konsumenten oder dem Unternehmen die Installation von Wasserzählern vorschreibt.

3.3.3 Die Positive Analyse des Wassertarifs

Auf der Ebene der politökonomischen Analyse steht die Frage im Mittelpunkt, wieso der argentinische Staat den offensichtlich ineffizienten Tarif von OSN an Aguas Argentinas vererbt hat.

Bisweilen wird argumentiert, dass der argentinische Staat auf Grund der geringen Reputation argentinischer Institutionen durch die Beibehaltung des Tarifs den Konzessionsvertrag möglichst genau determinieren wollte.[1] Eine Tarifstruktur, die dem Unternehmen diskretionären Spielraum bei der Ausgestaltung lässt, hätte von den bietenden Unternehmen als ein Signal verstanden werden können, dass der Staat sich selbst diesen Spielraum ebenfalls zubilligt. Dieses Argument ist jedoch nicht sonderlich überzeugend, da bei der Konzessionierung auch ein einfaches Tarifsystem ohne Gestaltungsspielräume hätte festgelegt werden können.

Überzeugender ist das Argument, dass der Staat dem Unternehmen durch die Beibehaltung des Tarifs eine weitgehend sichere Projektion der zu erwartenden Einnahmen gewährleisten wollte.[2] Auf diese Weise konnten die bietenden Unternehmen die Einnahmen von OSN unter Einbeziehung eines Diskonts wegen des K-Faktors einfach fortschreiben.

Diese Argumentation lässt sich auch für den Regulierer anwenden: Auf Grund der Beibehaltung des Tarifsystems könnte die Regierung davon ausgegangen sein, dass dem Regulierer die Kontrolle der Durchführung versprochener Preis-

1 ARTANA et al. (1998, 1).
2 Vgl. dazu auch ABDALA (1996, 3).

senkungen leicht möglich wäre, da der K-Faktor die einzige neue Variable des Tarifs war.[1] Auch wenn dies ein Ziel der argentinischen Regierung gewesen sein mag, so wurde es durch die geschilderte Intransparenz des Tarifs konterkariert. Aguas Argentinas konnte z.B. durch die Neukategorisierung von Konsumenten, die Aufwertung von Häusern oder die Aktualisierung des Katasters in relativ einfacher Weise die Tarife erhöhen, ohne dass der K-Faktor verändert werden musste.

Weiter oben ist bereits auf die Gründe hingewiesen worden, welche die Regierung zu einer zügigen Durchführung der Privatisierung veranlasst haben könnten. Die Beibehaltung des Tarifs von OSN wird sowohl dem argentinischen Staat wie auch den bietenden Unternehmen Evaluationskosten erspart haben und so zu der politisch erwünschten zügigen Durchführung der Privatisierung beigetragen haben.

Eine weitere Motivation für die Beibehaltung des Tarifs mag schließlich gewesen sein, dass über den tarifären Diskont durch den K-Faktor sichergestellt wurde, dass alle Konsumentengruppen von der Privatisierung profitieren, da die zu zahlenden Wassertarife insgesamt mit einem Preisabschlag versehen wurden. Wäre im Zuge der Privatisierung ein neuer Tarif eingeführt worden, so hätte dies notgedrungen zu Umverteilungen zwischen einzelnen Konsumentengruppen geführt, wobei ein Teil als Verlierer, andere aber als Gewinner aus der Privatisierung hervorgegangen wären. Da die Verlierer der Privatisierung mit Sicherheit Widerstand entgegengesetzt und die Regierung bei den nächsten Wahlen vielleicht abgestraft hätten, hatte eine Regelung, die alle Konsumenten gleichermaßen begünstigt, für die argentinische Regierung politischen Charme.[2]

3.4 Die Effizienz einer Marktsegmentierung bzw. der Konkurrenz im Markt

In diesem Abschnitt soll die Relevanz der Marktstruktur für die Regulierung natürlicher Monopole dargestellt werden. Da öffentliche Unternehmen im Vorfeld einer Privatisierung zumeist ein Gebietsmonopol in ihrem Markt besitzen, geht die Frage einer Marktaufteilung mit der Überlegung einher, ob und wie das öffentliche Unternehmen zerschlagen werden soll. Solange sich das öffentliche Unternehmen im staatlichen Eigentum befindet, ist eine Aufteilung desselben relativ unkompliziert. Aus diesem Grund sollte die Entscheidung hinsichtlich einer Aufteilung im Zuge der Privatisierung getroffen werden. Diese kann in *horizontaler* oder in *vertikaler* Form erfolgen. Bezogen auf den Wassersektor kann die vertikale Aufteilung eines Gebietsmonopolisten entlang seiner Wertschöpfungskette Wasserproduktion, Wassertransport, Abwassertransport und Abwasserreinigung in mehrere unabhängige Unternehmenseinheiten durchge-

1 ALCÁZAR et al. (2000, 21).

2 COOK/ MINOGUE (1990, 398) sehen es z.B. als ein Kennzeichen für schwache Regierungen an, dass sie im Zuge von Privatisierungen möglichst wenig Veränderungen einführen, um nicht die Begehrlichkeiten von Interessengruppen zu wecken.

führt werden. Die horizontale Aufteilung bezeichnet demgegenüber die Parzellierung des Versorgungsgebiets und die Übertragung der Parzellen an mehrere u.U. vertikal integrierte Unternehmen.

Durch die Marktstruktur wird einerseits die Form des Regulierungsverfahrens determiniert, andererseits bestimmt sie das Verhalten der Unternehmen am Markt. So kann der Regulierer auf der einen Seite in aufgeteilten Märkten zusätzliche Informationen über die regulierten Unternehmen mittels *Yardstick-competition* und *Benchmarking* erhalten. Diese Möglichkeiten werden in Abschnitt 3.4.1 näher zu untersuchen sein. Auf der anderen Seite wird in aufgeteilten Märkten zwischen den Unternehmen ein gewisses Maß an Konkurrenz entstehen, auch wenn sie Monopole bleiben. Die Vorteile einer Aufteilung müssen jedoch gegen die Nachteile abgewogen werden, die insbesondere in den Verlusten von *Economies of scale* und *scope* und in einem höheren regulatorischen Aufwand bestehen. Diese Aspekte werden in Abschnitt 3.4.2 analysiert. Abschließend werden in Abschnitt 3.4.3 politökonomische Erklärungen für den von der argentinischen Regierung gewählten Weg dargelegt, auf eine Marktsegmentierung zu verzichten.

3.4.1 *Benchmarking* und *Yardstick-competition* als ergänzende Regulierungsverfahren in horizontal aufgeteilten Märkten

3.4.1.1 Ein Modell zu Yardstick-competition und die Praxis in England und Wales

SHLEIFER sieht *Yardstick-competition* in der Regulierungspolitik als Möglichkeit zur Überwindung eines *trade-off* zwischen produktiver und allokativer Effizienz an.[1] Zum Verständnis der *trade-off* Problematik sei noch einmal an die Überlegungen in Abschnitt 2.1.3 erinnert: Die Herstellung allokativer Effizienz bedeutet, dass die Preise möglichst entsprechend der Grenz- oder Durchschnittskosten gesetzt werden sollten. Mit der produktiven Effizienz wird hingegen beschrieben, dass das Unternehmen zu den niedrigst möglichen Kosten produziert. Wird Gewinnregulierung betrieben, dann haben die Unternehmen gemäß SHLEIFER keinen Anreiz zur Durchführung kostensenkender Investitionen, da sie die potenziellen Erträge der Investitionen nicht erhalten, wenn der Regulierer den Preis gleich den Kosten setzt. Reine Preisregulierung sei hingegen deswegen nicht optimal, da die Unternehmen durch Effizienzsteigerung auf Dauer Monopolgewinne erzielen können, was zu einem Nettowohlfahrtsverlust führt.[2]

In dem Modell von SHLEIFER wird eine beliebige Anzahl risikoneutraler Unternehmen mit identischen Kostenfunktionen betrachtet, die auf verschiedenen Märkten jeweils natürliche Monopole innehaben und mit identischen

1 Der Begriff *Yardstick-competition* wurde von SHLEIFER (1985, 320) erstmals in die Diskussion gebracht. Dazu auch VICKERS/ YARROW (1988, 417).

2 SHLEIFER (1985, 319). SHLEIFER hat somit den in Abschnitt 2.1.3 erwähnten Aspekt der wohlfahrtsoptimalen Distribution und die allokative Effizienz zusammengefasst.

Nachfragekurven konfrontiert sind. Die Unternehmen haben die Möglichkeit, in kostensparende Technologien zu investieren, was dem einzelnen Unternehmen Innovationskosten verursacht, gleichzeitig aber auch zu einer Senkung der marginalen Kosten führt. Um Konkurrenz zwischen den Gebietsmonopolen herzustellen, wird durch den Regulierer für jedes Unternehmen *i* ein Schattenunternehmen *j* konstruiert, so dass der Preis, den das Unternehmen *i* am Markt setzen darf, gleich den marginalen Kosten des Schattenunternehmens *j* ist. Die marginalen Kosten des Schattenunternehmens bestimmen sich dabei aus den durchschnittlichen marginalen Kosten aller anderen Unternehmen. Entsprechend wird mit den Innovationskosten verfahren, für die das Unternehmen einen Transfer erhält, der den durchschnittlichen Innovationskosten aller anderen Unternehmen entspricht. Die Folge dieses Verfahren ist, dass alle Unternehmen die Preise gleich ihren Grenzkosten setzen und gleichzeitig die effizienten technischen Innovationen durchgeführt werden. SHLEIFER zeigt überdies, dass auf den Transfer verzichtet werden kann, wenn die Preise der Unternehmen gleich den durchschnittlichen Kosten gesetzt werden.[1] Für den Fall, dass Unternehmen unterschiedliche Charakteristika haben, schlägt SHLEIFER eine Regressionsanalyse vor, bei der eine Kostenfunktion anhand von verschiedenen erklärenden Faktoren konstruiert wird, um die verschiedenen Kostenfunktionen der Unternehmen beschreiben zu können.[2]

Bei der praktischen Anwendung von *Yardstick-competition* besteht allerdings eine Reihe von Problemen. Obwohl die Unternehmen bereits in dem Modell von SHLEIFER hinsichtlich ihrer Kostenfunktion nicht identisch sein müssen, unterscheiden sie sich auch hinsichtlich der Nachfragefunktionen, mit denen sie konfrontiert sind, und im Hinblick auf die Charakteristika ihrer Umwelt, so dass auch eine Regressionsanalyse häufig nicht zu befriedigenden Ergebnissen führt.[3] In dem Modell von SHLEIFER kann *Yardstick-competition* schon bei zwei Unternehmen erfolgreich betrieben werden. In der Praxis könnten die Unternehmen allerdings versuchen, ihre Präsentationen gegenüber dem Regulierer durch Absprachen abzustimmen. Aus diesem Grund sollte *Yardstick-competition* erst bei einer hinreichend großen Anzahl von Unternehmen betrieben werden. Problematisch kann schließlich auch eine Umwelt sein, in der sich die Unternehmen kollektiv mit Kostenerhöhungen konfrontiert sehen. Ein solches Szenario könnte z.B. durch Forderungen der Gewerkschaften nach Lohnerhöhungen gegeben sein. Unter der Bedingung, dass die Unternehmen solche Kostenerhöhungen nicht oder nur teilweise an die Konsumenten weitergeben können, mögen die Unternehmen den Begehrlichkeiten höherer Lohnforderungen Wider-

1 SHLEIFER (1985, 323f). Natürlich ist dies dann nur noch eine *second-best* Lösung, weil bei Gleichgewichtung der Konsumentenwohlfahrt und der Unternehmensgewinne gegenüber dem Referenzzustand Nettowohlfahrtsverluste auftreten.

2 SHLEIFER (1985, 324f). Dieser Ansatz ähnelt der Praxis von *Yardstick-competition* im Vereinigten Königreich.

3 Die Probleme für Vergleiche werden bei FOSTER (1992, 177f) beschrieben.

stand entgegen setzen. Bei *Yardstick-competition* könnten die Unternehmen aber zu dem Schluss kommen, dass Widerstand nicht notwendig ist, weil alle Unternehmen gleichermaßen von den Lohnerhöhungen betroffen sind und somit mögliche Kostenerhöhungen problemlos an die Konsumenten weitergegeben werden können.

Trotz der geschilderten praktischen Probleme von *Yardstick-competition* betrachtet der Regulierer für den britischen Wassersektor OFWAT das Verfahren als ein wichtiges Regulierungsinstrument. Da die Zahl der regulierten Wasserunternehmen in England und Wales hinreichend groß ist, besteht das Problem von Preisabsprachen zwischen den Unternehmen nicht. Das Problem heterogener Unternehmen wird dadurch gemildert, dass der Regulierer auf Grund der Vielzahl der von ihm regulierten Unternehmen Gruppen mit relativ gleichen Charakteristika zusammenstellen kann.[1] Schließlich kommt *Yardstick-competition* auch nur eine unterstützende Wirkung innerhalb der bereits in Abschnitt 3.2 dargestellten Preisregulierung zu. Regulierungsvariable bei *Yardstick-competition* ist der X-Faktor (vgl. Abschnitt 3.2.1.4), der die zukünftigen Effizienzgewinne der Unternehmen abbilden soll. In Ergänzung zu den in diesem Abschnitt gemachten Ausführungen wird mittels dieses Faktors nicht nur die Effizienz abgebildet, die der Wassersektor als Ganzes in der Zukunft erreichen soll. Vielmehr werden für jedes einzelne Unternehmen auf Grund seiner relativen Performance in der Vergangenheit individuelle Effizienzsteigerungsvorgaben gemacht. Diese zweite Funktion des X-Faktors wird mittels *Yardstick-competition* bestimmt. Ausgehend von den effizientesten Unternehmen werden für die anderen Unternehmen Aufholpotenziale definiert, die sich in entsprechend höheren X-Werten manifestieren. So wurde im Rahmen der ersten Preisrevision von 1994 festgelegt, dass während der nächsten fünf Jahre die Differenz zwischen dem schlechtesten und dem besten Unternehmen um 25 bis 35 Prozent verringert werden müsste.[2]

Für die Berechnung der relativen Effizienz eines Unternehmens werden die Kosten desselben in operative, Kapitalunterhaltungs- und Kapitalerweiterungs-Kosten disaggregiert, wobei die beiden letzteren zu den Kapitalkosten zusammengefasst werden.[3] Die Berechnung der für die Unternehmen gültigen Kosten-

1 Aus diesem Grund werden von OFWAT Fusionen oder Übernahmen zwischen den von der Behörde regulierten Wasserunternehmen kritisch gesehen und nur dann gestattet, wenn dadurch entweder kein Unternehmen betroffen ist, dass als guter Vergleichsmaßstab für andere dient, oder durch die Übernahme bzw. Fusion ein neues Unternehmen entsteht, dass selbst wiederum einen besseren Maßstab für andere Unternehmen darstellt als die beiden Einzelunternehmen, aus denen es hervorgegangen ist.

2 OFWAT (1998, 13) bezeichnet dies als einen *catching-up* Prozess. Dies bedeutet, dass als „*Yardstick*" nicht wie bei SHLEIFER der Durchschnitt der Unternehmen, sondern das beste Unternehmen gewählt wird.

3 In der Reihenfolge ihrer Nennung: *Operating expenditures (OPEX)*, *capital maintenance expenditures* und *capital enhancement expenditures,* wobei die beiden letzteren zu den *capital expenditures (CAPEX)* zusammengefasst werden. OFWAT (1998, 5f). CAPEX

funktionen erfolgt mittels einer Reihe von Indikatoren, von denen angenommen wird, dass sie mit bestimmten Kosten im Wasserunternehmen korreliert sind, wie z.B. die Zahl der Haushaltsanschlüsse, die Länge des Leitungssystems, etc. Ausgehend von Indikatoren und Kosten wird mittels einer Querschnittsanalyse für verschieden große Wasserunternehmen[1] ein effizientes Modellunternehmen konstruiert, das ein durchschnittliches Wasserunternehmen abbilden soll.

Dies kann anhand einiger Beispiele erläutert werden: Für die Bestimmung der durchschnittlichen operativen Kosten beim Betrieb von Wasserwerken ohne Energiekosten nimmt der Regulierer an, dass diese mit der produzierten Wassermenge korreliert sind. Auf Grund dieser Annahme führt er unter Einbeziehung aller Wasserunternehmen eine Regressionsanalyse durch und passt eine lineare Kostenkurve an.[2] Entsprechend werden die Regressionen für die verschiedenen Kapitalkosten durchgeführt. Vor einem Vergleich wird zunächst geprüft, ob der Service für die Konsumenten konstant geblieben ist. Wird festgestellt, dass der Service schlechter geworden ist, geht der Regulierer davon aus, dass das Unternehmen zu wenig Kapitalaufwendungen durchgeführt hat. Nach Überprüfung der Sachlage werden die Kosten daraufhin mit einem Zuschlag versehen.[3] Dann wird entsprechend dem oben geschilderten Verfahren vorgegangen. Für die Bestimmung der Kapitalkosten der Wasserwerke wird z.B. angenommen, dass unter der Annahme konstanter Skalenerträge eine lineare Beziehung zwischen Kosten und produzierter Wassermenge besteht, wobei noch einige Korrekturfaktoren in Anschlag gebracht werden.[4] In einem zweiten Schritt werden die gemäß den Modellen erwarteten operativen Kosten und die Kapitalkosten für jedes Unternehmen aggregiert und ein Durchschnitt für alle Unternehmen gebildet.[5] In einem dritten Schritt wird eine Einordnung der Unternehmen in eine der fünf Kategorien folgenden durchgeführt: (A) sehr viel niedrigere Kosten als der Durchschnittswert (unter 85 Prozent); (B) niedrigere

---

wurde erst in der zweiten planmäßigen Preisrevision im Jahr 1999 gemessen. OFWAT (1998, 41).

1 Eine Zeitreihenanalyse wird von OFWAT abgelehnt, weil man dann auch Annahmen über Effizienzsteigerungen der Unternehmen bzw. Auswirkungen von Einflüssen auf die Kostenfunktionen der Unternehmen, die diese nicht zu verantworten haben, in das Modell einbeziehen müsste. OFWAT (1998, 40). Für eine technische Beschreibung der verwendeten Verfahren siehe WEYMANN-JONES (1995, 434-436 und 441f).

2 OFWAT (1998, 43f). Entsprechend werden Modelle für die Wasserverteilung, den Energieverbrauch des Trinkwassertransports, die Geschäftsverwaltung der Trinkwasserversorgung, die Abwassersammelleitungen, den Energieverbrauch der Abwassersammlung, die Betriebskosten der Kläranlagen, die Klärschlammentsorgung und die Geschäftsverwaltung der Abwasserentsorgung anhand einfacher Indikatoren gebildet und angepasst. OFWAT (1998, 43-54).

3 OFWAT (1998, 25).

4 OFWAT (1998, 55f). Weitere Indikatoren sind z.B. die Infrastruktur der Wasserverteilung, das Wassermanagement allgemein, die Infrastruktur der Abwasserentsorgung, die Klärschlammentsorgung und das Abwassermanagement allgemein. OFWAT (1998, 55-66).

5 OFWAT (1998, 21f).

Kosten als der Durchschnittswert (85 bis 95 Prozent); (C) entsprechend dem Durchschnittswert (95 bis 105 Prozent); (D) höher als der Durchschnittswert (105 bis 115 Prozent) und (E) sehr viel höher als der Durchschnittswert (über 115 Prozent).[1] Neben den generell für alle Unternehmen zu erwartenden Effizienzsteigerungen wird daraufhin für die Unternehmen der X-Faktor um so höher gelegt, je höher ihre Kosten im Vergleich zu dem besten Unternehmen liegen.

3.4.1.2 Möglichkeiten für *Yardstick-competition* und *Benchmarking* im Wassersektor von Buenos Aires

Im Wassersektor von Buenos Aires erfolgte keine Parzellierung des Versorgungsgebiets, sondern die gesamte Region wurde geschlossen an Aguas Argentinas konzessioniert. Wie noch darzustellen sein wird, wäre allenfalls eine Aufteilung der Region in zwei Gebiete möglich gewesen. In Anbetracht der oben dargestellten Probleme bzgl. Preisabsprachen zwischen den Unternehmen wäre es jedoch fraglich gewesen, ob eine institutionalisierte Form von *Yardstick-competition* unter diesen Bedingungen erfolgreich hätte implementiert werden können.

Ungeachtet dessen, dass eine institutionalisierte Form der Regulierung über Vergleiche, wie sie im britischen Wassersektor getätigt wird, in Buenos Aires schwierig ist, könnte der Regulierer bei zwei Unternehmen doch gewisse Anhaltspunkte für die Abschätzung von unternehmensspezifischen Kosten erhalten. Diese Überlegung wird im Abschnitt 3.4.2 noch einmal aufgenommen.

Wenn das Regulierungsgebiet für *Yardstick-competition* zu klein ist, wäre vielleicht als Alternative eine andere institutionelle Regulierungsstruktur infrage gekommen. Anstatt den Zuständigkeitsbereich des Regulierers auf die Stadt und Teile der Provinz Buenos Aires zu beschränken, hätte u.U. auch ein nationaler Regulierer für den Wassersektor geschaffen werden können. Die Regulierungstätigkeit würde sich dann nicht nur auf Aguas Argentinas beschränken, sondern hätte auch eine Reihe von privatisierten Wasserunternehmen in den Provinzen umfasst. Unter den gegebenen argentinischen Verhältnissen wäre ein solches Vorhaben jedoch wahrscheinlich nur schwer umzusetzen gewesen, da es voraussetzt, dass die einzelnen Gebietskörperschaften Kontrollbefugnisse für den sanitären Sektor an eine zentralstaatliche Instanz abgeben.[2] Zudem muss gefragt werden, ob die Wasserunternehmen in den Provinzen überhaupt als „*Yardsticks*" für Aguas Argentinas geeignet gewesen wären. Wie für den Wassersektor im Vereinigten Königreich dargestellt wurde, kann OFWAT Gruppen annähernd gleicher Größe bilden, um auf diese Weise größenspezifische Kosten-Einflussfaktoren erkennen zu können, die nicht von den Unternehmen zu verantworten

1 OFWAT (1998, 10-12).

2 Schon die drei bei der Bildung von ETOSS involvierten Gebietskörperschaften konnten sich nur deswegen einigen, weil sie alle zu gleichen Teilen innerhalb des Regulierers repräsentiert waren.

sind. Aguas Argentinas ist jedoch hinsichtlich Größe und Struktur einzigartig in Argentinien und geeignete Vergleichsgrößen für dieses Unternehmen sind innerhalb des Landes nicht zu finden.[1]

Ungeachtet der fehlenden Möglichkeiten von *Yardstick-competition* wurde von ETOSS im Zuge der Nachverhandlung der Konzession im Jahr 1997[2] und für die planmäßige Revision derselben im Jahr 1998 ein überregionaler Performance-Vergleich von Aguas Argentinas mit anderen Wasserunternehmen mittels *Benchmarking* vorgeschlagen. Der Begriff *Benchmarking* kommt aus der betriebswirtschaftlichen Praxis. Etwas verkürzt dargestellt bezeichnet er ein Konzept, bei dem das eigene Unternehmen systematisch mit Konkurrenzunternehmen verglichen wird, um auf diese Weise Schwachstellen in der eigenen Geschäftskonzeption und Kosteneinsparungsmöglichkeiten zu ermitteln. Insofern weist *Benchmarking* eine gewisse Ähnlichkeit zu *Yardstick-competition* auf. Auf die Regulierung übertragen will der Regulierer ETOSS für Aguas Argentinas anhand verschiedener Einzelindikatoren ein Modellunternehmen konstruieren, an welchem das reale Unternehmen gemessen werden kann.[3] Vergleichsmaßstab wird der Wassersektor des Vereinigten Königreichs sein, wobei regionale Besonderheiten berücksichtigt werden sollen.[4]

Obgleich das Verfahren bis zum Beginn des Jahres 2000 noch nicht sehr weit gediehen war, können bereits an dieser Stelle einige der Probleme benannt werden, mit denen ein regionen- und länderübergreifender Vergleich mittels *Benchmarking* konfrontiert sein wird[5]: Anders als im Wassersektor des Vereinigten Königreichs, wo der Regulierer mittels *Yardstick-competition* mit nur wenigen Indikatoren arbeitet, werden im Fall des von ETOSS geplanten *Benchmarking* eine Fülle von Einzelindikatoren dargestellt. Unklar ist bislang, wie die Indikatoren aggregiert bzw. gewichtet werden können, um daraus ein konsistentes Modellunternehmen zu konstruieren.

Zudem ist es als problematisch anzusehen, dass die Datenerhebung bzw. –aggregation im Falle länderübergreifenden *Benchmarkings* nicht in einer Hand ist.[6] So weiß ETOSS nicht, auf welche Weise und unter welchen Bedingungen der Regulierer OFWAT die Daten im Vereinigten Königreich erhoben hat.

1 ETOSS (1998c, 118).

2 Mittels dem DECRETO 149/97 wurden die Leitlinien für die Revision skizziert.

3 FERRO (1999, 4f).

4 Vgl. dazu ETOSS (1998c, 207-213).

5 Eine gute Übersicht über die Probleme gibt auch OFWAT (2000a, 33-46). Ein richtiger Schritt hin zu mehr Professionalität zur Durchführung von *Benchmarking* im argentinischen Wassersektor mag die 1998 erfolgte Bildung eines Nationalen Exekutivrats für die Regulierer des Wassersektors AFERAS sein, an der auch ETOSS partizipierte. ETOSS Comunicado de Prensa: Primera Reunión del Consejo Ejecutivo de Bs. As. Asociación Federal de Entes Reguladores de Agua Potable y Saneamiento (AFERAS) 19.10.1998. AFERAS hielt am 6. und 7. September 1999 erstmals ein Seminar über die Möglichkeit von *Benchmarking* in Argentinien ab.

6 Ähnlich in Bezug auf *Yardstick-competition* WEYMANN-JONES (1995, 441).

Somit ist es möglich, dass die Indikatoren trotz gleicher Bezeichnung nicht vergleichbar sind.

Dies kann anhand eines Beispiels erläutert werden: So werden Mehrfamilienhäuser mit einem Anschluss in manchen Ländern als Nicht-Haushalte geführt, während sie anderswo als eine Konsumeinheit oder aber als mehrere Konsumeinheiten gelten. Ein damit verwandtes Problem ist, dass bei einem Vergleich länderspezifische Besonderheiten bezüglich der Behandlung von Wirtschaftsgütern beachtet werden müssen. So sind in manchen Ländern die Abschreibungssätze und Kapitalbewertungspraktiken an den Wiederbeschaffungspreisen ausgerichtet, während anderswo die Anschaffungspreise gelten. Auch wird die Aufteilung zwischen operativen Kosten und Kapitalkosten nicht länderübergreifend einheitlich sein. Eine unterschiedliche Bewertung von Qualitätsstandards, welche die Indikatoren beeinflussen, kann zudem zu widersprüchlichen Ergebnissen führen.[1]

Ein anderer Aspekt ist schließlich die Frage der physischen Nebenbedingung für die Wasserunternehmen, die je nach Land und Region unterschiedlich sind. So spielt für die Kosten z.B. eine entscheidende Rolle, ob das Wasserunternehmen Grund- oder Oberflächenwasser aufbereiten muss; oder für die Verlegung von Leitungsrohren macht es einen großen Unterschied, ob die Rohre in einem felsigen oder in einem sandigen Boden verlegt werden müssen.

Zusammenfassend ist festzuhalten, dass *Yardstick-competition* im Wassersektor prinzipiell zwar möglich, allerdings im Fall des Wassersektor von Buenos Aires auf Grund politischer und soziogeografischer Bedingungen kaum umsetzbar ist. Die Entwicklung von Indikatoren für *Benchmarking*-Verfahren steht hingegen erst am Anfang. Aber auch bei diesem Verfahren muss mit einer Reihe von schwerwiegenden Problemen gerechnet werden, so dass auch dieses Verfahren für den Wassersektor in Buenos Aires kurzfristig wenig hilfreich erscheint.

3.4.2 Weitere Vor- und Nachteile von aufgeteilten Märkten im Wassersektor

3.4.2.1 Die vertikale Aufteilung im Wassersektor

Die vertikale Aufteilung im Wassersektor kann auf zwei Arten erfolgen: Einerseits kann die Trinkwasserversorgung von der Abwasserentsorgung getrennt werden, d.h. es wird eine Trennung der Netze vorgenommen. Andererseits können Trinkwasserproduktion und Abwasseraufbereitung getrennt werden. In die-

1 Dies kann am Beispiel der Qualitäts-Indikatoren „Leitungsdruck“ und „Wasserverluste“ dargelegt werden: So ist in England und Wales hinsichtlich des Wasserdrucks eine Wassersäule von 15 m vorgeschrieben. In Buenos Aires sind dies hingegen nur 10 m. Höherer Leitungsdruck führt ceteris paribus zu einer größeren Wahrscheinlichkeit von Rohrbrüchen bzw. zu höheren Wasserverlusten. Somit würde eine Verbesserung des Qualitätsindikators "Wasserdruck" zu einer Verschlechterung etwaiger Qualitätsindikatoren "Konsumenten ohne Wasser" und "Wasserverluste" führen.

sem Abschnitt werden beide Möglichkeiten analysiert. In dem ersten Teil wird die Aufteilung der Netze, im zweiten Teil die Aufteilung in Trinkwasserproduktion und Abwasseraufbereitung betrachtet.

Ein Vorteil der Aufteilung im Wassersektor könnte darin bestehen, dass Teile des Unternehmens in den freien Wettbewerb entlassen werden können, weil für sie am Markt eine hinreichende Konkurrenz besteht. Verbleiben wettbewerblich zu organisierende Unternehmensteile im Monopol, so besteht die Gefahr, dass das Unternehmen durch Kreuzsubventionierung sein Monopol in diese Bereiche ausdehnt.[1] Jedoch wird auf Grund der hohen Fixkosten des Netzes weder im Bereich der Wasserver- noch der Wasserentsorgung für sich allein ein ausreichender Wettbewerb entstehen, der sicherstellt, dass diese Bereiche keiner Regulierung bedürfen.

Als ein weiterer Vorteil von vertikaler Aufteilung wird gelegentlich angeführt, dass Kreuzpreissubventionierung auch innerhalb eines integrierten Monopols nicht mehr stattfinden kann. Von daher wäre der Regulierer in der Lage, die Kosten des Unternehmens besser zu kontrollieren.[2] Auf vertikaler Ebene scheint Kreuzsubventionierung nur dann relevant, wenn das Monopol-Unternehmen unterschiedliche Nachfrageelastizitäten zu einer differenzierten Preisgestaltung nutzen kann. So könnte es die Preise in Bereichen preisunelastischer Nachfrage erhöhen und in Bereichen preiselastischer Nachfrage senken, um so Teile der Konsumentenrente abzuschöpfen.[3] Im argentinischen Wassersektor ist jedoch die Nachfrage allgemein auf Grund des hohen Anteils ungemessenen Konsums preisunelastisch. Zudem ist die Trinkwassernachfrage in den meisten Fällen an das Abwasserangebot gekoppelt. Insofern scheint zumindest in Buenos Aires wenig Spielraum für Kreuzpreissubventionierung zu bestehen, so dass auch dieses Argument in dem betrachteten Zusammenhang irrelevant ist.

Wenn die Kosten für die Investitionen und Unterhaltung des Trinkwassersystems in etwa den Kosten für das Abwassersystem entsprechen, so hat der Regulierer durch die Aufteilung der Netze an zwei Unternehmen u.U. eine gute Möglichkeit zur Durchführung von Kostenvergleichen. So zeigt sich z.B. anhand der noch darzustellenden Berechnung der Infrastrukturgebühr, dass sich viele Kostenbestandteile des Netzausbaus, wie die Kosten für Erdaushub oder die Wiederherstellung des Straßenbelags für Trink- und Abwassernetz gleichen. Auch wenn sich daraus kein institutionalisiertes Regulierungsverfahren ableiten lässt, wie es oben unter *Yardstick-competition* beschrieben wurde, so wird dem Regulierer dennoch die Einschätzung der von den Unternehmen dargestellten Kosten erleichtert. Da der Regulierer nicht mehr allein auf die Informationen eines Unternehmens angewiesen ist, sinken die Chancen für die Unternehmen,

1 Vgl. dazu z.B. VICKERS/ YARROW (1988, 404).
2 KLEIN (1996, 7).
3 Wie bereits gezeigt wurde, ist dieses Argument insbesondere bei Preisregulierung und einer dynamischen Entwicklung der Nachfrage relevant.

Informationen zu manipulieren.[1] Insofern wäre eine vertikale Aufteilung des Versorgungsnetzes eine ökonomisch sinnvolle Option.

Allerdings bestehen auf der anderen Seite hinsichtlich der vertikalen Aufteilung der Netze auch einige teilweise gravierende *Nachteile*. So ist anzunehmen, dass die Aufteilung eines Monopols zu einem Verlust von *Economies of scope* führt. Auf operativer Ebene erhält der Haushalt dann z.B. nicht nur eine Rechnung für Trink- und Abwasser, sondern zwei Rechnungen für die empfangenen Leistungen. Auf der Ebene der Investitionen werden u.U. beide Netze nicht mehr gleichzeitig verlegt, so dass Straßen und Bürgersteige mehrfach aufgerissen werden.[2] Auch wenn den Unternehmen eine Abstimmung gelingt, so dass nur eine Rechnung verschickt und ein gemeinsamer Investitionsplan aufgestellt wird, so werden die Koordinationskosten zwischen den Unternehmen sicherlich höher sein als die Organisationskosten, die in einem integrierten Unternehmen anfallen würden.[3] Zudem würde der Koordinationsbedarf mögliche Vorteile einer Aufteilung, die in der besseren Kostenkontrolle durch den Regulierer bestehen, wieder zunichte machen: Auf Grund des hohen Koordinationsbedarfs würden die Unternehmen regelmäßige Treffen abhalten müssen, um auf Führungs- wie Abteilungsebene das Vorgehen abzustimmen. Diese Treffen können dann in „Arbeitsessen" münden, wo nicht nur Koordinationsfragen bezüglich organisatorischer Aspekte diskutiert, sondern auch Absprachen über die praktische Preissetzung getroffen werden. Schließlich stellt sich die Frage, ob die Unternehmen überhaupt ein Interesse an einer Koordination haben. Dies ist davon abhängig, ob eine Kooperation der Unternehmen in den Regulierungsverträgen vorausgesetzt wurde bzw. ob die Unternehmen die Effizienzgewinne, die auf Grund einer Koordination entstehen, einbehalten dürfen oder an die Konsumenten weitergeben müssen.

Problematisch könnte eine Aufteilung auch wegen höherer Refinanzierungskosten für die Unternehmen sein, was eine weitere Facette möglicher Verluste an *Economies of scope* darstellt. Dies liegt daran, dass aufgeteilte Unternehmen kleiner als große integrierte Unternehmen sind, so dass für diese der Zugang zum Kapitalmarkt schwieriger ist.[4] Hinsichtlich des Unternehmens Aguas Argentinas ist anzunehmen, dass dessen Zugangsmöglichkeiten zum Kapitalmarkt insbesondere von der Kreditwürdigkeit des hinter dem Unternehmen stehenden Konsortiums abhängig ist. Insofern ist in diesem Zusammenhang die Frage relevant, ob sich bei einer vertikalen Aufteilung die Struktur der Bieter derart ver-

1 Ähnlich hierzu auch BURNS/ ESTACHE (1998, 7). URBIZTONDO et al. (1998, 17).

2 Weitere mögliche Verluste an *economies of scale* entstehen z.B. dadurch, dass es für die kleinere Unternehmen schwieriger wird, Arbeitskräfte umzudisponieren. KLEIN (1996, 7).

3 Dazu auch VICKERS/ YARROW (1988, 403).

4 Vgl. dazu FOSTER (1996, 11). So stellen McMASTER/ SAWKINS (1993, 8) für die englische Wasserindustrie fest, dass kleine Wasserunternehmen, die nur Trinkwasser anbieten, einen schlechteren Zugang zum Kapitalmarkt haben als integrierte Unternehmen, die Trinkwasserver- und Abwasserentsorgung anbieten.

ändert hätte, dass die großen internationalen Unternehmen ihr Interesse an der Konzession verloren und kleine Unternehmen ihre Chance wahrgenommen hätten. Die höheren Refinanzierungskosten der kleinen Unternehmen würden in diesem Fall zu einem ungünstigen Gebot im Zuge des Franchising geführt haben.

Gegen diese Überlegung spricht jedoch, dass für die internationalen Unternehmen der argentinische bzw. lateinamerikanische Markt zu interessant war, als dass sie auf ein Referenzobjekt in Buenos Aires hätten verzichten können, auch wenn dies ein kleiner dimensioniertes Konzessionsgebiet bedeutet hätte als es de facto der Fall ist. Insofern scheint das Argument höherer Refinanzierungskosten in diesem Fall nicht relevant zu sein.

Weiter oben wurde darauf hingewiesen, dass eine vertikale Aufteilung dem Regulierer auf Grund besserer Kostenvergleichsmöglichkeiten zwischen den Unternehmen Evaluationskosten ersparen kann. Diesem Vorteil stehen jedoch auch höhere Regulierungskosten gegenüber, da der Regulierer statt eines einzelnen Unternehmens nun zwei oder mehr Unternehmen kontrollieren muss.[1] Insofern relativieren sich die weiter oben dargestellten Vorteile der besseren Kostenvergleichsmöglichkeiten für den Regulierer.

Schließlich ist noch auf das Problem hinzuweisen, dass durch eine Aufteilung externe Effekte entstehen könnten, deren Internalisierung Verhandlungskosten zwischen den Unternehmen einerseits und zwischen Unternehmen und Regulierer andererseits verursachen können. Externe Effekte entstehen z.B. dadurch, dass das eine Unternehmen Abwasser einleitet, was bei dem anderen Unternehmen zu hohen Trinkwasseraufbereitungskosten führt.[2]

Auch wenn nicht mit letzter Sicherheit festgestellt werden kann, ob eine vertikale Aufteilung auf der Ebene der Netze im Wassersektor von Buenos Aires sinnvoll gewesen wäre oder nicht, so scheinen für den betrachteten Fall die negativen Argumente die positiven zu überwiegen. Eine derartige Aufteilung wäre demnach nicht zu empfehlen gewesen.

Die Trennung von Netzbetreibern und Produzenten entspringt dem bereits zuvor angesprochenen Gedanken, dass der Markt für Trinkwasseraufbereitung bzw. Abwasserreinigung im Gegensatz zum Netzbetrieb wettbewerblich organisiert werden könnte, so dass dem Regulierer allein die Aufgabe verbliebe, die Netzbetreiber zu regulieren.[3]

Ein solcher Markt könnte in zweierlei Weise organisiert werden. Einerseits wäre es denkbar, dass die Netzbetreiber die Trink- und Abwasserleistung von den

1 Vgl. dazu auch LEE/ JOURAVLEV (1998, 165).

2 Umgekehrt führt der Neubau eines Wasserwerks unterhalb eines Klärwerks für den Klärwerksbetreiber zu externen Effekten, wenn der Gesetzgeber letzteren dazu verpflichtet, auf Grund der Einrichtung des Wasserwerks zusätzliche Klärstufen einzurichten.

3 Vgl. dazu auch VICKERS/ YARROW (1988, 404).

Produzenten aufkaufen, um sie dann mittels eines *mark-up* an die Konsumenten weiterzuverkaufen. Problem einer solchen institutionellen Ausgestaltung wäre allerdings, dass die Marktmacht nach zwei Seiten hin ungleich verteilt wäre: Gegenüber den Produzenten würde der Netzbetreiber als Monopsonist auftreten, gegenüber den Konsumenten hingegen als Angebotsmonopolist. Der Regulierer müsste dann nicht nur dafür Sorge tragen, dass die den Konsumenten in Rechnung gestellten Netzkosten einem angemessenen Niveau entsprechen, sondern auch, dass die Produzenten nicht von dem Netzbetreiber ausgebeutet werden. Eine attraktivere Möglichkeit scheint es deshalb zu sein, dass die Konsumenten als Kunden direkt von den Wasserwerken Trinkwasser kaufen und ihr Abwasser an die Klärwerksbetreiber verkaufen. Die Netzbetreiber würden eine Durchleitungsgebühr bei den Produzenten erheben dürfen, die nach wie vor von dem Regulierer zu kontrollieren wäre. Die Produktionspreise könnten jedoch weitgehend unreguliert bleiben.[1]

Auch wenn die zweite Möglichkeit im Prinzip attraktiv ist, war sie doch zumindest kurzfristig keine realistische Lösung für die Monopolprobleme des Wassersektors in Buenos Aires. So gab es zum Zeitpunkt der Privatisierung nur ein Klärwerk und zwei Wasserwerke, eine zu geringe Zahl also, um einen effektiven Wettbewerb sicherzustellen.[2] Auf längere Sicht wäre Wettbewerb jedoch durch den Neubau von Klär- und Wasserwerken möglich gewesen.

Aber es bestehen noch andere Hinderungsgründe: Weiter oben wurde bereits auf die Probleme einer schlechteren Zugangsmöglichkeit zum Kapitalmarkt auf Grund kleinerer Unternehmensstrukturen sowie auf das Auftreten von externen Effekten hingewiesen, was zweifellos auch hier von Bedeutung sein wird. Eine größere Anzahl kleiner, dezentraler Klärwerke wäre überdies auf Grund des Widerstands der Anwohner politisch schwerer durchsetzbar gewesen als der Bau von wenigen, großen Klärwerken, da bei ersterer Lösung die Zahl der direkt Betroffenen höher ist als bei letzterer. Zudem ist anzunehmen, dass auf Grund steigender Qualitätsanforderungen auch im Produktionssektor *Economies of scale* bestehen. Weiterhin ist einzuwenden, dass der Regulierungsaufwand nach wie vor hoch ist: So sind Qualitätskontrollen bei den Produzenten weiterhin erforderlich, um zu verhindern, dass die Betreiber der Produktionsanlagen bei sinkenden Preisen die Qualität mindern. Dies hängt mit der einfachen Tatsache zusammen, dass die Konsumenten von den Produzenten auf Grund der Mischeffekte im Netz nur eine Durchschnittstrinkwasserqualität beziehen können und somit ein direkter Qualitätswettbewerb zwischen den Trinkwasserproduzenten nicht stattfinden kann. Auch hinsichtlich der Abwässer müssen klare Qualitäts-

1 Die Möglichkeit der Nutzung fremder Netze für Wasserwerksbetreiber oder andere Netzbetreiber wird gegenwärtig in England und Wales zur Stärkung der Konkurrenz über den Markt eingeführt. Dabei gibt der Regulierer jedoch keine präzisen Preise für die Durchleitung vor. OFWAT (2000b, 2f).

2 FIEL geht in seiner Studie deshalb davon aus, dass eine wettbewerbliche Situation im Wassersektor von Buenos Aires nicht hätte hergestellt werden können. FIEL (1999, 540).

standards definiert werden, weil hier der Wettbewerb der Klärwerke nur über den Preis ausgetragen werden kann. Letztendlich wären die Vorteile einer Aufteilung von Produktion und Netz bereits deswegen unwesentlich gewesen, weil die Netzkosten einen großen Teil an den Gesamtkosten der Wasserversorgung und -entsorgung ausmachen.[1]

Zusammenfassend kann festgestellt werden, dass auch eine vertikale Aufteilung des Wassersektors für Buenos Aires wahrscheinlich wenig attraktiv gewesen wäre. So werden die Vorteile einer Trennung der Netze, die in einer besseren Kontrollmöglichkeit für den Regulierer bestehen durch das Auftreten externer Effekte und einem Verlust an *Economies of scope* wahrscheinlich überkompensiert. Gegen eine mögliche Trennung zwischen Wassertransport und Wasseraufbereitung spricht vor allem die Tatsache, dass in Buenos Aires zum Zeitpunkt der Privatisierung zu wenige Wasser- und Klärwerke in Betrieb waren.

3.4.2.2 Horizontale Aufteilung im Wassersektor

Die horizontale Aufteilung des Wassersektors ist in Abschnitt 3.4.1.1 bereits im Zusammenhang mit Fragen von *Yardstick-competition* und *Benchmarking* diskutiert worden, wobei die Möglichkeiten zur Anwendung dieser Verfahren im Wassersektor von Buenos Aires skeptisch beurteilt wurden. In diesem Abschnitt wird untersucht, ob jenseits der beschriebenen Vergleichsverfahren noch andere Argumente für eine horizontale Aufteilung im Wassersektor sprechen könnten. Dass die horizontale Aufteilung für den städtischen Sektor eine realistische Möglichkeit ist, zeigt das Beispiel Mexiko-Stadt, wo die Wasserversorgung von vier verschiedenen Unternehmen geleistet wird.

Die horizontale Aufteilung des Wassersektors könnte eine Reihe von *Vorteilen* bieten: So kann der Regulierer bei horizontaler Aufteilung im Falle der Defektion eines Unternehmens eine Konzession leichter auflösen als dies der Fall ist, wenn er nur ein Unternehmen zu regulieren hat. Einerseits sind die Unternehmen kleiner und daher ist es weniger aufwändig und kostspielig, ein ineffizientes Unternehmen durch ein anderes zu ersetzen.[2] Andererseits kann ein bereits am Markt tätiges Unternehmen eine Konzession in der Nachbarschaft relativ problemlos übernehmen. Dies ist insbesondere vor dem Hintergrund der im Abschnitt 3.1 beschriebenen Bedeutung von Erfahrung im Wassersektor zu sehen. So mag im Fall eines großen Versorgungsgebiets deswegen kein Ersatzunternehmen zur Verfügung stehen, weil entweder Kandidaten von außerhalb kommen müssen und die Profitabilität des Gebietes nicht genau einschätzen können oder weil der Regulierer selbst die Kandidaten nur schwer einschätzen kann. Dies mag anders sein, wenn der Kandidat bereits in einem ähnlichen Gebiet unter dem gleichen Regulierer tätig ist. Insofern wirkt die Aufteilung auch eventuellen Nachverhandlungsbestrebungen der Unternehmen entgegen,

1 VICKERS/ YARROW (1988, 403).
2 KLEIN (1996, 7).

weil der Regulierer denselben glaubhafter mit einem Konzessionsentzug drohen kann.

Besitzen zwei oder mehrere Unternehmen Erfahrungen in einem ähnlich strukturierten Versorgungsgebiet, so erleichtert dies überdies die feindliche Übernahme ineffizienter Unternehmen durch die Konkurrenz. Diese Möglichkeit wirkt sich in der Regel disziplinierend auf das Management des Unternehmens aus. Allerdings muss das politische und rechtliche Umfeld Übernahmen unterstützen.[1] So wurde für den Wassersektor von Buenos Aires die Möglichkeit einer feindlichen Übernahmen dadurch ausgeschlossen, dass im Konzessionsvertrag ein Verbot zum freien Handel der Anteile von Aguas Argentinas festgeschrieben wurde.

Durch horizontale Aufteilung wird zudem die Konkurrenz im Management gefördert, eine der wesentlichen kompetitiven Kräfte, die eine Privatisierung natürlicher Monopole rechtfertigt.[2] Diese Rivalitäten können sich dort besonders gut entfalten, wo die Qualität des Managements in Unternehmen für den Markt gut vergleichbar ist, und dies ist insbesondere dann der Fall, wenn die Unternehmen in vergleichbaren Märkten operieren.

Als ein weiterer Vorteil der Aufteilung ist die Möglichkeit von echter Konkurrenz zwischen Unternehmen entlang der regionalen Grenzen ihrer Märkte anzusehen, wodurch dem Regulierer Anhaltspunkte für mögliche Konkurrenz-Wasserpreise an die Hand gegeben werden.[3] Da sich in Buenos Aires die Versorgungsgebiete im Falle einer Marktaufteilung unmittelbar berührt hätten, wäre eine Konkurrenz um die Erweiterung der Versorgungsgebiete bzw. die gegenseitige Abwerbung von Konsumenten realistisch gewesen.

Die bei Marktaufteilung größere Anzahl von Wasserunternehmen in einem Land ist auch hinsichtlich des Franchising von neuen bzw. zu erneuernden Konzessionsverträgen günstig, denn der Bieterwettbewerb in einem Land wird um so besser sein, je mehr Unternehmen über Erfahrungen im Wassersektor dieses Landes verfügen. Die Bedeutung dieses Arguments kann anhand eines Beispiels dargelegt werden: Bei der Privatisierung der Wasserversorgung im Bundesstaat

1 Dazu gehört z.B., dass die Regierung keinen *Golden Share* besitzt, der Übernahmen erschwert, wie dies z.B. bei einigen Staatsbetrieben in Italien und Spanien der Fall ist. Auch müssen die Anteilswerte frei handelbar sein. Zudem muss eine Kultur bestehen, die feindliche Übernahmen gestattet. In Japan wären z.B. feindliche Übernahmen kaum denkbar. ALEXANDER/ MAYER (1997, 24-27).

2 BEESLEY (1992, 81-83).

3 LITTLECHILD (1986, 9). In England und Wales wird die Konkurrenz entlang von Grenzen vom Regulierer explizit gefördert, wobei auch unregulierte Wasserunternehmen als Konkurrenten auftreten dürfen. Allerdings können nur sogenannte große Nutzer mit einem Verbrauch von 100 Megalitern pro Jahr den Anbieter wechseln. Für eine nähere Beschreibung dieser sogenannten *insert appointments* siehe OFWAT (1999b). Tatsächlich machte z.B. ab Mai 1999 das neu eingetragene Wasserunternehmen Albion Water dem Unternehmen Dwr Cymru in Wales im Bereich großer Nutzer Konkurrenz. OFWAT (2000b, 5).

Santa Fé stellte sich heraus, dass Lyonnaise des Eaux in der Lage war, eine Tarifsenkung von 12,5 Prozent anzubieten, während der einzige Mitbewerber auf eine Tariferhöhung von 3,13 Prozent kam.[1] Einiges spricht dafür, dass der Mitbewerber nur deswegen kein konkurrenzfähiges Gebot abgeben konnte, weil er nicht über genügend Erfahrungen in Hinblick auf die spezifischen argentinischen Bedingungen verfügte.[2] Als ein Erfahrungswert wird z.B. angeführt, dass Aguas Argentinas im Unterschied zur Konkurrenz die Möglichkeiten zur Reduzierung der säumigen Zahler kennen würde, was bei gleichbleibendem Tarif Mehreinnahmen von bis zu 50 Prozent erbringen kann.[3]

Horizontale Segmentierung verbessert den Franchise-Prozess auch anderweitig: So ist anzunehmen, dass auf Grund des geringeren Wertes der einzelnen Konzessionsteile und der damit verbundenen Verringerung des unternehmerischen Risikos[4] der Franchise-Prozess noch lebendiger verlaufen wäre, d.h. mehr Unternehmen an dem Bieterwettbewerb teilgenommen hätten bzw. die Unternehmen sich nicht zu den Konsortien zusammengeschlossen hätten, wie dies de facto bei der Privatisierung von OSN geschah.

Neben einem geringeren Aufschlag für das unternehmerische Risiko hätten die Gebote wahrscheinlich auch ein geringeres politisches Risiko inkorporiert. Dies kann deswegen der Fall sein, weil die Unternehmen antizipieren, dass in der Öffentlichkeit bei vielen kleinen Unternehmen nicht so schnell der Eindruck eines übermächtigen und ineffizienten Monopols entsteht und somit die Politiker einen geringeren Anreiz zu populistischen Aktionen haben.[5]

Schließlich besteht der Vorteil, dass sich die Unternehmen im Falle horizontaler Aufteilung gegenseitig überwachen und so unfaire Praktiken, sei es von Seiten des Regulierers oder von Seiten eines Unternehmens, schneller aufgedeckt werden.

Neben den Vorteilen einer horizontalen Aufteilung dürfen aber auch die *Nachteile* nicht unerwähnt bleiben: So müssen die Versorgungs- bzw. Entsorgungsnetze horizontal getrennt werden, was zu Verlusten an *Economies of scale* führen kann und für die Unternehmen die Zugangsmöglichkeiten zum Kapital-

1 PÁGINA 12, Otra canilla de Lyonnaise des Eaux (4.7.1995, 10).
2 Diese Ansicht wird von Guy Canavy, dem Chef der Südabteilung von Lyonnaise des Eaux bestätigt: „Die Offerte (...) gründet sich auf die Erfahrung, die wir seit zwei Jahren mit Aguas Argentinas in Argentinien gesammelt haben, der größten Konzession der Welt." Vgl. EL LITORAL, Aguas Provinciales y toma compromisos con los usuarios (8.8.1995, 8). Dazu auch EL LITORAL, Dipos: El grupo impugnado defiende su oferta económica (26.7.1995, 12).
3 EL CLARÍN, Macri y Soldati se pelean por el agua de Santa Fe (18.8.1995, 18).
4 Das Risiko ist in diesem Fall bei kleinen Konzessionen für die Unternehmen geringer, weil sie unter der Bedingung unvollständiger Kapitalmärkte ihr Kapital besser diversifizieren können.
5 Ähnlich dazu SPILLER/ SAVEDOFF (1999, 25).

markt verschlechtert.[1] Allerdings ist hierbei anzunehmen, dass die Grenz-*Economies of scale* mit zunehmender Größe der einzelnen Einheiten abnehmen und insbesondere dann, wenn die Unternehmen auf einzelne Wassereinzugssysteme mit separaten Leitungssystemen verteilt sind, gering sein werden.

Die für eine Marktaufteilung notwendige horizontale Trennung der Netze ist jedoch u.U. gar nicht möglich, weil z.B. alle sekundären Netze von einer einzigen zentralen Hauptleitung abgehen. Zwar könnten weitere Hauptleitungen verlegt werden, jedoch würde dies Kosten verursachen, wodurch die oben erwähnten Vorteile wieder aufgezehrt würden. Das Problem von nicht eindeutig getrennten Netzen im Wassersektor besteht in dem Auftreten externer Effekte: Da der Zustand der Leitungssystems nicht genau bekannt ist, würden Unternehmen für eventuelle Wasserverluste, Qualitätsverluste oder einen Druckabfall zunächst die Konkurrenz verantwortlich machen. Dies könnte sogar zu *moral hazard* führen, wenn die Unternehmen diese externen Effekte antizipieren und deswegen ihr eigenes Leitungssystem nicht genügend unterhalten. Eine Lösung dieses Problems könnte darin bestehen, dass an den Netzübergängen Messstationen eingerichtet werden, um die Menge und Qualität des zwischen den Unternehmen gehandelten Wassers überwachen zu können. Aber diese Stationen würden ebenfalls Kosten verursachen, die gegen die oben erwähnten Vorteile einer Marktsegmentierung abzuwägen sind.

In Buenos Aires scheint eine relativ unkomplizierte Aufteilung des Trinkwasserbereichs in zwei Unternehmen durchaus möglich gewesen zu sein, da die beiden Wasserwerke General San Martín und General Belgrano über eigene Hauptleitungen verfügen. Problematisch wäre allerdings eine Aufteilung der Abwasserentsorgung gewesen, da die Struktur der Abwasser-Hauptleitungen nicht deckungsgleich mit der Struktur der Trinkwasserhauptleitungen ist. Hier wären wahrscheinlich erhebliche zusätzliche Investitionen nötig gewesen, um die Gebiete klar zu trennen.[2]

Ein anderes bereits angedeutetes und mit der horizontalen Aufteilung einhergehendes Problem könnte sein, dass die Unternehmen von ihrer Größe, dem Zustand der übernommenen Infrastruktur oder der Art ihrer Kunden her sehr heterogen sind. Wie aus dem Netzaufbau in Buenos Aires hervorgeht, hätte eine Aufteilung der Konzession in zwei Unternehmen dazu geführt, dass ein Unternehmen die Versorgung der einkommensstarken und gut versorgten Hauptstadt übernommen hätte, während dem anderen Unternehmen vor allem die östlichen, einkommensschwachen und schlecht versorgten Stadtteile zugeschlagen worden wäre. Der Regulierer hätte dann z.B. das Problem gehabt, diese unterschied-

1 So sehen ARTANA et al. (1999, 213) in der Garantie von Monopolrechten für den Konzessionär und der damit einhergehenden starken Reduzierung des K-Faktors die zentrale Motivation des argentinischen Staats. Wie aber bereits dargestellt wurde, muss auf Grund unternehmerischer und politischer Risiken durch dieses Monopolrecht der K-Faktor nicht niedriger gewesen sein als bei einer Marktsegmentierung.

2 Eine Übersicht über die Struktur der Leitungssysteme liefert SENET et al. (1997, 63).

lichen Strukturen in seine Kalkulationen einzubeziehen, um so Vergleichbarkeit herzustellen, was angesichts dessen Unerfahrenheit problematisch gewesen wäre. Zudem wären Ausgleichszahlungen zwischen den Unternehmen nötig gewesen, um eine einheitliche und gerechte Tarifstruktur zu erhalten. Damit wären jedoch langwierige und komplizierte Verhandlungen einhergegangen.

Zusammenfassend bleibt festzustellen, dass Argumente sowohl für, als auch gegen eine horizontale Aufteilung des Wassersektors jenseits von *Yardstick-competition* und *Benchmarking* gefunden werden konnten. Auch wenn einiges dafür spricht, dass die positiven die negativen Argumente überwiegen, kann an dieser Stelle keine abschließende Einschätzung erfolgen. In der Literatur wird die Ansicht vertreten, dass eine Segmentierung in Buenos Aires günstig gewesen wäre, wobei nur einige der oben angeführten Argumente zugunsten einer Segmentierung erwähnt, die Argumente gegen eine Segmentierung jedoch nicht hinreichend beachtet werden.[1]

3.4.3 Positive Erklärungen für eine fehlende Marktstrukturierungspolitik

Insbesondere für den Fall, dass eine Aufteilung des Wassersektors in Buenos Aires in vertikaler oder horizontaler Weise sinnvoll gewesen wäre, muss gefragt werden, wieso sich der politische Entscheidungsträger für eine Konzessionierung an nur ein Unternehmen entschieden hat. In diesem Abschnitt soll versucht werden, dieses Verhalten politökonomisch zu erklären.

Bereits in Abschnitt 3.2 und 3.3 wurde vermutet, dass die Privatisierung im Wassersektor in Hinblick auf die bevorstehenden Wahlen schnell vorangetrieben werden sollte. Diese Bestrebungen wären aber durch eine Marktaufteilung konterkariert worden, denn eine Aufteilung der Wasserversorgung hätte längere Vorbereitungszeit im Vorfeld der Privatisierung verlangt. So hätten die Daten von OSN präzisiert werden müssen, eine technische Trennung der Netze wäre durchzuführen gewesen und schließlich hätte der Regulierer die Grundlagen für Ausgleichszahlungen zwischen den Konzessionsgebieten im Vorfeld des Franchising ausarbeiten müssen, um den interessierten Unternehmen eine Entscheidungsgrundlage zu übermitteln.

Zudem nahm Argentinien in Bezug auf Privatisierungen der städtischen Wasserversorgung in Entwicklungsländern eine Vorreiterrolle ein. Zum Zeitpunkt der Privatisierung existierten faktisch nur die relativ jungen Erfahrungen aus dem Vereinigten Königreich. Die argentinische Regierung mag deshalb befürchtet haben, für ein aufgeteiltes Stadtgebiet keine privaten Investoren zu finden, weil eine kleine Konzession für ausländische Unternehmen zu wenig attraktiv erschienen wäre. Damit zusammenhängend mag die Überlegung eine Rolle gespielt haben, dass die Übergabe einer großen Konzession auf Grund der Garantie von Monopolrechten zu einem höheren Diskont des K-Faktor führen

1 Vgl. dazu z.B. LEE (1999, 122). Ähnlich auch die Fundación Mediterránea in: PÁGINA 12, Desregulados y Descontrolados (4.7.1999, 4).

musste, was kurzfristig die Akzeptanz bei den Konsumenten im Hinblick auf die Privatisierung gesteigert haben würde.

Zudem war es für die Regierung sicherlich günstig, möglichst wenig an dem Ausgangszustand der Wasserversorgung zu verändern, um auf diese Weise nicht den Widerstand von Interessengruppen zu provozieren. Dieses Argument wurde bereits in Bezug auf die Tarifsetzung im Wassersektor in Abschnitt 3.3 dargestellt.

Schließlich wären auf Grund der notwendigen Vorbereitungen für eine Aufteilung der Wasserversorgung zunächst einmal Kosten entstanden[1], während demgegenüber die Erträge z.B. auf Grund einer einfacheren Regulierung und der Freisetzung von Marktkräften, erst mittel- bis langfristig angefallen wären. Auch insofern passte eine Aufteilung des Konzessionsgebiets nicht in den Zeithorizont der Regierung.

Wie in dem nachfolgenden Kapitel 4 gezeigt werden wird, führte insbesondere auch die fehlende Aufteilung des Konzessionsgebiets unter mehreren Unternehmen zu einer Schwächung der Position des Regulierers gegenüber dem Unternehmen. So hatte ETOSS große Schwierigkeiten, sich adäquate Informationen über Kosten und Investitionen von Aguas Argentinas zu beschaffen. Die Folge war, dass sich das Unternehmen im Zuge von Nachverhandlungen gegenüber dem Regulierer in weiten Teilen durchsetzen konnte.

1 Diese Kosten wurden von dem argentinischen Staat als zu hoch angesehen. IDELOVICH/ RINGSKOG (1995, 27).

4 Die Effizienz der Regulierung des Wassersektors in Buenos Aires

In dem vorherigen Kapitel wurde untersucht, inwiefern die vom argentinischen Staat gesetzten regulatorischen Rahmenbedingungen, bestehend aus dem Franchise-Verfahren, den Regulierungsrichtlinien, dem Tarif und der Marktstruktur, sinnvoll waren und welche politökonomischen Erklärungen für spezifische Merkmale derselben bestehen können. Mittels des Franchising-Prozesses waren diese Rahmenbedingungen von Aguas Argentinas akzeptiert worden. In diesem Kapitel wird der Frage nachgegangen, wie sich die wirtschaftlichen Akteure innerhalb des von Unternehmen und argentinischem Staat akzeptierten regulatorischen Rahmens verhalten haben. Von Interesse ist dabei insbesondere, ob und wie es einzelnen Interessengruppen im Laufe der Zeit gelungen ist, den regulatorischen Rahmen zu ihren Gunsten zu verändern.

Veränderungen, die sich zwischen Unternehmen und Konsumenten bzw. zwischen verschiedenen Konsumenten-Interessengruppen vollzogen haben, lassen sich teilweise relativ einfach anhand eines von ETOSS benutzten Simulationsmodells abmessen. Dieses Simulationsmodell, das Teil des zweiten Briefs im Franchise-Verfahren war, gibt vor, die ökonomische Entwicklung der Konzession für die nächsten dreißig Jahr zu prognostizieren.[1] Jahr für Jahr werden in dem Modell die erwarteten Einnahmen und Ausgaben der Konzession gegenübergestellt. ETOSS benutzte das Modell, um die Neutralität seiner regulatorischen Entscheidung für das Unternehmen zu bestimmen. Als neutral wurde eine Regulierungsentscheidung definiert, welche die Höhe der Verschuldung des Unternehmens für das 10. Jahr der Konzession nicht verändert. ETOSS wählte dieses Kriterium, weil ihm das in Abschnitt 3.2.1.5 beschriebene CAPM-Modell zur Berechnung der angemessenen Verzinsung des eingesetzten Kapitals nicht zur Verfügung stand.

Das Kapitel 4 gliedert sich in drei Abschnitte. Jeder der drei Abschnitte hat einen normativen und einen positiven Teil. Dabei wurde ein chronologischer Aufbau gewählt, weil auf diese Weise die Entwicklung der Konzession am besten dargestellt werden kann. Die Unterteilung in drei Abschnitte entspricht gleichzeitig den grundlegenden Regulierungsereignissen bis zur ersten planmäßigen Revision im Jahr 2000.

Der Abschnitt 4.1 befasst sich mit den ersten Nachverhandlungen der Konzession, die bereits ein Jahr nach Übernahme der Wasserversorgung durch Aguas Argentinas durchgeführt wurden. Die Nachverhandlungen fanden zeitgleich mit einer indexorientierten Preisanpassung statt. Der Abschnitt 4.2 betrachtet die allmähliche Aushöhlung der Infrastrukturgebührregelung bis hin zu einer zweiten Nachverhandlung im Jahr 1997. In Abschnitt 4.3 schließlich geht es um die

1 Anhang 3.1 stellt die für diese Untersuchung relevanten ersten zehn Jahre der Konzession entsprechend dem Simulationsmodell der Offerte von Aguas Argentinas dar.

Probleme, die bei der Preisrevision auf Grund von Kostensteigerungen und bei der planmäßigen Revision in den Jahren 1998-2000 entstanden sind.

4.1 Reformulierung des Vertrages im Jahr 1994/95

Bereits ein Jahr nach Übernahme der Konzession durch Aguas Argentinas wurde nicht nur eine erste Preisanpassung auf Grund der Preisindexierungsklausel im Konzessionsvertrag durchgeführt, sondern es wurden im Zuge dieser Anpassungen auch einige Aspekte des regulatorischen Rahmens für das Unternehmen neu gestaltet. So legte ETOSS die bereits im Konzessionsvertrag bestimmten Referenzwerte für die Infrastrukturgebühr neu fest und das Unternehmen verpflichtete sich zu weiteren Investitionen im Bereich der Trinkwasserversorgung. Da einerseits Anpassungen *anhand des Vertrages* und andererseits Anpassungen *des Vertrages* gleichzeitig durchgeführt wurden und zwischen den verschiedenen Anpassungen Interdependenzen bestehen, bietet es sich an, die einzelnen Aspekte zusammen abzuhandeln.

Der Gang der Untersuchung ist wie folgt: In Abschnitt 4.1.1 wird zunächst die Preisanpassung auf Grund der Erhöhung der Kosten analysiert. Dabei wäre auf normativer Ebene zu fragen, inwiefern die von ETOSS gewählten Indikatoren und Verfahren der Preisanpassung mit den Vorgaben des Konzessionsvertrags kompatibel waren. In Abschnitt 4.1.2 wird untersucht, inwiefern die Bestimmung neuer Referenzwerte für die Infrastrukturgebühr in nachvollziehbarer Weise erfolgte. In Abschnitt 4.1.3 wird die Plausibilität des Berechnungsverfahrens für eine Erhöhung der Investitionen überprüft.

Die drei in den Abschnitten untersuchten Modifikationen der Kosten, der Infrastrukturgebühr und der Investitionen führten zu einer Erhöhung des Tarifs, die anhand des oben erwähnten Simulationsmodells dargestellt wird. Der von ETOSS berechneten Tariferhöhung wird in Abschnitt 4.1.4 eine eigene Berechnung gegenüber gestellt. Der Abschnitt 4.1.5 schließlich dient der Zusammenstellung politökonomischer Erklärungen für die gewählte Form der Anpassungen.

4.1.1 Die normative Analyse der außerplanmäßigen Revision auf Grund gestiegener Inputpreise im Jahr 1994

Im Jahr 1994 beantragte Aguas Argentinas eine erste Anpassung des Wassertarifs auf Grund gestiegener Inputpreise. Zu Grunde gelegt wurde die Veränderung der Preise zwischen August 1992, also dem Datum der Offerte von Aguas Argentinas, und dem Revisionszeitpunkt im April 1994. Die Berechtigung zur Anpassung der Preise auf Grund der bereits beschriebenen 7-Prozent Regel wurde von ETOSS ohne weiteres anerkannt.

Ein Problem bei der Berechnung der Preissteigerungen bestand darin, dass zwar der Konzessionsvertrag in Anhang XI die zu wählenden Indizes teilweise vorgibt, für manche Kostenkomponenten die Vorgaben jedoch fehlen. D.h. hier bestand für beide Parteien Interpretationsspielraum und ein Streit über die Auswahl geeigneter Indizes war vorprogrammiert. Tatsächlich wichen die Vorstellungen über angemessene Indizes zunächst voneinander ab, wobei das Unternehmen aber letztendlich die von ETOSS gewählten Indizes sowie die Form ihrer Verwendung akzeptierte.[1] Das von ETOSS vorgegebene Prozedere bestand darin, dass Aguas Argentinas zunächst einen Vorschlag für einen geeigneten Index und die damit korrespondierenden Preissteigerungen machten musste. Anschließend überprüfte der Regulierer diesen Vorschlag, um ihn gegebenenfalls zu modifizieren. Mittels der folgenden Analyse sollen die von ETOSS genehmigten Preisveränderungen bei operativen Kosten, Investitionsgüterkosten und Finanzierungskosten beurteilt werden.

4.1.1.1 Die Veränderungen bei den operativen Kosten

Die Aufteilung der operativen Kosten hinsichtlich der einzelnen Kostenkomponenten ergab sich aus der Offerte von Aguas Argentinas. Die prozentualen Anteile bestimmten sich dabei aus den relativen Anteilen, welche die Komponenten an den gesamten regulierten operativen Kosten für die ersten fünf Jahre der Konzession hatten.[2] In einem zweiten Schritt mussten Indizes ausgewählt werden, welche die Preissteigerung der Kostenkomponenten möglichst gut wiedergaben, um schließlich deren Anstieg für die relevanten Jahre zu berechnen. An dieser Stelle soll keine vollständige Analyse aller Kostenkomponenten erfolgen. Vielmehr werden nur exemplarisch einige der Anpassungen betrachtet, die wegen des gewählten Verfahrens interessant und bedeutend waren.[3]

Die Personalkosten machen mit fast 41 Prozent der regulierten operativen Kosten die bei weitem bedeutendste Kostenkomponente aus. Deshalb verwundert es nicht, wenn bzgl. dieser Kosten die Verhandlungen zwischen ETOSS und Aguas Argentinas besonders kontrovers geführt wurden.[4] Man entschied sich schließlich für folgendes System: Zunächst wurde die Lohnsumme prozentual nach Funktionsgruppen gegliedert, wie sie gemäß Angaben von Aguas Argentinas zum Zeitpunkt der Offerte bestanden. Anschließend gewichtete man die Lohnkosten der Funktionsgruppen mit den unterschiedlichen Indizes „Ungelernte Arbeitskräfte im Bauwesen“ und „Qualifiziertes Personal in In-

---

1 Bei der zweiten Preisanpassung im Jahr 1998 war das Unternehmen weit weniger kompromissbereit.

2 AGUAS ARGENTINAS (1994a). Schon dieses Verfahren führt zu einigen Verzerrungen.

3 Für die Betrachtung aller Kostenfaktoren kann eine gesonderte Dokumentation angefordert werden.

4 Aguas Argentinas versuchte zunächst, die Unerfahrenheit des Regulierers zu nutzen, um einen für das Unternehmen vorteilhaften Preisanpassungsmechanismus einzuführen. So sollte die Entwicklung der Entlohnung des Personals im Unternehmen selbst als Grundlage der Preisanpassung gewählt werden. Dies wurde von ETOSS abgelehnt, weil dann die Indexierung nicht mehr unabhängig von unternehmerischen Entscheidungen wäre. Das Unternehmen könnte so z.B. durch Vorziehen von Lohnerhöhungen eine Revision auslösen, um später die Löhne für längere Zeit konstant zu halten. Vgl. dazu AGUAS ARGENTINAS (1994b, 21 und 24).

dustrie und Bauwesen“ von INDEC. Für die Personalkosten kam auf diese Weise ein Anstieg um 23,27 Prozent zustande.[1] Wie ein Vergleich zeigt, stiegen die betrachteten Indizes in den Tabellen von INDEC stärker an, als dies von ETOSS letztendlich akzeptiert wurde.[2] Die Differenz kam dadurch zustande, dass ETOSS den postulierten Produktivitätsanstieg der Arbeitskräfte – gemessen anhand der realen Reduzierung des Personals im Unternehmen – aus den Indizes herausgerechnet hat.[3] So hatte sich die Anzahl der Beschäftigten im Unternehmen im ersten Jahr der Konzession nahezu halbiert und lag auch erheblich unter den von Aguas Argentinas in der Offerte prognostizierten Werten.

Wäre ETOSS gemäß Anhang XI des Konzessionsvertrags vorgegangen, so hätte der Anstieg nur 19,07 Prozent betragen, da ETOSS die Indizes für qualifiziertes und nicht qualifiziertes Personal in Industrie- und Bauwesen hätte wählen müssen[4], d.h. die gemäß Konzessionsvertrag gerechtfertigte Preisanpassung wäre niedriger gewesen als die von ETOSS de facto durchgeführte. Dieser Umstand mag teilweise erklären, wieso Aguas Argentinas gegen das Berechnungsverfahren von ETOSS keine weiteren Einwände erhob, obwohl der Regulierer durch das von ihm gewählte Verfahren einen Teil der Effizienzgewinne des Unternehmens kassierte.[5] Als unsystematisch muss überdies angesehen werden, dass nur beim Personal Effizienzsteigerungen herausgerechnet wurden, nicht aber bei den anderen Kostenkomponenten, wie elektrische Energie oder chemischer Produkte. Von dem Verfahren gehen zudem problematische Anreize für das Unternehmen aus, denn für die Preisanpassung wurde der unternehmensinterne Produktivitätsanstieg über die Einbeziehung der real beschäftigen Personen zu

1 CENTRO DE ESTUDIOS DE TRANSPORTE E INFRAESTRUCTURA (1994, 7-10). An dieser Stelle ist noch anzumerken, dass die von ETOSS durchgesetzten Werte später von der eigenen ökonomischen Abteilung für falsch erachtet wurden. Man hätte nicht globale Faktorspezifizierungen vornehmen dürfen, sondern die Werte eines späteren Vorschlags von Aguas Argentinas zu Grunde legen müssen, aus denen die Lohnsteigerungen auf Grund eines Anstiegs der Produktivität herausgerechnet werden. ETOSS (1994b, 35-40) Hierzu ist anzumerken, dass der Vorschlag einerseits unsystematisch ist, weil er nicht kompatibel gegenüber der Berechnung der übrigen Größen ist, zum anderen ist es aus der schon oben geschilderten Kritik problematisch, die realen Lohnabschlüsse von Aguas Argentinas der Berechnung zu Grunde zu legen, auch wenn diese um Produktivitätssteigerungen bereinigt werden.

2 Siehe dazu auch AGUAS ARGENTINAS (1994b, 31). INDEC (1992, 20). INDEC (1994, 20). INDEC (1994, 27). INDEC (1992, 27). Hierzu ist eine gesonderte Dokumentation erhältlich.

3 CENTRO DE ESTUDIOS DE TRANSPORTE E INFRAESTRUCTURA (1994, 9). So reduzierte sich das Personal zwischen Mai 1993 und April 1994 real von 7365 auf 3542 Personen. AGUAS ARGENTINAS (1995a, 6). Leider liegen genauere Zahlen nicht vor, so dass eine Zuordnung der Personalreduktion zu den einzelnen Funktionsgruppen nicht erfolgen kann.

4 Hierzu ist eine gesonderte Dokumentation erhältlich.

5 Auch FIEL (1999, 572) geht davon aus, dass in der Preisregulierung nur Veränderungen von Preisen beachtet werden dürfen, die Effizienzgewinne jedoch im Unternehmen verbleiben müssen.

Grunde gelegt. Damit ist die Festlegung der Preisindexierung nicht mehr unabhängig von den personalpolitischen Entscheidungen im Unternehmen.

Für die Preisanpassung der Komponente „Elektrische Energie", mit 13,2 Prozent der operativen Kosten der zweitbedeutendste Kostenfaktor, wurde von Aguas Argentinas folgendes Verfahren vorgeschlagen und schließlich von ETOSS genehmigt: Ausgehend von der aktuellen im April 1994 bestehenden Aufteilung der Nutzung der verschiedenen Energiesorten zu verschiedenen Entnahmezeiten wird angenommen, dass die gleiche Struktur bereits zum Zeitpunkt der Offerte bestand. Eine Berechnung erfolgte für die Rubriken niedrige Spannung und mittlere Spannung gewichtet nach der Entnahmezeit, wobei die Preise des privatisierten Elektrizitätsduopols EDENOR und EDESUR für August 1992 und April 1994 zu Grunde gelegt wurden. Die Berechnungen ergaben einen Rückgang der Preise um 8,9 Prozent.[1] Dieses Vorgehen ist zwar mit den Vorgaben des Konzessionsvertrags in Anhang XI kompatibel, bereitete aber im Zuge einer zweiten Anpassung der Preise im Jahr 1998 Probleme, wie noch in Abschnitt 4.3.1 dazustellen sein wird.[2]

Erhaltungsaufwendungen machen 7,9 Prozent der gesamten operativen Kosten aus. Sowohl von Aguas Argentinas als auch von ETOSS wird angenommen, dass sich die Kosten für die Erhaltungsaufwendungen aus dem Index von INDEC „ungelernte Arbeitskräfte im Bauwesen" und aus dem Index „Materialkosten im Bauwesen" zusammensetzen. Aus den gewichteten Indexwerten errechnete ETOSS einen Gesamtanstieg von 24,45 Prozent, weil in Bezug auf die Personalkosten erneut die Effizienzgewinne des Unternehmens herausgerechnet wurden.[3] Neben den bereits weiter oben geschilderten Bedenken gegen ein solches Verfahren, kommt in diesem Fall hinzu, dass ETOSS anscheinend davon ausgeht, die gesamte Leistung im Bereich "Unterhaltung von Anlagen" werde von unternehmenseigenem Personal durchgeführt. Mit Sicherheit wird aber ein Teil der Arbeit von Fremdfirmen geleistet und es ist zweifelhaft, ob diese Firmen ebenfalls Effizienzsteigerungen entsprechend dem Personalabbau von Aguas Argentinas erzielt haben. Belässt man die Effizienzgewinne im Unternehmen, so hätte sich für das Unternehmen in Bezug auf diese Kostenkomponente ein prozentualer Preisanstieg von 43,07 Prozent ergeben.[4] Wie in Abschnitt 4.3.1 noch darzustellen sein wird, war das Verfahren zur Preisanpassung dieser Kostenrubrik im Jahr 1998 ein vollkommen anderes.

---

1 AGUAS ARGENTINAS (1994c, 85). CENTRO DE ESTUDIOS DE TRANSPORTE E INFRAESTRUCTURA (1994, 12).

2 Wie noch dazustellen sein wird, versuchte ETOSS im Jahr 1998 entsprechend dem Vorgehen bei den Personalkosten im Jahr 1994 ein anderes System zu etablieren, das die Effizienzgewinne des Unternehmens teilweise kassierte. Dabei kam es zu starken Protesten von Seiten des Unternehmens, so dass ETOSS dieses Vorhaben nicht durchsetzen konnte.

3 CENTRO DE ESTUDIOS DE TRANSPORTE E INFRAESTRUCTURA (1994, 13). Hierzu ist eine gesonderte Dokumentation erhältlich.

4 INDEC (1992, 15); INDEC (1994; 15). Hierzu ist eine gesonderte Dokumentation erhältlich.

Als eine neue, nicht im Konzessionsvertrag vorgesehene Kostenkomponente wurde von ETOSS das sogenannte „Gleichgewicht der Konzession“ eingeführt, wobei dies folgendermaßen begründet wurde: Eine Revisionsrunde werde erst bei einer Kostensteigerung von 7 Prozent ausgelöst. Somit würden bereits in Vorperioden Kostensteigerungen anfallen, die der Konzessionär nicht geltend machen könne. Nach Interpretation von ETOSS destabilisiere dies die Konzession; deswegen müsse ein Ausgleich durch die fiktive Kostenkomponente eingeführt werden, um zukünftige Inflation zu antizipieren. Da die Komponente den mittleren Kostenanstieg bis zur nächsten Preisanpassung darstellen soll, wird sie ex ante unter Annahme eines linearen Preisanstiegs mit 3,5 Prozent der regulierten operativen Gesamtkosten veranschlagt.[1] Kritisch ist zu einem solchen Konzept folgendes anzumerken: Die 7-Prozent-Regel im Konzessionsvertrag war dem Unternehmen bereits vor Abgabe seines Gebots im Zuge von Franchising bekannt. Da Aguas Argentinas nicht damit rechnen konnte, dass die Regel später durch den Regulierer abgeschwächt würde, wird das Unternehmen in seinen Geboten einen Zuschlag für das zusätzliche Inflationsrisiko bzw. den eingebauten Verzögerungsmechanismus der Preisindexierung berücksichtigt haben. Aguas Argentinas wird durch diese neue Regel also eine Vergünstigung gewährt bekommen haben, weil das Unternehmen nun höhere regulierte Kosten geltend machen kann als zum Zeitpunkt der Offerte vorgesehen war. Zudem erscheint die Festlegung von 3,5 Prozent sehr willkürlich. Mit der Auslösung der Revision ist nicht zu erwarten, dass die letztendliche Kostenanpassung genau 7 Prozent sein wird. Sie lag bei der Revision 1994 deutlich darüber. Es wird zudem nicht berücksichtigt, dass eine Revision auch auf Grund deflationärer Entwicklungen ausgelöst werden kann. Mit der Regelung zum Regulierungsgleichgewicht wird aber stets von einer inflationären Entwicklung ausgegangen. Problematisch ist auch die implizite Annahme, dass die Entwicklung der Preise linear verläuft[2], ein Umstand, der insbesondere im Zuge der Preisrevision von 1998 zu erheblichem Konfliktstoff geführt hat. Die Willkür des Verfahrens wird schließlich auch durch die Tatsache unterstrichen, dass die Regel erst 1994 eingeführt wurde und für das Jahr 1993 kein „Gleichgewicht der Konzession“ berücksichtigt wird, obwohl das Unternehmen unter den gegebenen Umständen bereits zu diesem Zeitpunkt einen Anspruch auf einen Kostenausgleich gehabt hätte.

Einen Überblick über die Entwicklung der operativen Kosten von Aguas Argentinas gemäß der Berechnung von ETOSS und eine Korrektur derselben auf Grund einer stärkeren Orientierung anhand des Konzessionsvertrags gibt die Tabelle 4.1.[3]

1 CENTRO DE ESTUDIOS DE TRANSPORTE E INFRAESTRUCTURA (1994, 6f und 36).

2 Bei gleichbleibenden jährlichen Inflationsraten verläuft die Entwicklung der Preise vielmehr exponentiell.

3 Zu den genauen Berechnungen ist eine gesonderte Dokumentation erhältlich.

Tabelle 4.1 Alternative Berechnungsverfahren der Anpassung der operativen Kosten

Konzessionsjahr	1994	1995	1996	1997	1998	1999	2000	2001	2002	2003
	1	2	3	4	5	6	7	8	9	10
operative Kosten - Offerte	220,0	211,8	209,5	212,1	215,9	225,5	230,5	236,1	240,8	244,6
Anpassung operative Kosten - ETOSS	220,0	250,6	251,9	256,2	261,0	264,2	272,0	274,6	279,3	282,1
Anpassung operative Kosten – Korrektur	220,4	234,3	233,9	238,0	247,7	257,0	262,2	267,8	272,6	276,5

Quelle: Simulationsmodelle ETOSS/ eigene Berechnung (Anhänge 3.1 bis 3.3)

Wie der Tabelle zu entnehmen ist, ist das Berechnungsverfahren von ETOSS für Aguas Argentinas sehr viel günstiger als das alternative Berechnungsverfahren, das sich stärker an den Vorgaben des Konzessionsvertrag orientiert, weil das Unternehmen höhere Kosten geltend machen kann als in dem alternativen Berechnungsverfahren.

4.1.1.2 Die Veränderungen bei den Investitions- und Finanzierungskosten

Für die Preisanpassung bei den Investitionen wurden im Konzessionsvertrag keine Vorgaben gemacht. Es oblag somit ETOSS, geeignete Indikatoren für die Anrechnung von Preissteigerungen zu finden. Die jährlich von Aguas Argentinas durchzuführenden Investitionen wurden für diese Zwecke zunächst nach Kostenbestandteilen disaggregiert.[1] Anschließend suchte der Regulierer für die einzelnen Komponenten geeignete Indizes. Für die einzelnen Kostenkomponenten der Investitionen wurden nur die Indizes „Ungelernte Arbeitskräfte im Bauwesen", „Grundgehälter entsprechend der Tarifvereinbarung der Bauindustrie für qualifiziertes und nicht qualifiziertes Personal" und „Materialkosten im Bauwesen" herangezogen.

Entsprechend dem Vorgehen bei den operativen Kosten kann auch hier die Art der Auswahl der Indizes für die Kostenkomponenten der Investitionen durch ETOSS einer Kritik unterzogen werden, um letztendlich zu einer alternativen Berechnung von angemessenen Preissteigerungen zu kommen.

An erster Stelle muss wieder die Herausrechnung von Effizienzgewinnen bei den Personalkosten durch ETOSS kritisiert werden. Die Kritikpunkte wurden bereits im vorherigen Abschnitt hinreichend dargestellt, wobei bei den Investitionen die Verzerrungen besonders groß sind, weil hier für die Preisveränderungen fast nur Personalkosten zu Grunde gelegt werden. Zudem hat Aguas Argentinas einen Teil der Investitionen über Fremdfirmen durchgeführt, so dass Effizienzgewinne im Unternehmen für diesen Teil der Investitionskosten schon gar nicht relevant waren.[2] Ein zweiter wesentlicher Kritikpunkt ist, dass ETOSS sich einerseits für einige Kostenkomponenten nicht die Mühe gemacht hat, Indizes zu suchen, welche die Kostenveränderungen hinreichend genau abbilden, an-

1 Hierzu ist eine gesonderte Dokumentation erhältlich.
2 Als Beispiel für derartige Investitionen vgl. PÁGINA 12 (29.10.94).

dererseits der verwendete Index „Materialkosten im Bauwesen“ sehr allgemein ist.[1] Um nur einige Beispiele zu nennen. So hätte für die Investitionskomponente „Rohre/ Spezialteile“ anstatt dem Index „Materialkosten im Bauwesen“ die genaueren Indizes „Produkte aus Plastik“ und „Produkte aus Metall, Maschinen und Ausrüstung“ zur Verfügung gestanden. Die Komponente „Elektromechanische Teile“ hätte z.B. besser über den Index „Maschinen, Apparate, Zubehör, elektrische Zusatzteile“ erfasst werden können, anstatt diese Rubrik unverändert zu lassen.

Mittels der Verwendung alternativer Indizes für die einzelnen Investitionskomponenten können die Abweichung der Investitionskosten bestimmt werden, die sich gegenüber der Berechnung von ETOSS ergeben.[2] Die Ergebnisse der Analyse sind in Tabelle 4.2 zusammengefasst.

Wie aus der Tabelle zu ersehen ist, waren die Berechnungen von ETOSS für Aguas Argentinas gegenüber einer alternativen Berechnung nachteilig, weil das Unternehmen geringere Investitionskosten geltend machen konnte, als dies bei der Verwendung alternativer Indizes der Fall gewesen wäre.

Tabelle 4.2 Berechnungsverfahren der Anpassung der Investitionskosten in Mill. $

Konzessionsjahr	1994	1995	1996	1997	1998	1999	2000	2001	2002	2003
	1	2	3	4	5	6	7	8	9	10
Summe Investitionen - Offerte	101,5	188,3	271,3	294,1	229,1	124,6	186,3	160,3	147,5	113,8
Anpassung Investitionen - ETOSS	101,5	205,3	295,6	322,9	252,4	136,7	204,1	175,9	161,6	125,2
Anpassung Investitionen - Korrektur	101,5	216,6	311,5	342,1	268,3	144,8	216,0	186,7	171,1	132,9

Quelle: Simulationsmodelle ETOSS/ eigene Berechnung (Anhänge 3.1 bis 3.3).

Einen weiteren Nachteil hatte das Unternehmen in Bezug auf die Behandlung der Finanzierungskosten, denn im Unterschied zu den Vorgaben im Konzessionsvertrag wurde eine Anpassung dieser Kostenkomponente nicht vorgenommen. Gemäß Konzessionsvertrag sollen die Zinssätze für Fremdkapital an die internationalen Zinssätze Libor- und Prime-rate[3] mit einem Zuschlag von 1,5 Prozent angepasst werden, wobei der Vertrag jedoch offen lässt, wie diese Zinssätze gewichtet werden.[4] Geht man entsprechend der Berechnung in der Offerte vor,[5] so hätten die Kreditzinsen von Aguas Argentinas anstatt 6,19 Prozent nun

1 Erst im Zuge der zweiten Preisanpassung im Jahr 1998 ging ETOSS zu einer wesentlich differenzierteren Methode über. Dies wird weiter unten dargestellt.

2 Hierzu ist eine gesonderte Dokumentation erhältlich.

3 Libor ist die London-Inter-Bank-Offer-Rate. Die Prime-rate ist der Zinssatz, den Banken ihren kreditwürdigsten Kunden abverlangen.

4 Vgl. dazu Ziffer 11.11.4.2. im Konzessionsvertrag.

5 Die Berechnung der Kreditzinsen in der Offerte erfolgten anscheinend nach folgendem Schema: Die durchschnittlichen Werte von Libor- und Prime-rate im August 1992 (Libor: 1.8.1992: 3,516 Prozent; 1.9.1992: 3,281 Prozent; Prime-rate: 1.8.1992 und 1.9.1992

Prozent 6,96 Prozent betragen müssen.[1] Insofern wurde Aguas Argentinas ein erheblicher Kostenbetrag vorenthalten.

Wie anhand der Analyse der von ETOSS durchgeführten Preisanpassungen gezeigt wurde, fielen diese für das Unternehmen im Bereich der operativen Kosten vorteilhaft aus. Demgegenüber stellte sich das Unternehmen bei den Investitionen und den Finanzierungskosten gegenüber einer alternativen Betrachtung schlechter. Der Gesamteffekt der Preisanpassungen kann mittels des Simulationsmodells bestimmt werden. Es macht allerdings an dieser Stelle wenig Sinn, die Preisanpassung für sich allein zu beurteilen, weil das Unternehmen gleichzeitig höhere Infrastrukturgebühren einziehen durfte, im Gegenzug aber auch mehr Investitionen durchführen musste. Insofern wird Analyse eine des Gesamteffekts noch einmal zurückgestellt und erst im Abschnitt 4.1.4 erfolgen.

4.1.2 Die normative Bewertung der Neufestlegung der Infrastrukturgebühren

Wie bereits in Abschnitt 3.3.2.1 dargestellt wurde, ist die Höhe der von einem Haushalt für einen Neuanschluss zu entrichtenden Infrastrukturgebühr bereits im Konzessionsvertrag festgelegt worden. Für einen Wasseranschluss wären demnach ein Referenzbetrag von $ 325 und für einen Abwasseranschluss $ 460 zu bezahlen gewesen. Vor diesem Hintergrund hat Aguas Argentinas seine Offerte im Rahmen des Franchising abgegeben, wobei Teil dieser Offerte die Projektion der in Tabelle 4.3 dargestellten Einnahmen waren, die innerhalb der nächsten 10 Jahre aus der Infrastrukturgebühr generiert werden sollten.

Tabelle 4.3 Projektion der Einnahmen aus der Infrastrukturgebühr in Mill $

Konzessionsjahr	1994	1995	1996	1997	1998	1999	2000	2001	2002	2003
	1	2	3	4	5	6	7	8	9	10
Infrastrukturgebühr	0,0	9,5	24,2	31,5	52,6	81,3	65,9	42,8	47,1	46,3
Infrastrukturgebühr – Nur Anschluss	8,3	13,6	13,3	27,0	31,2	6,4	9,9	16,5	13,7	12,3
Gesamt-Infrastrukturgebühr	8,3	23,1	37,5	58,5	83,8	87,7	75,8	59,3	60,8	58,6

Quelle: Simulationsmodell der Offerte von Aguas Argentinas durch ETOSS (Anhang 3.1)

---

jeweils 6 Prozent) gingen zu je 50 Prozent in die Berechnung ein und wurden mit einem Aufschlag von 1,5 Prozent versehen.

1 Die Prime-rate betrug zum 1.4.1994 6,25 Prozent und einen Monat später 6,75 Prozent, was einen Durchschnitt von 6,5 Prozent ergibt. Die Libor betrug zum 1.4.1994 4,25 Prozent und zum 1.5.1994 4,625 Prozent, was einen Durchschnitt von 4,43 Prozent ergibt. Der Durchschnittswert bei einer Gewichtung 50 zu 50 beträgt 5,46 Prozent. Zzgl. eines Aufschlags von 1,5 Prozent ergibt sich schließlich der Wert von 6,96 Prozent Die ökonomische Abteilung von ETOSS ging später sogar von einem Wert von 8,25 Prozent aus, der sich ergibt, wenn man nur die Prime-rate für den 1.5.1994 zu Grunde legt. ETOSS (1994b, 51).

Im Zuge der Preisanpassung des Jahres 1994 wurden trotz der Vorgaben des Konzessionsvertrags neue Referenzwerte festgesetzt. Diese ergaben sich als Konsequenz von Kostenvoranschlägen des Unternehmens für die Investitionen in das sekundäre Trink- und Abwassernetz und betrugen für Trink- und Abwasser \$ 450 bzw. \$ 670.[1] Da in der Realität die Bedingungen des Referenzwertes nur in seltenen Fällen erfüllt sind, musste ETOSS eine Umrechnungsformel entwickeln[2], mittels der die Referenzwerte an die realen Bedingungen eines spezifischen Haushaltsanschlusses angepasst werden können.[3] Demnach zahlt ein Haushalt genau dann den Referenzwert, wenn er ein Grundstück mit 250 m^2 besitzt, der Boden vor seinem Haus zu 20 Prozent starkes, zu 20 Prozent schwaches und zu 60 Prozent kein Grundwasser besitzt und der Straßenbelag von Aguas Argentinas nur zu 50 Prozent ausgebessert werden muss.[4]

Das von ETOSS angewendete Verfahren zur Bestimmung der neuen Referenzwerte ist einer Reihe von Kritikpunkten ausgesetzt[5]: So werden die Referenzwerte auf Grund von Kostenvoranschlägen des Unternehmens ermittelt, ein Verfahren, das unter der Bedingung asymmetrischer Informationen als sehr problematisch angesehen werden muss. Hatte der Konzessionär bei der Festlegung des Tarifs noch einen Anreiz, diesen möglichst niedrig anzugeben, wenn er das Franchise gewinnen wollte, so bestand nun für Aguas Argentinas hinsichtlich der Infrastrukturgebühren ein Anreiz, die Kosten möglichst hoch anzunehmen, um einen hohen Referenzwert zu erzielen. Zusätzliche Brisanz erhält diese Neufestsetzung dadurch, dass die von Aguas Argentinas und ETOSS ermittelten Werte erheblich über den Werten lagen, die im Konzessionsvertrag festgelegt worden waren. Auch in dem Fall, dass die wahren Kosten der Infrastrukturgebühren tatsächlich über den im Konzessionsvertrag festgelegten Referenzwerten gelegen hätten, wäre diese Abweichung als ein von dem Unternehmen zu

1 Eine eingehende Beschreibung und Kritik des verwendeten Berechnungsverfahrens erfolgt in einer gesonderten Dokumentation.

2 Siehe ETOSS (1995a).

3 Es ist bemerkenswert, dass die Infrastrukturgebühr im Gegensatz zum Tarif keinerlei Subventionselemente enthält; dies bedeutet, dass die Haushalte idealerweise die tatsächlich angefallenen Investitionskosten tragen sollen. Es fragt sich, ob dieses System nicht insbesondere deswegen zu rigide ist, weil die Haushalte, welche die Infrastrukturgebühr zahlen sollten, in der Regel den unteren Einkommensschichten zuzurechnen waren. Auch ist darauf hinzuweisen, dass der Konzessionsvertrag keineswegs die rigide Auslegung von ETOSS fordert, da in diesem nur von Referenzwerten die Rede ist.

4 Die Orientierung an der Grundstücksgröße anstatt an der Straßenfront für die Bestimmung der anteiligen Netzkosten mag zunächst willkürlich erscheinen, da dadurch ja nicht berücksichtigt wird, wie breit die Straßenfront des Grundstücks ist. Geht man jedoch von rechteckigen Wohnblöcken und Grundstücken aus, wobei der gesamte Block mit einem Verteilungsnetz umschlossen ist, so entspricht der de facto anrechenbare Netzanteil genau der anteiligen Grundstücksgröße.

5 Wie sich später herausstellte, war Aguas Argentinas mit der Berechung von ETOSS nicht einverstanden. Man hätte die Werte vielmehr akzeptieren müssen, ohne einsehen zu können, wie diese errechnet wurden. AGUAS ARGENTINAS (1996b, 61).

tragendes unternehmerisches Risiko anzusehen.[1] Fragwürdig ist das Verfahren nicht zuletzt auch deswegen, weil bei den Investitionen in der Offerte keine entsprechenden Korrekturen vorgenommen wurden, obwohl die Infrastrukturgebühren eine Kompensation für einen großen Teil derselben darstellen sollen.[2]

Die Berechnung eines Referenzwertes suggeriert normalerweise, dass es sich um einen Durchschnittswert handelt. Es lässt sich jedoch zeigen, dass dies keineswegs der Fall war, sondern der wahre Durchschnittswert bei Trinkwasser und Abwasseranschlüssen mit $ 566,56 bzw. $ 843,41 weit höher lag, weil einerseits die Grundstücke weit größer waren als mit dem Referenzwert angenommen und andererseits der notwendige Wiederherstellungsgrad der Straßen weit geringer.[3]

Die Auswirkungen der Erhöhung des Referenzwertes der Infrastrukturgebühr werden von ETOSS innerhalb des Simulationsmodells dargestellt. Für diesen Zweck werden die jährlich anfallenden Beträge aus der Infrastrukturgebühr für Trink- und Abwasser mittels der folgenden Formel um 41,86 Prozent erhöht:

$$(4.1)\quad DF = \frac{(Ca_{10} - Ca_1)\cdot \frac{VCIa_{Res81}}{VCIa_0} + (Cc_{10} - Cc_1)\cdot \frac{VCIc_{Res81}}{VCIc_0}}{CA_{10} - Ca_1 + Cc_{10} - Cc_1} = 1{,}4186 .$$

Dabei steht *Ca* für den Anteil der Bevölkerung mit Trinkwasserversorgung und *Cc* für den entsprechenden Anteil mit Abwasserentsorgung für das Ende des 10. Jahre bzw. das Ende des 1. Jahres der Konzession. VCI_{Res81} steht für die neuen Referenzwerte der Infrastrukturgebühren undVCI_0 für die entsprechenden alten Referenzwerte.[4]

Die folgende Tabelle 4.4 gibt die von ETOSS berechneten Werte der Infrastrukturgebühr im Simulationsmodell wieder.

---

1 Dazu auch URBIZTONDO et al. (1998, 22). ARTANA et al. (1999, 233f) begründen mit dieser Beobachtung die Behauptung, der Regulierer sei von dem Unternehmen okkupiert worden.

2 Weiterhin stimmt bedenklich, dass ETOSS bei den Berechnungen auf Grund einer unsystematischen und unübersichtlichen Methodik eine Reihe von Berechnungsfehlern unterliefen, die in der gesonderten Dokumentation erläutert werden.

3 Bzgl. des Grades der Wiederherstellung der Bürgersteige und Straßen, der Anzahl der Grundstücke je Wohnblock und der Bodenqualität waren über die ökonomische Abteilung von ETOSS für die in den ersten beiden Jahren durchzuführenden Investitionen genauere Informationen verfügbar. Diese Informationen hätten für die Berechnung eines Referenzwertes der Infrastrukturgebühr herangezogen werden müssen, da sie eine genauere Annäherung an die tatsächlichen Verhältnisse der Haushalte bedeutet hätten. So hätten sich ergeben, dass die Bodenqualität zwar besser als der Referenzwert, dafür aber die durchschnittliche Straßenfront der Grundstücke mit 10,26 Metern fast doppelt so groß war und ein gegenüber dem Referenzwert nur halb so großer Anteil der Straßen und Wege gepflastert werden musste. Hierzu ist eine gesonderte Dokumentation verfügbar.

4 ETOSS (1994d, Anhang XXII).

Tabelle 4.4 Erhöhung der Infrastrukturgebühr im Simulationsmodell von ETOSS

Konzessionsjahr		1994	1995	1996	1997	1998	1999	2000	2001	2002	2003
	Rate	1	2	3	4	5	6	7	8	9	10
Infrastrukturgebühr – allgemein	41,86%		13,5	34,3	44,7	74,6	115,4	93,5	60,7	66,8	65,7
Infrastrukturgebühr – Anschluss	41,86%	8,3	19,3	18,9	38,3	44,3	9,1	14,0	23,4	19,4	17,5
Infrastrukturgebühr – gesamt		8,3	32,8	53,2	83,0	118,9	124,4	107,6	84,1	86,3	83,2

Quelle: Simulationsmodell von ETOSS (1994d) Anhang V (siehe Anhang 3.2)

Auch diese Berechnungsmethode ist mit einigen wesentlichen Mängeln behaftet. Kritisch zu der Formel 4.1 ist zu bemerken, dass die verschiedenen Arten von Infrastrukturgebühren zusammen in einer Formel erfasst werden. Betrachtet man die Steigerungsraten für die Trinkwasser- und die Abwasserinfrastrukturgebühr getrennt, so kommt man zu dem Ergebnis, dass sie für Trinkwasser bei 38,46 Prozent liegt, während sie für Abwasser 45,65 Prozent beträgt.[1] Diese Unterschiede sind unproblematisch, wenn Trinkwasser- und Abwassernetz im Gleichschritt ausgebaut werden. In der Realität wurde jedoch das Trinkwassernetz schneller ausgebaut als das Abwassernetz. Durch die gemeinsame Betrachtung innerhalb der Formel führt dies zu dem Effekt, dass die Steigerungsraten für die Infrastrukturgebühr insgesamt in den ersten Jahren zu hoch und in den letzten Jahren zu niedrig eingeschätzt wurden. Dies wiederum hatte zur Folge, dass ETOSS die Einnahmen von Aguas Argentinas zunächst zu hoch, später aber zu niedrig bewertete, was in den ersten Jahren zu einer Destabilisierung der Konzession hätte führen können.

Innerhalb des Simulationsmodells werden die Anschlusskosten für diejenigen Haushalte, die bereits in dem Bereich eines sekundären Netzes liegen und deswegen keine Netzkosten mehr zu bezahlen haben, getrennt ausgewiesen.[2] ETOSS hat auch für diese Rubrik einen Anstieg von 41,86 Prozent veranschlagt und damit einen schwerwiegenden Fehler begangen, denn die Erhöhung der Referenzwerte für die Anschlüsse liegt weit unter den Werten für das Verteilungsnetz. Ausgehend von einem neuen Referenzwert von $ 208 für Trinkwasser und $ 230 für Abwasser betragen Sie für den Trinkwasseranschluss 24,18 Prozent und für den Abwasseranschluss 8,24 Prozent.[3] Eine Erhöhung der Anschlussgebühren um 41,86 Prozent im Simulationsmodell überschätzt die wahren Einnahmen also bei weitem!

Problematisch an der Vorgehensweise ist auch folgendes Verfahren: Im Simulationsmodell werden Referenzwerte für die Infrastrukturgebühr zu Grunde gelegt. Damit wird gleichzeitig unterstellt, dass die von Aguas Argentinas gemäß Simulationsmodell durchzuführenden Investitionen ebenfalls an den Referenz-

1 $450/$325 = 1,3846 für Trinkwasser und $670/$460 = 1,4565 für Abwasser.

2 Dies ist die Zeile „Infrastruktur – Nur Anschluss" im Simulationsmodell von Aguas Argentinas in Anhang 3.1.

3 $208/$167,50 = 1,2418 für Trinkwasser und $230/$212,50 = 1,0824 für Abwasser.

werten orientiert sind. Die Investitionen waren jedoch Bestandteil des Franchising-Prozesses. Das Unternehmen musste angeben, welche Abdeckungsziele es anstrebt und in welcher Höhe es dafür Investitionen durchzuführen gedenkt. Zumindest für die Bestandteile Netz und Anschluss zeigt sich nun aber, dass das Unternehmen nur noch die Abdeckungsziele erreichen muss, während die notwendige Höhe der Investitionen variabel ist.

Entsprechend dem Vorgehen bei den operativen Kosten und Investitionen soll auch für die Infrastrukturgebühren ein Vergleich zwischen den von ETOSS im Simulationsmodell angerechneten Werten und alternativen Werten durchgeführt werden. Für die Berechnung der alternativen Werte wird davon ausgegangen, dass die alten Referenzwerte des Konzessionsvertrags hätten beibehalten werden müssen und allenfalls eine Anpassung auf Grund von Preissteigerungen erfolgen darf. Wie aus den für das sekundäre Versorgungsnetz errechneten Preissteigerungen hervorgeht[1], hätten die Kosten für das Trinkwassernetz um 14,58 Prozent, die Kosten für das Abwassernetz hingegen um 21,11 Prozent steigen dürfen. Aus Vereinfachungsgründen soll unter der Annahme des gleichmäßigen Ausbaus von Trinkwasser- und Abwasserversorgung für die Anpassung ein einfacher Durchschnitt von 17,85 Prozent gebildet werden, mit dem alle Werte für die Infrastrukturgebühr anzupassen sind. Die Ergebnisse der Berechnung sind in Tabelle 4.5 zusammengestellt.

Tabelle 4.5 Erhöhung der Infrastrukturgebühr im Simulationsmodell gemäß alternativer Berechnung

Konzessionsjahr		1994	1995	1996	1997	1998	1999	2000	2001	2002	2003
	Rate	1	2	3	4	5	6	7	8	9	10
Infrastrukturgebühr - allgemein	17,85%	0,0	11,2	28,5	37,1	62,0	95,8	77,7	50,4	55,5	54,6
Infrastrukturgebühr - Anschluss	17,85%	8,3	16,0	15,7	31,8	36,8	7,5	11,7	19,4	16,1	14,5
Infrastrukturgebühr - gesamt		8,3	27,2	44,2	68,9	98,8	103,4	89,3	69,9	71,7	69,1

Quelle: Eigene Anpassung des Simulationsmodells (siehe Anhang 3.4)

Ein Vergleich der Tabellen 4.4 und 4.5 führt zu dem nicht sehr erstaunlichen Resultat, dass die von ETOSS zugestandene Erhöhung der Infrastrukturgebühr für Aguas Argentinas weit großzügiger ausfällt als gemäß der alternativen Berechnung. Für eine vollständige Betrachtung der Anpassungen im Simulationsmodell ist es nun noch erforderlich, auf die dem Unternehmen im Zuge von Nachverhandlungen zwischen dem argentinischen Staat und Aguas Argentinas vorgegebenen neuen Investitionen einzugehen.

4.1.3 Die normative Analyse der Erhöhung der Investitionsvorgaben

4.1.3.1 Die zusätzlichen Investitionen und ihre Berechnung

Im Zuge der Neuverhandlungen im Jahr 1994 wurden die Investitionsvorgaben für Aguas Argentinas erhöht. Offizielle Begründung für die Nachverhandlung

1 Hierzu ist eine gesonderte Dokumentation erhältlich.

waren u.a. neue Erkenntnisse über den Zustand der von Aguas Argentinas übernommenen Infrastruktur.[1] In Verhandlungen einigte man sich schließlich darauf, dass Aguas Argentinas zusätzlich Investitionen in Höhe von rund Mill. $ 122 durchführen oder vorziehen sollte. Im folgenden werden diese Investitionsprojekte beschrieben, um sie dann einer normativen Kritik zu unterziehen.

Auf Grund des Wunsches der Provinzregierung nach einer schnelleren Deaktivierung nitratbelasteter Brunnen sollten einerseits einige der im Vertrag festgelegten Investitionen früher als ursprünglich geplant durchgeführt werden, andererseits waren zusätzliche Investitionen vorgesehen.[2] Für den Ersatz dieser Brunnen war eine Ausdehnung des primären Trinkwasserversorgungsnetzes erforderlich,[3] d.h. es fielen keine Infrastrukturgebühren an, mit deren Hilfe Aguas Argentinas einen Teil der Kosten auf die Konsumenten hätte abwälzen können und die Anzahl der Konsumenten wurde nicht erhöht. Aus diesem Grund standen den zusätzlichen investiven Ausgaben keine höheren operativen Kosten oder Einnahmen gegenüber. Wie schon im Falle der Neuberechnung der Infrastrukturgebühren wurden die Investitionen anhand von Kostenvoranschlägen des Unternehmens berechnet, welche in die Rubriken Material- und Arbeitskosten unterteilt sind.[4]

Um den Versorgungsgrad der Bevölkerung in der Provinz Buenos Aires schneller als geplant zu erhöhen, sollten zusätzlich 302.000 Einwohnern mit Trinkwasser versorgt werden, wobei jeweils 30.000 Personen in den Jahren 1995 bis 1997 und 212.000 im Jahr 1998 an die Versorgung angeschlossen werden sollten.[5] Für den Ausbau des Netzes wurden von Aguas Argentinas Mill. $ 66,44 zu aktualisierten Preisen veranschlagt, für die korrespondierende notwendig werdende Kapazitätsausweitung des Wasserwerks Belgrano um 0,3 Mill. m^3 pro Tag ein Betrag in Höhe von Mill. $ 14. Ursprünglich war diese Ausbaustufe des Wasserwerks erst für die Jahre 1999 und 2000 vorgesehen.[6]

Mit der Stadt Buenos Aires wurde schließlich noch vereinbart, auf Grund des Baus einer Autobahn und der damit verbundenen Umsiedlung von Einwohnern, 50.000 Einwohner schneller an das Trink- und Abwassernetz anzuschließen als dies ursprünglich geplant war.[7] Gemäß der Berechnung von Aguas Argentinas

1 HALCROW - ENE-I (1994a, 222). HALCROW - ENE-I (1994b, 398). HALCROW - ENE-I (1994c, 407).

2 CENTRO DE ESTUDIOS DE TRANSPORTE E INFRAESTRUCTURA (1994, 20). Dabei sollten 76 Brunnen, aus denen 314000 Einwohner ihr Trinkwasser beziehen, ersetzt werden. AGUAS ARGENTINAS (1994d, 137).

3 AGUAS ARGENTINAS (1994d, 140-148).

4 Vgl. dazu die Pläne AGUAS ARGENTINAS (1994d, 164-170). Eine eingehende Kritik der Kostenvoranschläge soll an dieser Stelle nicht erfolgen.

5 AGUAS ARGENTINAS (1994e, 195). Der realisierte Plan war der erste von vier alternativen Vorschlägen durch Aguas Argentinas.

6 Vgl. dazu CENTRO DE ESTUDIOS DE TRANSPORTE E INFRAESTRUCTURA (1994, 27).

7 ALCÁZAR et al. (2000, 30).

beliefen sich die zusätzlichen Investitionskosten auf Mill. $ 12, wobei Mill. $ 4,1 auf die Versorgung mit Trinkwasser und Mill. $ 7,9 auf die Abwasserentsorgung entfielen. Die Stadt Buenos Aires hatte allerdings bereits Mill. $ 2,2 im Trinkwassersektor investiert, so dass dem Konzessionär noch ein Betrag von Mill. $ 9,8 verblieb.[1] Die durchzuführenden Nettoinvestitionen lassen sich anhand der Tabelle 4.6 ablesen.

Tabelle 4.6 Zusätzliche von Aguas Argentinas auf Grund der Nachverhandlungen des Jahres 1994 durchzuführende Nettoinvestitionen in Mill. $

Konzessionsjahr	1995	1996	1997	1998	1999	2000	2001	2002	2003
	2	3	4	5	6	7	8	9	10
Ersatz nitratverseuchter Brunnen[2]	8,4	18,0	5,4	-18,1					
Ausbau Wasserwerk Belgrano[3]	8,4	5,6	0	0	-7,0	-7,0			
Trinkwasser für 302.000 zusätzl. Einwohner[4]	6,6	6,6	6,6	46,6					
Trinkwasser für 50.000 zusätzl. Einwohner[5]	3,0	2,9	3,9	-1,9			-3,7	-2,3	-1,9
Summe	**26,4**	**33,1**	**15,9**	**26,6**	**-7,0**	**-7,0**	**-3,7**	**-2,3**	**-1,9**

Quelle: Diverse (siehe Fußnotenverweise)

An dieser Stelle soll keine eingehende Kritik der einzelnen Positionen der Investitionsvorgaben erfolgen. Aber einige allgemeine Anmerkungen können gemacht werden: So ist es problematisch, dass bereits ein Jahr nach Beginn der Konzession Nachverhandlungen der Investitionen einsetzten. Viele Vorteile der Kostenenthüllung über den Franchising-Prozess wurden so frühzeitig zunichte gemacht. Ein akzeptables Vorgehen wäre es allenfalls gewesen, anhand der im Zuge des Zwei-Briefe-Verfahrens vom Konzessionär dargestellten Investitionspläne Indikatoren für die Investitionskosten zu ermitteln. So hätten z.B. die Netzkosten anhand der durchschnittlichen Kosten je Rohrmeter innerhalb der Investitionspläne zuzüglich der inflationsbedingten Preisanpassung berechnet werden können. Soweit aus den Unterlagen ersichtlich ist, wurden die Investitionskosten für die Erweiterung des Netzes jedoch neu von dem Konzessionär als Kostenvoranschläge zusammengestellt und von ETOSS nur hinsichtlich ihrer Plausibilität geprüft. Zu dieser Plausibilitätsprüfung war der neu konstituierte Regulierer insbesondere in Hinsicht auf seine personelle Ausstattung noch gar

1 Vgl. dazu CENTRO DE ESTUDIOS DE TRANSPORTE E INFRAESTRUCTURA (1994, 29). Die Berechnung der Investitionskosten erfolgt anhand von Standardtabellen, wobei die Arbeits- und Materialkosten je bearbeiteten Kubikmeters Boden bzw. Quadratmeters Straße und verlegten Meters Rohr errechnet wurden. HALCROW/ ENE-I (1994a, 225f). Als Beispiel auch Anhang II 18 in HALCROW/ ENE-I (1994a, 333).

2 HALCROW/ ENE-I (1994c, 493). AGUAS ARGENTINAS (1994d, 158).

3 AGUAS ARGENTINAS (1994e, 189). ETOSS (1994e, 528).

4 AGUAS ARGENTINAS (1994e, 189 und 195). CENTRO DE ESTUDIOS DE TRANSPORTE E INFRAESTRUCTURA (1994, 22).

5 CENTRO DE ESTUDIOS DE TRANSPORTE E INFRAESTRUCTURA (1994, 30). ETOSS (1994e, 513-531).

nicht in der Lage. Wie unprofessionell vorgegangen wurde, kann exemplarisch anhand einiger Problemfelder dargestellt werden:

In Bezug auf die Investitionen für den Ersatz nitratverseuchter Brunnen wurden entsprechend dem Vorgehen bei der Infrastrukturgebühr Kostenvoranschläge für den Meterpreis unterschiedlicher Rohrquerschnitte im primären Versorgungsnetz gemacht.[1] Ausgehend von diesen Werten errechnen sich die Kosten für das Gesamtnetz. Dabei fällt z.B. auf, dass stets von einer hundertprozentigen Wiederherstellung der Straßen und Bürgersteige ausgegangen wird, obwohl der Regulierer bei der Infrastrukturgebühr nur 50 Prozent angesetzt hatte. Die von Aguas Argentinas berechneten Arbeitskosten wurden von ETOSS weder in den Kostenvoranschlägen, noch später im Simulationsmodell um die Effizienzgewinne korrigiert, obwohl der Regulierer dies in Hinblick auf die Berechnung der Infrastrukturgebühren und bei der Preisanpassung auf Grund gestiegener Inputpreise noch für wichtig erachtet hatte.[2] Insgesamt wurde somit von ETOSS eine Angleichung der Methodik der Berechnung von Infrastrukturgebühr und der Investitionskosten vollkommen versäumt.

In Bezug auf die Investitionen in den besonderes bedürftigen Stadtteilen wurden zwar einige Inkonsistenzen bei der Berechnung der Investitionsausgaben festgestellt, jedoch nicht korrigiert.[3]

Schließlich lagen ETOSS für einige Projekte keine Kostenvoranschläge vor – weder über die Komponenten und Kosten der durchzuführenden Investitionen noch über Daten wie Einwohnerzahl oder Grundstücksgröße der betreffenden Region.[4] Hier hatte ETOSS keinerlei Grundlage, um die Investitionspläne von Aguas Argentinas ansatzweise zu überprüfen.

---

1 AGUAS ARGENTINAS (1994d, 164-170).

2 So bereinigte ETOSS die Personalkosten bei den Infrastrukturgebühreninvestitionen um die Effizienzgewinne und korrigierte die von Aguas Argentinas angegebenen Werte entsprechend. Dass in Bezug auf die zusätzlichen Investitionen die Werte von Aguas Argentinas in unbereinigter Form tatsächlich die Grundlage für die Bewertung der Investitionen waren, beweist ein Vergleich der Kostenzusammenstellung von AGUAS ARGENTINAS (1994d, 151-158) und CENTRO DE ESTUDIOS DE TRANSPORTE E INFRAESTRUCTURA (1994, 21f).

3 Vgl. dazu HALCROW/ ENE-I (1994a, 219 und 226f). So stimmten z.B. die von Aguas Argentinas in Anexo II 18 aufgelisteten Standardwerte pro Einheit nicht mit den schließlich verwendeten Werten anhand Anexo II 21 überein. Dazu HALCROW/ ENE-I (1994a, 226f) in Verbindung mit HALCROW/ ENE-I (1994a, 333 und 350-377).

4 Dies betrifft die Projekte der Stadtteile (villas de emergencia) 1, 11-14 und 21-24. Die technische Spezifikation der Investitionen für den Stadtteil 20 lag auch nicht vor. Hierzu HALCROW/ ENE-I (1994a, 223) mit Bezugnahme auf Anhang 14 II in HALCROW/ ENE-I (1994a, 320). Auch die Kosten der Abwasserversorgung für die Stadtteile 3 und 19 waren nicht spezifiziert. HALCROW/ ENE-I (1994a, 226).

4.1.3.2 Die sonstigen Auswirkung der Veränderung der Investitionen im Simulationsmodell

Die zusätzlichen Investitionen führten auf Grund der Ausweitung der Versorgung gemäß einer Berechnung von ETOSS zu einer Erhöhung der operativen Kosten, der operativen Einnahmen und der Infrastrukturgebühr, die in der folgenden Tabelle 4.7 zusammengestellt sind.[1]

Diese Werte sollen mit einer alternativen Berechnung verglichen werden, um auf diese Weise die Betrachtungen der Effekte der Preisindexierung, der Erhöhung der Infrastrukturgebühr und der Erhöhung der Investitionsvorgaben zu vervollständigen.

Die Berechnungen für die operativen Kosten kann anhand des folgenden Schemas durchgeführt werden.[2] Nimmt man an, dass ein linearer Zusammenhang zwischen operativen Kosten und versorgter Bevölkerung gemäß Offerte besteht, so kann man ausgehend von den Werten der Offerte die geschätzten operativen Kosten je Einwohner und Jahr berechnen. Dieser Wert kann sodann mit der Anzahl der zusätzlich versorgten Einwohner auf Grund der ausgeweiteten Investitionen je Konzessionsjahr multipliziert werden, um die zusätzlichen operativen Kosten je Konzessionsjahr zu errechnen.

Tabelle 4.7 Zusätzliche operative Kosten und Einnahmen gemäß Berechnung von ETOSS in Mill. $

Konzessionsjahr	**1994**	**1995**	**1996**	**1997**	**1998**	**1999**	**2000**	**2001**	**2002**	**2003**
	1	**2**	**3**	**4**	**5**	**6**	**7**	**8**	**9**	**10**
Zusätzliche operative Einnahmen	0,0	0,4	1,1	2,6	5,3	5,3	5,3	5,3	5,3	5,3
Zusätzliche operative Kosten	0,0	0,3	0,8	1,8	3,4	3,4	3,4	0,0	0,0	0,0
Zusätzliche Infrastrukturgebühren	0,0	4,0	4,0	4,0	27,9	0,0	0,0	0,0	0,0	0,0
Saldo	**0,0**	**4,1**	**4,3**	**4,8**	**29,8**	**1,9**	**1,9**	**5,3**	**5,3**	**5,3**

Quelle: Simulationsmodell von ETOSS (1994d) Anhang V (siehe Anhang 3.2)

Auch im Hinblick auf die zusätzlichen Einnahmen kann eine grobe Schätzung vorgenommen werden. Für diesen Zweck werden unter der Annahme, dass der Tarif für Trink- und Abwasserkonsumenten doppelt so hoch ist, wie der für Trinkwasserkonsumenten, die Bruttoeinnahmen aus der Konzession nach der Preisanpassung von ETOSS[3] durch die Anzahl der Konsumenten je Versorgungskategorie geteilt. Die zusätzlichen geschätzten Einnahmen ergeben sich dann aus einer Multiplikation der Einnahmen je Konsument mit der Anzahl der neu angeschlossenen Konsumenten je Versorgungskategorie.[4]

---

1 Insofern trifft die Kritik von FIEL (1999, 592) nicht zu, ETOSS hätte die zusätzlichen Einnahmen auf Grund der erhöhten Investitionen nicht berücksichtigt.

2 Eine detaillierte Berechnung findet sich in einer gesonderten Dokumentation.

3 Siehe dazu das Simulationsmodell in Anhang 3.2.

4 Hierzu ist eine gesonderte Dokumentation erhältlich.

Bei der alternativen Berechnung der zusätzlichen Infrastrukturgebühren schließlich kann entsprechend Prämissen, die später von ETOSS gemacht wurden, vorgegangen werden. Angenommen wird, dass in jedem Haushalt durchschnittlich 3,4 Personen leben. Dies bedeutet, dass die Anzahl der neu angeschlossenen Konsumenten durch den Faktor 3,4 geteilt werden muss, um auf diese Weise die Anzahl der zusätzlich angeschlossenen Haushalte berechnen zu können. Erfolgte die Investition zum Zeitpunkt *t* so wird die erste Hälfte des jeweiligen Referenzwertes zum Zeitpunkt *t+1* und die zweite Hälfte des jeweiligen Referenzwertes zum Zeitpunkt *t+2* fällig. Aguas Argentinas ist berechtigt, für die ausstehenden Rückzahlungsbeträge einen monatlichen Zins von 2,16 Prozent zu nehmen, was durch die Faktoren 1,289 für das erste Jahr und 1,662 für das zweite Jahr angenähert werden kann, mit denen die jeweils halben Referenzwerte in den Jahren *t+1* bzw. *t+2* multipliziert werden. Die Referenzbeträge für die Infrastruktureinnahmen betragen entsprechend der alternativen Berechnung in Abschnitt 4.1.2 für den Trinkwasseranschluss $ 372,39 und für den Abwasseranschluss $ 557,11.[1]

Die Ergebnisse der Berechnung werden in Tabelle 4.8 dargestellt.

Tabelle 4.8 Zusätzliche operative Kosten und Einnahmen gemäß alternativer Berechnung in Mill. $

Konzessionsjahr	**1994**	**1995**	**1996**	**1997**	**1998**	**1999**	**2000**	**2001**	**2002**	**2003**
	1	**2**	**3**	**4**	**5**	**6**	**7**	**8**	**9**	**10**
Zusätzliche operative Kosten	0,4	2,0	3,7	4,6	10,3	9,9	9,9	9,8	9,7	9,5
Zusätzliche Einnahmen Infrastrukturgeb.	0,0	1,8	7,0	11,8	10,3	18,8	19,3	0,0	0,0	0,0
Zusätzliche operative Einnahmen.	0,5	2,5	4,7	5,8	12,0	12,0	11,9	11,8	11,7	11,7
Saldo	**0,1**	**2,3**	**8,0**	**13,0**	**12,0**	**20,9**	**21,3**	**2,0**	**2,0**	**2,2**

Quelle: Eigene Anpassung des Simulationsmodells (siehe Anhang 3.4)

Wie man bei einem Vergleich von Tabelle 4.7 und 4.8 erkennen kann, unterschätzt die Berechnung von ETOSS die Einnahmen gegenüber einer alternativen Berechnung: Eine einfache Aufsummierung des Saldos bei der Berechnung von ETOSS ergibt einen Wert von Mill. $ 62,7. Die alternative Berechnung hingegen ergibt einen Wert von Mill. $ 83,8.

In dem nun folgenden Abschnitt werden die Berechnungen innerhalb der Simulationsmodelle zusammengeführt, um die von ETOSS gestattete Anpassung des Wassertarifs beurteilen zu können.

4.1.4 Die normative Analyse der kompensatorischen Tarifanpassung im Simulationsmodell

ETOSS hat die kompensatorische Tarifanpassung, die Aguas Argentinas wegen der höheren Ausgaben auf Grund von Preissteigerungen und Investitionen

1 Der Referenzwert für Trinkwasser mit $ 325 wird um 14,58 Prozent erhöht und der Referenzwert für Abwasser mit $ 460 um 21,11 Prozent.

zustehen, mittels des bereits mehrfach erwähnten Simulationsmodells bestimmt.[1] Als bereits zu Beginn des Kapitels 4 problematisiertes Kriterium für die Neutralität der regulatorischen Entscheidungen wurde die konstant bleibende langfristige Verschuldung des Unternehmens im 10. Jahr der Konzession bestimmt. Im Simulationsmodell in Anhang 3.2 sind die von ETOSS durchgeführten Anpassungen bei Kosten, Investitionen und Infrastrukturgebühr eingefügt. Wie man erkennen kann, wird bei einer Erhöhung der Einnahmen um 13,5 Prozent die langfristige Verschuldung des Unternehmens gegenüber der Ausgangslage der Offerte konstant gehalten.[2] ETOSS ging davon aus, dass eine solche Erhöhung der Einnahmen über eine Erhöhung des K-Faktors um 13,5 Pronzent erreicht werden könnte. Wie man aus dem Vergleich der Tabellen in Anhang 3.1 und Anhang 3.2 entnehmen kann, verhindert dieses Verfahren nicht, dass sich der Grad der langfristigen Verschuldung des Unternehmens in den ersten Jahren der Konzession erhöhte, weil die Mehrinvestitionen vor allem in den ersten Jahren zu tätigen waren, die höheren Einnahmen jedoch erst mit Zeitverzögerung anfallen sollten. Insofern war dieses Verfahren für Aguas Argentinas nicht neutral, sondern impliziert eine Verschlechterung der Bilanz des Unternehmens innerhalb der ersten 10 Jahre der Konzession. Auf die damit zusammenhängenden Probleme höheren unternehmerischen Risikos ist bereits in Abschnitt 3.2.1.5 eingegangen worden.

Mittels der Vorarbeiten in den vorherigen Abschnitten kann nun die durch ETOSS gestattete Anpassung des Tarifs beurteilt werden. Für diesen Zweck werden die in den vorherigen Abschnitten durchgeführten alternativen Berechnungen in das Simulationsmodell eingefügt und der Tarif so angepasst, dass die Verschuldung des Unternehmens im zehnten Jahr der Konzession konstant bleibt.[3] Zwei Effekte können getrennt voneinander betrachtet werden: Einerseits ist es möglich, die Effekte für das Unternehmen bzw. für die Konsumenten als Ganzes zu eruieren. Zu diesem Zweck werden alle in den vorherigen Abschnitten vorgeschlagenen Modifikationen außer denen der Infrastrukturgebühren in das Simulationsmodell eingefügt. Wie ein entsprechendes Simulationsmodell in Anhang 3.3 zeigt, wäre das Verschuldungskriterium bei einer Tariferhöhung von 12,4 Prozent konstant geblieben. Daraus ist zu schließen, dass aus der alternativen Sicht die Entscheidung von ETOSS gegenüber dem regulierten Unternehmen nicht neutral war, sondern das Unternehmen einen Vorteil erhielt, denn im Prinzip hätte anstatt einer Tariferhöhung von 13,5 Prozent nur eine Tariferhöhung von 12,4 Prozent gewährt werden dürfen.

1 Hierzu ist eine gesonderte Dokumentation erhältlich.

2 Man vergleiche dazu die Rubriken „langfristiges Fremdkapital" für das 10. Konzessionsjahr in Anhang 3.1 und Anhang 3.2. Zum Zeitpunkt der Offerte betrug dieser Wert Mill. $ 304,6. Nach der Anpassung von ETOSS beträgt der Wert Mill. $ 304,3, bleibt also annähernd konstant.

3 Im Simulationsmodell Anhang 3.3 und Anhang 3.4 beträgt der Wert Mill. $ 304,6 bzw. Mill. $ 304,7.

Andererseits kann ein Maß für den Grad der Umverteilung von Kosten zwischen den alten Konsumenten, die bereits unter OSN über eine sanitäre Versorgung verfügten, und den neuen Konsumenten, die in der Zukunft an das Netz angeschlossen werden sollen, bestimmt werden. Eine solche Analyse ist möglich, wenn alle vorgeschlagenen Modifikationen in das Simulationsmodell eingefügt werden, um daraufhin zu betrachten, um wie viel ETOSS den Tarif hätte anheben müssen, wenn die Höhe der Infrastrukturgebühr entsprechend dem alternativen Vorschlag festgelegt worden wäre. Wie sich aus dem entsprechenden Modell in Anhang 3.4 ergibt, hätte die Tariferhöhung von Aguas Argentinas anstatt 13,5 Prozent dann 16,72 Prozent betragen müssen. Im Zuge der ersten Preisanpassung haben die neuen Konsumenten somit über die Erhöhung des Referenzwertes der Infrastrukturgebühr den Tarif der alten Konsumenten subventioniert.

Nun könnte man sich auf den Standpunkt stellen, dass die Erhöhung der Infrastrukturgebühr durch die zusätzlichen Investitionen gerechtfertigt war. Hierzu ist aber festzustellen, dass einerseits nur ein Teil der Investitionen direkt den neuen Konsumenten zugute kam, andererseits ein Großteil derselben bereits durch zusätzliche Infrastruktureinnahmen auf Grund der zusätzlich angeschlossenen Haushalte abgedeckt wurde. Aber selbst wenn man annimmt, dass die neuen Investitionen voll den neuen Konsumenten zugute kamen, lässt sich zeigen, dass dennoch eine Umverteilung zugunsten der alten Konsumenten stattfand.[1]

Zusammenfassend kann festgestellt werden, dass aus einer normativen Sicht die Nachverhandlungen mit Aguas Argentinas mit z.T. schwerwiegenden Mängeln behaftet waren. Das Unternehmen zog aus den Fehlern einen finanziellen Vorteil. Zudem wurden die neuen Konsumenten relativ belastet und die alten Konsumenten relativ entlastet. Diese Beobachtungen wären in dem nachfolgenden Abschnitt politökonomisch zu erklären.

4.1.5 Die positive Analyse der Nachverhandlungen des Jahres 1994

Bereits zu Beginn des Abschnitts 4.1 wurde dargestellt, dass eine Beurteilung der im Jahr 1994 durch den Regulierer durchgeführten Maßnahmen nur als Ganzes erfolgen kann, weil die unterschiedlichen Bestandteile der Veränderungen, d.h. Preisanpassung, Infrastrukturgebührerhöhung und Investitionsausweitung als ein Verhandlungspaket anzusehen sind.[2] Manche Autoren gehen demgegen-

1 Hierzu ist eine gesonderte Dokumentation erhältlich. Es wird angenommen, die Investitionen wären gar nicht durchgeführt worden und ETOSS hätte die Preise gemäß seinem Modell angepasst. Die Infrastrukturgebühren wären hingegen gemäß dem alternativen Vorschlag erhöht worden. Selbst unter diesen vorsichtigen Annahmen hätte ETOSS den Tarif anstatt um 13,5 Prozent noch um 14,8 Prozent anheben müssen, um die Verschuldung des Unternehmens konstant zu halten. Insofern erweist sich die Annahme, dass die neuen Konsumenten die notwendige Tarifanpassung auf Grund höherer Kosten teilweise über die Infrastrukturgebühr bezahlt haben, als robust.

2 So heißt es z.B. in Art. 6 der Entschließung 81/94, dass Aguas Argentinas die Infrastrukturgebühren nur dann erhöhen darf, wenn das Unternehmen auch die zusätzlichen Investi-

über den Weg, sich einzelne Maßnahmen herauszugreifen, um diese zu analysieren. So sehen SPILLER/ SAVEDOFF bereits die Tatsache, dass Aguas Argentinas im Jahr 1994 zu neuen Investitionen verpflichtet wurde, als eine Form der Enteignung des Unternehmens durch den argentinischen Staat an.[1] Wie die vorhergehende Analyse gezeigt hat, greift eine solche Interpretation jedoch zu kurz. Nicht Aguas Argentinas sondern vielmehr die Gruppe der neuen Konsumenten war der Verlierer im Zuge der Nachverhandlungen. Ziel dieses Abschnitts soll es sein, politökonomische Erklärungen für dieses Resultat anzubieten. Betrachtet werden dabei einerseits die drei relevanten Interessengruppen, d.h. das Unternehmen Aguas Argentinas, die alten OSN-Konsumenten und die neuen Konsumenten, welche die Infrastrukturgebühr zahlen müssen, andererseits die argentinische Regierung als Vertretung der Politiker und der Regulierer als Bürokrat.

4.1.5.1 Die Interessengruppen

Entsprechend den Interessengruppenmodellen in Abschnitt 2.3.1 stellt Aguas Argentinas die stärkste Kraft unter den drei betrachteten Interessengruppen dar. Insofern ist fast erstaunlich, dass das Unternehmen im Zuge der Nachverhandlungen nicht mehr Vorteile erlangen konnte, als dies de facto der Fall war. So hätte das Unternehmen auf Grund der Unerfahrenheit des Regulierers versuchen können, die für das Unternehmen nachteiligen Fehler der ETOSS-Berechnung zu kritisieren, ohne auf die dem Unternehmen zugestandenen Vorteile einzugehen. Konkret wäre z.B. eine Strategie denkbar gewesen, die an sich unsystematische und ungerechtfertigte Herausrechnung der Effizienzgewinne bei den Personalkosten zu kritisieren[2], ohne gleichzeitig auch die für das Unternehmen vorteilhafte Indexauswahl bei den Personalkosten zu hinterfragen.

Die Tatsache, dass Aguas Argentinas diese Strategie nicht gewählt hat, mag darin begründet sein, dass das Unternehmen das Risiko vermeiden wollte, durch übermäßige Kritik den Regulierer und die Regierung zu provozieren, so dass ein für das Unternehmen nachteiliges Ergebnis hätte zustande kommen können. Das relativ geringe Engagement in Bezug auf Nachverhandlungen könnte aber auch in dem Umstand zu suchen sein, dass am 14. Mai 1995 Präsidentschaftswahlen anstanden und die privatisierten Unternehmen ein Interesse an einer Wiederwahl von Präsident Menem hatten, da die Opposition den Privatisierungen ablehnend gegenüber stand.[3] Da gleichzeitig in der Bevölkerung die Privatisierungen zu-

---

tionen akzeptiert. D.h. die Erhöhung der Infrastrukturgebühr wurde mit der erfolgreichen Nachverhandlung der Investitionen verknüpft.

1 SPILLER/ SAVEDOFF (1999, 7).

2 Eine solche Strategie verfolgte das Untenehmen erst im Zuge der zweiten Preisanpassung im Jahr 1998. So kritisierte Aguas Argentinas in scharfer Form, dass der Regulierer in diesem Fall bei den Energiekosten die Effizienzgewinne vereinnahmen wollte.

3 So distanzierte sich zwar der Kandidat für die Vizepräsidentschaft des Frepaso Carlos "Chacho" Alvarez von der Möglichkeit, die Grundlagen der Privatisierung zu verändern. EL EXPRESO, Ahora Chacho está con la flexibilización (17.4.1995, 3). Horacio Massaccesi von der Radikalen Partei sprach sich jedoch dafür aus, die an den privatisierten Unter-

nehmend skeptisch gesehen wurden, war auch die Regierung Menem nicht vor populistischen Maßnahmen gefeit, ihre Handlungsfähigkeit gegenüber möglicherweise renitenten ausländischen Unternehmen beweisen zu müssen. Aguas Argentinas tat also auch von daher gut daran, der Regierung keinen Anlass zu derartigen Demonstrationen zu bieten.[1] Die sensible Stimmung äußerte sich z.B. anlässlich einer Intervention der Botschafter der fünf europäischen Länder, deren Unternehmen an den Privatisierungen in Argentinien teilgehabt hatten, zugunsten der privatisierten Unternehmen.[2] In der Öffentlichkeit wurde diese Fürsprache als Lobbypolitik verstanden und die Empörung war groß.[3] Die argentinische Regierung musste daraufhin den Vorstoß der Botschafter entschieden von sich weisen, um nicht den Eindruck zu erwecken, vom Ausland erpressbar zu sein.[4] Aguas Argentinas mag sich also deshalb mit der Durchsetzung kurzfristiger Interessen zurückgehalten haben, weil das Unternehmen Angst hatte, dass die argentinische Regierung im Vorfeld der Wahlen zu populistischen Maßnahmen gezwungen sein könnte.

Als ein weiteres Indiz für dieses unternehmerische Kalkül kann das Beispiel der Erhöhung der Umsatzsteuer durch die argentinische Regierung gelten: Kurz vor den Wahlen im Jahr 1995 erlebte Argentinien eine schwere Wirtschaftskrise. Um die Effekte auf das Budget abzufedern, wurde zum 1.4.1995 die Umsatzsteuer IVA von 18 Prozent auf 21 Prozent angehoben. Die privatisierten Unternehmen wollten diese Last zunächst auf die Konsumenten überwälzen, was ihnen gemäß vertraglichen Regelungen auch zustand. Entsprechend plante Aguas Argentinas eine Tariferhöhung um etwa 2,5 Prozent, was zusätzlichen Einnahmen in Höhe von mehreren Millionen Dollar entsprochen hätte.[5] Da die Erhöhung der Umsatzsteuer direkt auf die Verbraucherpreise durchgeschlagen

---

nehmen beteiligten ausländischen Unternehmen zur Wiederankurbelung der Wirtschaft zur Kasse bitten. ÁMBITO FINANCIERO, „No daré privilegios a las empresas privatizadas" (4.5.1995, 21).

1 Tatsächlich kam es im Vorfeld der Wahlen zu verstärkten Konflikten zwischen anderen privatisierten Unternehmen und der argentinischen Regierung. ÁMBITO FINANICIERO (15.6.94, 10).

2 Spanien, Frankreich, UK, Italien, Belgien. LA CRÓNICA (3.11.1994, 6). LA NACIÓN (3.11.1994, 1f). Das Ausland scheute sich auch in anderen Fällen nicht, zugunsten der ausländischen Unternehmen Lobbypolitik zu betreiben. So protestierten die Botschafter von Frankreich und Spanien scharf, als in Tucumán eine Konzession im Wassersektor annulliert werden sollte, an der Unternehmen beider Länder beteiligt waren. LA NACIÓN, Protesta de dos Países por un Anuncio de Bussi (15.2.1996, 1).

3 Antonio Cartaña, Defensor del Pueblo, äußert in einer Radiosendung sogar die Vermutung, dass hinter der Beschwerde der Botschafter geheime Absprachen mit der Regierung stehen, die den europäischen Unternehmen sogar noch größere Vorteile versprochen haben, die diese aber nun bedroht sehen. MITRE (Mitschnitt), Hoy por hoy (4.11.94 um 9:45).

4 EL CLARÍN (9.11.1994, 22). Menems Wirtschaftsminister Cavallo musste aber gleichzeitig bei einer Telefonkonferenz anlässlich einer Tagung von Unternehmen in Frankreich versichern, dass man nicht beabsichtige, die Wahlen mit Populismus zu gewinnen. PÁGINA 12 (4.10.94).

5 LA NACIÓN, Aumentan los Servicios por el Alza en el IVA (30.3.1995, 1).

hätte, war der öffentliche Unmut bereits im Vorfeld der Maßnahme groß und die Regierung übte auf die Unternehmen Druck aus, damit eine Erhöhung der Tarife nicht erfolgte.[1] Tatsächlich verzichteten einige Unternehmen, unter ihnen auch Aguas Argentinas, schließlich auf eine Erhöhung um „einen Beitrag dafür zu leisten, dass die negative Auswirkung der Erhöhung des IVA auf die argentinische Wirtschaft vermindert wird."[2]

Ein weiterer Grund für die Zurückhaltung von Aguas Argentinas könnte in dem Umstand zu suchen sein, dass zum Zeitpunkt der Nachverhandlungen eine Reihe von Privatisierungen innerhalb der Provinzen von Argentinien anstanden, die sich an dem Konzessionierungsverfahren in Buenos Aires orientierten.[3] Durch den Besitz von Aguas Argentinas hatte Suez Lyonnaise einen nicht unerheblichen strategischen Vorteil für den Erwerb weiterer Konzessionen in Argentinien. Eine Krise mit dem Regulierer und dem argentinischen Staat hätte diesen Vorteil zunichte machen oder gar in einen Nachteil verwandeln können. So stellt Chaussade, der Leiter der Südabteilung von Suez Lyonnaise in einem Interview fest:

> „Wichtig war es, Buenos Aires zu gewinnen. (...). Ich glaube, dass es in einem Erdteil wie Lateinamerika von fundamentaler Bedeutung ist, so etwas wie einen Flughafen zu haben, wie ich es nenne. Es war ein großes Glück für Lyonnaise, Aguas Argentinas um „ein Haar" zu gewinnen. (...) Mit dem Monstrum Aguas Argentinas im Hintergrund, mit dem wir viele Menschen beliefern sowie viel Personal und Mittel formieren können, ist es sehr viel einfacher, Santa Fe zu gewinnen, und um einiges leichter, auch Córdoba zu gewinnen. Zunächst eine große Konzession zu gewinnen und dann zu versuchen, andere zu erwerben, war der Schlüssel zu unserem Erfolg."[4]

Die Strategie von Suez Lyonnaise war tatsächlich erfolgreich, obwohl das Unternehmen wiederholt Ausschreibungsbedingungen verletzte. So wurden am 2. Februar 1995 die technischen Bewerbungen um die Wasserversorgung der Stadt Córdoba präsentiert. Neben der Northumbrian Water Group nahmen die

1 ÁMBITO FINANICERO, El Gobierno Relativiza Aumentos en Servicios (30.3.1995, 14). So berichtete die Zeitung DIARIO POPULAR (10.3.95), dass gemäß den Worten eines hochrangigen Unternehmers am Rande eines Frühstücks mit Domingo Cavallo die Regierung mit den privatisierten Unternehmen, unter denen sich auch Aguas Argentinas befand, über eine Senkung der Tarife verhandelte, um so die ins Stocken geratene Konjunktur wieder anzukurbeln und den Haushalt wieder ins Gleichgewicht zu bringen. Ein anderer Unternehmer soll dazu gemeint haben: Die Regierung hätte auch Mittel, die Unternehmen zur Preissenkung zu zwingen.

2 Vgl. RADIO RIVADAVIA (Mitschnitt), Sexta Edición (4.4.1995, 18:25) und LA NACIÓN, Absorben el IVA en Agua y en Gas (1.4.1995, 1). Im nächsten Jahr führte Aguas Argentinas allerdings eine entsprechende Tariferhöhung um 2,5 Prozent durch. LA NACIÓN, Agua: Aplican Todo el IVA (14.1.1996, 31).

3 IDELOVICH/ RINGSKOG (1995, 23).

4 EL LITORAL, Buenos Aires es el Portaaviones de Lyonnaise en América Latina (7.10.1997, 12).

am Konsortium Aguas Argentinas beteiligten Unternehmen unter Führung von Suez Lyonnaise des Eaux an dem Bietverfahren teil, wobei sie sich nicht an die Vorgaben der Ausschreibung hielten und bereits bei den technischen Ausschreibungen Angaben zum Tarif machten.[1] Trotzdem bekamen die Unternehmen den Zuschlag.[2] Ein anderer Fall ist die Konzessionierung des Wassersektors in Santa Fe im März 1995. Auch hier gewann das Konsortium um Aguas Argentinas, wobei der unterlegene Konkurrent Aguas de Santa Fe das Unternehmen beschuldigte, die Tarife unter Einkalkulierung späterer Nachverhandlungen bewusst zu niedrig angesetzt zu haben.[3]

Nicht zuletzt war die Privatisierung des Wassersektors von Buenos Aires wegen seiner Größe auch ein vielbeachtetes Beispiel in der Welt. Von dem Erfolg oder Misserfolg dieser Konzession hing es ab, ob andere Länder dem Schritt von Argentinien zur Versorgung ihrer defizitären öffentlichen Wasserunternehmen

---

1 LA VOZ DE INTERIOR, Fuego Cruzado en el Negocio del Agua (19.3.1995, 4). Gleichzeitig nahm das Unternehmen für sich in Anspruch, erst in den ersten Monaten nach Übernahme der Konzession definitiv zu sagen, welche Verbesserungen der Leistungen durchgeführt werden. Der Mitbewerber, Northumbrian Water Group, sah in diesem Vorgehen von Suez eine Verletzung der Ausschreibungsbedingungen. Gleichzeitig sah man bereits eine Vorentscheidung zugunsten des Unternehmens voraus, da die ausschreibende Kommission das Gebot von Suez Lyonnaise akzeptiert hatte und die technischen Consultants geschäftliche und unternehmerische Beziehungen mit Suez Lyonnaise unterhielten. Mit einer Pressekampagne versuchte man, auf diese Missstände aufmerksam zu machen. Vgl. dazu LA VOZ DEL INTERIOR, La Privatización de DIPAS (26.4.1995, 6). Die ganze Angelegenheit wurde dadurch noch verwickelter, dass Suez Lyonnaise des Eaux zur gleichen Zeit eine Übernahme von Northumbrian Water Group plante und durchführte. FINANCIAL TIMES, Water (27.7.1995, 14). FINANCIAL TIMES, Water Utility Accepts $ 1.3bn French Offer (24.11.1995, 17).

2 Dies wurde später ein Fall für juristische Nachforschungen. LA VOZ DEL INTERIOR, Comienzan Indagatorias pro Privatización del Agua (16.11.1995, 15).

3 LA NACIÓN, Denuncian Irregularidades en una Licitación (9.7.1995, 2). EL CRONISTA, Conflicto por la Licitación del Servicio de Agua en Santa Fe (10.7.1995, 13). Auch die Opposition UCR kritisierte die fehlende Transparenz des Versteigerungsverfahrens. LA CAPITAL (19.3.1995, 13). Schließlich strebte Aguas de Santa Fe ein Anfechtungsverfahren an, das aber von der Kommission zur Privatisierung unter Leitung des Gouverneurs Carlos Reutemann kurz vor den Gouverneurswahlen abgeschmettert wurde. PÁGINA 12, A Macri se la Escurrió el Agua (25.8.1995, 4). Am 27.11.95, 3 Tage bevor der Provinzgouverneur Reutemann sein Amt für die Opposition räumen musste, wurde die Konzession an Aguas Provinciales de Santa Fe übergeben. EL LITORAL, Se Firmó el Traspaso de la Dipos al Grupo Empresario Francés (28.11.1995, 7). Weitere Privatisierungen in Argentinien in dem relevanten Zeitraum waren folgende: Ende 1994 hatte das Unternehmen Compagnie Generale des Eaux, das an Aguas Argentinas beteiligt ist, eine Ausschreibung für die Provinz Tucumán mit gewonnen. EL CRONISTA, Roggio Se Reestructura y Gana Nuevas Concesiones de Serivicos (21.3.1995). Diese Konzession wollte das Unternehmen einige Monate später auf Grund politischer und juristischer Unsicherheiten allerdings wieder abgeben. Im Juli 1995 sollte auch eine Konzession für die Provinz Mendoza vergeben werden. EL CLARÍN, Mendoza Sale a Privatizar el Agua (27.3.1995, 25).

folgen würden oder nicht.[1] Suez Lyonnaise konnte sich somit von einer konfliktfreien Konzession hohe Gewinne für seine unternehmerische Reputation auf einem großen potenziellen Markt erhoffen.

Bereits weiter oben wurde dargestellt, dass die neuen Konsumenten die Verlierer der Nachverhandlungen waren, denn für sie wurde die Infrastrukturgebühr anstatt um angemessene 17,85 Prozent um fast 42 Prozent erhöht, während die alten Konsumenten nur eine Kostenerhöhung von 13,5 Prozent anstatt einer angemessenen Erhöhung von 16,72 Prozent tragen mussten. Der Grund für das Schweigen dieser Gruppe dürften fehlende bzw. asymmetrische Informationen gewesen sein, denn bis dato hatte noch kein Konsument dieser Gruppe eine Rechnung mit den zu zahlenden Infrastrukturgebühren präsentiert bekommen.[2] Diese Annahme gilt um so mehr, als die Konsumentengruppe von dem Regulierer über das wahre Ausmaß der Erhöhung der Infrastrukturgebühr, die ja im Durchschnitt noch weit höher als die neue Referenzgebühr war, im Dunkeln gelassen wurde. Stattdessen wurde die zusätzliche Ausweitung des Netzes in der Öffentlichkeit wohlwollend aufgenommen und war deswegen dazu geeignet, der Regierung Menem für die anstehenden Wahlen Sympathiepunkte einzubringen.[3]

Die alten Konsumenten waren hingegen direkt von der Tariferhöhung betroffen und artikulierten ihren Widerstand in der Öffentlichkeit deutlich. Bezeichnenderweise führte nicht die Erhöhung der Infrastrukturgebühr um durchschnittlich $ 626[4] zu Protesten der Opposition, sondern die Erhöhung der alle zwei Monate zu zahlenden Wassertarife um durchschnittlich $ 1,40 auf Grund der Preisindexierungsklausel.[5] Als Zugeständnis an die alten Konsumenten muss auch das Regulierungskriterium angesehen werden, das den eigentlich fünfjährlichen Zyklus des Regulierungsvertrages durchbricht. Durch das fixierte Verschuldungskriterium für das zehnte Jahr der Konzession konnte die Tariferhöhung erheblich niedriger ausfallen als dies bei einer Fixierung der Verschuldung im fünften Jahr der Konzession der Fall gewesen wäre.

---

1 Beispielhaft: EL CRONISTA, Manila Se Copia de Buenos Aires (3.2.1997, 8).

2 URBIZTONDO et al. (1998, 21) und ARTANA et al. (1999, 230f). kommen zu ähnlichen Schlüssen. Da die ersten Investitionen zur Ausweitung des Netzes erst im Jahr 1994 erfolgten, wären die ersten Rechnungen frühesten nach einem Jahr zu erwarten gewesen.

3 Auch in der argentinischen Öffentlichkeit wurden die zusätzlichen Investitionen teilweise als ein vorgezogenes Wahlkampfgeschenk verstanden. LA NACIÒN (9.8.1994).

4 Die durchschnittlichen Infrastrukturgebühren liegen bei $ 566,56 für Trinkwasser und $ 843,41 für Abwasser. Die Referenzwerte im Konzessionsvertrag lagen bei $ 325 und $ 460.

5 So stellte eine Gruppen von Deputierten im Kongress einen Antrag, die Tariferhöhung rückgängig zu machen. LA CRÓNICA (11.9.1994, 2). Interessant mag sein, dass selbst die Opposition bzw. der Kongress die starke Erhöhung der Infrastrukturgebühr erst sehr spät kritisierte. So kam es erst Ende März 1997 zu einer Kritik bzgl. der im Vergleich zum Konzessionsvertrag überhöhten Infrastrukturgebühren. Vgl. z.B. DIARIO POPULAR, Denuncian Sobreprecios en las Tarifas de Agua (27.3.1997, 27).

Insofern sind die Ergebnisse auch mit dem in Abschnitt 2.3.1.1 geschilderten Modell von CHEUNG/ WANG kompatibel, wonach der Monopolist Preisdiskriminierung zugunsten der starken Interessengruppe betreibt, um deren Widerstand zu reduzieren.

4.1.5.2 Die Politik

Entsprechend dem politökonomischen Modell in Abschnitt 2.3.1.2 betreiben Politiker Stimmenmaximierung, wobei sie z.B. in Anbetracht kurz bevorstehender Präsidentschaftswahlen eher kurzfristig orientiert sind. Die Tatsache, dass im Vorfeld der Wahlen zusätzliche Investitionen durch die verschiedenen Gebietskörperschaften ausgehandelt wurden, kann als Ausdruck einer solchen eher populistischen Politik gedeutet werden. Diese Investitionen wurden zum einen in der Provinz Buenos Aires, zum anderen auf dem Gebiet der Stadt Buenos Aires durchgeführt. Die Provinz, die 37 Prozent der Wählerstimmen in Argentinien repräsentierte, war für Menems Wiederwahl von entscheidender Bedeutung. Mit dem Versprechen forcierter Investitionen in dieser Region konnte die Regierung hoffen, zusätzliche Wählerstimmen zu gewinnen.[1] Auch die Regierung der Stadt Buenos Aires, die direkt der Regierung Menem unstand, konnte im Vorfeld der Wahlen durch zusätzliche Investitionsversprechungen mögliche Interessenskonflikte kanalisieren und somit Wählerstimmen gewinnen. So mussten im Zuge eines Autobahnbaus Teile der Bevölkerung umgesiedelt werden. Den Bewohnern wurde die Umsiedlung u.a. mit einem durch Aguas Argentinas finanzierten Wasseranschluss schmackhaft gemacht.[2]

4.1.5.3 Der Regulierer

ETOSS kann auf Grund der durch die Politik delegierten Regulierungsfunktion als Bürokrat angesehen werden, wobei die in Abschnitt 2.3.2 dargestellten Verhaltensannahmen zu erwarten sind. Das Verhalten von ETOSS wäre im folgenden an den bisher gemachten Beobachtungen zu messen.

Die Finanzierung des Regulierers erfolgt derart, dass ETOSS ein Interesse haben müsste, die Tarife von Aguas Argentinas zu erhöhen, anstatt diese zu senken. So führt eine Steigerung des Tarifs automatisch zu einer Erhöhung des Budgets des Regulierers, da ETOSS einen fixierten Anteil an den Tarif-Einnahmen von Aguas Argentinas erhält. Entgegen den Erwartungen hat ETOSS jedoch nicht primär den Tarif erhöht, sondern die Infrastrukturgebühr, an welcher der Regulierer jedoch nicht beteiligt wird. Insofern scheint Budgetmaximierung kein primäres Ziel des Bürokraten gewesen zu sein. Allerdings partizipierte der Regulierer auch ohne eigenes Zutun kräftig an den Steigerungen der Einnahmen auf Grund des Anschlusses neuer Konsumenten, so dass seine Bilanzsumme von

1 van HALDENWANGEN (1996, 187). So wurde die Provinz durch die Regierung Menem mit einem Sonderbudget ausgestattet, wodurch der Gouverneur Duhalde öffentlichkeitswirksame Infrastrukturprojekte durchführen und sich als „Macher“ präsentieren konnte.

2 ABDALA (2000, 9).

Jahr zu Jahr wuchs. Die erheblichen Mehreinnahmen wurden einerseits für eine Modernisierung des Verwaltungsgebäudes ausgegeben, dass sich heute gemäß modernster Standards präsentiert, andererseits für eine kräftige Aufstockung des Personals.[1] Dass ETOSS erheblich überpersonalisiert ist und ein reichliches Budget besitzt, lässt sich anhand eines einfachen Vergleichs mit dem Regulierer für den britischen Wassersektor darlegen. So besitzt OFWAT im Jahr 1994, d.h. fünf Jahre nach Beginn der Privatisierung, ein Budget in Höhe von Mill. $ 13,4 und 1993 einen Personalbestand von 138 Personen.[2] ETOSS hingegen erzielte im Jahr 1998 Einnahmen in Höhe von rund Mill. $ 11 und beschäftigte 124 Personen, also nur unwesentlich weniger Personal und Einnahmen als OFWAT.[3] Nimmt man an, dass eine exzessive Tariferhöhung durch ETOSS zu öffentlichen Protesten geführt hätte, die dem Regulierer als Bürokrat ungelegen sind, so wird das durch ETOSS nicht voll ausgeschöpfte Budgeterhöhungspotenzial auch so erklärbar.

Die Modelle zur Bürokratie sagen überdies voraus, dass der Regulierer dazu tendiert, öffentliche Konflikte mit Politikern und Interessengruppen zu vermeiden. Auch diese Vorhersage trifft auf ETOSS nicht unbedingt zu, denn die Mitglieder von ETOSS betätigten sich bereits im Jahr 1994 auf dem politischen Parkett.[4] Demgegenüber scheinen Konflikte mit den Interessengruppen bis dato nicht bestanden zu haben.

Zwischen ETOSS und Aguas Argentinas besteht eine enge Verflechtung. So hat der Regulierer nur dieses eine Unternehmen zu kontrollieren. Zudem schreibt der Konzessionsvertrag bei Preisanpassungen eine enge Abstimmung zwischen Regulierer und Unternehmen vor. Weiterhin waren die meisten Mitglieder des Regulierers vormals bei OSN beschäftigt, so dass sie dem Unternehmen u.U. eine gewisse Sympathie entgegen gebracht haben mögen. Gemäß den Modellannahmen müsste diese Konstellation dazu führen, dass der Regulierer durch

---

1 Die Personalkosten betrugen zum 31.12.1993 rund Mill. $ 5. ETOSS (1993). Zum 31.12.1998 lagen sie bei Mill. $ 7,4. ETOSS (1998b). ETOSS richtete im Laufe der Zeit eine Reihe von lokalen Verbindungsbüros ein, in denen Konsumenten ihre Beschwerden über Aguas Argentinas vortragen konnten. Allerdings ist das Nutzen-Aufwandsverhältnis dieser Büros zweifelhaft. So gingen im ganzen Jahr 1995 in dem Büro des Stadtteils San Fernando gerade einmal 73 Beschwerden ein, in Tigre waren es sogar nur 55. LA ZONA, Aguas Controladas (8.3.1996).

2 WIESER (2000, 34).

3 ETOSS (1998b). ETOSS (1997a).

4 So setzte sich Reolfi (Direktor von ETOSS 1994-95 als Vertreter für die Stadt Buenos Aires) hart mit einem politischen Vorstoß der Opposition, die Tariferhöhung rückgängig zu machen, auseinander und sprach von Lügen und grundlosen Angriffen auf die argentinische Regierung. LA CRÓNICA (11.9.1994, 2). Eduardo Cevallo, Vertreter der Regierung von Argentinien, trat als Gouverneurskandidat im Jahr 1995 gegen Carlos Reutemann in der Provinz Santa Fe an. LA CAPITAL, Cevallo Quiere Privatizar, Pero Con un Criterio Social (29.3.1995, 1). Die zusätzlichen Investitionen für die Stadt Buenos Aires wurden von den Direktoren der Stadt Buenos Aires durchgesetzt, auf die wiederum der Bürgermeister der Stadt Buenos Aires Druck ausgeübt hatte. ALCÁZAR et al. (2000, 30 und 35).

das Unternehmen „eingefangen“ wird, d.h. eine Regulierungspolitik zugunsten von Aguas Argentinas betreibt. Wie die Untersuchungen im vorherigen Abschnitt zeigen, hat der Regulierer dem Unternehmen tatsächlich eine tarifäre Vergünstigung zukommen lassen. Allerdings erscheint die Tariferhöhung von 13,5 Prozent gegenüber den gerechtfertigten 12,4 Prozent nicht besonders signifikant.

Die in den vorherigen Abschnitten geschilderten Unzulänglichkeiten, die zu einer falschen Berechnung der Tarifanpassung geführt haben, können aber auch auf eine Arbeitsvermeidungsstrategie von Seiten der Mitarbeiter von ETOSS zurückgeführt werden. Denkbar ist z.B., dass die Infrastrukturgebührenerhöhung ohne großen Aufwand in das Simulationsmodell eingepasst werden sollte und dafür Berechnungsfehler in Kauf genommen wurden.

Vieles spricht aber auch dafür, dass fehlende qualitative und quantitative personelle Kapazitäten die Ursache für die Fehler waren. Weiter oben wurde bereits erwähnt, dass sich das Personal von ETOSS zum großen Teil aus OSN rekrutierte, also aus der Behörde, deren Ineffizienzen bereits weiter oben diskutiert wurden. Von der alten OSN-Struktur mag herrühren, dass in dem betrachteten Zeitraum die Anzahl der Juristen, Ingenieure und Architekten bei ETOSS zwar relativ hoch ist, im Ganzen aber nur vier Ökonomen beschäftigt wurden, welche die ökonomisch-finanziellen Berechnungen durchzuführen hatten. Wie sich in dem folgenden Abschnitt zeigt, führten die Unzulänglichkeiten bei diesen Berechnungen des Regulierers zu erheblichen Konflikten mit dem Unternehmen.

4.2 Die Erosion und Modifikation der Infrastrukturgebühr

In den Jahren 1995 bis 1997 kam es bei der Infrastrukturgebühr zu wiederholten Veränderungen. Zwei Mal wurde sie für die Konsumenten gesenkt, bis sie im Jahr 1997 im Zuge einer zweiten Nachverhandlungsrunde ganz abgeschafft wurde, um durch ein neues Konzept zur Deckung der Investitionskosten in das sekundäre Leitungsnetz ersetzt zu werden.

In den zwei folgenden Abschnitten 4.2.1 und 4.2.2 wird die Senkung der Infrastrukturgebühr in den Jahren 1995 und 1996 aus einer normativen Sicht diskutiert. In Abschnitt 4.2.3 geht es um die vollkommene Neugestaltung der Infrastrukturgebühr, wobei in diesem Zusammenhang auch die Vorgabe neuer Investitionen untersucht werden muss. Im letzten Abschnitt 4.2.4 wird wieder im Rahmen der politökonomischen Modelle nach Erklärungen für die einzelnen regulatorischen Entscheidungen gesucht.

4.2.1 Die normative Analyse der Senkung der Infrastrukturgebühr im Jahr 1995

Im Jahr 1995 befand sich die argentinische Wirtschaft in Folge der Währungskrise in Mexiko in einer Phase der Stagnation. Von der Regierung Menem wurde daraufhin ein Paket von Maßnahmen zur Entlastung der Wirtschaft und einer Stimulation der Konjunktur verabschiedet, wozu ab Ende August 1995 auch eine Senkung der von den Unternehmen zu zahlenden Sozialbeiträge gehörte. Die privatisierten Monopolunternehmen wurden verpflichtet, die Effekte einer Verringerung bei den Personalkosten in Form niedriger Preise an Konsumenten und Unternehmen weiterzugeben, wobei die Preissenkung proportional zu den Kostensenkungen erfolgen sollte.[1]

Die Verhandlungen zwischen ETOSS und Aguas Argentinas ergaben, dass das Unternehmen als Kompensation für die Entlastung bei den Personalkosten im September 1995 die Netzkomponente der Infrastrukturgebühr für Trink- und Abwasser senken sollte.[2] Auf den ersten Blick scheint es erstaunlich, dass nicht der allgemeine Tarif zum Gegenstand der Preissenkung gemacht wurde, sondern ein Teil der Infrastrukturgebühr. Ersterer hätte entsprechend dem Simulationsmodell um 1,355 Prozent gesenkt werden können.[3] ETOSS sah aber das rechtliche Problem, dass bei einer allgemeinen Tarifsenkung die Senkung der Sozialbeiträge als Auslöser einer außergewöhnlichen Preisrevision hätte interpretiert werden können.[4] Dies hätte bedeutet, dass nicht nur die Sozialbeiträge der Personalkosten, sondern auch die übrigen Kostenkomponenten hinsichtlich eventueller Veränderungen hätten analysiert werden müssen. Der Effekt auf den Tarif wäre dann wahrscheinlich kontraproduktiv ausgefallen, denn ein Blick auf die allgemeinen Preisindizes zeigt, dass z.B. der allgemeine Baukostenindex, der einen großen Einfluss auf die Kostenentwicklung von Aguas Argentinas hat, zwischen April 1994 und August 1995 um 5,62 Prozent gestiegen war.[5] Daher ist anzunehmen, dass die Kostensenkungen bei den Sozialabgaben durch Kostensteigerungen in anderen Bereichen überkompensiert worden wären. Aguas Argentinas stimmte der Interpretation von ETOSS zu, so dass die Senkung der Netzkomponente der Infrastrukturgebühr ohne Konflikte durchgesetzt werden konnte.

Die Effekte der Senkung der Sozialbeiträge wurden innerhalb des aus Abschnitt 4.1 bereits bekannten Simulationsmodells errechnet. Für die entsprechende Rubrik in dem Modell ergibt dies eine Senkung um 6,87 Prozent im dritten und 27,58 Prozent ab dem vierten Konzessionsjahr.[6] Wieder wurde die konstante Verschuldung des Unternehmens im zehnten Konzessionsjahr als Kriterium für

1 Vgl. dazu DECRETO 292/95. Hier insb. Art. 23. Gemäß dem Dekret betrugen die Senkungen in der Stadt und Provinz Buenos Aires für September/Oktober 1995 10 Prozent, für November/Dezember 1995 20 Prozent und ab Januar 1996 30 Prozent.

2 ABDALA (1996, 13).

3 Vgl. dazu ETOSS (1995b, 23).

4 Vgl. dazu ETOSS (1995c, 5f).

5 Der allgemeine Index für die Baukosten ist zwischen April 1994 und August 1995 von 6.008.466.837,6 auf 6.346.349.145,3 gestiegen. Die Großhandelspreise sind innerhalb dieses Zeitraums sogar von 2.137.859.807,4 auf 2.369.717.608,8 gestiegen, also um 10,85 Prozent. Vgl. INDEC (1994a, 13 und 19) und INDEC (1995, 13 und 19).

6 Vgl. dazu ETOSS (1995b, 22), sowie die Veränderungen in der Rubrik „Sozialabgaben“ in den Simulationsmodellen von Anhang 3.2 nach Anhang 3.5.

die Neutralität der Infrastrukturanpassung gewählt. Diese ergibt sich bei einer Reduktion der Netzkomponente der Infrastrukturgebühr um 14,59 Prozent.[1]

Unter der Annahme, dass die Senkung der Sozialbeiträge richtig errechnet wurde, soll an dieser Stelle nur eine Analyse der Anpassung der Infrastrukturgebühr erfolgen. Da das Simulationsmodell in Anhang 3.2 die Infrastrukturgebühr nur als Ganzes erfasst, war eine Disaggregation der Zahlen notwendig. Zunächst wurde die Infrastrukturgebühr in seine Anteile Trinkwasser und Abwasser aufgespalten.[2] Entsprechend der Formel 4.1 in Abschnitt 4.1.2 ergeben sich für Trink- und Abwasser folgende Anteile:

$$(4.2)\quad CI_{Trinkwas.} = \frac{(Ca_{10} \cdot B_{10} - Ca_3 \cdot B_3) \cdot 325}{(Ca_{10} \cdot B_{10} - Ca_3 \cdot B_3) \cdot 325 + (Cc_{10} \cdot B_{10} - Cc_3 \cdot B_3) \cdot 460} = 37{,}38\%,$$

$$(4.3)\quad CI_{Abwasser} = \frac{(Cc_{10} \cdot B_{10} - Cc_3 \cdot B_3) \cdot 460}{(Ca_{10} \cdot B_{10} - Ca_3 \cdot B_3) \cdot 325 + (Cc_{10} \cdot B_{10} - Cc_3 \cdot B_3) \cdot 460} = 62{,}62\%.$$

Dabei ist $Ca_{10} = 89{,}79$ der Prozentsatz der Bevölkerung mit Trinkwasserversorgung am Ende des zehnten Jahres der Konzession, $Ca_3 = 76{,}55$ der Prozentsatz der Bevölkerung mit Trinkwasserversorgung am Ende des dritten Jahres der Konzession, $Cc_{10} = 74{,}99$ der Prozentsatz der Bevölkerung mit Abwasserversorgung am Ende des zehnten Jahres der Konzession, $Cc_3 = 57{,}54$ der Prozentsatz der Bevölkerung mit Abwasserversorgung am Ende des dritten Jahres der Konzession, $B_{10} = 9{,}296$ *Mill.* die geschätzte Stadtbevölkerung von Buenos Aires am Ende des zehnten Jahres des Konzession und $B_3 = 8{,}795$ *Mill.* die Stadtbevölkerung von Buenos Aires am Ende des dritten Jahres der Konzession. Die Ergebnisse der Formel sollen einen Ausdruck für die Anteile der jeweiligen Infrastrukturgebührkategorie an den Gesamtinfrastrukturkosten darstellen.[3]

Um in einem zweiten Schritt die jeweiligen Anteile für Netz und Anschluss zu errechnen, werden die Kostenanteile berechnet, welche die Netz- und die Anschlusskomponente an den Referenzwerten der Infrastrukturgebühr haben, d.h. $ 450 für Trinkwasser und $ 670 für Abwasser. Die so berechneten Anteile werden schließlich, wie aus Tabelle 4.9 zu ersehen ist, mit den Anteilen der jeweiligen Infrastrukturgebührenkategorie gewichtet. Addiert man die Prozentsätze für Netz und Anschluss getrennt auf, so kommt man zu dem Ergebnis, dass die Netzkosten 61,21 Prozent und die Anschlusskosten 38,79 Prozent der Infrastrukturgebühr ausmachen.

1 AGUAS ARGENTINAS (1995b, 51-53). Im Simulationsmodell von Anhang 3.5 beträgt die langfristige Verschuldung des Unternehmens im zehnten Konzessionsjahr Mill. $ 304,9.

2 Leider war die Formel aus den bei ETOSS verfügbaren Unterlagen nicht ersichtlich. Sie kann aber aus Beschreibungen und mittels eines Vergleichs der Endwerte rekonstruiert werden.

3 Diese Art Disaggregation wurde bei der Anpassung der Infrastrukturgebühr im Jahr 1994 versäumt.

Tabelle 4.9 Bestimmung der Anteile der Anschluss- und der Netzkomponente an der Infrastrukturgebühr

	Kosten	Anteile	gewichtete Anteile		
			Gesamt	Netz	Anschluss
Trinkwasser	$ 450,00	100,00%	37,38%		
Netzanteil	$ 241,87	53,75%		20,09%	
Anschlussanteil	$ 208,13	46,25%			17,29%
Abwasser	$ 670,00	100,00%	62,62%		
Netzanteil	$ 440,00	65,67%		41,12%	
Anschlussanteil	$ 230,00	34,33%			21,50%
Anteile				**61,21%**	**38,79%**

Quelle: Eigene Zusammenstellung aufgrund verschiedener Daten von ETOSS

Wie schon erwähnt wurde, war es das Ziel von ETOSS, innerhalb des Simulationsmodells die Verschuldung des Unternehmens für das zehnte Jahr der Konzession konstant zu halten. Dies bedeutet, dass mit einer Senkung der operativen Kosten eine Senkung der Netzkomponenten der Infrastrukturgebühren korrespondieren kann. Die Anpassung wurde dabei mittels Tabelle 4.9 entsprechend der folgenden Formel errechnet:

$$(4.4) \quad Senkung_{CI}^{Netzkomponente} = 1-(61{,}21\% \cdot (1-14{,}59\%)+38{,}79\%) = 8{,}93\%.$$

Dies bedeutet, dass die Verschuldung des Unternehmens für das zehnte Jahr der Konzession konstant bleibt, wenn man die Infrastrukturgebühr insgesamt um 8,93 Prozent senkt.[1] Die neuen Referenzwerte der Infrastrukturgebühren betragen:

$$(4.5) \quad CI_{Trinkwasser} = \$208+\$242 \cdot (1-14{,}59\%) = \$208+\$206{,}58 \approx \$415,$$

$$(4.6) \quad CI_{Abwasser} = \$230+\$440 \cdot (1-14{,}59\%) = \$230+\$375{,}82 \approx \$606.$$

Die von ETOSS durchgeführten Berechnungen zur Bestimmung der anteiligen Werte sind in mehrerer Hinsicht mit Mängeln behaftet: So wurden in den Formeln 4.2 und 4.3 irrtümlich die alten Referenzwerte von $ 325 für Trinkwasser und $ 460 für Abwasser zu Grunde gelegt. Diese waren jedoch nicht mehr aktuell sondern, wie bereits im vorherigen Abschnitt gezeigt worden ist, durch höhere neue Referenzwerte ersetzt worden. Wären die neuen Referenzwerte von $ 450 für Trinkwasser und $ 670 für Abwasser verwendet worden, so hätte der Trinkwasseranteil 36,21 Prozent anstatt 37,38 Prozent und der Abwasseranteil 63,79 Prozent anstatt 62,62 Prozent an den Gesamtinfrastrukturkosten betragen.

Kritisiert werden muss zudem die implizite Annahme in den Anpassungsformeln 4.2 und 4.3, dass sich das Bevölkerungswachstum von Buenos Aires ausschließlich in den Regionen vollzieht, in denen keine Wasseranschlüsse verlegt sind. Auch wenn der Großteil des Bevölkerungswachstums von Buenos Aires

1 Vgl. dazu Anhang 3.5.

tatsächlich in den Randbezirken ohne Trink- und Abwasserinfrastruktur stattfinden wird, so ist dennoch anzunehmen, dass ein Teil des Bevölkerungswachstums durch Verdichtung in inneren Stadtteilen mit bereits vorhandener sanitärer Infrastruktur stattfindet. Somit werden die Ergebnisse der Formel weiter verzerrt.

Ein weiterer systematischer Fehler entsteht auf Grund der Tatsache, dass die durchschnittlichen Infrastrukturgebühren höher als die Referenzwerte waren, ein Umstand, der sich zwar in dem Simulationsmodell nicht auswirkt, wohl aber in der Realität. Der Fehler liegt in dem Umstand, dass mit der Reduktion der Sozialabgaben im Simulationsmodell letztendlich ein fixer Betrag korrespondiert, die Beträge der Infrastrukturgebühren jedoch aus einem Referenzwert errechnet werden, der, wie bereits in Abschnitt 4.1.2 dargelegt wurde, systematisch überschritten wird. Ein prozentualer Diskont von 14,59 auf die Netzkosten würde modellimmanent genau dann der Reduktion der Kosten auf Grund geringerer Sozialabgaben entsprechen, wenn der Referenzwert der wahre Durchschnittswert der Infrastrukturgebühren wäre. Eine systematische Überschreitung des Referenzwertes führt jedoch dazu, dass Aguas Argentinas höhere Preisnachlässe bei den Infrastrukturgebühren gewähren muss als sich die Kosten bei den Sozialabgaben reduzieren. Aguas Argentinas erleidet somit einen Nettoverlust.

Verstärkt wird dieses Problem durch den Umstand, dass ETOSS auf Grund der falschen Referenzwerte den Anteil der Netzkosten an den Infrastrukturkosten erheblich unterschätzt, denn die Anschlusskosten waren fixiert worden, während die Netzkosten je nach Grundstücksgröße, Bodenqualität und Straßenbelag variabel sind. Gerechnet in absoluten Beträgen führt eine Senkung der Netzkosten um 14,59 Prozent somit zu einer Senkung der Gesamtinfrastrukturgebühr, die weit über den berechneten 8,93 Prozent liegt.

Wie bereits in Abschnitt 4.1.2 dargelegt wurde, ist auch die Annahme problematisch, dass ETOSS von einem zeitlich linearen Ausbau der Trink- und Abwassernetzes ausgeht, denn bei der Formel werden nur das dritte Jahr und das zehnte Jahr der Konzession miteinander verglichen. Tatsächlich wurde aber zunächst vor allem das Trinkwassernetz ausgebaut und später erst das Abwassernetz. Da der Prozentsatz der Netzkomponente bei Trinkwasser niedriger ist als bei Abwasser, führt dies zu dem Effekt, dass der Abschlag von der Infrastrukturgebühr in den ersten Jahren zu hoch, in den letzten Jahren aber zu niedrig ist.

Wie sich zeigt, stößt das Simulationsmodell auf Grund der falsch berechneten Referenzwerte für die Infrastrukturgebühren an seine Grenzen. Eine angemessene Kompensation für die gesenkten Sozialbeiträge hätte nur dann berechnet werden können, wenn die Infrastrukturgebühren entsprechend realer bzw. geplanter Durchschnittswerte festgelegt worden wären. Insofern können die Auswirkungen der fehlerhaften Berechnung von ETOSS auf das Unternehmen nur sehr grob abgeschätzt werden. Aguas Argentinas musste jedoch die Infrastrukturgebühr in absoluten Beträgen stärker senken als durch das Simulationsmodell vorgegeben wird. Insofern liegt die Interpretation nahe, dass Aguas Argentinas durch das Berechnungsverfahren benachteiligt wurde. Einschränkend ist aber auf die Tatsache zu verweisen, dass im Zuge der Erhöhung der Infrastrukturgebühr im Jahr 1994 die tatsächliche absolute Höhe der Infrastrukturgebühr durch das Simulationsmodell ebenfalls nicht adäquat wiedergegeben wurde und Aguas Argentinas daraus zuvor einen Vorteil ziehen konnte.

4.2.2 Die normative Analyse der Senkung der Infrastrukturgebühr im Jahr 1996

Im Jahr 1996 stellten Mitarbeiter der Infrastrukturabteilung von ETOSS bei vier Stichproben fest, dass Aguas Argentinas einige bei der Berechnung der Infrastrukturgebühr im Jahr 1994 beschriebenen Arbeiten nicht durchgeführt hatte. Der Regulierer schloss aus diesem Umstand, dass diese Investitionen in systematischer Weise unterlassen worden waren.[1] Betroffen waren einerseits die Schutzverkleidung, die bei Anschlüssen von der gegenüberliegenden Straßenseite aus die unter der Straße verlaufenden Zuleitungsrohre zu den Grundstücken vor Beschädigungen durch den Straßenverkehr schützen sollten. Andererseits hatte Aguas Argentinas die Sandeinbettung des Verteilungsnetzes nicht durchgeführt, eine weitere Schutzmaßnahme, die verhindern soll, dass im Boden befindliche Steine durch den vom Straßenverkehr ausgehenden Pressdruck die Leitungsrohre beschädigen. ETOSS vertrat daraufhin die Ansicht, dass die Kosten für die Schutzverkleidungen und Sandeinbettungen bei den im Jahr 1994 von Aguas Argentinas aufgestellten Kostenvoranschlägen nicht hätten berechnet werden dürfen und daher ex post herausgerechnet werden müssten.

Die Neuberechnung der Infrastrukturkosten für die Trinkwasseranschlussrohre ergab sich aus den im Jahr 1994 von Aguas Argentinas gelieferten Kostenvoranschlägen für die Infrastrukturgebühren. Für die Komponente Trinkwasseranschluss wurde durch ETOSS zunächst ein neuer Wert in Höhe von $ 173,44 errechnet.[2]

Bei der Berechnung sind dem Regulierer jedoch schwerwiegende Fehler unterlaufen: So hatte der Regulierer die Kostenvoranschläge von Aguas Argentinas im Jahr 1994 um einige Aspekte nach unten korrigiert.[3] Nun griff ETOSS jedoch auf die Originalwerte von Aguas Argentinas zurück.[4] Hätte ETOSS seinen Berechnungen die eigenen Werte zu Grunde gelegt, so hätte sich für die Anschlüsse ein Referenzwert in Höhe von $ 170,28 ergeben. Die Kosteneinspa-

1 ETOSS (1996a, 7).

2 Hierzu ist eine gesonderte Dokumentation verfügbar.

3 Hierzu ist eine gesonderte Dokumentation verfügbar.

4 Dies war wahrscheinlich der Fall, weil die korrigierten Kostenvoranschläge in einem sehr unübersichtlich angelegten Aktenordner hinter den Original-Kostenvoranschlägen von Aguas Argentinas abgelegt worden waren.

rung wäre somit nicht \$ 34,84 sondern \$ 38,00 gewesen.[1] Zudem ist kritisch zu bemerken, dass die unterschiedlichen Bodenqualitäten nicht berücksichtigt wurden, sondern der Regulierer auf Grund der unübersichtlichen Kostenvoranschläge nur Böden ohne Grundwasser berücksichtigte. Schließlich wurde in den Berechnungen vergessen, dass 10 Prozent der Verteilungsrohre unterhalb der Straße liegen und die Anschlüsse deswegen auch von der Straße her erfolgen. Auch für diese Anschlüsse war eine Schutzverkleidung vorgesehen, die ETOSS in seinen Berechnungen nicht berücksichtigt hat.[2]

Für die von ETOSS durchgeführte Korrektur der Kosten auf Grund des fehlenden Sandbettes ergab sich ein neuer Referenzwert für das Trinkwassernetz in Höhe von \$ 233,81. Die Einsparung betrug somit \$ 7,91. [3]

Auch hier sind ETOSS wieder mehrere Fehler unterlaufen. So wurden, wie schon bei der Anschlusskomponente der Infrastrukturgebühr, wieder die Werte der Kostenvoranschläge von Aguas Argentinas zu Grunde gelegt, anstatt die von ETOSS korrigierten Werte zu benutzen. Weiterhin hatte der Regulierer die Korrekturen nur für einen Rohrdurchmesser von 75 mm durchgeführt. 1/5 des verlegten Trinkwassernetzes weist aber einen Rohrdurchmesser von 100 mm auf. Für diese Rohre, die ebenfalls eine Sandeinbettung erhalten müssen, wurden entsprechende Berechnungen einfach vergessen.[4] Des weiteren erfolgten die Berechnungen wieder nur für die Kategorie leichter Böden ohne Grundwasser. Es fehlen entsprechende Berechnungen für die übrigen Bodenkategorien.

In einem zweiten Schritt hat ETOSS ausgehend von den errechneten Werten den Gesamteffekt der Kosteneinsparungen auf die Infrastrukturgebühr berechnet. Dazu wurden die Kosteneinsparungen summiert und durch den alten Referenzwert der Infrastrukturgebühr geteilt, um so einen prozentualen Wert für die Senkung der Infrastrukturgebühr im Trinkwasserbereich zu erhalten. Entsprechend der folgenden Formel 4.7 wollte ETOSS die Infrastrukturgebühren für Trinkwasser um 9,5 Prozent senken.

$$(4.7) \quad Senkung_{CI} = \frac{\$34{,}84 + \$7{,}91}{\$450} = 9{,}50\%.$$

Am 30 Januar 1996 wurde dann die Entschließung 20/96 auf den Weg gebracht, die eine Senkung der Infrastrukturgebühr für Trinkwasser um \$ 42,75 vorsah. Dabei erachtete es ETOSS nicht für notwendig, Aguas Argentinas zuvor zu konsultieren. Als der Konzessionär von dieser Entschließung erfuhr, war seine Kritik an dem Verfahren vernichtend:[5] Einerseits wurden wesentliche Aspekte der vorher festgestellten Inkohärenzen bemängelt, andererseits behauptete Aguas Argentinas, man hätte die Sandeinbettung der Rohre mit dem von Steinen

1 Hierzu ist eine gesonderte Dokumentation verfügbar.
2 Hierzu ist eine gesonderte Dokumentation verfügbar.
3 Hierzu ist eine gesonderte Dokumentation verfügbar.
4 Hierzu ist eine gesonderte Dokumentation verfügbar.
5 AGUAS ARGENTINAS (1996b, 55-64).

gesäuberten Aushub durchgeführt und auch die Rohre in den meisten Fällen mit einer Schutzummantelung versehen.[1] Als sich die Verhandlungen zwischen ETOSS und Aguas Argentinas in die Länge zogen, leitete Aguas Argentinas ein förmliches Beschwerdeverfahren gegen die Entschließung 20/96 ein.[2]

ETOSS musste daraufhin seine fehlerhaften Berechnungen noch einmal überarbeiten und publizierte die Ergebnisse in der Entschließung 27/97.[3] Nun führte der Regulierer die Berechnungen allein auf Basis der Werte durch, mit denen ETOSS die Kostenvoranschläge von Aguas Argentinas im Jahr 1994 korrigiert hatte. Für die Komponente "Anschluss" ergab sich dabei einen Senkung um $ 38, wobei allerdings wieder vergessen wurde, auch für die Anschlüsse unterhalb der Straße die Rohrverkleidung in Anschlag zu bringen.[4] Für die Netzkomponente wurden nun die Bodenqualität und die unterschiedlichen Rohrquerschnitte berücksichtigt. Zudem kam der Regulierer Aguas Argentinas insofern entgegen, als er dem Unternehmen zugestand, dass für die Rohre ein Sandbett mit örtlichem Sand erstellt worden sei, sofern das Unternehmen dies nachweisen könne. Aguas Argentinas würde dann die in den Kostenvoranschlägen angegebene Kosten für die Ausschachtung des Sandbettes im Gegensatz zu der vorherigen Berechnung zuerkannt bekommen und nur noch die in den Kostenvoranschlägen angegebene Rubrik „Beschaffung des Sandes“ wäre abgezogen worden.[5]

Trotz dieser Zugeständnisse von ETOSS beantragte Aguas Argentinas, das Wirtschaftsministerium zur Lösung des Konflikts einzuschalten. Dabei wurden nun neue Argumente ins Feld geführt. Einerseits sei das Verfahren, bei dem die Investitionskosten für die Infrastrukturgebühren im Jahr 1994 durch ETOSS korrigiert worden waren, willkürlich gewesen und hätte die Kosten nicht gedeckt. Andererseits sei es Sache des Konzessionärs, zu entscheiden, auf welche Weise die Investitionen durchgeführt werden. Der Regulierer habe sich in die technischen Angelegenheiten, die in die Verantwortung des Konzessionärs fallen, nicht einzumischen.[6] Letzteres Argument ist in Anbetracht der Tatsache, dass das Leitungsnetz nach wie vor dem argentinischen Staat gehört und deswegen das Unternehmen einen Anreiz hat, weniger Investitionen als nötig durchzu-

1 Weiterhin wurde kritisiert, dass man eine Veränderung der Infrastrukturwerte nur im Zuge einer ordentlichen Tarifrevision hätte durchführen dürfen, dass auch andere technische Bestandteile der Infrastrukturgebühr hätten evaluiert werden müssen, dass der Konzessionär vor Veröffentlichung der Entschließung hätte konsultiert werden müssen. Zudem hätte man umfassende ökonomische, technische und finanzielle Studien durchführen müssen.

2 AGUAS ARGENTINAS (1996b).

3 ETOSS (1996b).

4 Wäre dies in die Berechnung einbezogen worden, so hätten sich jedoch nur unwesentliche Abweichungen ergeben. Der Diskont hätte dann nur noch bei $ 37,76 gelegen.

5 Bei einer näheren Betrachtung der Berechnung der Werte von ETOSS stellt man fest, dass dem Regulierer ein substanzieller Rechenfehler unterlaufen ist, der an dieser Stelle jedoch nicht weiter erörtert werden soll, jedoch in der gesonderten Dokumentation nachvollzogen werden kann.

6 AGUAS ARGENTINAS (1997a, 161-164).

führen, nicht schlüssig.[1] Zudem hatte Aguas Argentinas mit seinen Kostenvoranschlägen im Jahr 1994 selbst die technischen Standards definiert, die das Unternehmen nun als überholt wissen wollte.

Da Aguas Argentinas keine Anstalten machte, dem Regulierer nachzuweisen, in welchen Fällen eine Sandeinbettung der Rohre vorgenommen worden war und wo nicht, brachte ETOSS innerhalb des Simulationsmodells[2] für die Netzkomponente der Infrastrukturgebühr einen Abschlag von 5,09 Prozent in Anschlag, was einem Abzug von $ 10,52 von den Referenzkosten in Höhe von $ 207 entspricht.[3] Für die Anschlusskomponente wurde ein Abschlag von 18,27 Prozent berechnet, d.h. es wurden $ 38 von der Referenzgebühr abgezogen.[4]

Aus den Erfahrungen, die bei der erneuten Nachverhandlung der Infrastrukturgebühren gemacht wurden, wird noch einmal die ganze Problematik der gewählten Form der Privatisierung in Form einer Konzession deutlich: Da dem Unternehmen die Infrastruktur nicht gehört, hat Aguas Argentinas einen starken Anreiz, die Investitionen in nicht nachhaltiger Form durchzuführen. So mögen die Schäden an den Leitungen auf Grund fehlender Schutzummantelung und Sandeinbettung erst nach Jahren auftreten, d.h. evtl. erst nach Ablauf der Konzession. Diese Problematik führt wiederum dazu, dass ETOSS auch die technische Durchführung der Investitionen beaufsichtigen muss. Zu dieser Aufgabe mag der Regulierer insbesondere dann nicht befähigt sein, wenn das Unternehmen für seine Investitionen neue Techniken verwendet, die der Regulierer nicht beurteilen kann.[5] Dies führt wiederum dazu, dass der Regulierer dazu tendiert, sich an die u.U. überholten Investitionspläne der Ausschreibung zu halten. Dem Unternehmen werden dann mögliche Effizienzverbesserungen auf Grund technischen Fortschritts bei den Investitionen nicht zuerkannt und Anreize zu technischem Fortschritt werden zerstört.

4.2.3 Die normative Analyse der Nachverhandlungen im Jahr 1997

Wegen der Probleme bei der Erhebung der Infrastrukturgebühr und den damit entstandenen Konflikten zwischen dem Regulierer und Aguas Argentinas kam es ab dem Jahr 1997 zu einer umfassenden Nachverhandlung des Konzessionsvertrags. Bemerkenswert an dieser Nachverhandlung ist, dass sie direkt zwischen der argentinischen Regierung und Aguas Argentinas geführt wurden. ETOSS hingegen war von den Verhandlungen vollkommen ausgeschlossen,[6]

---

1 Dieser Aspekt wurde bereits in Abschnitt 3.1.2.3 problematisiert.

2 Siehe hierzu Anhang 3.6. In diesem Fall stieg die langfristige Verschuldung des Unternehmens im zehnten Jahr der Konzession auf Mill. $ 312,5 an.

3 Die Netzkomponente lag somit nur noch bei rund $ 196.

4 Die Anschlusskomponente lag somit nur noch bei rund $ 170.

5 So wurden z.B. die Metall- und Tonrohre des Leitungssystems durch Rohre aus Plastik ersetzt, die einem Druck von außen auf Grund größerer Flexibilität besser standhalten können, was der Regulierer aber u.U. gar nicht beurteilen kann.

6 DECRETO 149/97.

was u.a. auch ein Resultat der Bemühungen von Aguas Argentinas, mit dem Wirtschaftsministerium in direkte Verhandlungen über die Zukunft der Infrastrukturgebühr einzutreten, gewesen sein wird.

Verhandlungsziel war einerseits der Wunsch der argentinischen Regierung, dass Aguas Argentinas zusätzliche Investitionen zur Reinigung des Wassereinzugsgebiets der Flüsse Matanza und Riachuelo durchführen sollte, andererseits brachte Aguas Argentinas die Idee in die Verhandlungen ein, die Infrastrukturgebühr auf Grund der ständigen Konflikte mit den Konsumenten und dem Regulierer vollkommen neu auszugestalten. Die Verhandlungen ergaben schließlich folgende Neuerungen: Aguas Argentinas verpflichtete sich, bis zum Jahr 2003 etwa 240.000 Einwohner der Matanza-Riachuelo-Region zusätzlich an die Abwasserversorgung anzuschließen. Als wichtigste Gegenleistung an Aguas Argentinas wurde die Infrastrukturgebühr durch ein neues Konzept mit den Bezeichnungen „Allgemeiner Service“ (SU)[1] und „Gebühr für die Einbeziehung in die Versorgung“ (CIS)[2] ersetzt. Die grundlegende Veränderung des Infrastrukturkonzepts bestand darin, dass nun nicht mehr die neuen Konsumenten allein für die Ausweitung des sekundären Netzes aufkommen mussten, sondern diese zum größten Teil von den alten Konsumenten finanziert wird.

Zusätzlich waren die folgenden für das Unternehmen vorteilhaften Abänderungen des Konzessionsvertrags vorgesehen: Da ETOSS auf die im Jahr 1998 notwendige planmäßige fünfjährliche Revision nicht vorbereitet war, wurde diese auf den 31.12.1998 verschoben. Das fünfte Konzessionsjahr hatte somit nicht 12, sondern 20 Monate, was einen Vorteil für das Unternehmen darstellte, wenn es auf Grund von Effizienzsteigerungen Monopolrenten erzielen konnte. Weiterhin wurde die 7-Prozent-Klausel für die Preisanpassungen im Konzessionsvertrag durch ein System jährlicher Preisrevisionen ergänzt und der Tarif dollarisiert.[3] Ein Inflations- und Abwertungsrisiko bestand für Aguas Argentinas somit nicht mehr. Schließlich wurde noch ein Teil der aufgelaufenen Strafzahlungen, die ETOSS auf Grund nicht durchgeführter Investitionen gegen Aguas Argentinas verhängt hatte, für Investitionen in die sanitäre Versorgung von Puerto Madero, einem Neubaugebiet und Prestigeprojekt von Präsident Menem im Stadtzentrum von Buenos Aires, umgelenkt.[4]

1 Dies ist eine Übersetzung für den Begriff „Servicio Universal“.

2 Cargo de Incorporación al Servicio.

3 FIEL (1999, 574).

4 DECRETO 1167/97. Mit diesen Maßnahmen entsteht ein nicht ganz unproblematischer Verteilungseffekt. Anstatt der Strafgebühren zahlen zu müssen, die auf Grund unterlassener Investitionen in den Elendsgebieten von Buenos Aires zustande gekommen waren, durfte Aguas Argentinas nun Investitionen in den zukünftigen Luxusquartieren der Stadt durchführen.

4.2.3.1 Einführung der Infrastrukturgebühren SU und CIS

Ziel der Einführung der neuen Infrastrukturgebühr SU war es, die Lasten für die Ausdehnung des sekundären Versorgungsnetzes auf alle Haushalte zu verteilen. Zu diesem Zweck mussten einerseits die in der Vergangenheit aufgelaufenen und von Aguas Argentinas eingezogenen Infrastrukturgebühren bewertet, andererseits die zukünftig zu erwartenden Einnahmen aus der Infrastrukturgebührerhebung gemäß Konzessionsvertrag berechnet werden. Gleichzeitig sollte für die von ETOSS verhängten und von Aguas Argentinas noch nicht bezahlten Geldstrafen für unzureichende Investitionen eine abschließende Lösung gefunden werden. Die von der argentinischen Regierung ausgehandelten Anpassungen werden durch die folgende Formel 4.8 zusammengefasst, wobei aus Vereinfachungsgründen nur die Berechnungen für die ersten zehn Jahre der Konzession betrachtet werden.

$$(4.8) \quad SU_{Fünfjahreszeitraum_{1+2}} = \frac{Y + W - X - Z}{F}$$

$$= \frac{\$133{,}5 + \$269{,}7 - \$3{,}2 - \$57{,}5}{185{,}4} = \$1{,}85 \frac{je Versorgungart}{je Haushalt}.$$

Dabei stellt Y den Wert der in den ersten drei Jahren der Konzession bereits aufgelaufenen und für die letzten beiden Jahre des ersten Fünfjahreszeitraums noch erwarteten Infrastrukturgebühren dar. W ist der Wert der im zweiten Fünfjahreszeitraum anfallenden Infrastrukturgebühren, X der Wert der von ETOSS im 2. Konzessionsjahr verhängten Bußgelder und Z der Wert der Infrastrukturkomponente CIS, die nur von den neuen Konsumenten zu tragen ist. F schließlich ist die Gesamtzahl der für den Rest des ersten Fünfjahreszeitraums und für den zweiten Fünfjahreszeitraum gestellten Rechnungen je Versorgungskategorie. Alle Werte sind in Millionen angegeben. Im folgenden werden die einzelnen Komponenten und Verfahrensweisen genauer dargestellt.[1]

Für die Berechnung der Komponente Y wurden die in den ersten drei Jahren von Aguas Argentinas bereits durchgeführten Neuanschlüsse sowie die dem Unternehmen nach dessen Angaben entstandenen Kosten, also nicht die vertragsmäßig vorgesehenen Anschlüsse und Referenzwerte, zu Grunde gelegt.[2] Angenommen wird, dass 50 Prozent der Infrastruktureinnahmen aus einem Anschluss im ersten Jahr nach der Investition und der Rest im zweiten Jahr der Investition anfallen. Für den Trinkwasseranschluss ergeben sich entsprechend der noch dar-

1 Hierzu ist eine eigene Dokumentation erhältlich.

2 Das Unternehmen musste dabei angeben, wo es die in Abschnitt 4.2.2. diskutierte Sandeinbettung und Schutzverkleidung der Leitungsrohre nicht durchgeführt hatte, damit in diesem Fall die von ETOSS berechneten Abschläge in Anwendung gebracht werden konnten. DECRETO 1167/97 Anhang I und Anhang III, Tafel I, Abschnitt I. Als bedenklich ist dabei anzusehen, dass das Ministerium sich auf die Angaben von Aguas Argentinas verlassen musste.

zustellenden Berechnung für den Faktor W durchschnittliche Werte von rund $ 440 für den Trinkwasser- und $ 728,90 für den Abwasseranschluss je Haushalt.[1]

Die im zweiten Konzessionsjahr von ETOSS mittels Entschließung 141/96 gegen Aguas Argentinas verhängten Bußgelder auf Grund unzureichender Investitionen werden für die Berechnung des Wertes für *X* zu Grunde gelegt.[2] Die im dritten Konzessionsjahr verhängten Bußgelder werden hingegen in Investitionen für das Projekt Puerto Madero umgewandelt und sind somit nicht Bestandteil des Faktors *X*.[3] Letztere Bußgelder, die bis zum achten Jahr der Konzession mit monatlich 1 Prozent aufgezinst werden, belaufen sich immerhin auf Mill. $ 11,8. [4] Der bereits dargestellte Grund für die Umwandlung der Investitionen war, dass von der Menem-Administration erst nach der Konzessionierung an Aguas Argentinas der Umbau des alten Hafengeländes von Buenos Aires, „Puerto Madero", zu einem Wohn- und Dienstleistungsgebiet geplant worden war. Das Gebiet war also ursprünglich nicht im Konzessionsvertrag berücksichtigt worden.

Der Wert *W* soll den Wert der alten Infrastrukturgebühren umfassen, die für den 2. bis 6. Fünfjahreszeitraum geplant waren, wobei hier auf Grund des zehnjährigen Zeithorizonts des Regulierers nur der zweite Fünfjahreszeitraum betrachtet wird. Ausgehend von dem jährlichen Versorgungsgrad der Stadtbevölkerung unter Einbeziehung des geschätzten Bevölkerungswachstums wird auf die jedes Jahr geplante Zahl von Neuanschlüssen bzw. Infrastrukturgebühren zurück geschlossen. Diese werden zunächst zu den Referenzwerten aus dem Jahr 1994 bewertet. In einem nächsten Schritt erfolgen die Anpassungen der Infrastrukturgebühren aus den Jahren 1995 und 1996: Während die Senkung der Sozialbeiträge mit 14,59 Prozent auf die Komponente Versorgungsnetz angerechnet wird, ergibt sich für die fehlende Sandeinbettung ein Diskont von 5,1 Prozent auf die Komponente Trinkwassernetz und für die fehlende Schutzverkleidung ein Diskont von 18,3 Prozent auf die Komponente Trinkwasseranschluss.[5] Alsdann wird angenommen, dass fünfzig Prozent der Anschlüsse im folgenden Jahr $n+1$ und der Rest der Anschlüsse im darauf folgenden Jahr $n+2$ berechnet werden, wobei die dabei notwendigerweise entstehenden Forderungen von Aguas Argentinas mit monatlich 1 Prozent verzinst werden. Somit gelangt man schließlich zu den neuen bereinigten Referenzinfrastrukturgebühren von $ 440,6 für den Trink- und $ 728,9 für den Abwasseranschluss je Haushalt.[6]

1 DECRETO 1167/97 Anhang I und Anhang III, Tafel 1-3, Abschnitt I.
2 DECRETO 1167/97 Anhang I und Anhang III, Tafel 4, Abschnitt I.
3 DECRETO 1167/97 Anhang I.
4 DECRETO 1167/97 Anhang I.
5 Anscheinend hatte man sich darauf geeinigt, dass in Zukunft bei allen Leitungsrohren weder eine Sandeinbettung noch eine Schutzverkleidung vorgenommen wird.
6 Zur Berechnung siehe DECRETO 1167/97 Anhang I und Anhang III, Tafeln 5-6, Abschnitt I.

Zusätzlich zu den bisher bestehenden Infrastrukturgebühren wird mit Gültigkeit vom 1.11.1997 die Gebühr CIS eingeführt, die durch die Komponente *Z* abgebildet wird. Dieser Betrag wird von Haushalten, die neu an die Versorgung angeschlossen werden, über einen Zeitraum von 5 Jahren in zweimonatlichen Raten von $ 4 je Versorgungskategorie bezahlt.[1] Die Berechnung des Wertes erfolgt im Prinzip dadurch, dass die Summe der zwischen dem 1.11.1997 und 31.12.2003 zusätzlich gestellten Rechnungen je Versorgungskategorie gebildet und mit $ 4 multipliziert wird.

Die Komponente *F* schließlich stellt die Anzahl der innerhalb eines Fünfjahreszeitraums gestellten Rechnungen je Versorgungskategorie dar. Dabei wird der Zeitraum vom 1.11.1997 bis zum Ende des zweiten Fünfjahreszeitraums berücksichtigt.[2]

Einige Aspekte sind auch an diesem neuen Verfahren zu kritisieren: Standen die Einnahmen von Aguas Argentinas im ursprünglichen Regime noch in einem engen Zusammenhang mit den durchgeführten Investitionen in das sekundäre Versorgungsnetz, so werden in dem neuen Konzept nur noch langjährige Durchschnitte betrachtet, die von den Investitionen losgelöst sind. Dies wird bei einem Vergleich der Einnahmen aus der Infrastrukturgebühr nach dem alten und nach dem neuen Modell deutlich. So waren vorher die Einnahmen aus der Infrastrukturgebühr in dem 6. und 7. Jahr der Konzession am höchsten. Nach dem neuen Modell sind die Einnahmen jedoch im 10. Jahr am höchsten, weil dann die meisten Haushalte an das Netz angeschlossen sind und folglich den SU zahlen können. Die Loslösung der Infrastruktureinnahmen von den Investitionen bedingt zudem ein nicht unerhebliches Anreizproblem für das Unternehmen, da die Infrastruktureinnahmen im Prinzip auch dann anfallen, wenn das Unternehmen keine Investitionen in das sekundäre Netz durchführt. Gleichzeitig stellt dieses Verfahren die Umkehrung der Idee in dem Modell von SALANT/ WOROCH dar, das in Abschnitt 2.3 diskutiert wurde. Da das Unternehmen für seine Investitionen erst mit größerer Zeitverzögerung kompensiert wird, besteht für den Staat ein Anreiz, nach der Durchführung wesentlicher Investitionen den SU wieder abzuschaffen. Auch dieser Anreiz kann u.U. die Durchführung von Investitionen behindern.

Ein Verlust entsteht dem Unternehmen aus der Tatsache, dass die alten Referenzwerte der Infrastrukturgebühren die Grundlage der Berechnung der neuen Infrastrukturgebühren SU sind. Bereits in den vorherigen Abschnitten wurde dargestellt, dass die durchschnittlichen Werte der Infrastrukturgebühren über den Referenzwerten lagen. Das alte System sah in diesem Fall einen automatischen Anpassungsmechanismus an die höheren Investitionskosten vor, der jedoch bei dem neuen Infrastrukturkonzept SU fehlt.

1 DECRETO 1167/97 Anhang I und Anhang III, Tafeln 7-8, Abschnitt I.
2 DECRETO 1167/97 Anhang I und Anhang III, Tafeln 7-8, Abschnitt I.

Kritisch ist zudem zu sehen, dass die Infrastrukturgebühr nun eher den Charakter eines zusätzlichen fixierten Wassertarifs bekommt. Für den Gesamttarif bei gemessenem Konsum bedeutet dies, dass der fixe Bestandteil gegenüber dem variablen verbrauchsabhängigen Anteil ansteigt, eine Entwicklung, die hinsichtlich des in Abschnitt 3.3 vorgetragenen Gedankens des Ressourcenschutzes als bedenklich eingeschätzt werden muss.

Der wesentliche Vorteil des neuen Verfahrens für Aguas Argentinas, der die möglichen Nachteile für das Unternehmen bei weitem überkompensiert, wird aber der sein, dass der Konzessionär durch das neue Verfahren die Zahl der säumigen Schuldner und der nicht-einziehbaren Rechnungen erheblich reduzieren kann.[1] Nach dem alten System war das Ausfallrisiko unter den Infrastrukturgebührzahlern relativ hoch, weil die Infrastrukturinvestitionen eher in armen Stadtteilen bei Haushalten mit niedrigem Einkommen durchgeführt wurden und sich für den einzelnen Haushalt Defektion auf Grund der hohen Rechnungsbeträge und möglicher noch vorhandener alternativer Wasserversorgungsquellen lohnte. Nach dem neuen System zahlen alle Haushalte einen relativ geringen Betrag, so dass die Konfliktbereitschaft gegenüber dem Unternehmen nicht sonderlich hoch sein wird. Für diese Haushalte ist zudem die Drohung eines Versorgungsentzugs auf Grund einer möglichen sozialen Stigmatisierung und fehlender alternativer Versorgungsquellen besonders wirksam. Nimmt man an, dass die Zahlungsausfälle gemäß Konzessionsvertrag eigentlich ein unternehmerisches Risiko darstellen, bedeutet ein Entgegenkommen des Konzessionsgebers in diesem Punkt einen großen Vorteil für Aguas Argentinas.

4.2.3.2 Der neue Investitionsplan und die Kompensation

Für die beschriebenen Vergünstigungen musste sich Aguas Argentinas zur Durchführung weiterer Investitionen innerhalb des Matanza-Riachuelo-Einzugsgebiets verpflichten. Der Plan zur Sanierung der beiden Flüsse war von Menem und seiner Umweltsekretärin Alsogary bereits Anfang 1996 anlässlich einer Reise nach Paris aufgestellt worden.[2] Der Konzessionär entwickelte daraufhin einen Plan zur Sanierung dieses Gebiets.[3] Demnach sollten innerhalb der nächsten sechs Jahre, d.h. zwischen 1998 und 2003 zusätzlich 240.000 Einwohner an das Abwasserentsorgungsnetz angeschlossen werden und somit Investitionen vorgezogen werden, die eigentlich erst für spätere Jahre geplant waren.[4] Innerhalb von fünf Jahren würden auf diese Weise jährlich $ 12,9 Millionen investiert werden, so dass sich die Investitionen insgesamt auf 64,5 Mil-

1 So zahlten u.a. von 67.000 Haushalten, die neu an das Trinkwassernetz angeschlossen worden waren, etwa 20.000 Haushalte ihre Rechnungen nicht. ÁMBITO FINANCIERO, También Aparece en Buenos Aires el Conflicto por el Agua (23.2.1996).

2 ÁMBITO FINANCIERO, Ahora María Julia Va a Limpiar el Riachuelo con los Franceses (28.2.1996, 4). Ursprünglich sollten 2.000.000 Personen innerhalb von drei Jahren an das Abwassernetz angeschlossen werden, was sicherlich reichlich unrealistisch war.

3 DECRETO 1167/97.

4 DECRETO 1167/97 Anhang I.

lionen belaufen sollten.[1] Zur Gegenfinanzierung wurde von Wirtschaftsministerium und Umweltsekretariat eine Erhöhung der Infrastrukturgebühr SU von $ 1,85 auf $ 2,01 berechnet, wobei die folgende Formel zur Anwendung kam:

$$(4.9) \quad SU_{neu} = \frac{Y_n + W_n - X - Z_n}{F_n} = \frac{\$142{,}0 + \$297{,}7 - \$3{,}2 - \$61{,}7}{186{,}5} \approx \$2{,}01.$$

Dabei werden in der Formel 4.9 im Vergleich zur Formel 4.8 in den Jahren 1998 bis 2003 jährlich zusätzlich 40.000 versorgte Einwohner berücksichtigt, die auch an die Abwasserentsorgung angeschlossen werden.[2]

Die Erhöhung der neuen Infrastrukturgebühr SU auf $ 2,01 ist somit ein Ausdruck für das Maß an zusätzlicher Belastung der alten Konsumenten durch das neue System, während nach dem alten System die Erweiterung des Versorgungsgebietes voll zu Lasten der neuen Konsumenten finanziert worden wäre. Etwas sonderbar nimmt sich bei dieser Berechnungsmethode aus, dass auch die neuen Investitionen wieder über die Erhöhung der nicht mehr aktuellen alten Infrastrukturgebühren errechnet werden. Nicht zuletzt deswegen sind einige der Kritikpunkte, die bereits weiter oben angeführt wurden, auch für die Erhöhung des SU auf $ 2,01 relevant.

4.2.3.3 Die weitere Erhöhung der Infrastrukturgebühr zum SUMA

Im Jahr 1998 wurde die Infrastrukturgebühr um eine Komponente „Abgabe für die Umwelt" (MA)[3] weiter auf $ 3,00 erhöht. In der Öffentlichkeit stellte das Umweltsekretariat die Erhöhung so dar, als wenn mittels der $ 2,01 des SU nur die alten Infrastrukturgebühren aufgefangen würden, während $ 0,99 die Kosten für zusätzliche Investitionsprojekte darstellten. Wie die Berechnungen weiter oben gezeigt haben, ist diese Betrachtungsweise jedoch nicht zutreffend. Die Erhöhung um weitere $ 0,99 betrifft vielmehr weitere Infrastrukturprojekte, deren Durchführung das Umweltsekretariat mit Aguas Argentinas bilateral ausgehandelt hatte und die anscheinend auch ETOSS zunächst nicht bekannt waren.[4] Die Ursache für diese Darstellung wird gewesen sein, dass der Kongress eine Gebühr von $ 3,00 gebilligt hatte und das Umweltsekretariat diese Erhöhung voll ausschöpfen wollte, ohne gleichzeitig die Inangriffnahme zusätzlicher Investitionsprojekte als den wahren Grund für die Erhöhung der Infrastrukturgebühr publik zu machen.

1 ETOSS (1997b, 933).
2 DECRETO 1167/97 Anhang I und Anhang III, Tafel 3, Abschnitt I und Anhang III, Tafel 2, Abschnitt III.
3 Dies ist eine ungenaue aber sinngemäße Übersetzung für den Begriff „Medio Ambiente".
4 EL CLARÍN, Citarán a María Julia al Congreso (17.2.1998, 8).

4.2.3.4 Berücksichtigung der Anpassungen im Simulationsmodell

Die durchgeführten Veränderungen wurden in das Simulationsmodell eingefügt, welches in Anhang 3.7 dargestellt wird.[1] Nur einige der besonders relevanten Anpassungen werden an dieser Stelle kritisiert.

Die bereits erwähnte notwendig gewordene Verlängerung des fünften Konzessionsjahres um acht Monate von April auf Dezember 1998 wurde dadurch erzielt, dass zu den Werten des fünften Jahres 2/3 des Wertes des sechsten Konzessionsjahrs hinzuaddiert wurden. In den folgenden Jahren setzt sich entsprechend ein Konzessionsjahr aus 1/3 des alten Konzessionsjahres und 2/3 des folgenden Konzessionsjahres zusammen. Betrachtet man das Simulationsmodell daraufhin, so stellt man fest, dass hinsichtlich der Investitionen eine entsprechende Anpassung vergessen wurde. Dies bedeutet, dass Aguas Argentinas ab dem fünften Jahr der Konzession seine Investitionsverpflichtungen um 8 Monate nach hinten verschieben konnte. Aguas Argentinas erhielt dadurch einen wesentlichen Vorteil.

Ein weiterer Kritikpunkt an dem Modell ist, dass die 240.000 Einwohner in der Matanza-Riachuelo Region, die zusätzlich an die Wasserentsorgung angeschlossen werden sollen, ebenso wie die Investitionen in Puerto Madero, zwar im Bereich der Investitionen und erstere auch im Bereich der zusätzlichen Infrastrukturgebühren erfasst werden, jedoch die dem Unternehmen entstehenden zusätzlichen operativen Kosten und Einnahmen nicht berücksichtigt werden. Geht man davon aus, dass der Nettosaldo aus operativen Einnahmen und operativen Kosten positiv ist, so dürfte dem Unternehmen auch hieraus ein weiterer finanzieller Vorteil erwachsen sein, weil dadurch die regulierten Einnahmen hinter den realen Einnahmen zurückbleiben.

Schließlich soll nicht unerwähnt bleiben, dass sich auch die Schuldenposition für Aguas Argentinas durch die Neuorientierung des Modells deutlich verbessert hat. Dies reflektiert den Umstand, dass einerseits auf Grund der vielen Veränderungen das von ETOSS verwendete Verschuldungskriterium zur Messung der Neutralität einer Regulierungsentscheidung nicht mehr brauchbar war, andererseits kommt es zu den starken Verschiebungen auf Grund der Verlängerung der Konzession um 8 Monate.[2]

Zusammenfassend kann somit festgehalten werden, dass das Ziel der Revision, dem Konzessionär weder Vorteile zu gewähren noch Nachteile aufzuerlegen,

---

1 Die langfristige Verschuldung des Unternehmens im zehnten Jahr der Konzession ist stark gesunken, weil dieses Jahr 2/3 des alten elften Konzessionsjahrs und 1/3 des alten zehnten Konzessionsjahrs umfasst und die langfristige Verschuldung des alten elften Konzessionsjahrs wesentlich niedriger ist als die des alten zehnten Konzessionsjahrs.

2 Den Wert erhält man, wenn man die Verschiebung des fünften Konzessionsjahres um 8 Monate zurückrechnet, indem man den Wert des neunten Konzessionsjahres mit 2/3 und den Wert des zehnten Konzessionsjahres mit 1/3 gewichtet und beides aufaddiert.

nicht erreicht wurde.[1] Aguas Argentinas stellte sich auf Grund der Nachverhandlungen bedeutend besser.

4.2.4 Die positive Analyse der Erosion und Modifikation der Infrastrukturgebühr

Die positive politökonomische Analyse der oben beschriebenen Ereignisse kann wieder bzgl. der drei Entitäten Interessengruppen, Politik und Regulierer erfolgen. Für diesen Zweck ist es zunächst notwendig, Gewinner und Verlierer der Umgestaltung der Infrastrukturgebühr zu bestimmen.

Die neuen Konsumenten waren die wesentlichen Profiteure der Vertragsmodifikationen. Gemäß einer Erhebung sanken nicht allein die durchschnittlichen Wasserrechnungen dieser Gruppe um 74 Prozent von $ 60,69 auf $ 15,92, darüber hinaus musste Aguas Argentinas sogar noch weitere Anschlüsse im Zuge der Ausweitung der Netz-Investitionen im Matanza-Riachuelo Einzugsgebiet erbringen, was ebenfalls dieser Konsumentengruppe zugute kam.

Die alten Konsumenten scheinen hingegen die Verlierer der Vertragsmodifikationen gewesen zu sein, denn ihre Rechnungen stiegen durchschnittlich um 19 Prozent von $ 37,26 auf $ 44,52.[2] Wie bereits gezeigt wurde, fand die Entlastung der neuen Konsumenten zum Nachteil der alten Konsumenten nicht erst im Jahr 1997 statt, sondern begann bereits im Jahr 1995 mit der Senkung der Sozialbeiträge.

Die Entwicklung für das Unternehmen Aguas Argentinas scheint bei einem reinen Blick auf die regulierten Beträge weniger eindeutig zu sein. Betrachtet man hingegen die reale Einnahmesituation des Unternehmens und den hohen Grad an Zahlungsausfällen auf Grund der alten Infrastrukturgebühr, so hat sich auch die Position des Unternehmens durch die Einführung des Konzepts SUMA erheblich verbessert. Im folgenden wird im Rahmen einer politökonomischen Analyse nach Erklärungen für diese Entwicklung zu suchen sein.

4.2.4.1 Die Interessengruppen

Unter den drei betrachteten Interessengruppen hatten die neuen Konsumenten eine besonders starke Stellung inne, weil für sie die Anreize zur Artikulation ihrer Interessen gegenüber den politischen Entscheidungsträgern besonders hoch waren.[3] So wurden die neuen Konsumenten im Zuge der außerplanmäßigen Anpassung im Jahr 1994 verpflichtet, für Trink- und Abwasser einen Referenzwert von $ 1220 aufzubringen. Der wahre Wert lag jedoch auf Grund der falsch berechneten Referenzwerte und der Verzinsung der Verbindlichkeiten mit

1 DECRETO 1167/97, Anhang I.

2 ALCÁZAR et al. (2000, 38f). Die Zahlen sind allerdings ein wenig verzerrt, weil für die neuen Konsumenten nur die Trinkwasserrechnungen zu Grunde gelegt wurden.

3 Vgl. zu diesen Ausführungen auch den Abschnitt 2.3.1.1.

zunächst monatlich 2,14 Prozent weit höher.[1] Auch nach den zwei Senkungen der Infrastrukturgebühren lag der Referenzwert noch bei $ 972. Für die meisten Haushalte war dieser Betrag – auch wenn er über einen Zeitraum von zwei Jahre hinweg bezaht werden konnte, nicht tragbar, und auch für vermögendere Haushalte stellte er eine erhebliche finanzielle Belastung dar. Insofern hatten die Haushalte ein starkes Motiv, für die Senkung bzw. Abschaffung der Infrastrukturgebühr zu kämpfen.

Ein weiterer Aspekt, der den Widerstand der neuen Konsumenten erleichtert haben wird, war die Tatsache, dass der Anschluss der Haushalte nach Straßenzügen geordnet erfolgte, so dass benachbarte Haushalte die Rechnungen von Aguas Argentinas zur gleichen Zeit präsentiert bekamen. Die nachbarschaftliche Nähe und der gleiche Zeitpunkt der Betroffenheit erleichterte es den Konsumenten, sich zu organisieren und Demonstrationszüge zum Cabildo zu organisieren. Die nachbarschaftlichen Beziehungen erlaubten zudem eine gewisse soziale Kontrolle, so dass eine relativ effektive Begrenzung von *Freerider*-Verhalten möglich war. Auch das Ziel der Gruppen war klar formuliert, denn unter dem Schlagwort „Wasser ja, Diebstahl nein!", ging es nur darum, dass man zwar gerne einen Wasseranschluss hätte, dafür aber nicht zu zahlen bereit war. Weiterhin war auch der Adressat der Proteste, Aguas Argentinas bzw. die Politiker der argentinischen Regierung eindeutig. Die moralische Legitimität der Proteste innerhalb der eigenen Gruppe wurde dadurch sichergestellt, dass man gegen ein ausbeuterisches, ausländisches Monopolunternehmen protestierte und nicht etwa für eine Umlegung der Belastungen auf andere Konsumenten oder den Steuerzahler.[2]

Wie dargestellt wurde, konnte die Interessengruppe der neuen Konsumenten auf Grund ihrer öffentlichen Proteste im Zeitablauf eine substantielle Senkung der Infrastrukturgebühren durchsetzen. Ein Teil dieser Senkungen, insbesondere die des Jahres 1995, ging sogar zu Lasten des Unternehmens. So hat sich Aguas Argentinas bereit erklärt, die Senkung der Sozialbeiträge auf die Infrastrukturgebühren umzulegen, obwohl für das Unternehmen auch die Option bestanden hätte, eine Preisanpassung mit dem letztendlichen Ziel einer Preiserhöhung anzustrengen. Zudem wurden die Zinsen, die für eine Ratenzahlung der Gebühren vorgesehen waren, auf Grund des öffentlichen Widerstands im August 1995 von 2,14 Prozent auf 1 Prozent gesenkt.[3]

Ursache dieses Ergebnisses war eine relativ schwache Verhandlungsposition von Aguas Argentinas im Jahr 1995. So wird es für das Unternehmen wichtig gewesen sein, die Stabilität der Konzession zu wahren und unter allen Umständen einen Konflikt, wie er in der Provinz Tucumán zwischen der Regierung und

1 Dieser Wert wurde erst später auf 1 Prozent monatlich gesenkt.

2 Bezeichnenderweise bezogen sich die Proteste stets auf eine Abschaffung der Belastung, nicht aber auf ihre Umlegung auf andere Konsumenten.

3 ETOSS: Comunicado de Prensa (31.8.1995).

dem dortigen Wasserversorger ausgebrochen war, zu vermeiden. Bei Aguas Argentinas wurde dies folgendermaßen ausgedrückt: „Das, was in Tucumán passiert, kann uns großen Schaden zufügen. Wenn die Menschen das Vertrauen in die Konzessionsunternehmen verlieren, können viele Dinge passieren...“[1] Das in dem Zitat beschworene öffentliche Vertrauen wurde im Jahr 1995, als die ersten öffentlichen Proteste wegen der hohen Infrastrukturgebühren offenkundig wurden, brüchig. Indem die Proteste der Popularität der Regierungen von Menem und der den Kongress dominierenden Partei PJ schadeten, wuchs für das Unternehmen das Risiko populistischer Eingriffe in die Konzession.[2]

Das Risiko populistischer Eingriffe wird für das Unternehmen auch deswegen groß gewesen sein, weil die Berechnungsformel für die Infrastrukturgebühr nicht durch den Konzessionsvertrag gerechtfertigt war. Ein Konflikt mit dem Regulierer und dem argentinischen Staat hätte das Risiko erhöht, dass dieser rechtliche Mangel genutzt wird, um ungeachtet des kompensatorischen Charakters der Infrastrukturgebühren für die Tarife und Investitionen des Jahres 1994 zu den alten Referenzwerten zurückzukehren. Schließlich mag sich das Unternehmen von einer Senkung der Infrastrukturgebühr eine Verminderung der Zahlungsausfälle versprochen haben, um auf diese Weise den Zahlungsrückfluss sogar noch zu erhöhen. Insofern war die Verfahrensregel zum Umlegung der niedrigeren Personalkosten des Jahres 1995 für das Unternehmen nicht so nachteilig, wie es zunächst den Anschein hat.

Im Zuge der dritten Abänderung der Infrastrukturgebühr im Jahr 1996 lässt das Unternehmen das erste Mal gegenüber ETOSS Konfliktbereitschaft erkennen. Obwohl der Regulierer versuchte, den Konflikt durch Zugeständnisse zu entschärfen, leitete das Unternehmen ein Beschwerdeverfahren an die argentinische Regierung als Konzessionsgeber weiter. Die größere Konfliktbereitschaft bei der dritten Infrastrukturanpassung kann damit erklärt werden, dass die nächsten Präsidentschaftswahlen erst wieder im Jahr 1999 anstanden und das Unternehmen antizipierte, dass aus diesem Grund für die Regierung nur ein geringer Zwang zu populistischem Handeln bestand.[3] Ein andere Ursache wird gewesen sein, dass sich die Erwartung des Unternehmens, der Widerstand gegen die Infrastrukturgebühr würde sich u.a. auf Grund der Preissenkungen von 1995 vermindern, nicht erfüllten. Vielmehr war das Gegenteil der Fall: Bereits Anfang 1996 waren 40 Prozent der Infrastrukturgebührrechnungen nicht einbringbar, was unter

1 Chaussade, Chef der Lateinamerika-Sektion von Suez Lyonnaise, in einem Interview. El LITORAL, Buenos Aires es el Portaaviones de Lyonnaise en América Latina (7.10.1997, 12). Die Wasserkonzesson in Tucumán stellt das Paradebeispiel einer missglückten Privatisierung dar.

2 Auch die Opposition war für Aguas Argentinas keine interessante Alternative. Noch 1997 wurde von der Alianza die Nachverhandlung des Konzessionsvertrags im Parteiprogramm festgeschrieben. LA RAZÓN, El Programa Económico de la Alianza (30.9.1997, 6).

3 Vgl. dazu auch das modifizierte Modell von APPELBAUM/ KATZ in Abschnitt 2.3.1.2. Die direkten Wahlen des Bürgermeisters von Buenos Aires wurde von Aguas Argentinas anscheinend nicht als bedeutend angesehen.

anderem auch daran lag, dass das Sanktionspotenzial des Unternehmens gegenüber den Konsumenten auf Grund eines gerichtlichen Verbots, säumige Zahler von der Wasserversorgung auszuschließen, geschwächt worden war.[1] Selbst für den Fall, dass ein solcher gerichtlicher Beschluss nicht gefasst worden wäre, wäre eine Sperrung des Wasserkonsums für 40 Prozent der neuen Wasserkonsumenten politisch kaum durchsetzbar gewesen.[2]

Ein dritter wesentlicher Grund für die Konfliktbereitschaft des Unternehmens wird schließlich in folgendem gelegen haben: Bereits im Frühjahr 1996 war absehbar, dass für die Infrastrukturgebühr eine umfassende Lösung gesucht werden müsste. Unternehmen und Regulierer setzten daraufhin die Einziehung der Infrastrukturgebühr für einige Monate aus, um zusammen nach einer Lösung für das Problem der Zahlungsausfälle zu suchen.[3] Zugeständnisse von Aguas Argentinas zur weiteren Senkung der Infrastrukturgebühr im Zuge der dritten Nachverhandlung hätten die Verhandlungsposition des Unternehmens nur geschwächt und den Druck von ETOSS genommen, schnell zu einer neuen Lösung zu kommen.[4] Schließlich konnte Aguas Argentinas bei den Nachverhandlungen auch auf ein Entgegenkommen der Regierung Menem hoffen, weil diese selbst einige Probleme zu lösen hatte, für dessen Hilfe die Erfahrung und Finanzkraft von Aguas Argentinas von Nöten war: Der Riachuelo, der durch das Stadtgebiet von Buenos Aires fließt und im Stadtteil La Boca in den La Plata mündet, gilt als einer der am stärksten verschmutzten Flüsse der Welt. Fehlende Fortschritte bei der Sanierung bereiteten der Umweltpolitik der Regierung Menem ein schlechtes Image. Zwar hatte die Umweltsekretärin María Julia Alsogaray bereits im Jahr 1993 versprochen, den Riachuelo sanieren zu wollen, so dass der Fluss binnen 1000 Tagen zu einem Badeparadies werden würde. Tatsächlich zeigte sich aber bald, dass die Regierung weder finanziell noch

1 Wenn die Konsumenten an drei hintereinander folgenden Terminen nicht zahlen, darf Aguas Argentinas diese von der Versorgung ausschließen. Eine Ausnahme wird insofern gemacht, als dass ETOSS oder das Ministerium für Gesundheit und Soziales eine zeitweise Ausnahme von der Regel machen darf. D.h. bei dieser Ausnahme müssen selbst zahlungsunwillige Kunden weiter versorgt werden. ARTANA et al. (1999, 214). Diese Ausnahme wurde jedoch zur Regel.

2 Aguas Argentinas reagierte auf diese Situation im übrigen dadurch, dass Investitionen, die vertraglich eigentlich vorgesehen waren, zurückgestellt wurden. ETOSS verhängte daraufhin eine Reihe von Sanktionen, konnte diese aber nicht durchsetzen. Insofern bestand auf Grund unzureichender Investitionen ein zweiter Konfliktpunkt mit dem Regulierer.

3 EL CLARÍN, Suspenden Intimaciones por la Concexión del Agua (24.4.1996, 52). ÁMBITO FINANCIERO, Agua. Postergarán Juicios a Morosos (2.7.1996, 8).

4 Dass das Unternehmen starken Druck ausübte, zeigt sich auch an dem Umstand, dass es im September 1996 die Wiederaufnahme der Einziehung der Infrastrukturgebühren androhte, wenn bis dahin keine Lösung des Problems gefunden wäre. ÁMBITO FINANCIERO, Polémico Cargo de Aguas Argentinas (25.9.1996, 13). Der darauf bei den Konsumenten wieder auflebende Protest zwang das Wirtschaftsministerium unter Roque Fernández dazu, die Einziehung der Infrastrukturgebühr erneut zu suspendieren. ÁMBITO FINANCIERO, Eliminan Polémico Cobro por el Agua (25.10.1996, 11).

institutionell in der Lage war, dieses Versprechen einzulösen, weil dies einen kompletten Neubau der Abwasserentsorgung in den betroffenen Stadtteilen erfordert hätte. Auch im Jahr 1996 war der Fluss eine stinkende, schmutzige Brühe. In gewisser Weise hatte Aguas Argentinas dabei die Probleme der Regierung sogar noch verstärkt: Unter den von dem Unternehmen auf Grund fehlender Infrastrukturgebühreinnahmen zurückgestellten Investitionen befanden sich insbesondere solche in die Abwasserentsorgung.

Somit sind die Verhandlungen, die im Jahr 1997 unter Ausschluss von ETOSS zwischen Regierung und Aguas Argentinas geführt wurden, als ein Kuhhandel zu deuten: Aguas Argentinas versprach, ein modifiziertes Investitionsprogramm wieder aufzunehmen, und im Gegenzug veränderte die Regierung das Infrastrukturkonzept im Sinne des Unternehmens grundlegend. Neben den Veränderungen der Infrastrukturgebühren handelte das Unternehmen noch einige weitere bereits beschriebene Vergünstigungen aus. So wurden die Tarife dollarisiert[1], die Strafgebühren von ETOSS in ertragreiche Investitionen umgewandelt[2] und das Konzessionsgebiet auf Grund der Notwendigkeit, das gesamte Wassereinzugsgebiet des Matanza-Riachuelo sanieren zu müssen, erweitert.[3] Die Einbeziehung des Stadtteils Puerto Madero hatte darüber hinaus für den Unternehmer Soldati, dessen SCP einen Anteil von 21 Prozent an Aguas Argentinas hielt, den Vorteil, dass sein erheblicher Immobilienbesitz in diesem Stadtteil eine starke Wertsteigerung erfuhr.[4]

Die alten Konsumenten waren die Leidtragenden der Nachverhandlungen: Obwohl diese Gruppe zahlreicher war als die der neuen Konsumenten, gelang es ihr nicht, ihre Interessen bei den Nachverhandlungen zu artikulieren.[5] Die Gründe hierfür mögen in dem Umstand liegen, dass der allgemeine Wassertarif im Vergleich zu den Tarifen für Gas, Elektrizität und Telefon niedrig war. Auch die zusätzlich zu zahlenden $ 6 des SUMA fielen somit nicht sehr stark ins Gewicht. Dies wird noch durch den Umstand verstärkt, dass die Tarife stark vermögenssensibel sind, d.h. arme Haushalte einen sehr niedrigen, reiche Haushalte hingegen einen hohen Tarif zahlen müssen. Die relative Belastung ist also im Unterschied zu der vermögensunsensiblen alten Infrastrukturgebühr bei allen Haushalten gleich niedrig. Zudem war anders als bei den alten Infrastrukturge-

1 ÁMBITO FINANCIERO, El Gobierno Renegociará el Contrato de Aguas Argentinas (21.2.1997, 3).

2 Dies hätte nach Ansicht der Justiz nicht geschehen dürfen. Vielmehr hätten die Strafen in Form niedriger Tarife an die Konsumenten weitergegeben werden müssen. LA PRENSA, Fallan que Augas Argentinas Debe Indemnizar a Usuarios (22.11.1997, 10). Dies ist ähnlich auch im Konzessionsvertrag geregelt.

3 EL CRONISTA, Habrá Créditos del BID por u$s 270 Milliones (25.2.1997, 4).

4 PÁGINA 12, Toma de Ganancias (18.10.1998, 10). PÁGINA 12, Suma y Sigue (18.10.1998, 11).

5 Tatsächlich traten die Proteste gegen den SUMA im Jahr 1997 nur sehr sporadisch auf. Z.B. manifestiert in LA CIUDAD, Aguas Argentinas: Presión a los Usuarios (17.11.1997, 1).

bühr keine räumlich eingegrenzte Gruppe betroffen, sondern ein breiter, sozial differenzierter Personenkreis. Die Interessensgegensätze innerhalb dieser Gruppe werden das Niveau gemeinsamer Interessen sicherlich überkompensiert haben. Weiterhin fehlte auch die moralische Legitimation der Proteste. So verstand es die Regierung und das Unternehmen, die Erhöhung der Tarife durch die Infrastrukturgebühr als Beitrag für den Umweltschutz und Solidarität mit den armen Haushalten darzustellen. Wie noch gezeigt werden wird, war es aus diesem Grund für den Ombudsman und die Verbraucherschutzorganisationen schwierig[1], die Interessen der alten Konsumenten zu Geltung zu bringen.

4.2.4.2 Die Politik

Die Jahre 1995 bis 1997 waren durch folgende politische Ereignisse geprägt: Wie bereits erwähnt wurde, fanden im Mai 1995 in den Provinzen und auf nationaler Ebene Wahlen statt. Aus diesen Wahlen ging die PJ und die Regierung Menem als Sieger hervor, was weniger an der Stärke der Regierung als an der Schwäche der Opposition lag. Im Juni 1996 wurde erstmals der Bürgermeister der Stadt Buenos Aires durch Wahlentscheidung bestimmt. Bei diesen Wahlen setzte sich De la Rúa als ein Kandidat der Alianza durch.[2] Dieser Sieg war für die Regulierung des Wassersektors deswegen bedeutend, weil die Alianza dadurch Zugriff auf zwei der sechs Posten im Direktorium von ETOSS hatte. Im Oktober 1997 schließlich wurde ein Teil des Kongress neu gewählt. Die Alianza konnte dabei hohe Stimmenzuwächse erzielen, die PJ blieb aber stärkste Partei.

Die Wahlniederlagen der PJ in den Jahren 1996 und 1997 sind auch im Zusammenhang mit der sinkenden Akzeptanz für die Privatisierungen in Argentinien zu sehen. Während im Jahr 1995 noch 24,3 Prozent der Bevölkerung von Buenos Aires die Privatisierungen von Menem positiv sahen, waren es 1997 nur noch 18,1 Prozent. Im gleichen Zeitraum stieg der Anteil der unzufriedenen Bevölkerung von 42,7 Prozent auf 51,9 Prozent.[3] Die Ursachen für die sinkende Akzeptanz sind vielfältig. Ein auslösender Faktor wird die schwere Wirtschaftskrise von 1995 gewesen sein. Dem Einkommensverlust der Haushalte stand die Erhöhung der Tarife der privatisierten Unternehmen gegenüber, die teilweise vertraglich, teilweise durch die Nachverhandlungen bedingt war.[4] In der argentinischen Öffentlichkeit setzte sich daraufhin die Meinung durch, dass die auslän-

---

1 Diese Interessengruppenvertreter hatten sich in Folge der Privatisierung gegründet und sind Folge des öffentlichen Eindrucks, dass die Konsumenten nur schlecht durch die Regulierer repräsentiert werden. PÁGINA 12, Y Ahora Quién Podrá Defendernos? (10.5.1998, 2).

2 Die Alianza ist ein Zusammenschluss der Oppositionsparteien UCR und FREPASO infolge deren Wahlniederlagen im Jahr 1995.

3 ALCÁZAR et al. (2000, 13).

4 So schätzten Abgeordnete der PJ den Stimmenverlust auf Grund der Tariferhöhungen der privatisierten Unternehmen auf 1 bis 1,6 Millionen. EL CLARÍN, El PJ Quiere el Manejo de los Entes Reguladores (18.9.1997, 24). ÁMBITO FINANCIERO, Congreso: Enojo PJ con Empresas Privatizadas (12.9.1997, 12).

dischen Unternehmen exzessive Gewinne machen würden und die Regierung Menem zu wenig für den Schutz der Konsumenten getan habe. Zwar war der Wassertarif in den Jahren zwischen 1994 und 1997 weitgehend stabil geblieben, jedoch kam es in den anderen privatisierten Sektoren, allem voran im Telekom-Sektor zu teilweise erheblichen Preiserhöhungen und Kritik an einzelnen privatisierten Unternehmen zog immer wieder die Kritik an der Privatisierung im allgemeinen nach sich.[1] Diese Kritik wurde schließlich sogar auf die Formel gebracht, dass man die vielbeschworene rechtliche Sicherheit, d.h. ein vertragsgemäßes Handeln, besser gegen mehr soziale Sicherheit, d.h. eine nicht-vertragskonforme Senkung der Tarife bzw. teilweise Enteignung der ausländischen Unternehmen, eintauschen sollte.[2]

Auf Grund der sinkenden Akzeptanz gegenüber den Privatisierungen und den Wahlerfolgen der Opposition gewann im Kongress und im Senat der orthodoxe Peronismus, der Menem zuvor eher unwillig auf seinen Liberalisierungskurs gefolgt war, zunehmend an Macht. Die Folge war eine Entfremdung zwischen der PJ unter Führung des Gouverneurs der Provinz Buenos Aires, Duhalde, auf der einen Seite und Menem bzw. dessen mächtigem Wirtschaftminister, dem die Regulierer unterstanden, auf der anderen Seite.[3] Die Regierung Menem konnte sich zwar auf Grund der Vollmachten des Präsidenten bis zum Herbst 1999 ihres Machterhalts relativ sicher sein, viele der Abgeordneten der PJ mussten sich jedoch im Herbst 1997 in den Kongresswahlen behaupten. Die Regierung hatte somit einen wesentlich längeren Zeithorizont als die Abgeordneten im Kongress und war deswegen entsprechend den Vorhersagen des in Abschnitt 2.3.1.2 beschriebenen modifizierten Modells von APPELBAUM/ KATZ einer weit geringeren Versuchung zu populistischem Handeln ausgesetzt als die Abgeordneten im Kongress.[4]

Kernpunkt der populistischen Forderungen der PJ war das Bestreben, die Regulierer der privatisierten Unternehmen direkt dem Kongress zu unterstellen, um so die eigenen Vorstellungen bzgl. einer angemessenen Regulierung umsetzen

1 Auf Grund dieser allgemeinen Stimmung gegen die privatisierten Unternehmen schlossen sich diese zu einer gemeinsamen Lobbyorganisation zusammen. LA NACIÓN, Privatizadas: El Lobby Asociado (6.11.1997, 5). Asociación de Empresas de Servicios Públicos Argentinos (ADEPSA)

2 LA CRÓNICA, „Basta de Inseguridad Social“ (6.6.1996, 6). MITRE (Mitschnitt), Hoy por Día (5.6.1996 um 9:58). LA PRENSA, Renegociarían los Contratos de Servicios Privatizados (6.6.1996, 8).

3 ÁMBITO FINANCIERO, R. Fernández Sufre con el PJ lo Mismo que Cavallo (19.9.1997, 14).

4 Ein weiterer Grund für die Differenzen zwischen der Regierung Menem und der PJ wird eine relative Binnenorientierung der PJ bzw. Duhaldes gewesen sein. Während die Regierung unter Menem im Rampenlicht einer internationalen Öffentlichkeit stand und deren Wirtschaftspolitik den argwöhnischen Blicken des internationalen Kapitalmarktes ausgesetzt war, konnte sich Duhalde voll auf die innenpolitischen Fragen des Machterhalts konzentrieren.

zu können. Dazu sollte vom Kongress eine sogenannte „Superente“ geschaffen werden, deren Kompetenzen von der Wahl und Abwahl der Direktoren der Regulierer bis hin zur Tarifgestaltung reichen sollten.[1] Ein Gesetz zur Schaffung der „Superente“ wurde nach den Kongresswahlen im Jahr 1997 tatsächlich verabschiedet[2], konnte aber auf Grund eines Vetos von Menem nicht in Kraft treten.[3]

Konkret auf den Wassersektor bezogen war es ein Ziel der PJ, Konfliktpunkte möglichst schnell noch vor den Kongresswahlen im Jahr 1997 zu beseitigen. Für Duhalde war dabei eine Veränderung der alten Infrastrukturgebühr vor allem deswegen vorrangig, weil ein Großteil der neuen Konsumenten in der Provinz Buenos Aires wohnte und deswegen ein hohes Wählerpotenzial darstellte.[4] Eine schnelle Entscheidung zugunsten einer Umlegung der Infrastrukturbelastung hätte gleichzeitig den Charme gehabt, dass der frisch gewählte Bürgermeister von Buenos Aires und potenzielle Konkurrent bei den Präsidentschaftswahlen 1999, De la Rúa, eine Erhöhung des Wassertarifs hätte vertreten müssen.[5]

Eine übereilte Lösung lag aber nicht im Interesse der Menem-Administration, weil die Regierung auch das drängende Problem der Riachuelo-Sanierung nach-

1 EL CLARÍN, Quieren un Superente para Controlar las Privatizationes (10.7.1996, 18). EL CLARÍN, La Ardua Regulación de los Servicios (12.7.1996, 16). EL CLARÍN, El Congreso Quiere los Entes (22.7.1996, 18). PÁGINA 12, El Congreso Insiste en Vigilar los Servicios Públicos Privatizados (28.8.1996, 8).

2 ÁMBITO FINANCIERO, Crean Superente para Controlar Servicios (27.11.1997, 2).

3 EL CLARÍN, Tarifas: Resisten un nuevo Control del Congreso (30.11.1997, 22). Auch wenn sicherlich nichts dagegen einzuwenden ist, dass der Kongress die ansonsten unabhängigen Direktoren einsetzt, so muss es als hochgradig bedenklich angesehen werden, wenn sich der Kongress über die Superente Eingriffe in den Tarif erlaubt. Weder ist zu erwarten, dass die Mitglieder der Superente bessere Kenntnisse über die Fragen der Regulierung haben als die dezentralen Regulierer selbst, noch wäre dadurch eine Tarifpolitik gesichert, die unabhängig vom tagespolitischen Geschehen ist. Bezeichnenderweise war die Idee des Superregulierers sowohl bei den Regulierern als auch bei Aguas Argentinas nicht beliebt. Vgl. dazu auch EL CRONISTA, El Congreso Apura Otra Vez el Superente (27.2.1997, 8) und EL CRONISTA, El Superente de Control de los Servicios Públicos Sigue Juntando Enemigos (28.2.1997, 5).

4 Auch von Seiten der Opposition stand Duhalde bzgl. der Infrastrukturgebühr stark unter Druck. So drängten die Abgeordneten der Radikalen in der Provinz Buenos Aires darauf, ein Gesetz zur Abschaffung der Infrastrukturgebühr zu verabschieden. ÁMBITO FINANCIERO, También Aparece en Buenos Aires el Conflicto por el Agua (23.2.1996). ÁMBITO FINANCIERO, Presionan para que el Agua sea más cara en Buenos Aires (24.5.1996, 4).

5 Um eine entsprechende Entscheidung von ETOSS zu forcieren, erstatteten einige Abgeordnete der PJ gegen das Direktorium von ETOSS eine Anzeige. ÁMBITO FINANCIERO, Una grave Denuncia por las Tarifas contra Aguas Argentinas y Economía (5.7.1996, 4). EL CLARÍN, Aguas Argentinas Bajo la Picota de los Legisladores, (5.7.1996, 22). Tatsächlich hätte die Infrastrukturgebühr gemäß eines Vorschlags von ETOSS bereits Anfang August 1996 durch eine allgemeine Tariferhöhung um $ 1,83 ersetzt werden können. ÁMBITO FINANCIERO, Subirían el Agua Para Compensar Incobrables (7.8.1996, 12).

verhandeln wollte und einen längeren Zeithorizont besaß als die PJ.[1] Um der Opposition und der PJ, die beide im Direktorium von ETOSS vertreten waren, aus den Nachverhandlungen herauszuhalten, wurde der Regulierer von den Verhandlungen kurzerhand ausgeschlossen;[2] stattdessen wurde neben dem Wirtschaftministerium das Umweltsekretariat an den Verhandlungen beteiligt.[3] Ergebnis war schließlich, dass das neue Infrastrukturkonzept SU erst nach den Kongresswahlen Ende 1997 eingeführt wurde und entgegen vorheriger Versprechungen[4] die Wassertarife um $ 4 angehoben wurden.

4.2.4.3 Der Regulierer

Für das Verhalten des Regulierers sind zwei wesentliche Einflussfaktoren ausschlaggebend. Auf der einen Seite müssen die geschilderten Probleme der Nachverhandlung auf Grund bürokratischen Verhaltens entsprechend den Verhaltensannahmen in Abschnitt 2.3.2.1 erklärt werden, auf der anderen Seite tritt insbesondere nach der Übernahme von zwei Direktoriumsposten durch Vertreter der Alianza die politische Aktivität von ETOSS immer mehr in den Vordergrund. D.h. der Regulierer wurde als Bürokrat mehr und mehr durch die Politik dominiert, ein Umstand, der bereits in Abschnitt 2.3.2.2 diskutiert wurde.

Ähnlich wie es für die Ergebnisse der Nachverhandlungen des Jahres 1994 dargestellt wurde, können die Fehler bei den Anpassungen der Jahre 1995 bis 1997 auf mangelnde Erfahrungen und fehlende technische Fertigkeiten des Personals von ETOSS zurückgeführt werden. Die Verfahrensweise zur Anpassung der Infrastrukturgebühr innerhalb des Simulationsmodells lässt aber auch auf ein geringes Maß an Sorgfalt schließen. Insbesondere im Zuge der Senkung der Infrastrukturgebühr im Jahr 1996 haben sich die Abteilungen anscheinend nicht die Mühe gemacht, die vorliegenden Unterlagen sorgfältig durchzusehen, um die passenden Daten herauszusuchen. Auch in dem sehr primitiven Verfahren zur Berechnung der Infrastrukturgebührsenkung im Simulationsmodell spiegelt sich eine gewisse Aversion gegen aufwändige Berechnungen wider.

---

1 Erst Ende Februar 1997 wurde bekannt, dass die Regierung auf Grund des präsidialen Dekrets 149/97 den gesamten Konzessionsvertrag mit Aguas Argentinas neu aushandelte. ÁMBITO FINANCIERO, El Gobierno Renegociará el Contrato de Aguas Argentinas (21.2.1997, 3).

2 Zur Ausklammerung der Gebietskörperschaften: ÁMBITO FINANCIERO, Crece Oposición a Cambios en Contrato de Aguas Argentinas (3.3.1997). ÁMBITO FINANCIERO, Quiere Intervenir De la Rua en Renegociación por el Agua (17.3.1997, 12). Ebenso erging es dem Kongress. EL CLARÍN, Freno al Reajuste Tarifario del Agua (27.2.1997, 20).

3 Es ging also auch darum, dass Alsogaray ein besseres Mandat bekam, die versprochenen Investitionen in der Matanza Riachuelo Region durchzuführen. EL CLARÍN, El Gobierno Estudia un Aumento en la Tarifa del Agua (22.2.1997, 22). Mit dem Dekret 1087/98 vom 14.9.1998 bekam das Umweltsekretariat die vollkommene Autorität über die Konzession durch den Präsidenten.

4 LA CRÓNICA „No Aumentará el Agua", Aseguró María Julia (1.3.1997, 7). EL CUARTO PODER Aguas Argentinas: „La Tarifa no es una Variable de Ajuste" (5.3.1997, 5).

Ein weiterer Aspekt bürokratischen Verhaltens wird in einer gewissen Konfliktvermeidungsstrategie gegenüber den Interessengruppen bestanden haben, wobei eine solche Strategie nur insofern verfolgt werden konnte, als keine politischen Interessen im Regulierer dieselbe überkompensiert haben. So könnten die Proteste der neuen Konsumenten die Infrastrukturabteilung von ETOSS im Jahr 1996 motiviert haben, die Investitionen von Aguas Argentinas in das sekundäre Netz ganz genau zu überwachen, um bei Abweichungen eine Senkung der Infrastrukturgebühren durchsetzen zu können. Auffällig war, dass ETOSS gerade bei dieser Art von Investitionen Probleme festgestellt hat, wohingegen Investitionen in anderen Bereichen vom Regulierer kommentarlos akzeptiert wurden. Um mögliche Diskussionen mit Aguas Argentinas zu vermeiden bzw. das Unternehmen vor vollendete Tatsachen zu stellen und gegenüber den neuen Konsumenten Handlungsbereitschaft zu demonstrieren, wurde die Entschließung 20/96 in aller Eile auf den Weg gebracht. Die harte Gegenreaktion des Unternehmens wird ETOSS überrascht haben. Um den sich nun anbahnenden Konflikt mit dem Unternehmen zu entschärfen, wurde demselben bei einigen Investitionskomponenten Kompromissbereitschaft signalisiert[1], die allerdings, wie bereits beschrieben wurde, beim Unternehmen aus strategischen Erwägungen heraus kein Echo fand.

Wie schon bei der ersten Anpassung im Jahr 1994, kann die Budgetpolitik von ETOSS für sich aus bürokratischer Sicht nicht erklärt werden. So wäre im Jahr 1995 eine Anpassung der Tarife für ETOSS günstiger gewesen, als eine Senkung der Infrastrukturgebühr, weil die damit ausgelöste Preisanpassung zu einer Tariferhöhung anstatt zu einer Tarifsenkung geführt hätte. ETOSS wäre auf diese Weise in der Lage gewesen, sein Budget zu erhöhen. Erklärt werden kann das Verhalten des Regulierer jedoch durch die einfache Tatsache, dass ein Eintreten für eine Tarifanpassung die Öffentlichkeit und die politischen Parteien gegen den Regulierer aufgebracht hätten und ETOSS somit ein höheres Budget gegen einen handfesten Konflikt mit Politikern und Konsumenten-Interessengruppen abzuwägen hatte.

Dieser Punkt weist einmal mehr auf die starke Politisierung des Regulierers hin.[2] Sucht man nach den Gründen hierfür, so ist an erster Stelle der Umstand zu nennen, dass missliebige Direktoren von der Gebietskörperschaft, der sie unterstellt waren, de facto auch innerhalb ihrer Amtsperiode ausgetauscht werden konnten.

1 Es wurde der Argumentation des Unternehmens, die Sandeinbettung der Rohre mit örtlichem Sand vorgenommen zu haben, Glauben geschenkt, obwohl diese Behauptung sicherlich zweifelhaft war und sich später bei den Nachverhandlungen der Infrastrukturgebühr mit Regierung herausstellte, dass das Unternehmen teilweise nicht einmal die Sandeinbettung mit lokalem Sand vorgenommen hatte.

2 Ein Zeichen für die starke Politisierung des Regulierers ETOSS war es z.B. auch, das Eduardo Cevallo, der wichtigste Direktor von ETOSS und Vertreter der Regierung, Gründungsmitglied einer Interessengruppe der PJ mit Namen Chiessa war, deren Ziel es war, die PJ für die Wahlen von 1999 zu einen und die Regierung zu unterstützen. PÁGINA 12, Siempre se Vuelve al Primer Amor (17.12.1996, 8)

So wurden durch die Stadt Buenos Aires im Mai 1997 die zwei neuen Direktoren Martín Lascano von der UCR und Eduardo Epszteyn vom FREPASO sogar nach Proporz bestellt, obwohl die Amtszeit der Vorgänger noch gar nicht abgelaufen war.[1] Direktoren, die sich im Amt halten wollten, war somit eine hohe Loyalität gegenüber der sie inaugurierenden Instanz angeraten. Tatsächlich änderte sich mit der Bestellung von Direktoren durch die Opposition die Regulierungspolitik von ETOSS, wobei diese Änderung teilweise von der Alianza sogar direkt eingefordert wurde.[2] Auch wenn die Politisierung von ETOSS bei den Entscheidungen über die Infrastrukturgebühr selbst noch nicht offenkundig war, da der Austausch von Direktoren erst im Mai 1997 stattfand und der Regulierer bei den Nachverhandlungen des Vertrags ausgeschlossen war, so wurden doch einige andere Entscheidungen getroffen, anhand derer sich diese Veränderungen messen lassen. So war ETOSS z.B. der erste Regulierer, der ab 1997 vor seinen Entscheidungen die Verbraucherschutzorganisationen konsultieren wollte.[3] Ab Mitte Mai 1997 wurden erstmals regelmäßig Pressemitteilungen verschickt, um so die Öffentlichkeit besser zu informieren, was ebenfalls eine Forderung der Alianza war. Schließlich wurde von Seiten der Stadtdirektoren eine offene Dissidenzpolitik betrieben. So verkündete der Regulierer zwar offiziell, dass Aguas Argentinas Investitionen in Höhe von Mill. $ 231,36 bis zum Jahr 1997 nicht durchgeführt hätte, inoffiziell wurde jedoch von den Direktoren der Stadt Buenos Aires eine Zahl von Mill. $ 400 an die Presse lanciert.[4] Wie in dem folgenden Abschnitt gezeigt werden wird, führten die politischen Gegensätze innerhalb des Regulierers schließlich zu einem offenen Konflikt.

Zusammenfassend bleibt festzuhalten, das sich das Verhalten von Politikern und Interessengruppen mit den in Abschnitt 2.3 beschriebenen politökonomischen Modellen erklären lässt. Weil die neuen Konsumenten und Aguas Argentinas eine relativ starke Position inne hatten, wurden Kosten auf die relativ schwache Interessengruppe der alten Konsumenten von OSN abgewälzt. Hinsichtlich des Verhaltens der Politiker war die Regierung gegen populistisches Handeln auf Grund ihres langen Zeithorizonts relativ gefeit, während populistische Forderungen von der Opposition und dem Kongress gestellt wurden. Das Verhalten des Regulierers lässt sich teilweise als das eines Bürokraten erklären. Allerdings fand mit der Partizipation der Opposition im Direktorium eine Politisierung desselben statt.

---

1 EL CLARÍN, Radicales en el Ente Regulador del Agua (22.5.1997, 29).

2 So forderten Abgeordnete der Stadt Buenos Aires nach Bekanntwerden der Regierungspläne zur Erhöhung der Wassertarife die Vertreter der Stadt im ETOSS-Direktorium auf, durch eine öffentliche Anhörung Widerstand gegen die Tariferhöhung zu demonstrieren. Die Vertreter der Stadt im Direktorium Lascano (UCR) und Epszteyn (Frepaso) bekundeten daraufhin, dass eine Entscheidung über die Tariferhöhung nicht ohne ETOSS getroffen werden dürfte. EL CLARÍN, Polémica por el Aumento del Agua (20.9.1997, 30).

3 LURO (1997, 10).

4 Z.B. LA NACIÓN, Aguas Argentinas está lista para Cobrar (21.11.1997, 2). Siehe auch POLINO (1997).

4.3 Die zweite Preisanpassung und die planmäßige Revision des Konzessionsvertrages

In diesem Abschnitt wird die weitere Entwicklung der Konzession von Aguas Argentinas bis hin zur ersten planmäßigen Revision, die gemäß Konzessionsvertrag nach fünf Jahren fällig war, betrachtet. Dabei soll dargestellt werden, inwiefern sich die Konflikte um die Konzession trotz der Lösung bzgl. der Infrastrukturgebühren verschärften und in den Regulierer hinein fortpflanzten. Insofern steht die planmäßige Revision der Jahre 1999 bis 2000 nicht nur für die Anpassung der regulierten Gewinne an die tatsächliche Erlössituation von Aguas Argentinas, sondern auch für eine grundlegende Neuausrichtung der Konzession als Reaktion auf die Konflikte zwischen den involvierten Akteuren.

Mit der zweiten Preisanpassung, die auf Grund inflationärerer Preise fällig wurde, befasst sich Abschnitt 4.3.1. Dabei werden Bezüge zu der ersten Preisanpassung des Jahres 1994 hergestellt. Abschnitt 4.3.2 ist der planmäßigen Revision des Konzessionsvertrags gewidmet, wobei der Schwerpunkt der Analyse auf der ex post erfolgenden Bewertung der ersten fünf Jahre des Konzession liegt. Der Grund hierfür ist, dass bis zum Stichtag, dem 1.1.2000 noch nicht genügend Informationen über das neue Regulierungsverfahren im Regulierer vorlagen. In Abschnitt 4.3.3 schließlich erfolgt wieder eine politökonomische Analyse der relevanten Ereignisse in den Jahren 1998 und 1999.

4.3.1 Die normative Analyse der 2. Preisanpassung im Jahr 1998

Am 19. Dezember 1997 beantragte Aguas Argentinas auf Grund der neuen Regelungen zur jährlichen Überprüfung der Preissteigerungen eine außerplanmäßige Preisrevision.[1] Dabei wurden die Preissteigerungen für die Kostenkomponenten der operativen Kosten und der Investitionskosten zwischen April 1994 und Dezember 1997 zu Grunde gelegt. Nachdem im Januar 1998 mehrere Treffen zwischen ETOSS und Aguas Argentinas stattgefunden hatten, führte der Regulierer ab Februar die weiteren Berechnungen ohne das Unternehmen durch, konsultierte dafür aber einige Konsumentenschutzgruppen, um deren Beurteilung einer angemessenen Preisanpassung zu erfahren.[2]

Bei der Festlegung der Preisanpassung ergaben sich im Direktorium von ETOSS erhebliche Differenzen, was mit dazu beigetragen haben mag, dass Aguas Argentinas von den Verhandlungen ausgeschlossen wurde. Die von der Stadt eingesetzten Direktoren stellten sich gegen die übrigen vier Direktoren, indem sie eine Tariferhöhung grundsätzliche ablehnten, sich mit ihrer Position aber nur in Bezug auf die Rubrik „Energie“ durchsetzen konnten.[3] Eine Übersicht über

1 AGUAS ARGENTINAS (1997b, 10f).
2 ETOSS (1998d).
3 ETOSS (1998e) und ETOSS (1998f). Bzgl. der Position „Energie“ wurde durch das Umweltsekretariat später die Position die Vertreter der Landesregierung im Direktorium unterstützt.

das Abstimmungsverhalten im Direktorium wird in Anhang 3.8 wiedergegeben. Daraus geht hervor, dass die Direktoren der Stadt Buenos Aires mit ihren Empfehlungen in der Regel unter denen der übrigen vier Direktoren lagen. Auch ansonsten betrieben die Direktoren der Stadt Buenos Aires eine Dissidenzpolitik. So teilten sie bereits Ende März, d.h. zwei Wochen vor der Veröffentlichung einer entsprechenden offiziellen Entschließung, der Presse mit, dass der Regulierer entgegen dem Vorschlag von Aguas Argentinas, eine Tariferhöhung um 13 Prozent durchzuführen, nur eine Tariferhöhung von 1,61 Prozent plane.[1]

Aguas Argentinas legte daraufhin einmal mehr beim Umweltsekretariat eine förmliche Beschwerde gegen den Regulierer ein. In dem Beschwerdebrief wurde ETOSS der groben Missachtung der Vorgaben des Konzessionsvertrages bezichtigt: Der Regulierer hätte bei der Festlegung der Werte schwere technische Fehler begangen,[2] nicht ernsthaft versucht, ein faires Preisanpassungsverfahren zu gewährleisten,[3] den Anpassungsprozess unnötig in die Länge gezogen[4] und seine Entscheidungen nicht mit dem Unternehmen abgestimmt, wie dies im Konzessionsvertrag vorgeschrieben sei.[5] Indirekt drohte Aguas Argentinas sogar mit einem Ausstieg aus dem Konzessionsvertrag.[6] Im folgenden soll der von ETOSS gewählte Modus der Kostenanpassung eingehend dargestellt werden, wobei zunächst wieder die operativen Kosten und anschließend die Investitionen und die Finanzierungskosten betrachtet werden.

Entsprechend dem Vorgehen im Jahr 1994 wurden die relativen Gewichte der Kostenkategorien innerhalb der Gesamtkosten derart bestimmt, dass die vom sechsten bis zehnten Konzessionsjahr gemäß der Offerte anfallenden Kosten je Kategorie zu den innerhalb dieses Zeitraums anfallenden operativen Gesamtkosten in Beziehung gesetzt wurden.[7] Die Aufteilung der Kostenbestandteile entsprechend der Gewichtung in der Offerte ist vor allem deswegen nicht unproblematisch, da auf Grund der verschiedenen Nachverhandlungen des Konzessionsvertrages mehr regulierte Konsumenten versorgt wurden als in der Offerte ursprünglich vorgesehen war. Somit hätte sich auch die Struktur der

1 Erst am 16.4.1998 folgte die entsprechende Entschließung 34/98, mittels der die Tarife tatsächlich nur um 1,61 Prozent angehoben wurden. Aguas Argentinas sah in diesem Vorgehen einen schweren Verstoß gegen die Regelungen im Konzessionsvertrag. AGUAS ARGENTINAS (1998a, 27-29).

2 AGUAS ARGENTINAS (1998b, 4). AGUAS ARGENTINAS (1998a, 6).

3 AGUAS ARGENTINAS (1998a, 10).

4 AGUAS ARGENTINAS (1998a, 25).

5 AGUAS ARGENTINAS (1998a, 33f).

6 So heißt es, dass Aguas Argentinas die Stabilität der Konzession als gefährdet ansehe, wenn die Entschließung von ETOSS nicht zurückgenommen würde. AGUAS ARGENTINAS (1998a, 15).

7 AGUAS ARGENTINAS (1998c, 70f). ETOSS (1998g, 952f). So betrugen z.B. die Personalkosten in diesem Zeitraum Mill. $ 589,5. Dies ergibt bei operativen Gesamtkosten in Höhe von Mill. $ 1494,2 einen Anteil von 39,46 Prozent an den operativen Kosten. Die Tabellen sind in einer gesonderten Dokumentation verfügbar.

regulierten operativen Kosten gegenüber den Vorgaben der Offerte ändern müssen. Es ist z.B. anzunehmen, dass sich die Kosten für chemische Produkte relativ linear im Verhältnis zur Anzahl der versorgten Haushalte verhalten, während bei den administrativen Kosten Skaleneffekte auftreten, so dass der Anteil dieser Kostenkategorie mit steigender Anzahl versorgter Haushalte abnimmt.[1]

Für die Bestimmung der Veränderungen bei den einzelnen Kostenkategorien wurden diese teilweise sehr viel stärker disaggregiert und weit mehr verschiedene Indizes zur Berechnung der Preisveränderungen herangezogen als noch bei der Preisanpassung des Jahres 1994. Wie schon bei der ersten Kostenrevision erwähnt wurde, entspricht auch dieses Verfahren nicht den Vorgaben des Konzessionsvertrags, der die zu verwendenden Indizes größtenteils vorgibt.

Bei der Festlegung der Indizes für die Preisveränderungen kam es zu Meinungsverschiedenheiten zwischen Aguas Argentinas und ETOSS. Dies lag zum einen an der Umstellung der statistischen Indikatoren durch INDEC, wobei von der Behörde ein neues Basisjahr und eine neue Zusammensetzungen der Indizes gewählt wurden,[2] zum anderen aber auch daran, dass ETOSS bei der Suche nach geeigneten Indikatoren stark von dem Verfahren der Preisanpassung im Jahr 1994 abwich. Im folgenden werden einige der besonders relevanten Problemfälle betrachtet.

Die *Personalkosten* wurden wieder entsprechend ihrer Funktionskategorien aufgeteilt, wie dies schon 1994 geschehen war. Anders als 1994 wurde nun aber einheitlich die Entwicklung der durchschnittlichen Entlohnung für die Sektoren Elektrizität, Gas und Wasser zu Grunde gelegt, ein Index, der durch das Wirtschaftsministerium veröffentlicht wird. Begründung für diese Abweichung war, dass die gewerkschaftlichen Lohnabschlüsse für den liberalisierten Arbeitsmarkt in Argentinien keine Bedeutung mehr hätten.[3] Problematisch an dem Index war, dass er vom Wirtschaftsministerium erst ab Juli 1994 und nicht schon ab April 1994 berechnet wurde.[4] Zudem führte ETOSS eine Glättung des Index über sechs Monate hin durch, um den verzerrenden Effekt der in dem Index enthaltenen Weihnachtsgeldzahlung für den Dezember 1997 zu reduzieren.[5] Wenn der Preisanstieg gleichmäßig erfolgt wäre, hätte dieses Verfahren den Effekt gehabt,

1 Gerade an diesem Beispiel zeigt sich, wieso Aguas Argentinas das Thema u.U. nicht weiter behandelt hat, obwohl das Unternehmen die Problematik gesehen haben könnte. Während die administrativen Kosten stark gestiegen sind, haben sich die Kosten für chemische Produkte gesenkt. Eine Umgewichtung der Kosten hätte somit zur Folge gehabt, dass Aguas Argentinas nur noch eine geringere Erhöhung der operativen Kosten hätte geltend machen können.

2 So endete die Großhandelspreisindexserie IPM mit dem Dezember 1995 und wurde Anfang 1996 durch eine Familie von Großhandelspreisindizes IPIM, IPIB etc. ersetzt.

3 AGUAS ARGENTINAS (1998d, 265). ETOSS (1998h, 827).

4 AGUAS ARGENTINAS (1998d, 265). ETOSS (1998h, 826f). ETOSS (1998e, 1010).

5 Der Wert 1.754,33 ist der Durchschnitt der Indizes von Juli bis Dezember 1994. Der Wert 1.848,67 ist der Durchschnitt der Werte von Juli bis Dezember 1997. AGUAS ARGENTINAS (1998d, 291).

dass Aguas Argentinas geringere Preissteigerungen geltend machen kann als sie de facto angefallen sind.[1] Wieso hat Aguas Argentinas das verwendete Verfahren der Berechnung der Personalkosten nicht in Zweifel gezogen, wie dies für die noch zu beschreibenden Kostenfaktor „Elektrische Energie“ geschah? Ein Blick auf mögliche Alternativen zeigt den Grund: Hätte Aguas Argentinas für die Verwendung der alten Indizes plädiert, so hätte sich für die Rubrik „Einfache Arbeitskraft“ im Bausektor eine Senkung um 3,08 Prozent ergeben. Für den Index Tarifabschlüsse des qualifizierten Personals wäre nur eine Steigerung von 3 Prozent der Fall gewesen.[2] Aguas Argentinas hätte somit keine Erhöhung der Personalkosten um 5,38 Prozent geltend machen können, sondern eine Senkung derselben hinnehmen müssen.

Bezüglich der Rubrik „*Elektrische Energie*“ wurden innerhalb von ETOSS zwei Verfahren diskutiert: Der erste Vorschlag der Direktoren der Regierung orientierte sich an dem Verfahren der Preisrevision von 1994. Zu Grunde gelegt wurden wieder die Preise der privatisierten Stromkonzerne Edenor und Edesur, was einen Preisanstieg um 3,58 Prozent ergab.[3] Die Direktoren der Stadt Buenos Aires schlugen ein anderes Verfahren vor: Man müsse die Preisentwicklung ausgehend von der Entwicklung des Indizes IPIB für elektrische Energie zu Grunde legen. Hier hätte sich eine Senkung um 19,82 Prozent ergeben, da die Liberalisierung des Energiemarktes zu erheblichen Preissenkungen im Energiesektor beigetragen hat, die durch die Entwicklung dieses Index reflektiert werden.[4] Die Direktoren der Provinz schlossen sich diesem zweiten Vorschlag an, so dass dieser gegen die Stimmen der beiden Direktoren der Landesregierung durchgesetzt wurde. Aguas Argentinas hielt dieses Vorgehen für ungerechtfertigt. Man hätte entsprechend dem ersten Vorschlag vorgehen müssen, der auch dem Konzessionsvertrag und der ersten Preisanpassung im Jahr 1994 entsprechen würde. Eine anderweitige Handhabung bedeute, dass sich der Regulierer Effizienzgewinne des Unternehmens aneigne.[5]

Diese Argumentation war gerade im Hinblick auf die Handhabung der Preisanpassung für Personal erstaunlich. Wurde beim Personal noch mit Zustimmung von Aguas Argentinas argumentiert, dass man Indizes deswegen nicht mehr auswählen könnte, weil ihre makroökonomische Bedeutung zurückgegangen wäre, so sollte in Bezug auf die Preisanpassung bei elektrischer Energie an einer alten Regelung festgehalten werden, welche die Monopolstruktur am Energiemarkt festschreibt. Noch erstaunlicher ist es, dass sich Aguas Argentinas ex post

1 Die beiden Direktoren der Stadt Buenos Aires plädierten hingegen dafür, das Weihnachtsgeld ganz aus dem Index herauszurechnen, um so zu Vergleichswerten zwischen April 1994 und Dezember 1997 zu gelangen. Die Steigerung hätte dann allerdings nur noch 4,55 Prozent betragen. ETOSS (1998f, 1024f).

2 INDEC (1998a, 125). ETOSS (1998i, 790-792).

3 AGUAS ARGENTINAS (1998d, 267). ETOSS (1998h, 829f). ETOSS (1998f, 1026f).

4 Gemäß INDEC lag der Index für elektrische Energie IPIB bei 74,18, verglichen mit dem Basisjahr 1993=100. INDEC (1997, 111).

5 AGUAS ARGENTINAS (1998a, 52-55).

im Zuge des Beschwerdeverfahrens mit seiner Position durchsetzen konnte und ETOSS auf Grund einer Anordnung des Umweltsekretariats die Preissenkung von 19,82 Prozent in eine Preiserhöhung von 3,58 Prozent umwandeln musste.[1]

Auch anhand der Rubrik „*Erhaltungsaufwendungen*" lässt sich die Manipulierbarkeit des Preisanpassungsverfahrens gut darstellen.[2] 1994 genügte für diese Kostenkomponente noch eine einfache Aufteilung in 70 Prozent Handarbeit und 30 Prozent Material. Im Jahr 1998 wurde sie jedoch sehr stark disaggregiert. Während im Direktorium von ETOSS hinsichtlich der Aufteilung der Kostenkomponente in Subkomponenten noch Einigkeit herrschte, waren die Vorstellungen hinsichtlich der auszuwählenden Indizes sehr unterschiedlich. Dies wird in der folgenden Tabelle 4.10 dargestellt:

Tabelle 4.10 Unterschiedliche Interpretationen über die Preisanpassung für die Kostenkomponente „Erhaltungsaufwendungen"

Gewichtungen	Vorschlag Direktoren der Regierung	Vorschlag Direktoren der Stadt Buenos Aires
Installationen 84,1%		
Handarbeit 70%	Index Einfache Handarbeit im Bausektor (ICC[3])	Index der durchschnittlichen Entlohnung im Bausektor – veröffentlicht durch das Wirtschaftsministerium
Material 30%	80% Index Röhren aus PVC (IPIB) 20% Index Galvanisierte Röhren (IPIB)	Index Material (ICC)
Gebäude 8,9%		
Handarbeit 70%	Index Einfache Handarbeit im Bausektor.	Index der durchschnittlichen Entlohnung im Bausektor – veröffentlicht durch das Wirtschaftsministerium
Material 30%	Index Material (ICC)	Index Material (ICC)
Fahrzeuge 8,9%		
Handarbeit 70%	Index Einfache Handarbeit im Bausektor	Ersatzteile und Unterhaltung von Automotoren (IPC)[4]
Material 30%	Index Ersatzteile für Automotoren (IPIB)	Index Ersatzteile für Automotoren (IPIB)
Anderes 1,1%	Index Produzierte Produkte (IPIB)	Index Produzierte Produkte (IPIB)
Steigerungsrate	**3,37**	**-1,797**

Quellen: ETOSS (1998h) Desarrollo Revisión Tarifaria – Documento 1 – Propuesta Base; in: ETOSS EXPEDIENTE 12367/97, S. 833-835. ETOSS (1998f) Acta de Directorio No 8/98 vom 3.4.1998; in ETOSS, EXPEDIENTE 12367/97, S. 1028f.

1 ETOSS (1998j, 9f). Dieses Verfahren hat in gewisser Weise perverse Effekte für die argentinische Wirtschaft. So sind die hohen Stromtarife von Edenor und Edesur der Ausdruck einer noch vorhandenen Monopolstellung auf dem Markt. Diese Monopoltarife werden nun als Begründung dafür genommen, auch für das natürliche Monopol von Aguas Argentinas die Tarife anzuheben. In einem nächsten Schritt könnten vielleicht die Stromkonzerne, wenn sie Vorleistungen von Aguas Argentinas erhalten, ihrerseits wieder die Preise anheben.

2 Vgl. zu der Kritik an dem Verfahren auch den Abschnitt 3.2.2.3.

3 Índice del Costo de la Construcción.

4 Índice de Precios al Consumidor.

Dabei fällt auf, dass nicht nur bei der Auswahl der Indizes innerhalb einer Indexfamilie Uneinigkeit bestand, sondern die Indizes zudem gleich aus drei unterschiedlichen Indexfamilien entnommen wurden. Wäre es nach den Direktoriumsmitgliedern der Stadt Buenos Aires gegangen, so hätte dieser Kostenfaktor, der immerhin einen erheblichen Teil der operativen Kosten ausmacht, um 1,797 Prozent fallen anstatt um 3,37 Prozent steigen müssen.[1]

Die Rubrik *„Gleichgewicht der Konzession“* war im Zuge der Nachverhandlungen des Konzessionsvertrags ex post in diesen aufgenommen worden, so dass die rechtliche Ambivalenz dieses Kriteriums beseitigt wurde.[2] Bei der Berechnung dieser Kostenkomponente ist ETOSS folgendermaßen vorgegangen: Für die Zeit von April 1994 bis Dezember 1997 sollte der wahre durchschnittliche Anstieg der Preise bei den Kosten berücksichtigt werden. Dazu wurden die allgemeinen Indexwerte des IPIM[3] vom April 1994 und Dezember 1997 ausgewählt und durch zwei geteilt. Ausgehend von einer errechneten Preissteigerung von 4,6 Prozent für diesen Zeitraum ergab sich für das Regulierungsgleichgewicht ein Wert von 2,3 Prozent.[4] Aguas Argentinas beschwerte sich auch über dieses Berechnungsverfahren. Da insbesondere in den Monaten direkt nach der ersten Preisanpassung die Inflation sehr hoch gewesen sei und die Preise ab dem Jahr 1995 stagnierten, gebe die Berechnung eines einfachen Durchschnitts die wahre Kostensituation des Konzessionärs nicht wieder.[5] Das Umweltsekretariat machte sich diese Kritik zu eigen: Man müsse die Monate mit ihren Preissteigerungen gewichten, um dann zu einem durchschnittlichen Preisanstieg zu gelangen, woraus sich entsprechend ein Wert von 4,51 Prozent ergibt.[6] Tatsächlich erscheinen die Berechnungen des Umweltsekretariats plausibler als die von ETOSS, wenn man von der Prämisse ausgeht, dass das Unternehmen durch die Rubrik „Gleichgewicht der Konzession“ einen möglichst guten Schutz vor Inflation erhalten soll.

1 Im Simulationsmodel für die Jahre 1998 bis 2003 ergibt diese Differenz einen Kostenunterschied der operativen Gesamtkosten von immerhin Mill. $ 7,3.

2 Vgl. Nummer 3.5 des Dekrets 1167/97.

3 Índice de Precios Internos al por Mayor.

4 Für die Monate Januar bis Dezember 1998 wird unter der Annahme eines linearen Preisanstiegs ein Regulierungsgleichgewicht von 0,55 Prozent angenommen.

5 AGUAS ARGENTINAS (1998a, 59).

6 SRNyDS (1998a, 259). SRNyDS (1998b, 263f). Ein weiterer Fehler, den ETOSS bei der Berechnung des Gleichgewichts der Konzession im Simulationsmodell begangen hat, wurde von Aguas Argentinas nicht kritisiert, da er dem Unternehmen zum Vorteil gereichte: Im fünften Jahr der Konzession wurde die Inflation bis Dezember 1997 gemessen, nicht bis April 1998. Insofern hätte auch das Gleichgewicht der Regulierung nur bis Dezember 1997 mit den realen Werten der Inflationsrate gemessen werden dürfen, um für die übrigen 12 Monate Januar bis Dezember 1998 die projektierten Werte der Inflationsrate heranzuziehen. Dies bedeutet, das fünfte (expandierte) Jahr der Konzession hätte zu 8/20 mit 4,51 Prozent und zu 12/20 mit 0,55 Prozent erhöht werden müssen anstatt umgekehrt. Dieser Fehler ist sowohl bei den operativen Kosten, wie auch bei der Investitionen geschehen. Dazu liegt eine gesonderte Dokumentation vor.

Hinsichtlich der Aufteilung der Kosten für die Investitionen wurde in gleicher Weise wie bei den operativen Kosten verfahren, d.h. die Kostenkomponenten wurden als Anteile an den Gesamtinvestitionen der Jahre 1998 bis 2003 anhand der Offerte berechnet.[1] War die Ausrichtung an den Werten der Offerte bei den operativen Kosten schon problematisch, so ist sie im Falle der Investitionen stark verfälschend. Im Zuge der Nachverhandlungen der Jahre 1994 und 1997 sollten insbesondere zusätzliche Investitionen in das sekundäre Trink- und Abwassernetz vorgenommen werden. Diese Investitionen weisen jedoch eine andere Struktur der Kostenkomponenten auf als die übrigen Investitionen.[2] Insofern hätten sich auch die Gewichtungen der einzelnen Kostenkomponenten in der Gesamtbetrachtung verschieben müssen, wenn man die zusätzlichen Investitionen in die Betrachtung aufgenommen hätte.[3] Auch die Bildung eines einfachen Durchschnitts für den Kostenanstieg der Investitionen ist problematisch. Genauer wäre es gewesen, die Struktur der Investitionen in jedem Jahr der Konzession für sich zu betrachten und dann eine entsprechende Gewichtung der Kostenkategorien vorzunehmen. So müsste z.B. die Preisanhebung in einem Jahr, in dem vor allem das Wasserwerk erweitert wird, eine andere sein als in einem Jahr, in dem wesentliche Investitionen in den Netzaufbau fließen. Auch bezüglich der Indexierung der Investitionen kam es zu Meinungsverschiedenheiten zwischen Aguas Argentinas und ETOSS hinsichtlich der Auswahl adäquater Indizes[4], so dass sich einmal mehr zeigte, dass die Interpretationsspielräume in dem Inputpreisindexierungsverfahren zu groß sind.

Für die Berechnung der Finanzierungskosten wurde entgegen den Vorgaben des Konzessionsvertrags nur noch die Prime-Rate berücksichtigt, die im Dezember 1997 bei 8,5 Prozent lag. Entsprechend wurden die Finanzierungskosten auf 10 Prozent angehoben.[5] Hätte man entsprechend dem Konzessionsvertrag eine 50/50 Gewichtung von Libor- und Prime-Rate gewählt, so wäre nur eine Anhebung auf rund 8,85 Prozent der Fall gewesen.[6]

Über das Simulationsmodell in Anhang 3.9 wurde die kompensatorische Tariferhöhung berechnet, die nötig ist, um den angenommenen Kostenanstieg auszugleichen. Diese lag entsprechend der Entschließung 34/98 bei 1,61 Prozent.[7] Ausgehend von den Beschwerden des Unternehmens machte sich das Umwelt-

1 AGUAS ARGENTINAS (1998c, 79f). ETOSS (1998g, 954). Eine Übersicht ergibt sich aus einer gesonderten Dokumentation.

2 Hierzu ist eine gesonderte Dokumentation verfügbar.

3 Die Verzerrungen waren allerdings nicht substanziell.

4 Ein Beispiel wird in einer gesonderten Dokumentation herausgegriffen.

5 ETOSS (1998g, 951). Gemäß Konzessionsvertrag muss der Regulierer einen Aufschlag von 1,5 Prozent auf Prime-Rate und Libor gewähren.

6 Die Prime-Rate für Dreimonatskredite lag im Dezember 1997 bei 5,985 Prozent.

7 Messlatte für die Tariferhöhung war wieder, dass die langfristige Verschuldung des Unternehmens im 10. Konzessionsjahr konstant bleibt. Der Anstieg von Mill. $ 219,7 auf Mill. $ 234,8 kam dabei auf Grund der notwendigen Korrektur einiger Rechenfehler zustande. Hierzu ist eine gesonderte Dokumentation verfügbar.

sekretariat einige von dessen Argumenten zu eigen. Neben der schon beschriebenen Anpassung des Kostenfaktors „Gleichgewicht der Konzession" wurden auch die Kosten für „Elektrische Energie" gemäß den Forderungen des Unternehmens erhöht. Das war gerade die Kostenkategorie, bei der sich zuvor die Direktoren der Stadt Buenos Aires gegenüber den Direktoren des Landes durchgesetzt hatten. Die Tariferhöhung um 5,31 Prozent ist in dem entsprechenden Simulationsmodell in Anhang 3.10 wiedergegeben.[1]

4.3.2 Die normative Analyse der planmäßigen Revision im Jahr 1999

Im Mai 1998 legte ETOSS dem Umweltsekretariat einen Zeitplan zur planmäßigen Revision vor, der für Ende Dezember 1998, die Festlegung eines überarbeiteten Regulierungsmodells vorsah.[2] Allerdings erhielt das Sekretariat den Bericht, in dem die wesentlichen Richtlinien für die zukünftige Regulierung von Aguas Argentinas spezifiziert waren, erst Anfang Oktober 1998.[3] Grund für diese späte Ablieferung durch ETOSS mag einerseits der Streit im Direktorium gewesen sein, der die Arbeit des Regulierers lähmte[4], andererseits lieferte aber auch das Unternehmen die von ETOSS angeforderten Informationen nur schleppend.[5] Nach der Übermittlung des Berichts zog das Umweltsekretariat die Verhandlungen an sich und handelte wieder unter Ausschluss des Regulierers mit dem Unternehmen den Rahmen für die Anpassung des Konzessionsvertrags aus.[6] Obwohl die planmäßige Revision bereits zum Ende 1998 hätte abgeschlossen sein müssen, war das neue Regulierungsschema auch Anfang 2000 noch nicht komplett, sondern es existierten nur einzelne Normen für die zukünftige Regulierung sowie eine Bewertung der ersten fünf Jahre der Konzession.[7] Die wesentlichen Aspekte hierzu werden in den folgenden Abschnitten dargestellt werden.

4.3.2.1 Künftige Tarifanpassung durch außerplanmäßige Revisionen

Für die außerplanmäßigen Revisionen wurde das Preisindexierungsverfahren noch einmal grundlegend geändert. Das sehr differenzierte Inputpreisindexierungsverfahren hatte sich, wie auch die Analyse in dem vorherigen Abschnitt gezeigt hat, nicht bewährt und wurde deshalb durch ein Indexierungsverfahren ersetzt, das sich nur noch an allgemeinen Preisindizes orientierte. Nach dem

1 Die langfristige Verschuldung bleibt gegenüber der Simulation von ETOSS mit nahezu Mill. $ 233,3 konstant.
2 ETOSS (1998k, 4).
3 ETOSS (1998l).
4 So war der Direktor Marzocca von der Provinz Buenos Aires mit dem Bericht nicht einverstanden. ETOSS (1998a).
5 So stellte ETOSS in einem Brief vom 13.10.1998 fest, dass es dem Regulierer auf Grund verspäteter Lieferungen von Informationen unmöglich sei, bis Ende Dezember die Bedingungen der Revision bestimmt zu haben. ETOSS (1998m, 354).
6 SRNyDS (1998/98c).
7 FERRO (2000, 4).

neuen Verfahren werden Preisanpassungen anhand eines einfachen Durchschnitts aus Producer Price Index-Industrial Commodities und Consumer Price Index-Water and Sewerage Maintenance in den USA vorgenommen.[1] Die erste Preisanpassung mittels des neuen Verfahrens sollte am 1.2.2000 stattfinden.[2]

Im Prinzip ist die Vereinfachung der Preisindexierung als eine Verbesserung gegenüber der alten Inputpreisindexierung zu werten, denn auf Grund der eindeutigen Spezifikation der Indizes werden Interpretationsspielräume mit den damit verbundenen Verhandlungskosten praktisch ausgeschlossen. Als positiv ist darüber hinaus anzusehen, dass mit dem neuen Verfahren für eine Tarifanpassung nicht mehr über die Inputseite des Unternehmens argumentieren werden muss, sondern die Indexsteigerungen direkt auf den Tarif umgelegt werden. Dadurch entfällt auch der Bedarf einer Gewichtung einzelner Kostenkategorien und ein Streit über die Frage, ob nun der Regulierer Effizienzgewinne vereinnahmt hat oder nicht, kann nicht mehr auftreten. Die Verwendung von amerikanischen Preisindizes könnte dadurch begründet werden, dass auf Grund der Dollarbindung des Peso ein Zusammenhang zwischen der erwarteten Preisentwicklung der Vereinigten Staaten und der erwarteten Preisentwicklung in Argentinien besteht.[3]

Allerdings wird der Zusammenhang der Preisentwicklungen in den USA und in Argentinien auf kurzfristige Sicht nicht zwingend sein, weil die Preise in beiden Ländern stark von lokalen Gesichtspunkten dominiert werden.[4] Zudem ist fraglich, ob die gewählten Indizes tatsächlich eine gute Annäherung an die erwarteten Kostensteigerungen für Aguas Argentinas darstellen. Auf Grund der engen Verbindung nach Europa in Bezug auf das federführende Konsortium im Speziellen und der Verflechtung des argentinischen Außenhandels im Allgemeinen ist zu erwarten, dass das Unternehmen einen Großteil seiner Inputprodukte nicht aus den USA sondern aus der Europäischen Union bezieht. Das für die Entwicklung der Importpreise wichtige Wechselkursverhältnis Euro/Peso wird aber durch die US-Indizes vollkommen ausgeklammert.[5] Der gewählte US-Konsumentenpreisindex ist zwar auf Grund seiner direkten Beziehung zum Wassersektor wesentlich spezifischer als der allgemeine Produzentenpreisindex, birgt aber das Problem in sich, dass mit ihm auch spezifische US-amerikanische Cha-

1 SRNyDS (1998/98c, Anhang I). Letzterer Index wird von dem Bureau of Labor Statistics Data der USA veröffentlicht.

2 SRNyDS (1998c, Anhang I).

3 Dabei bleibt die Frage offen, was passiert, wenn die Dollarbindung des Peso aufgehoben wird.

4 So stiegen die argentinischen Preise in den ersten Jahren der Bindung des Peso an den Dollar stärker als die Preise in den USA. Dies wird zum einen mit noch nicht revidierten Inflationserwartungen der Wirtschaftssubjekte zusammenhängen, zum anderen mit verfestigten Monopolstrukturen auf dem argentinischen Markt.

5 Eine Abwertung des Euros gegenüber dem Dollar bedeutet somit, dass das Unternehmen Vorprodukte aus Europa günstiger einkaufen kann und auf Grund dessen die Tarife im Wassersektor tendenziell sinken müssten.

rakteristika abgebildet werden, wie z.B. vorhandene Umweltstandards und Qualitätsnormen, die für Argentinien keine Gültigkeit besitzen.

Eine weitere Änderung ist die Möglichkeit einer außerplanmäßigen Anpassung des Tarifs auf Grund „höherer Gewalt". Ein solcher Fall wird durch ein Ereignis ausgelöst, das eine Veränderung des *spreads* zwischen einem langfristigem US-Bond und einem Dollar-notierten argentinischen Bond um mindestens 300 Punkte bedingt.[1] In diesem Zusammenhang ist es als problematisch anzusehen, dass der *spread* zwischen argentinischen Bonds und US-Bonds in der jüngsten Zeit stark schwankte. So stieg der *spread* auf Grund der Mexiko-Krise im Jahr 1994 von 493 Basispunkten auf 1496 Basispunkte im Laufe des Jahre 1995 an, um 1996 wieder auf 518 Basispunkte zu fallen. Im Januar 1999 lag er dann wieder bei 1212 Basispunkten.[2] D.h. in den Jahren 1994 bis 1999 hätte es mindestens drei zusätzliche Tarifanpassungen auf Grund außergewöhnlicher Umstände geben müssen.

4.3.2.2 Das Verfahren der planmäßigen Revision

Eine weitere wichtige Änderung des Konzessionsvertrags bestand in der zwischen Umweltsekretariat und Konzessionär einvernehmlich ausgehandelten Eliminierung des strittigen Artikels 47 in den Regulierungsrichtlinien, der von Aguas Argentinas immer wieder als Argument für Gewinnregulierung anstatt von Preisregulierung angeführt worden war.[3] Das Unternehmen hatte damit zu rechtfertigen versucht, dass auch eine bei Konzessionsvergabe falsch eingeschätzte Nachfrage oder eine schlechter als erwartete Zahlungsmoral der Konsumenten als Auslöser für eine Kostenanpassung gelten können.[4] Die Klarstellung ist im Prinzip zu begrüßen. Fortan soll ein Preisregulierungsverfahren Anwendung finden, dessen Schema in diesem Abschnitt dargestellt wird.

Es gehört allerdings wenig Vorstellungskraft zu der Einsicht, dass das Unternehmen für die Aufgabe seiner Position Zugeständnisse seitens der Regierung eingefordert hat. Diese bestehen vornehmlich darin, dass die Regierung für die ersten fünf Jahre der Konzession ein Gewinnregulierungsverfahren akzeptierte. Das Gewinnregulierungsverfahren für die ersten fünf Jahre der Konzession wird in Abschnitt 4.3.2.3 dargestellt.

Durch die Eliminierung des Artikels 47 in den Regulierungsrichtlinien bekennt sich das neue Regulierungsverfahren noch einmal deutlich zur Preisregulierung nach englisch/walisischem Vorbild. Aus Mangel an Komparatoren, wie sie OFWAT im Rahmen von *Yardstick-competition* nutzen kann, soll für Aguas Argentinas ein Modellunternehmen konstruiert werden. Die Wassertarife werden im Prinzip alle fünf Jahre so angepasst, dass das für die nächsten fünf Jahre

1 SRNyDS (1999a, Addenda, 46).
2 CHISARI et al. (2000, 20).
3 Vgl. dazu auch Abschnitt 3.2.2.1.
4 FERRO (2000, 4).

konstruierte Modellunternehmen eine faire, d.h. marktübliche Verzinsung seines eingesetzten Kapitals erhält. Erreicht das reale Unternehmen die Effizienz des Modellunternehmens nicht, so fällt die Verzinsung des eingesetzten Kapitals entsprechend geringer aus. Gemäß der Übereinkunft soll das Modellunternehmen durch ETOSS und den Konzessionär gemeinsam erstellt werden, wobei *Benchmarking* mit vergleichbaren Unternehmen im In- und Ausland durchzuführen ist.[1] Da bisher noch keine entsprechenden Vergleichsmöglichkeiten existieren, weil das *Benchmarking*-Verfahren noch nicht weit genug entwickelt ist, wird Aguas Argentinas selbst bis zum 31.12.2000 das Modellunternehmen darstellen.[2] Für das Modellunternehmen wird eine jährliche Effizienzverbesserung erwartet, die durch den sogenannten Faktor X globaler Effizienz[3] abgebildet wird. Für den zweiten Fünfjahreszeitraum stellt der Faktor X die Produktivitätszuwächse dar, die in diesem Zeitraum für die argentinische Wirtschaft erwartet werden.[4] Der Wert soll im ersten Jahr des zweiten Fünfjahreszeitraums, d.h. dem sechsten Konzessionsjahr von ETOSS und dem Konzessionär gemeinsam festgelegt werden. Sollte es innerhalb dieses Zeitraums zu keiner Einigung kommen, wird der Wert mit jährlich 0,5 Prozent festgelegt.[5] Für den Fall, dass der Konzessionär die erforderlichen Daten bis zum siebten Jahr der Konzession noch nicht vorgelegt hat, wird der Wert noch einmal um 0,3 Prozent erhöht, so dass insgesamt Effizienzsteigerungen von jährlich 0,8 Prozent erforderlich sind.[6]

Nicht geklärt wird allerdings die Frage, wie die Preisobergrenzen für die Tarife zu gestalten sind, wenn sich im sechsten bzw. siebten Konzessionsjahr auf Grund von *Benchmarking* herausstellt, dass Aguas Argentinas ineffizienter als das Modellunternehmen ist. Streng genommen müsste das Unternehmen dann bis zum Ende des zweiten Fünfjahreszeitraum zwei Effizienzziele erreichen: Zum einen muss es die Effizienz des definierten Modellunternehmens erlangen, zum anderen die jährlichen Effizienzverbesserungsvorgaben des Faktors X erfüllen, wenn es eine faire Verzinsung des eingesetzten Kapitals erzielen möchte. Dabei bleibt offen, wie das Prozedere der Anpassung ausfällt: Werden die Effizienzkriterien zum Zeitpunkt der Bestimmung des Modellunternehmens sofort strikt angewendet oder gibt es eine Übergangsfrist z.B. bis zum Ende des zweiten Fünfjahreszeitraums, bis zu dem Aguas Argentinas die zwei Effizienznormen erreicht haben muss, so dass die faire Verzinsung des eingesetzten Kapitals erzielt wird?[7] Diese Unklarheit belässt dem Unternehmen für die Zukunft einen gewissen Verhandlungsspielraum.

1 SRNyDS (1998c, Anhang I).
2 SRNyDS (1999a, Addenda, 42).
3 Eficiencia global. Vgl. dazu Abschnitt 3.2.1.4.
4 SRNyDS (1998c, Anhang I).
5 SRNyDS (1998c, Anhang I).
6 SRNyDS (1999a, Addenda, 42).
7 Vergleiche dazu auch die Bedenken von ETOSS (1999a, Anhang II, 3).

Fragwürdig ist zudem, ob Aguas Argentinas in Anbetracht eines sanktionierenden X in Höhe von 0,8 Prozent einen Anreiz zu konstruktiven Verhandlungen mit ETOSS hat. Vor dem Hintergrund, dass das britische OFWAT die Steigerung der X-Effizienz im englisch/walisischen Wassersektor für die Jahre 1994-2000 mit jährlich 2 Prozent festgelegt hatte und ab dem Jahr 2000 immer noch von jährlich 1 Prozent ausgeht, scheinen diese Anreize nicht unbedingt gegeben zu sein.

Dieses Problem ist eng mit der Fragestellung verbunden, wieso im Zuge der Neuausrichtung des Konzessionsvertrags der enge Abstimmungsbedarf zwischen Regulierer und Konzessionär bei der Bestimmung eines Modellunternehmens beibehalten wird. Konflikte und Zeitverzögerungen scheinen in diesem Verfahren schon vorprogrammiert zu sein. Angemessener wäre es gewesen, wenn der Regulierer sich die Festlegung eines Modellunternehmens alleine vorbehält und der Konzessionär vor einem endgültigen Beschluss allenfalls noch einmal konsultiert wird.

Auch wird der Regulierer mit der Aufgabe überfordert sein, einen allgemein zu erwartenden Produktivitätsfortschritt für die argentinische Wirtschaft zu bestimmen. Das Umweltsekretariat macht diesbezüglich keinerlei Vorschläge. In diesem Zusammenhang stellt sich schließlich auch die Frage, wieso nicht die erwartete Effizienzsteigerung innerhalb des internationalen Wassersektors für die Bestimmung des Faktors X gewählt wurde. Wenn mögliche Produktivitätsfortschritte in den einzelnen Industrien sehr unterschiedlich sind und weniger von länderspezifischen Faktoren als von der allgemein verfügbaren Technik abhängig sind, so wäre ein wasserindustriespezifischer Parameter angemessener. Aguas Argentinas wird dadurch, dass es sich im Besitz eines europäischen Konsortiums befindet, Zugang zur europäischen Wassertechnologie haben, so dass das Unternehmen hinsichtlich der ihm verfügbaren Technologie mit europäischen und amerikanischen Wasserunternehmen vergleichbar ist.

Im folgenden soll das Konstruktionsverfahren für das Modellunternehmen im Detail beschrieben werden. Aus den negativen Nettozahlungsströmen der ersten Fünfjahresperioden entstehen dem Konzessionär Zahlungsansprüche, die in die nachfolgenden Perioden hineinreichen. Der Grund hierfür liegt in den vorzunehmenden Investitionen, deren Amortisation sich über einen längeren Zeitraum hinzieht. Deshalb werden am Ende jeder Fünfjahresperiode sogenannte Nettofinanzpositionen (EFNQ)[1] des Unternehmens für den vorangegangen Fünfjahreszeitraum berechnet, die ein Ausdruck der finanziellen Ansprüche sind, die dem Konzessionär für nachfolgende Perioden auf Grund von Investitionen entstehen.[2] Die EFNQ setzten sich wiederum aus den in jedem Jahr generierten Nettozahlungsströmen (FFN)[3] zusammen.[1] Die FFN werden entsprechend der Formel

1 Exposición Financiera Neta Quinquenal
2 SRNyDS (1998c, Anhang I).
3 Flujo de Fondos Netos.

4.10 auf das Ende der jeweiligen Fünfjahresperiode aufgezinst und dann zu den jeweiligen EFNQ aufsummiert.[2]

$$(4.10) \quad EFNQ_m = \sum_{t=1}^{5}(FFN_t \cdot ATD^t) ,$$

mit *m=1,2,...,6* entsprechend den sechs Fünfjahresperioden der Konzession.

Die Zusammensetzung der FFN für den ersten Fünfjahreszeitraum wird ebenso wie der daraus errechnete $EFNQ_1$ weiter unten dargestellt werden. Die Aufzinsung der FFN erfolgt über die für jede Periode bestimmten angemessenen Kapitalkosten ATD[3]. Diese ATD werden ab dem zweiten Fünfjahreszeitraum über die bereits in Abschnitt 3.2.1 beschriebene CAPM-Methode bestimmt.

Für die Kosten des Eigenkapitals r_{Ek} gilt die folgende Formel:

$$(4.11) \quad r_{Ek} = r_f + (1 + \frac{Fremdkapital}{Eigenkapital}) \cdot r_m \cdot \beta .$$

r_f stellt die Verzinsung einer in Dollar notierten risikoarmen argentinischen Staatsanleihe mit Laufzeit bis 2023 dar. Dabei wird als Kurs der Staatsanleihe die wöchentliche Durchschnittsverzinsung der letzten drei Jahre vor der Revision zu Grunde gelegt.[4] Fraglich ist hierbei allerdings, ob durch die argentinischen Dollar-Bonds das risikoarme Marktportfeuille adäquat dargestellt wird. So impliziert ein Bond mit Laufzeit bis 2023, dass zwar die Zinsen im Laufe der Zeit fließen, dass Kapital jedoch bis zu diesem Zeitpunkt festgelegt ist. Aguas Argentinas erhält aber das investierte Eigenkapital bereits vor 2023 zurück, so dass im Jahr 2023 keine Auszahlungen mehr fällig sind. Insofern überschätzt ein Bond mit einer Laufzeit bis 2023 die Festlegung des Kapitals und somit das Risiko für den Kapitalgeber. Als bessere Annäherung hätte sich hier ein Bündel von Bonds mit unterschiedlichen Laufzeiten angeboten.

Das β in Höhe von 0,67 stellt das systematische Risiko im englisch-walisischen Wassersektor dar.[5] Dies erscheint dann sinnvoll, wenn sich Preisregulierung im argentinischen Wassersektor in Zukunft tatsächlich gegenüber dem Unternehmen durchsetzen lässt. Das Risiko des Marktportfolios r_m soll als Differenz der Erträge zwischen einem repräsentativen Aktienportefeuille mit US-Aktien und

1 Die Nettozahlungsströme sollen im Prinzip um zugesagte, aber nicht durchgeführte Investitionen bereinigt werden, wenn die Unterlassung von dem Konzessionär verschuldet war. Zudem sollen nur solche zusätzlichen Investitionen aufgenommen werden, die für die Konzession notwendig sind. SRNyDS (1999a, Addenda, 48). Offen bleibt, wie ein Verschulden des Konzessionärs bei Unterlassung von zugesagten Investitionen festgestellt werden kann bzw. wie festgelegt wird, welche zusätzlichen Investitionen notwendig waren und welche nicht. Vgl. dazu auch ETOSS (1999a, Anhang IV).

2 SRNyDS (1999a, Addenda, 48).

3 Adecuada Tasa de Descuento

4 SRNyDS (1998c, Anhang I).

5 SRNyDS (1998c, Anhang I).

langfristigen Staatsanleihen in den USA über einen Zeitraum von 30 Jahren hinweg gemessen werden.[1] Dieser Ansatz erscheint plausibel.

Für die Berechnung der Fremdkapitalkosten wählte das Umweltsekretariat ebenfalls die Verzinsung einer in Dollar notierten argentinischen Staatsanleihe mit Laufzeit bis 2023.[2] Kritisch hierzu ist zu bemerken, dass dies nur eine unvollkommene Annäherung an die Fremdkapitalfinanzierungssituation des Unternehmens darstellt, da das Unternehmen sicherlich keine Unternehmensanleihen mit einer derartig langen Laufzeit emittieren wird und das unternehmerische Risiko nicht mit dem argentinischen Länderrisiko vergleichbar ist.

Nachdem die Höhe der finanziellen Ansprüche in jedem Fünfjahreszeitraum der Konzession bestimmt wurde, stellt sich anschließend die Frage, wie diese finanziellen Ansprüche innerhalb der Konzession behandelt werden. Ausgehend von dem Beginn der folgenden Fünfjahresperiode wird für die Restlaufzeit der Konzession die jährliche äquivalente Annuität AEQ[3] der EFNQ gebildet, d.h. es wird berechnet, welche gleichmäßigen jährlichen Zahlungsströme neben den ohnehin geplanten Zahlungsströmen noch erreicht werden müssen, damit zu jedem Zeitpunkt die bereits realisierten bzw. die geplanten EFNQ über die Erlöse gedeckt werden.[4] Mit dieser Regelung soll der Konzessionsvertrag unter Beibehaltung der Idee der Preisregulierung so flexibilisiert werden, dass z.B. Abweichungen der Investitionen von den Planwerten bequem berücksichtigt werden können. Gleichzeitig dienen die AEQ als Basis für die Festlegung der Wassertarife. Als Zinssatz zur Abzinsung wird der schon bei der Aufzinsung der FFN verwendete ATD der korrespondierenden Fünfjahresperiode herangezogen. Die Formel für die Berechnung der Annuität lautet:

$$(4.12)\quad AEQ_m = \frac{EFNQ_m \cdot ATD_m}{1-(1+ATD_m)^{-\alpha}},$$

wobei α die Anzahl der Monate bis zum Ablauf der Konzession und m den Bezugszeitpunkt darstellt.

Das sogenannte finanzielle Gleichgewicht der Regulierung[5] schließlich erlaubt es dem Unternehmen, durch seine Tarifeinnahmen alle Kosten über den Zeitraum der Konzession unter der Effizienz-Bedingung des Modellunternehmens zu decken.[6] Dieses Gleichgewicht wird durch die sogenannte Gleichgewichts-

1 SRNyDS (1999a, Addenda, 51).
2 SRNyDS (1999a, Addenda, 50).
3 Anualidad Equivalente
4 SRNyDS (1998c, Anhang I).
5 Equilibrio Económico Financiero.
6 SRNyDS (1998c, Anhang I). Das Umweltsekretariat ist hier in seiner Definition sehr missverständlich, da die effektive Lage des Konzessionärs für die EFNQ zur Grundlage gemacht wird. Das scheint aber nicht gemeint zu sein, denn ein solches Verfahren würde reine Gewinnregulierung bedeuten. Vgl. dazu SRNyDS (1999a, Anhang I).

position PE[1] bestimmt, die für alle FFN des Konzessionszeitraums zusammen unter Abzinsung durch die ATD den Wert Null ergibt.[2]

4.3.2.3 Bewertung der ersten fünf Jahre der Konzession

Die Berechnung des $EFNQ_1$ für die erste Fünfjahresperiode wurde durch das Umweltsekretariat übernommen. Dies ist insofern beachtlich, als sich darin ein gewisses Misstrauen von Seiten der argentinischen Regierung gegenüber dem Regulierer ausdrückt und anscheinend sichergestellt werden sollte, dass die Interpretation des Umweltsekretariats auch umgesetzt würde. Tatsächlich beharrte ETOSS bis zuletzt auf seiner Ansicht, dass die Konzession auch für die ersten fünf Jahre der Konzession gemäß Preisregulierung reguliert werden müsste.[3] Das Umweltsekretariat vertrat demgegenüber die Auffassung, dass für diesen Zeitraum ex post zu einem Gewinnregulierungsverfahren überzugehen sei. Begründet wurde dies einerseits mit der unklaren Formulierung in den Regulierungsrichtlinien und der damit verknüpften Androhung des Konzessionärs, notfalls vor Gericht eine Anpassung des Regulierungsverfahrens zu erstreiten. Andererseits wurde darauf hingewiesen, dass Regulierungsentscheidungen von ETOSS und dem Wirtschaftsministerium die Konzession destabilisiert hätten, so dass Aguas Argentinas ein Preisregulierungsverfahren nicht mehr zugemutet werden könne. Insofern müsste man dem Konzessionär entgegenkommen und für die ersten fünf Konzessionsjahre ein Gewinnregulierungsverfahren akzeptieren, um ab dem sechsten Jahr der Konzession das Preisregulierungsverfahren einzuführen.[4] Dazu wurde, wie bereits erwähnt, mit dem Konzessionär die Streichung des zweifelhaften Artikels 47 in den Regulierungsrichtlinien abgestimmt.[5]

Letztendlich war die Auffassung des Umweltsekretariats ausschlaggebend, so dass für die Bewertung der ersten fünf Jahre der Konzession ein hybrides Gewinnregulierungsverfahren gewählt wurde: Während sich die Einnahmen und Investitionen der Konzession weitgehend an realen Werten orientierten, wurden die operativen Kosten als regulierte Werte entsprechend dem Simulationsmodell bestimmt. ETOSS oblag es nun, die wesentlichen Daten über Investitionen, operative Kosten und Einnahmen des Unternehmens für die Berechnung der FFN und des $EFNQ_1$ zu liefern.[6]

Die Investitionen, für die ETOSS Werte ermitteln sollte, wurden in drei Rubriken aufgeteilt: Die geplanten Investitionen und der zeitabhängige Grad ihrer Durchführung, die geplanten, aber nicht durchgeführten Investitionen und die ungeplanten, zusätzlich durchgeführten Investitionen. Bezüglich der ersten bei-

1 Posición de Equilibrio.
2 SRNyDS (1999a, Addenda, 39).
3 ETOSS (1999b, 8f).
4 SRNyDS (1999a, Anhang I).
5 SRNyDS (1999a, Art. 3).
6 Vgl. dazu SRNyDS (1999b, 22f).

den Rubriken bestand für den Regulierer das Problem, die Investitionen selbst bzw. den Grad ihrer Ausführung bewerten zu müssen. Man entschloss sich schließlich für ein Verfahren, nach dem die einzelnen Investitionen klassifiziert und der Grad ihrer Durchführung Jahr für Jahr durch einen Prozentsatz ausgedrückt wurde, um schließlich den Prozentsatz mit dem Planwert der Investitionen in der Offerte – bereinigt um die Preisanpassungen auf Grund der außerplanmäßigen Revisionen - zu multiplizieren. Die sich daraus ergebenden Werte wurden von ETOSS mit den Planwerten verglichen, um mögliche Abweichungen zu bestimmen.[1] Hinsichtlich dieser Berechnungsmethode stellte ETOSS selbst fest, dass sie nur eine grobe Schätzung sein kann. Man sei aber auf eine solche Methode angewiesen, da Aguas Argentinas die benötigten Informationen nicht liefern könne oder liefern wolle.[2]

Hinsichtlich der zusätzlichen, nicht in der Offerte vorgesehenen Investitionen forderte das Umweltsekretariat, dass ETOSS diese zu den von Aguas Argentinas angegebenen Werten berechne, wobei nur diejenigen Investitionen einbezogen werden sollten, die sinnvoll und notwendig waren.[3] Der Regulierer übernahm daraufhin die entsprechenden Werte für diese Investitionen aus den jährlichen Bilanzen des Konzessionärs[4], sah sich aber außerstande zu bewerten, ob die von Aguas Argentinas angegebenen Investitionen sinnvoll gewesen sind und folglich für die Bewertung der FFN herangezogen werden dürften.[5] Das Umweltsekretariat solle bzgl. dieser Investitionen selbst entscheiden.[6]

Für die Berechnung der operativen Kosten wurde ETOSS durch das Umweltsekretariat mit der Klärung der Frage beauftragt, welche Kosteneinsparungen dem Unternehmen auf Grund geringerer Infrastrukturinvestitionen entstanden sind.

Hinsichtlich der geringeren Kosten für die Trinkwasserproduktion führte ETOSS die folgende Berechnung durch: Zunächst wurde die tatsächlich ver-

1 ETOSS (1999c, 33f). ETOSS (1999d, 212-215). Um ein fiktives Beispiel zu geben: Gemäß Offerte soll ein Wasserwerk für Mill. $ 20 ausgebaut werden. Davon fallen im zweiten Jahr der Konzession Mill. $ 5 und im dritten Jahr der Konzession Mill. $ 15 an. Dann entspricht dies einem geplanten Grad der Fertigstellung von 25 Prozent für das zweite Jahr und 75 Prozent für das dritte Jahr der Konzession. Real wurden aber auf Grund einer Schätzung von ETOSS nur 10 Prozent im zweiten und 60 Prozent im dritten Jahr durchgeführt. Entsprechend werden für das zweite Jahr Mill. $ 2 und für das dritte Jahr Mill. $ 12 angerechnet. Mill. $ 6 fehlen noch.

2 ETOSS (1999c, 33f).

3 SRNyDS (1998c, Anhang I, 12).

4 Dazu gehören z.B. Investitionen für Immobilien, Maschinen oder aktivierte Kosten der Organisation. ETOSS (1999d, 224).

5 ETOSS (1999e, 49). Direktor Epszteyn vertrat demgegenüber die Minderheitsauffassung, ETOSS sei verpflichtet, sinnvolle Investitionen von nicht sinnvollen Investitionen zu trennen. Dazu seien zusätzliche Informationen von Aguas Argentinas einzufordern. ETOSS (1999f, 158f) und ETOSS (1999g, 142).

6 ETOSS (1999d, 198). Eine Übersicht über die berechneten Investitionen ist in einer gesonderten Dokumentation erhältlich.

sorgte Bevölkerung mit der geplanten versorgten Bevölkerung in Beziehung gesetzt, um dann unter der Annahme einer linearen Beziehung einen entsprechenden prozentualen Abschlag auf die Kostenkomponenten „Elektrische Energie" und „Chemische Produkte" zu berechnen.[1]

Für die Berechnung der operativen Kosteneinsparungen für die Rubrik „Versorgungsnetze" wird für die ersten vier Jahre der Konzession davon ausgegangen, dass die operativen Kosten auf Grund der erreichten Versorgungsziele trotz einer geringer als geplanten Netzlänge gleich geblieben sind. Für das fünfte Jahr wurden jedoch die Versorgungsziele nicht erreicht. Aus diesem Grund wird die geplante Netzlänge mit der tatsächlichen Netzlänge in Beziehung gesetzt und ein entsprechender prozentualer Abschlag auf die Kostenkomponenten „Personalkosten", „Elektrische Energie" und „Erhaltungsaufwendungen" berechnet.[2]

Schließlich werden noch die Mehrkosten berechnet, die auf Grund einer direkten Belieferung des Stadtteils Quilmes entstanden sind.[3]

Ähnlich wie schon im Fall der Investitionen können auch diese Kostenanpassungen nur als eine sehr grobe Annäherung betrachtet werden. Zum einen werden nur wenige Kostenrubriken in die Betrachtung einbezogen, zum anderen mögliche Skaleneffekte nicht berücksichtigt.

Ursprünglich sollte ETOSS auch die Korrekturen für die regulierten Einnahmen von Aguas Argentinas darstellen. Es stellte sich allerdings heraus, dass ETOSS teilweise keine oder nur ungenaue Angaben machen konnte. So wollte das Umweltsekretariat z.B. wissen, inwiefern die Einwohnerregister von OSN unvollständig waren, so dass das Unternehmen bei Übernahme der Konzession von falschen Planwerten über die Anzahl der versorgten Haushalte ausgehen musste. ETOSS teilt dazu mit, dass auch dem Regulierer Informationen hierzu nicht verfügbar wären.[4] Diese Unvollständigkeit der von ETOSS gelieferten Daten war Grund dafür, dass das Umweltsekretariat dazu überging, die de facto erzielten Einnahmen des Konzessionärs für die Berechnung der FFN heranzuziehen.

---

1 ETOSS (1999h, 41f).

2 ETOSS (1999h, 42). Die Berechnung der Kosten für die Abwassernetze und die Abwasserreinigung erfolgte entsprechend den ersten beiden Kostenkategorien und wird hier nicht gesondert betrachtet.

3 In der Offerte war vorgesehen, dass Aguas Argentinas Trinkwasser zum Stadtteil Quilmes liefern sollte und dafür von der Gemeinde kompensiert würde. Später einigte man sich darauf, Quilmes in das Konzessionsgebiet zu integrieren, so dass Aguas Argentinas nun das Trinkwasser direkt an die Konsumenten lieferte und ihnen in Rechnung stellte. Eine Übersicht über die Veränderung der operativen Kosten ist in einer gesonderten Dokumentation erhältlich.

4 Einzig für den dritten Zweimonatszeitraum wird ein Wert von Mill. $ 34,5 angegeben, der allerdings für sich selbst wenig aussagekräftig ist. ETOSS (1999d, 199f). ETOSS (1999e, 50). Dies wirft ein schlechtes Licht auf den Regulierer und zeigt, wie unkoordiniert zu Beginn der Konzession vorgegangen wurde. Andererseits zeigt es aber auch die anscheinend geringe Kooperationsbereitschaft von Aguas Argentinas, da in dem Unternehmen die Daten zweifellos vorhanden sein mussten.

Das Umweltsekretariat führte ausgehend von den Daten von ETOSS für die Bestimmung der FFN die folgende in Tabelle 4.11 zusammengefasste Berechnung durch.[1]

Tabelle 4.11 Berechnung des $EFNQ_1$ durch das Umweltsekretariat in Mill. $

Konzessionsjahr	1994	1995	1996	1997	1998
	1	2	3	4	5
Jährliche Bruttoinvestitionen	195,7	244,5	213,4	139,7	240,2
+ Veränderung kurzf. Aktiva (ohne Kasse)	69,2	1,9	-2,7	-8,1	1,5
+ Veränderung Kasse	5,8	2,3	0,6	-0,2	0,2
+ Steuern auf den Gewinn (30%)	3,5	25,7	38,5	45,7	96,5
./. Einnahmen aus der Geschäftstätigkeit	19,6	93,5	133,0	159,3	335,5
./. Veränderung kurzf. Verbindlichkeiten	45,0	21,0	14,3	-3,0	3,0
Jährliche FFN	209,5	159,8	102,4	20,8	-0,1
Jährliche FFN aufgezinst mit 11,21%	382,60	262,35	151,24	27,66	-0,14
$EFNQ_1$			**823,71**		

Quelle: SRNyDS (1999a), ETOSS (1999d).

Dabei errechnen sich die in der Tabelle angegebenen jährlichen Bruttoinvestitionen aus den von ETOSS vorgegebenen Offertenwerten zuzüglich der angegebenen Korrekturen. Zudem erlaubte das Umweltsekretariat dem Unternehmen, die bereits oben erwähnten sonstigen Investitionen, die nicht in der Offerte vorgesehen waren, mit in die Bewertung einzubeziehen.[2] Hierzu gehörte u.a. das von dem Unternehmen aufgelegte freiwillige Vorruhestandsprogramm, da auch dadurch die Effizienz des Unternehmens gesteigert worden sei. Bedenklich an dem Vorgehen stimmt allerdings, dass auch das Umweltsekretariat ähnlich wie zuvor schon ETOSS nicht überprüft hat bzw. nicht prüfen konnte, ob die von Aguas Argentinas angegebenen Investitionen notwendig bzw. effizient waren oder nicht.[3] Die Veränderungen bei den kurzfristigen Aktiva, der Kasse und den kurzfristigen Verbindlichkeiten ergeben sich, wenn man die Anpassungen bei Investitionen und operativen Kosten in das Simulationsmodell einfügt. Durch die Einbeziehung dieser Werte soll angegeben werden, inwiefern zusätzliches Kapital im Rahmen des normalen Geschäftsbetriebs gebunden wird. Die Einnahmen aus der Geschäftstätigkeit ergeben sich aus der Subtraktion der operativen Kosten von den operativen Einnahmen. Auf Grund des bereits weiter oben erwähnten Mangels an Informationen über die regulierte Einnahmesituation des Unternehmens werden im Unterschied zu den Kosten die realen Einnahmen von

1 Für Details der Berechnung kann eine gesonderte Dokumentation angefordert werden.

2 Nur diejenigen Investitionen, die vor 1992 im Zusammenhang mit der Vorbereitung der Offerte anfielen, durfte Aguas Argentinas nicht anrechnen. ETOSS (1999d, 214-216, 222 und 224).

3 Siehe dazu auch die Kritik von ETOSS (1999b. 7f) an der Verfahrensweise des Umweltsekretariats.

Aguas Argentinas zu Grunde gelegt, wodurch das ganze Verfahren wenig kohärent erscheint.

Die Steuern auf den Gewinn stellen gemäß Umweltsekretariat eine zusätzliche Belastung für das Unternehmen dar und müssen deswegen für die Berechnung der EFNQ berücksichtigt werden. Diese Verfahrensweise bedeutet, dass das Unternehmen seine Gewinnsteuer auf die Konsumenten überwälzen darf, denn mit der Steuerbelastung erhöht sich der EFNQ, den die Konsumenten in späteren Jahren in Form von Tarifen zu tragen haben. Ein solches Verfahren ist aus steuersystematischer Sicht nicht logisch, weil die Gewinnsteuer normalerweise nicht überwälzt werden soll, zumal Aguas Argentinas in den Jahren 1994 bis 1997 real keine Gewinnsteuern abgeführt hat.[1] Ein anderes mit der Gewinnbesteuerung zusammenhängendes Problem ist ein technischer Fehler, der dem Umweltsekretariat unterlaufen ist. So hat das Umweltsekretariat für die Berechnung des Unternehmensergebnisses weder das (negative) Finanzergebnis für das Unternehmen noch die adäquaten Beträge für die Abschreibung berechnet.[2] Die Folge ist, dass das Ergebnis vor Steuern und somit auch die vom Unternehmen zu tragende Gewinnsteuer überschätzt wird. Da weder Finanzergebnis noch Abschreibungen für die Berechnung der EFNQ berücksichtigt werden dürfen[3], führt die Verfahrensweise dazu, dass die (negativen) FFN von Aguas Argentinas überschätzt werden und das Unternehmen einen Vorteil erhält.

Das Umweltsekretariat wählte eine ATD in Höhe von 11,21 Prozent für den ersten EFNQ.[4] Dieser Wert bestimmt sich, indem man die gemäß Offerte im Konzessionszeitraum geplanten Nettozahlungsflüsse (FFN) bildet und den Nettobarwert der FFN zu Null setzt. Problematisch an dieser Berechnungsmethode einer internen Verzinsung ist, dass nicht genügend zwischen Eigen- und Fremdkapital getrennt wird. Zudem wird die Kalkulation der FFN durch Aguas Argentinas zum Zeitpunkt der Offerte einen Risikoaufschlag zumindest in Bezug auf die Unsicherheiten des Regulierungsverfahrens beinhaltet haben. Ex post bedeutet die Wahl von Gewinnregulierung im ersten Fünfjahreszeitraum für Aguas Argentinas ein niedriges unternehmerisches Risiko. Insofern wäre es kohärent gewesen, für diese Jahre eine interne Verzinsung zu wählen, die sich an Standards der Gewinnregulierung in den USA orientiert zzgl. eines Zuschlags für das Länderrisiko.

Der Unterschied der Erlössituation des Unternehmens bei einem Gewinnregulierungsverfahren, wie es das Umweltsekretariat propagiert hat, im Vergleich zu

1 AGUAS ARGENTINAS (1998e, 18).

2 Während die Einbeziehung des Finanzergebnisses ganz vergessen wurde, hat das Umweltsekretariat die Abschreibungsbeträge nicht für die kumulierten Investitionen sondern nur für die jährlichen Neuinvestitionen errechnet.

3 Die Abschreibungsbeträge stellen keinen Mittelabfluss dar. Das Finanzergebnis stellt hier die für das Fremdkapital aufzubringenden Zinsen dar. Diese Zinsbeträge werden aber bereits durch die Aufzinsung der FFN mit 11,21 Prozent berücksichtigt.

4 SRNyDS (1999a, Anhang I, 2).

einem Preisregulierungsverfahren entsprechend dem Wunsch von ETOSS, lässt sich als die Differenz des Wertes $EFNQ_1$ ausdrücken. Wendet man das oben vorgeschlagene Berechnungsverfahren direkt auf das Simulationsmodell von ETOSS in Anhang 3.10 an, so erhält man gemäß Tabelle 4.12 bei einer Verzinsung mit 11,21 Prozent ein EFNQ in Höhe von Mill. $ 577,9.

Tabelle 4.12 Berechnung des $EFNQ_1$ entsprechend der Position von ETOSS in Mill. $

Konzessionsjahr	1994	1995	1996	1997	1998
	1	2	3	4	5
Jährliche Bruttoinvestitionen	101,5	242,9	343,6	315,8	264,0
+ Veränderung kurzf. Aktiva (ohne Kasse)	76,9	3,6	-7,1	-6,3	4,7
+ Veränderungen Kasse	5,9	2,4	0,3	0,0	1,1
+ Steuern auf den Gewinn (30%)	17,8	46,7	49,2	54,0	135,3
./. Einnahmen aus der Geschäftstätigkeit	65,0	171,7	193,5	235,4	554,3
./. Veränderung kurzf. Verbindlichkeiten	29,6	37,1	35,1	5,4	-18,4
Jährliche FFN	107,5	86,8	157,4	122,7	-130,8
Jährliche FFN aufgezinst mit 11,21%	196,3	142,5	232,4	162,9	-156,1
$EFNQ_1$			**577,9**		

Quelle: SRNyDS (1999a), ETOSS (1999d).

Geht man entsprechend dem Abschnitt 3.2.2.1 und der von ETOSS vertretenen Ansicht davon aus, dass Preisregulierung das eigentlich adäquate Regulierungsverfahren gewesen wäre, so hat das Umweltsekretariat dem Unternehmen rund Mill. $ 250 an Einnahmen zuviel genehmigt. Dieser Wert ergibt sich, wenn man den $EFNQ_1$ des Umweltsekretariats unter der Bedingung der Gewinnregulierung mit dem $EFNQ_1$ von ETOSS unter der Bedingung der Preisregulierung vergleicht.

4.3.3 Die positive Analyse der zweiten Preisanpassung und der gewöhnlichen Revision

Der in diesem Abschnitt betrachtete Zeitraum war durch Konflikte auf Grund der Nachverhandlungen und Neuausrichtung der Konzession im Wassersektor geprägt. Auf der einen Seite der Konfliktfront standen das Umweltsekretariat und Aguas Argentinas, auf der anderen Seite befanden sich ETOSS, die Konsumenten und die politische Opposition. Obwohl sich die Politik von ETOSS augenscheinlich gegen Aguas Argentinas richtete, gab es auch innerhalb des Regulierers entsprechend der politischen Loyalitäten zwei Lager, von denen das eine eher zugunsten einer unternehmensfreundlichen Politik tendierte, das andere jedoch einen strikten Kurs gegen das Unternehmen verfolgte.

Wie die Darstellung in den Abschnitten 4.3.1 und 4.3.2 gezeigt hat, stellte sich das Unternehmen im Zuge der Preisanpassung von 1998 und der Durchsetzung eines Gewinnregulierungsverfahrens wesentlich besser. Die Regierung Menem konnte das bereits im Abschnitt 4.2. beschriebene, vom Umweltsekretariat geplante Investitionsprogramm, das zeitweise in der Schwebe stand, umsetzen.

Hingegen mussten die Konsumenten substanzielle Tariferhöhungen hinnehmen und der Regulierer wurde zum bloßen Erfüllungsgehilfen des Umweltsekretariats degradiert. In dem folgenden Abschnitt werden die Ursachen für diese Entwicklung dargestellt.

4.3.3.1 Die Interessengruppen

Betrachtet man die Verhandlungserfolge des Unternehmens und der Konsumenten-Interessengruppe in den Jahren 1998 und 1999, so stellt man fest, dass sich das Unternehmen gegenüber den Konsumenten stets durchsetzen konnte. Ursache dessen war eine starke Verhandlungsposition von Aguas Argentinas gegenüber der argentinischen Regierung als dem Adressaten seiner Interessenspolitik. Wie die folgende Darstellung zeigt, konnten die Konsumenten bei der Durchsetzung ihrer Interessen zwar Anfangserfolge erzielen, diese wurden dann jedoch von dem Unternehmen wieder zunichte gemacht.

Im Abschnitt 4.2.4 wurde dargestellt, dass es den neuen Konsumenten als Interessengruppe zunächst gelang, die Belastungen der Infrastrukturgebühr weitestgehend auf die alten Konsumenten zu verlagern. Dies mag daran gelegen haben, dass die Verbraucherschutzorganisationen die Bedeutung der Einführung des SU für die alten Konsumenten nicht rechtzeitig erkannt hatten. Allerdings hatte die Einführung des SU ein politökonomisches Nachspiel: Erst Anfang 1998, als Aguas Argentinas um eine entsprechende Tariferhöhung bat und diese in der Öffentlichkeit auf Grund der Einführung des SU auf 30 Prozent hochgerechnet wurde, setzte ein massiver öffentlicher Protest ein.[1] Dabei wurde von der Öffentlichkeit außer Acht gelassen, dass ein Großteil der Tariferhöhung nur auf Grund der Abschaffung der alten Infrastrukturgebühr und der Neufestlegung des SU entstand. Stattdessen herrschte der Eindruck vor, dass die Neuverhandlungen des Regulierungsvertrags im Jahr 1997 durch die argentinische Regierung ineffizient gewesen waren und das Unternehmen nun exzessive Mehreinnahmen erzielen wollte. Als Reaktion auf die öffentlichen Proteste klagten verschiedene Verbraucherschutzorganisationen unter Federführung des Ombudsman für die Konsumenteninteressen vor Gericht gegen die Tariferhöhung des SU, um die Rücknahme der Nachverhandlungsergebnisse zu erreichen.[2] Die Klage hatte

1 EL CLARÍN, Sumarán Casi el 30% los Aumentos en el Agua (18.2.1998, 16).

2 EL CLARÍN, Buscan Parar en la Justicia los Aumentos del Agua (19.2.1998, 20). El CRONISTA, El Ombudsman Quiere Anular los Aumentos de Aguas Argentinas (19.2.1998, 6). Diese Institution hatte sich zu Beginn der 90er Jahre konstituiert und im Zuge der öffentlichen Kritik an den Privatisierungen und einiger erfolgreicher Klagen zu den vermeintlichen Gunsten der Konsumenten stark an Bedeutung gewonnen. So gelang dem Ombudsman ein vielbeachteter gerichtlicher Erfolg gegen ETOSS, Aguas Argentinas und die argentinische Regierung, denn ein Gericht entschied in zweiter Instanz, dass es Aguas Argentinas verboten sei, für Mehrparteienhäuser nur einen Wasserzähler zu installieren. EL CLARÍN, Es Ilegal Cobrar el Agua a Los Edificios en Una Sola Factura (5.6.1996, 48). Diese Entscheidung war deswegen bedeutsam, weil sie erstens dem Konzessionsvertrag widersprach, der Aguas Argentinas die Installation erlaubte und zweitens

Erfolg und am 17. März 1998 setzte das Gericht den SU mit der Begründung aus, dieser würde den Charakter einer Steuer haben und könne deshalb nur als Gesetz verabschiedet werden, nicht aber per Entschließung oder Dekret.[1] Da die Regierung eine entsprechende Gesetzesvorlage vermeiden wollte, um den Kongress nicht involvieren zu müssen, sah dieser Gerichtsbeschluss in der Öffentlichkeit zunächst wie ein Sieg für die Konsumenten gegenüber dem Unternehmen aus.[2]

Das Unternehmen versuchte angesichts dieses Gerichtsbeschlusses seinerseits, Druck auf die politischen Entscheidungsträger auszuüben, damit die Gerichtsentscheidung angefochten würde. Dabei wurden die alten Konsumenten gegen die neuen Konsumenten ausgespielt: So kündigte das Unternehmen an, seine Investitionen in das sekundäre Netz auszusetzen, bis der SU wieder eingeführt würde.[3] Als das Unternehmen wesentliche Investitionen tatsächlich auf Eis legte und vor allem in der Provinz Buenos Aires die betroffenen Konsumenten darüber klagten, zogen die Bürgermeister der betroffenen Stadtteile ihrerseits vor Gericht, um die Wiedereinführung des SU zu erwirken, damit auch der Netzausbau wieder aufgenommen würde.[4] Plötzlich wurde die gerichtliche Eingabe des Ombudsman in der Öffentlichkeit als kontraproduktiv und unsolidarisch angesehen und der Ombudsman verlor viel von seinem Nimbus als Anwalt der Konsumenten.[5] Anscheinend auf den öffentlichen Druck hin revidierte ein übergeordnetes Gericht schließlich am 8.10.1998 die Suspension des SU. Es bezog sich dabei interessanterweise nicht auf die formale Begründung der untergeordneten Gerichtsinstanz, sondern machte sich die von den Bürgermeistern der Stadt Buenos Aires vertretene soziale Begründung zu eigen: Die Aufhebung des SU hätte nicht berücksichtigt, dass dadurch die Investitionen verzögert wür-

eine gerichtliche Entscheidung gegen die argentinische Regierung bzw. Cavallo darstellte, welche die Unabhängigkeit der juristischen Instanz gegenüber der Regierung manifestiert. Die Entscheidung lief technisch darauf hinaus, dass die Installation von Zählern in vielen Gebäuden faktisch unmöglich wurde. Vgl. auch LA PRENSA, Menem Retó al Gabinete (7.6.1996, 5).

1 EL CLARÍN, La Justicia Frenó un Aumento del 14 por Ciento en el Agua (17.3.1998, 26).

2 Es gab aber auch bereits frühzeitig Kritik an der Entscheidung. PÁGINA 12, Aguas Turbulentas (18.3.1998, 15). LA PRENSA, Aguas Argentinas Advirtió que no Podrá Extender la Red und Los Usuarios no se Ponen de Acuerdo (18.3.1998, 7).

3 BAE, Aguas Argentinas Amenaza con Abandonar la Concesión (17.3.1998, 3). Dieser Fall kann als ein Paradebeispiel für das oben geschilderte normative Modell von Salant und Woroch angesehen werden.

4 LA NACIÓN, Piden que Suba el Agua (22.5.1998, 2). ÁMIBTO FINANCIERO, Críticas Contra Maiorano. (22.5.1998, 23). Auch das Umweltsekretariat wurde von Menem angewiesen, in dieser Angelegenheit zu intervenieren. EL CRONISTA, María Julia Presiona a Reguladores (14.4.1998, 5). ÁMBITO FINANCIERO, Apoya Gobierno Aumento en Agua (14.4.1997, 10).

5 Z.B. AMÉRICA (Mitschnitt), América Week End (22.8.1998 um 12:16 Uhr). SPLENDID TALK (Mitschnitt), Ida y Vuelta – Agua Corriente y Cloacas – M.A.Rouco (3.9.1998 um 11:38 Uhr). LIBERTAD (Mitschnitt), Vida al Aire Limpio – Streitgespräch zwischen Carlos Ponzio und Jorge Maiorano (4.9.1998 um 14:20 Uhr).

den (sic!) und damit für Millionen von Menschen ohne angemessene sanitäre Versorgung eine Gefahr für die Gesundheit bestehen würde.[1] Im Endergebnis war die Strategie von Aguas Argentinas, die neuen Konsumenten zu Geiseln seiner Interessenspolitik zu machen, somit erfolgreich gewesen.

Ein zweiter Konfliktschauplatz war die Tariferhöhung auf Grund der inflationsbedingten Erhöhung der Kosten. Auch hier sah es zunächst so aus, als wenn die Konsumenten gegenüber dem Unternehmen ihre Interessen durchsetzen könnten. Die ohnehin auf Grund der geplanten Tariferhöhung über den SU angeheizte Stimmung wurde in der Öffentlichkeit noch schlechter, als Aguas Argentinas erklärte, man hätte ETOSS eine Tarif-Erhöhung von 11,7 Prozent auf Grund inflationärer Tendenzen vorgeschlagen. Das mangelnde Verständnis für diese Tariferhöhung lag u.a. an dem Umstand, dass nach allgemeiner Einschätzung die Inflation in den letzten Jahre nahezu bei Null gelegen hatte, dabei aber vergessen wurde, dass sie in der Zeit zwischen April 1994 und April 1995 mit 6,24 Prozent außerordentlich hoch gewesen war. Wieder entstand der Eindruck, dass Aguas Argentinas Monopolpreise durchsetzen wollte. Diesmal übten die Konsumentengruppen Druck auf ETOSS aus, dem letztendlich die Anpassung der Tarife oblag. Neben dem Einfluss der Konsumentenschutzgruppen, die von dem Regulierer explizit zu einer Stellungnahme aufgefordert wurden und somit ihre Ansichten zu den Preisanpassungen darlegen konnten, kam den Konsumenten zugute, dass die Direktoren der Stadt Buenos Aires den Regulierer für Wahlkampfzwecke missbrauchten.[2] Insofern muss die durch ETOSS zunächst genehmigte Tariferhöhung von nur 1,61 Prozent auch als das Ergebnis der erfolgreichen Einflussnahme der Konsumenten-Interessengruppen gesehen werden.

Wie bereits beschrieben wurde, legte Aguas Argentinas gegen diese Entscheidung Beschwerde beim Umweltsekretariat ein. Dieses setzte sich über die Entschließung von ETOSS hinweg und genehmigte dem Unternehmen trotz öffentlicher Proteste eine Tariferhöhung von 5,1 Prozent. Ein entsprechendes Dekret wurde von Menem am 8.10.1998 unterzeichnet. [3]

Auf die augenscheinliche Erpressbarkeit der Regierung auf Grund der Zurückstellung von Investitionen ist bereits weiter oben eingegangen worden. Zusätzlich könnte die Position des Unternehmens im Vergleich zu jener der Konsumenten gegenüber der argentinischen Regierung durch zwei weitere Aspekte gestärkt worden sein. Erstens fielen die Entscheidungen zugunsten des SU wie auch die zugunsten der Tariferhöhung eine Woche vor einer Reise, die Menem zusammen mit seiner Umweltsekretärin nach Paris unternahm, um sich mit dem französischen Präsidenten Chirac und Vertretern der in Argentinien investieren-

1 LA NACIÓN, La Tarifa de Agua Será $ 4 más Cara (10.10.1998, 7).
2 Dies wird noch weiter unten darzustellen sein.
3 EL CLARÍN, Es Inminente un Aumento en las Tarifas del Agua (9.10.1998, 26).

den französischen Unternehmen zu treffen.[1] Die für Aguas Argentinas positiven Resultate der Entscheidungen werden das Gesprächsklima in Paris sicherlich verbessert haben. Zweitens befand sich Soldati, dessen Unternehmen SCP 21,6 Prozent an Aguas Argentinas hielt, wegen Überschuldung am Rande eines Konkurses und der gewinnbringende Verkauf der Anteile an dem Konzessionär war für das Unternehmen überlebenswichtig.[2] Soldati, der mit seinem Freund Menem zusammen nach Paris gereist war, verkaufte seine Anteile am 12.10, also vier Tage nach den relevanten Entscheidungen, die den Unternehmenswert substanziell gesteigert haben, für rund Mill. $ 100 an Suez Lyonnaise.[3] Insofern mögen auch persönliche Beziehungen, die einzelne Mitglieder des Unternehmens zu Präsident Menem unterhielten, einen strategischen Vorteil dargestellt haben.

Es wäre nun aber zu kurz gegriffen, das Unternehmen Aguas Argentinas als einen Maximierer seiner kurzfristigen Interessen anzusehen. Vielmehr scheint das Unternehmen insbesondere im Vorfeld der Präsidentschaftswahlen auf seine Reputation bedacht gewesen zu sein und war dafür bereit, aus taktischen Erwägungen einige Ansprüche gegenüber den Konsumenten zurückzustellen. So hatte Aguas Argentinas zum Ende des Jahres 1998 zwar viel erreicht, denn die Infrastrukturgebühr war neu festgelegt worden und die Tarife durften um 5,1 Prozent erhöht werden, allerdings befand es sich entsprechend verschiedener Umfragen in der öffentlichen Meinung am unteren Ende der Beliebtheitsskala für privatisierte Unternehmen,[4] was in Anbetracht der Ende des Jahres 1999 anstehenden Präsidentschaftswahlen ein gewisses Risiko für das Unternehmen darstellte. So wären wahlkampftaktisch motivierte populistische Aktionen gegen das Unternehmen von der Öffentlichkeit goutiert worden, denn unter den Wählern herrschte die allgemeine Ansicht, dass nun die Zeit gekommen wäre, verstärkt auf die Monopolpreise zu achten und Preissenkungen durchzusetzen.[5]

1 EL CLARÍN, El Agua Sube Otro 3 % y ya Suma 17 % en el Mes (14.10.1998, 18).

2 PÁGINA 12, Suma y Sigue (18.10.1998, 10).

3 LA NACIÓN, Soldati Sale de Aguas Argentinas (12.10.1998, 3). BAE, Soldati Vende el Agua Para Reducir Su Endeudamiento (12.10.1998, 7). PÁGINA 12, Toma de Ganancias (18.10.1998, 10).

4 IMAGEN, Con YPF no Hubo Sorpresas Febrero (1999, 52). Auch LA NACIÓN, Crecieron las Quejas por los Servicios Públicos (13.3.1998, 5).

5 Vgl. dazu auch eine Untersuchung von MORA und ARAUJO vom Februar 1998. Die öffentliche Meinung kann in folgender Aussage zusammengefasst werden: „Leider tragen in Argentinien immer die Leute, die Konsumenten, die Kosten und Risiken, immer müssen wir die Kosten der Unternehmen tragen. Die Unternehmen tragen hierzulande kein Risiko und damit nicht genug, der Staat unterstützt das auch noch. Er reguliert und kontrolliert diejenigen nicht, die er eigentlich kontrollieren muss. Zur Zeit existiert der Staat nicht, er kontrolliert nicht und wir sind mit dem konfrontiert, was passiert ist, weil es sich nicht nur um Aguas handelt..." Vgl. Sandra Gonzales, Präsidentin der Asociación de Defensa de los Consumidores y Usuarios de la Argentina (ADECUA), in einem Radiomitschnitt DEL PLATA, Punto de Vista (24.8.1998 um 6:56 Uhr). Eine ähnliche Position vertritt auch der Ombudsman in LA CRÓNICA J. Maiorano – Absolutamente Injusto (18.10.1998, 4).

Gemäß Umfragen erwarteten zwischen 75 und 93 Prozent der Einwohner von Buenos Aires, dass die neue Regierung die Verträge mit den privatisierten Unternehmen neu aushandeln müsse.[1] Allerdings darf das Risiko für das Unternehmen auch nicht überschätzt werden. Trotz der allgemeinen Unzufriedenheit mit den Privatisierungen und der Tatsache, dass die Präsidentschaftswahlen nur noch von Duhalde (PJ) und De la Rúa (Alianza) bestritten wurden, wollte in der Öffentlichkeit und in der Politik im Unterschied zum Jahr 1995 niemand die Privatisierungen von Menem rückgängig machen.[2]

Auf Grund der Unzufriedenheit der Konsumenten mit den privatisierten Unternehmen ist es erklärlich, dass die Unternehmen das Wahljahr 1999 vor allem zur Verbesserung ihres Images in der Öffentlichkeit nutzten.[3] Aguas Argentinas tat sich hier gleich mehrfach hervor: Als durch einen Brand in einem Elektrizitätswerk von Edesur der Strom in einigen Stadtteilen von Buenos Aires für zehn Tage ausfiel und die Wogen des allgemeinen Unmuts über die privatisierten Sektoren hoch schlugen, senkte Aguas Argentinas öffentlichkeitswirksam für die betroffenen Konsumenten die Rechnungen für zwei Monate um 10 Prozent.[4] Ziel der Aktion war es, Aguas Argentinas gegenüber den Stromunternehmen in der Öffentlichkeit positiv herauszustellen.[5] Auch bei den Tarifanpassungen machte das Unternehmen Zugeständnisse: So erbat Aguas Argentinas für das Jahr 1999 keine Preisanpassung auf Grund von inflationsbedingten Kostensteigerungen. Hier mag das Unternehmen abgeschätzt haben, dass die geringen zu erwartenden Mehrerlöse nicht mit dem negativen Echo einer gegenüber Preiserhöhungen sensibilisierten Öffentlichkeit aufzuwiegen wären. Schließlich kündigte Aguas Argentinas im Vorfeld der Wahlen schon einmal an, auch für das Jahr 2000 auf Tariferhöhungen verzichten zu wollen.[6]

Dass Aguas Argentinas als Monopolunternehmen seine Interessen gegenüber den Konsumenten durchsetzen konnte, ist mit den in Abschnitt 2.3.1.1 geschilderten Modellen zum Interessengruppenverhalten kompatibel. Allerdings hätte das modifizierte Modell von APPELBAUM/ KATZ in Abschnitt 2.3.1.2 in

---

1 PÁGINA 12, Tres de Cada Cuatro Piden Que la Alianza Revea las Privatizaciones (10.3.1998, 6). IMAGEN, Los Consumidores Van a las Urnas (Feburar 1999, 7).

2 Vgl. dazu z.B. LA NACIÓN, German Sopeña: Un Aire Renovado de Coincidencias (26.9.1998, 2). De facto war den privatisierten Unternehmen eine Regierung De la Rúa sympathischer als eine Regierung Duhalde, da letztere für die Schaffung einer Superente und für höhere Gewinnsteuern stand. BAE, Las Privatizadas ya Votaron por De la Rúa (3.9.1999, 2).

3 IMAGEN, Los Consumindores Van a las Urnas (Februar 1999, 11).

4 Gleichzeitig wurde mit der Stadt Buenos Aires zur Beseitigung der Schäden eine Zusammenarbeit angekündigt. DIARIO POPULAR, Rebaja del 10 % de Aguas Argentinas (25.2.1999, 8). Radio RIVADAVIA (Mitschnitt), Sexta Edición – Contribución Solidaria (2.3.1999 um 18:10 Uhr).

5 PÁGINA 12, Tiemblan las Privatizadas (15.3.1999, 11).

6 AMÉRICA (Mitschnitt), Sin Saco y Sin Corbata – Aguas Argentinas (22.9.1999 um 12:24 Uhr) und DIARIO POPULAR, No Subirán las Tarifas del Agua (23.8.1999, 10).

Anbetracht der kurz bevorstehenden Präsidentschaftswahlen eher ein für die Konsumenten günstigeres Ergebnis erwarten lassen. In dem folgenden Abschnitt wird zu schildern sein, wieso vor allem das Unternehmen seine Interessen durchsetzen konnte bzw. die argentinische Regierung gegenüber populistischen Maßnahmen relativ stark gefeit war.

4.3.3.2 Die Politik

Die Politik der Jahre 1998 und 1999 war maßgeblich durch die Ende 1999 bevorstehenden Präsidentschaftswahlen und dem damit einhergehenden Ende des sogenannten Menemismus geprägt. Auf dem politischen Parkett waren drei politischen Kräfte aktiv: Neben dem Menemismus gab es noch die PJ unter Führung von Duhalde und die Alianza unter Führung von De la Rúa. Im folgenden werden zunächst Erklärungen für das Verhalten der argentinischen Regierung angeboten, um anschließend auf das Verhalten der übrigen Parteien zu sprechen zu kommen.

Wie aus den bisherigen Ausführungen erkennbar ist, war die menemistische Politik im Vorfeld der Präsidentschaftswahlen durch eine erstaunliche Abstinenz in Bezug auf populistische Maßnahmen gegenüber den privatisierten Unternehmen geprägt. Vielmehr wurden im Jahr 1998 einige äußerst unpopuläre Maßnahmen zugunsten von Aguas Argentinas durchgesetzt. Dies brachte der Regierung den Ruf ein, die Interessen der Konsumenten zu missachten und sich nur als Interessenvertreter der Monopolunternehmen zu gebärden. Aus Sicht des politökonomischen Modells in Abschnitt 2.3.1.2 ist ein solches Verhalten schwer erklärbar, geht es doch davon aus, dass Politiker im Vorfeld von Wahlen eher zu populistischen Maßnahmen zu Gunsten der Konsumenten neigen müssten. Auch wenn die Regierung Menem eine Tendenz zum Populismus gehabt hat, so wurde diese anscheinend durch andere Aspekte überkompensiert.

Ein Grund für die beobachtete Politik mag an dem besonderen persönlichen Verhältnis zwischen der Umweltsekretärin Alsogaray und Präsident Menem liegen. Menem war der politischer Ziehvater und Mentor von Alsogaray, die dies „ihrem Präsidenten“ wiederum mit bedingungsloser Gefolgschaft dankte.[1] Unter Menem wurde das vorher eher unbedeutende Umweltsekretariat zu einem mächtigen Quasiministerium aufgebaut und gegen das einflussreiche Wirtschaftministerium in Position gebracht. So bekam es u.a. im Jahr 1998 den Bereich der Wasserversorgung, der vorher dem Wirtschaftsministerium unterstellt war, zugesprochen.[2] Das gute persönliche Verhältnis zu Alsogaray äußert sich

1 So erlangte der Ausspruch von Alsogaray, sie tue nur das, was ihr Gewissen oder ihr Präsident ihr vorschreibe, in der Öffentlichkeit eine traurige Berühmtheit.

2 Wirtschaftsminister Roque Fernández weigerte sich aus Angst vor öffentlichen Protesten, die Genehmigung für die Einführung der Infrastrukturgebühr SUMA zu unterzeichnen. Um Konflikte über die Mittelverwendung zu umgehen, wurde deswegen der Bereich Wasserversorgung der bisher in der Verantwortung des Wirtschaftsministeriums war, direkt

auch darin, dass Menem öffentlich vorgetragene Kritik an seiner Umweltsekretärin automatisch auf sich bezog.[1] Auf Grund des persönlichen Verhältnisses zwischen Menem und Alsogaray wird die Politik der Regierung in erheblichem Maße durch eine Politik im Interesse des Umweltsekretariats geprägt worden sein.

Alsogaray, die sich nur Dank der Protegierung von Menem im Amt halten konnte, galt auf Grund ineffizienter Umweltpolitik in der Öffentlichkeit als eine wenig glückliche Wahl. Insbesondere durch ihr Versprechen, den Riachuelo sanieren zu wollen, hatte sich die Umweltsekretärin in der Öffentlichkeit lächerlich gemacht, denn großen Ankündigungen von entsprechenden Maßnahmen waren aus Mangel an finanziellen und technischen Kapazitäten keine Taten gefolgt. Insofern mag es für Alsogaray ein persönliches Anliegen gewesen sein, Handlungsfähigkeit zu beweisen, indem sie mit Aguas Argentinas einen Vertrag aushandelte, gemäß dem das Unternehmen im Tausch gegen Vergünstigungen versprach, die Sanierung des Flusses in Angriff zu nehmen. Auf Grund ihres guten Verhältnis zu Menem könnte dieser ihre teilweise persönlich motivierten Ziele unterstützt haben, obwohl dies in der Öffentlichkeit ein negatives Echo hervorrufen musste.

Ein anderer wesentlicher Grund für eine Politik, welche die Interessen von Aguas Argentinas in den Vordergrund gestellt hat, war die Tatsache, dass eine Abschaffung der Infrastrukturgebühren bei gleichzeitiger Durchsetzung der Infrastrukturinvestitionen die Konzession nachhaltig destabilisiert, wenn nicht gar beendet hätte. Eine schwere Krise in Bezug auf die privatisierten Unternehmen wäre der Fall gewesen.[2] Diese Krise hätte schließlich auch das Vertrauen internationaler Investoren nachhaltig erschüttert, so dass auf Grund massiver Kapitalabflüsse eine schwere Wirtschaftskrise hätte entstehen können. Das Problem für die Regierung bestand darin, dass sie diese Zusammenhänge der kritischen Öffentlichkeit nicht glaubhaft machen konnte, um so die öffentliche Unterstützung für ihren Kurs zu erhalten. Auslöser dieses Glaubwürdigkeitsproblem war dabei ein Dilemma: Diejenige Instanz, die Glaubwürdigkeit und Unparteilichkeit hätte vermitteln können, war der Regulierer ETOSS. Der war aber wegen der Zusammensetzung des Direktoriums zur bloßen Interessenvertretung unterschiedlicher politischer Strömungen verkommen und somit als unparteiliche Instanz für Aguas Argentinas nicht akzeptabel. Auf Grund dessen wurde die Intervention des Umweltsekretariats als übergeordnete Instanz erforderlich. Dieses war aber wiederum wegen einer erwiesenermaßen ineffizienten

dem Umweltsekretariat unterstellt. LA NACIÓN, Roque, ante los tironeos (28.1.1998, 3). DIARIO POPULAR, Menem le da más Poder a María Julia (30.1.1998, 8).

1 Dies hatte im übrigen den Effekt, dass Alsogaray von der Presse gerne als eine Art Punchingball genutzt wurde, weil man sich nicht traute, Menem direkt zu kritisieren.

2 Ein Fanal war hier die gescheiterte Konzession in der Provinz Tucumán, die sowohl für den Staat als auch für das private Unternehmen zu hohen Kosten führte.

Politik für die Öffentlichkeit nicht glaubwürdig.[1] Aus diesem Dilemma heraus ist eine hyperkritische und misstrauische Öffentlichkeit erklärbar, die meint, sich selbst ein eigenes Urteil über adäquate Regulierung bilden zu müssen, obwohl dies wegen der Komplexität derselben gar nicht möglich ist.[2]

Ein dritter wesentlicher Aspekt für die relative Immunität der Menem-Administration gegenüber der populären Forderung nach einer härteren Gangart gegenüber Aguas Argentinas wird sein, dass Menem für keine dritte Amtszeit antreten konnte, da die Landesverfassung dies nicht gestattete und Menem nicht wie 1995 auf die Kooperation der Verfassungsrichter setzen konnte. Insofern wäre der Menemismus im Jahr 1999 sowieso beendet worden. Demgegenüber war offenkundig, dass Menem keineswegs von der politischen Bühne abtreten wollte, sondern sich bereits auf eine dritte Amtszeit ab dem Jahr 2003 vorbereitete. Es war für Menem also nicht notwendig, eine kurzfristige populistische Politik zu betreiben. Vielmehr musste er eine langfristige politische Strategie verfolgen, wobei ihn das folgende Kalkül geleitet haben mag: Die Preiserhöhungen im Wassersektor würden von der Öffentlichkeit bald vergessen sein, so dass seine eigentlichen Leistungen, nämlich rechtliche und wirtschaftliche Stabilität in Argentinien herzustellen und gegen das Ansinnen der Opposition zu verteidigen, wieder in den Vordergrund treten würden.

Allerdings ist es nicht notwendig, der Regierung eine gänzliche Abstinenz gegenüber wahltaktischen Motiven und populistischen Maßnahmen zu unterstellen. Im Rahmen der Möglichkeiten versuchte auch die Regierung, im Vorfeld der Wahlen öffentlichen Protest zu vermeiden. So unterzeichnete Alsogaray ein Dekret zur Einführung der Komponente MA erst am 3.12.1998 zu einem Zeitpunkt, als die Kritik an den Tariferhöhungen bereits abgeebbt war, obwohl der MA bereits zum 1.3.1998 hätte eingeführt werden sollen.[3] Um

1 Die Öffentlichkeit forderte die Einbeziehung von ETOSS in die Nachverhandlungen, weil der Regulierer auf Grund eines Streits mit dem Umweltsekretariat über die Tariferhöhung als Anwalt der Konsumenten dastand. EL CLARÍN, María Julia Autorizaría Otro Aumento en la Tarifa del Agua (21.8.1998, 20). EL CLARÍN, Reclamos por el Alza del Agua (23.8.1998, 21).

2 Bezeichnend für die Hilflosigkeit der Öffentlichkeit angesichts technischer Probleme ist eine Befragung von Alsogaray durch eine Kontrollkommission von Senat und Kongress. Der Kommission gelang es nicht, zu den eigentlichen Problemen der Nachverhandlungen von Alsogaray vorzustoßen und verlor sich schließlich in unqualifizierten Beschimpfungen der Umweltsekretärin. Vgl. TN (Mitschnitt), Informativo – Interpelación a María Julia Alsogary: Renegociación del Contrato de Aguas Argentinas (5.10.1999 um 20:45 Uhr).

3 ÁMBITO FINANCIERO, Por Ahora Pararon Subas en el Agua (12.3.1998, 9). ÁMBITO FINANCIERO, Aplican ya y de una Sola Vez Todos los Aumentos en el Agua (4.12.1998, 14). Dies mag aber auch damit zusammenhängen, dass der Kongress kurz zuvor Alsogaray eine zusätzliche Kreditaufnahme für Infrastrukturprojekte mit den Stimmen von PJ und Alianza nicht genehmigt hatte. EL CLARÍN, María Julia se Quedó sin un Extra de $ 1000 Milliones (4.12.1998, 25). So konnte sie hoffen, dass wenigsten einige der von ihr geplanten Projekte im sanitären Sektor durch Aguas Argentinas durchgeführt wurden. Erstaunlicherweise gab es daraufhin keine öffentlichen Proteste mehr.

öffentlichen Protest zu vermeiden, verschleppte das Umweltsekretariat zudem den Prozess der Nachverhandlungen, der eigentlich am 31.12.1998 hätte abgeschlossen sein müssen, offenkundig aus wahltaktischen Motiven.[1] Erst nach den Präsidentschaftswahlen und kurz vor der Machtübergabe an De la Rúa unterzeichnete Menem ein Dekret, mit dem der Prozess der Nachverhandlungen mit Aguas Argentinas definitiv abgeschlossen wurde.[2] Als Reaktion auf die öffentlichen Proteste und auf die Bestrebung im Kongress zur Bildung einer Superente wurde darüber hinaus unter Menem ein Regulierer für die Sicherheit der Preise[3] gegründet, der landesweit dafür Sorge tragen sollte, dass die Unternehmen am Markt keine Monopolpreise fordern.[4]

Während sich die Regierung Menem als Garant für Stabilität darzustellen versuchte, entdeckten die oppositionelle Alianza und die PJ ihre politischen Chancen in einem konsumentenorientierten Wahlkampf.[5] Bezeichnend hierfür ist eine Klage der privatisierten Unternehmen, wie leicht es doch sei, mit der Kritik am privatisierten Sektor auf Stimmenfang zu gehen: „Wenn Perón noch leben würde, so würde er vom Balkon nicht ‚Genossen' ausrufen, sondern ‚Konsumenten'."[6] Da beide Parteien die Privatisierung nicht zurückdrehen wollten und nur über geringe regulierungsspezifische Kenntnisse verfügten, fanden sie jedoch keine klare Linie gegen die vom Umweltsekretariat inaugurierten Modifikationen des Vertrages für den Wassersektor. Zudem lastete auf Duhalde der Druck der Bürgermeister der Stadtteile von Buenos Aires, welche die Wiederaufnahme der Investitionen durch Aguas Argentinas forderten und dafür bereit waren, dem Unternehmen Zugeständnisse bei der Infrastrukturgebühr zu machen.[7] Insofern stand die PJ den Tariferhöhungen von Aguas Argentinas ambivalent gegenüber. Das Problem der Alianza lag insbesondere in einer Entscheidungs- und Füh-

1 Dabei wurden die Nachverhandlungen für den neuen Fünfjahresplan (die Jahre 6 bis 10 der Konzession) anscheinend auf Grund der Wahlen verschleppt. Entsprechende Mutmaßungen des Präsidenten von Aguas Argentinas in EL CRONISTA, Aguas Argentinas: „Antes del 10 de Diciembre Habrá Renegociación" (30.6.1999, 14).

2 EL CLARÍN, Autorizan a María Julia a Cerrar Renegociación del Agua (30.11.1999, 19).

3 Organismo Regulador de Seguridad de Presas (ORSEP).

4 Auch dieser Regulierer wurde allerdings dem Umweltsekretariat unterstellt. LA PRENSA, Otorgan Más Atribuciones a María Julia Alsogaray (25.3.1999, 10).

5 So sagt Cantón, Chef der ökonomischen Abteilung von EL CLARÍN: „Ich glaube, dass das Wahljahr die Stellung der (privatisierten) Unternehmen verändern wird, denn das Thema des Verbraucherschutzes wird ein zentrales Wahlkampfthema bei den Präsidentschaftswahlen sein." Vgl. auch IMAGEN, Los Consumindores Van a las Urnas (Februar 1999, 12). Auch EL CLARÍN, De Cara al 99 (26.2.1998, 3).

6 Zitiert nach IMAGEN, Los Consumidores Van a las Urnas (Februar 1999, 7). FIEL kritisierte dass sich im Vorfeld der Wahlen im Kongress 121 Gesetzesprojekte, Entschließungen und Deklarationen in Arbeit befänden, die sich alle auf die Frage der Reglementierung der Regulierung befassten. LA NACIÓN, Con el Viejo Estilo (20.9.1998, 4).

7 Radiomitschnitt SPLENDID TALK (Mitschnitt), Ida y Vuelta – Agua Corriente y Cloacas (3.9.1998 um 11:38 Uhr). EL CRONISTA, Quejas por el Agua (10.9.1998, 3). EL CLARÍN, Duhalde Reclama por el Agua (22.9.1998, 23).

rungsschwäche De la Rúas, der sich einmal für, ein anderes Mal aber gegen Tariferhöhungen von Aguas Argentinas aussprach.[1]

Somit war der Wahlkampf der beiden politischen Lager einerseits von eher allgemeinen und unspezifizierten Forderungen geprägt: So stimmte man überein, dass die Regulierung transparenter sein sollte.[2] Zudem müsse eine effektive Kontrolle der Monopole und eine Überprüfung der Verträge stattfinden.[3] Auch das Projekt der Superente geisterte weiter im Kongress herum, konnte aber nicht mit Leben erfüllt werden.[4] Andererseits wurden eine Reihe von sehr zweifelhaften populistischen Maßnahmen gefordert und teilweise auch umgesetzt. So verlangte die PJ die Besteuerung der außerordentlichen Gewinne der privatisierten Unternehmen, wie dies in Großbritannien nach der Machtübernahme von Blair der Fall gewesen war,[5] eine Idee, die von der Alianza nach den Präsidentschaftswahlen aufgegriffen wurde.[6] Für die Stadt Buenos Aires wurde ferner durch De la Rúa ein allgemeiner Regulierer für die Kontrolle der privatisierten Unternehmen ins Leben gerufen, dessen Aufgabenbereiche sich erheblich mit denen von ETOSS überschnitten.[7]

Insofern traf der in dem modifzierten Modell von APPELBAUM/ KATZ implizierte Gedanke einer eher populistischen Politik zugunsten den Konsumenten eher auf die Opposition als auf die Regierung zu. Die Vorhersagen des Modells bestätigen sich insofern, als die Regierung auf Grund der Vernachlässigung der Bedürfnisse der Konsumenten letztendlich abgewählt wurde.

1 EL CLARÍN, De la Rúa Avala a María Julia (24.2.1998, 21). ÁMBITO FINANCIERO, Curioso: Ahora de la Rúa Rechaza Subas en el Agua (25.2.1998, 2). Am 26.2. stimmte die Alianza der Tariferhöhung wieder zu. ÁMBITO FINANCIERO, Virtual Respaldo del PJ a los Ajustes en el Agua (26.2.1998, 12).

2 LA NACIÓN, Procuran Mayor Control Sobre las Privatizaciones (10.4.1999, 9).

3 EL CRONISTA, Las Empresas Privatizadas Ganan Mucho (24.3.1999, 21).

4 Dabei war dies insbesondere ein Projekt der PJ, welchem die Alianza eher skeptisch gegenüber stand. LA NACIÓN, Más Defensas (20.9.1998, 5). EL CLARÍN, Polémica por el Control de los Servicios Públicos (25.9.1998, 15). EL CLARÍN, Los Diputados Insisten con el Superente (5.3.1999, 27). EL CRONISTA, El Superente de Control de los Servicios, Cada Vez Más Frío (5.3.1999, 12).

5 PÁGINA 12, Impuestos a la Medida de las Privatizadas (6.7.1999, 1 und 5).

6 LA RAZÓN, Las Ganancias de las Empresas de Servicios Están en la Mira (9.11.1999, 3). EL CLARÍN, La Alianza Busca Rebajas de Tarifas del 5 al 10 % (26.11.1999, 24). EL DÍA Presionan a las Empresas Para Que Rebajen las Tarifas (27.11.1999, 8) und KONZESSIONSVERTRAG (1993) Anhang I Ziffer 4. Aguas Argentinas musste auf Druck von ETOSS seine Tarife für Nutzer mit niedrigem Wasserdruck senken, obwohl im Konzessionsvertrag das Erreichen eines bestimmten Wasserdrucks erst für das zehnte Jahr der Konzession vorgesehen war. LA PRENSA, Ordenan Bajar la Tarifa del Agua Donde Hay poca Presión (4.12.1999, 26). Aguas Argentinas beugte sich jedoch der Entscheidung, weil das Unternehmen dadurch seinen Beitrag zur Einlösung von Wahlversprechen der Alianza leisten konnte.

7 EL CLARÍN, Crearán un Ente Único de Control en la Ciudad (14.6.1999, 14).

4.3.3.3 Der Regulierer

Eine Untersuchung der Entscheidungen und des Verhaltens des Regulierers für die Jahre 1998 und 1999 zeigt, dass ETOSS in dieser Zeit weniger als Bürokrat, sondern vielmehr als verlängerter Arm der Politik betrachtet werden kann.

So sahen sich die Direktoren im Zuge der Nachverhandlungen im Vorfeld der Wahlen nur noch als Interessenvertreter ihrer politischen Parteien, ein Umstand, der sogar unverblümt in der Öffentlichkeit diskutiert wurde.[1] Für diese Interessenvertretung nahmen sie regelmäßig an wichtigen Regierungssitzungen innerhalb der Gebietskörperschaften, denen sie unterstellt waren, teil und empfingen von hier formelle oder informelle Anweisungen für die Regulierung.[2]

Zudem hatten die Direktoren neben ihrem Amt politische Mandate inne. Dass der Direktor Cevallo in der Vergangenheit für die PJ in der Provinz Sante Fe als Gouverneur angetreten ist, wurde bereits weiter oben erwähnt. Noch offenkundiger sind die politischen Verflechtungen jedoch im Fall des Direktors Epszteyn, der als zukünftiger Infrastrukturminister im Schattenkabinett von Garciela Meijide gehandelt wurde und in dieser Eigenschaft kräftig Wahlkampf betrieb.[3] Die Loyalitäten zur Politik waren aber auch informeller Natur. So erstattete Pedersoli als Direktor der Provinz Buenos Aires dem Gouverneur Duhalde, als dessen enger Vertrauter er galt, regelmäßig Bericht über die Geschehnisse im Regulierer.[4] Criscuolo schließlich war im Jahr 1997 auf Grund seiner engen Freundschaft mit dem neuen Wirtschaftsminister Roque Fernández zum Direktor bestellt worden.[5]

In Anbetracht der starken Politisierung von ETOSS verwundert es nicht, dass die politischen Konflikte auch in den Regulierer selbst hineingetragen wurden. So hielten sich die Direktoren der Stadt Buenos Aires mit Kritik an den Verhandlungsergebnissen des Umweltsekretariats nicht zurück.[6] Zu einem heftigen

1 Bezeichnend ist, dass in vielen Regulierern nach dem Wahlsieg von De la Rúa die Direktoren, die der PJ angehörten, ausgetauscht wurden. EL CLARÍN, El Destino de los Reguladores (11.12.1999, 42).

2 Z.B. in EL DÍA, El Gobierno Provincial Quiere Que se Difiera el Incremento del Agua (13.3.1998, 11). So sollte die Regierung De la Rúa ihren Direktoren Anweisungen geben, eine öffentliche Debatte über die Tariferhöhungen anzustrengen. LA CRÓNICA, Piden Audiencia Pública Sobre Aumentos en Tarifas del Agua (30.2.1998, 6).

3 LA NACIÓN, Fernández Meijide se Entrena Para Gobernar (7.4.1998). ÁMBITO FINANCIERO, Basura Porteña Dividió Otra Vez a la Alianza (17.7.1998, 10).

4 PÁGINA 12, – CASH – Suplemento Económico, La Independencia Política es lo de Menos (25.1.1998, 3).

5 Alsogaray versuchte, die beiden Vertreter der Landes-Regierung von ETOSS, Cevallo und Criscuolo, durch eigene loyale Leute zu ersetzen. Dies gelang nicht, weil Cevallo zu starken politischen Rückhalt aus der Provinz Santa Fe hatte. Criscuolo hingegen soll mit den Worten „Wenn sie Dich vor die Tür setzen will, rufe mich an!“ Rückhalt von Roque Fernández bekommen haben. EL CLARÍN, Roque Frena a María Julia (19.2.1998, 21).

6 Kritisiert wurde u.a., dass der SU in seiner Wirkung zu regressiv sei und dass man die Regeln des Konzessionsvertrags geändert hätte. LA NACIÓN, Se Define Hoy la Suba del

Konflikt innerhalb des Regulierers kam es aber insbesondere im Zuge der inflationsbedingten Preisanpassung. Wie bereits in Abschnitt 4.3.1 dargestellt wurde, ließen die zu verwendenden Indikatoren genügend Spielraum für Interpretationen, so dass man je nach Auslegung für Aguas Argentinas günstige oder ungünstige Ergebnisse erzielen konnte. Die Erhöhung von 1,61 Prozent stellte insofern das Ergebnis einer Kampfabstimmung zwischen den beiden politischen Lagern dar.[1] In den anschließenden Presse-Erklärungen beider Seiten warfen die Vertreter von Provinz und Regierung den Vertretern der Stadt vor, mittels Intrigen und politischer Druckmittel zu handeln, die es nicht ermöglicht hätten, einen geordneten Prozess der Preisanpassung zu inaugurieren. Die Vertreter der Stadt würden den Regulierer dazu missbrauchen, Politik für die Alianza zu betreiben.[2] Epszteyn konterte, dass sich die Vertreter der Landes-Regierung ebenfalls politisch engagieren würden, da diese bereits zuvor ein Schreiben an das Umweltsekretariat geschickt hätten, in dem versichert wurde, dass die Steigerung der Preise etwa bei 5,2 Prozent läge.[3] Auch nach der durch die argentinische Regierung genehmigten Tariferhöhung um 5,1 Prozent folgte noch einmal eine heftige

---

Agua (25.3.1998, 3). Man hätte bei der Privatisierung stärker die Ausweitung des Systems berücksichtigen müssen, nicht in erster Linie die Reduzierung des staatlichen Defizits. EL MUNDO (Mitschnitt), El Colador, Privatizaciones (6.4.1999 um 9:00 Uhr). Der Regulierer hätte bei den Nachverhandlungen stärker berücksichtigt werden müssen. PÁGINA 12, Hay un Estado Ausente (22.4.1999, 2). Die Abhängigkeit des Regulierers vom Umweltsekretariat sei zu groß. LA PRENSA, Los Entes deben Tener una Mayor Independenica – por Martin Lascano (25.4.1999, 8).

1 EL CLARÍN, Polémica en el Ente Regulador por Otro Reajuste Tarifario (18.3.1998, 25). EL CLARÍN, Al Final, el Aumento del Agua Será Sólo de 1,61% (4.4.1998, 26). ETOSS, Comunicado de Prensa 3.4.1998. Erstaunlich ist, dass in dem vor allem in der Öffentlichkeit strittigen Punkt der Preiserhöhung für die Kosten der Energie die Direktoren der Provinz Buenos Aires mit den Direktoren der Stadt Buenos Aires gegen die des Landes stimmten. Neben der Möglichkeit, dass die Direktoren der Provinz durch die der Stadt unter Druck gesetzt wurden, bietet sich noch eine andere Erklärung für das Abstimmungsverhalten an: So hatte Pedersoli in der Öffentlichkeit bereits im Januar mehrfach erklärt, dass die Kostenerhöhungen auf Grund der Senkungen bei den Energiekosten nicht sehr hoch ausfallen würden oder sogar Preissenkungen der Fall sein könnten. Pedersoli mag sich insofern in gewisser Weise durch diese Aussage gebunden gefühlt haben. EL CLARÍN, Nuevo Aumento para el Agua (22.1.1998, 25). Diese Auffassung wurde später noch einmal von ihm wiederholt. EL CLARÍN, Sumarán casi el 30 % los Aumentos en el Agua (18.2.1998, 16).

2 ETOSS, Comunicado de los Directores del Estado Nacional y de la Provincia de Buenos Aires Referido al Aumento del 1,61% Aprobado. EL CLARÍN, Fuerte Politización de un Debate Tarifario (4.4.1998, 26). Grund des Unmuts der Direktoren von Provinz und Land wird eine Verzögerungstaktik der Direktoren der Stadt gewesen sein. So hatte ETOSS den Termin der Verkündung der Preisanpassung bereits zuvor zweimal um insgesamt drei Wochen verschieben müssen, weil sich die Direktoren nicht einigen konnten. El CLARÍN, Frenan Otra Suba en la Tarifa del Agua (12.3.1998). El CLARÍN, Agua: Vuelven a Postergar Una Definición Sobre el Aumento (26.3.1998).

3 EL CLARÍN, Fuerte Politización de Un Debate Tarifario (4.4.1998, 26). ÁMBITO FINANCIERO, Aguas Rechazó y Recurre a la Justicia (6.4.1998, 14).

Kritik der Direktoren der Stadt Buenos Aires, die in der Entscheidung eine grobe Missachtung der Aufgaben von ETOSS sahen.[1]

Am Ende des Jahres 1998 war die Atmosphäre innerhalb von ETOSS so schlecht, dass einige Führungskräfte nicht mehr miteinander redeten. Faktisch war eine effektive regulatorische Aufgabenerfüllung durch ETOSS nicht mehr möglich.

4.4 Zusammenfassung

Ein wesentliches Ziel dieses Kapitels war die Klärung der Frage, ob die regulatorische Praxis im Wassersektor von Buenos Aires während der Jahre 1993 bis 2000 fair war, d.h. dass sich keine der beteiligten Konsumentengruppen oder das Monopolunternehmen gegenüber der Ausgangslage im Konzessionsvertrag besser stellte ohne gleichzeitig andere Akteure schlechter zu stellen. In den Abschnitten 4.1 bis 4.3 wurde dargestellt, dass die regulatorische Praxis nicht fair war, weil zwischen den beteiligten Akteuren ein hohes Maß an Umverteilung stattfand. An dieser Stelle werden noch einmal die wesentlichen Aspekte zusammengefasst.

Sah es zunächst in Abschnitt 4.1. so aus, als wenn vor allem die neuen Konsumenten auf Grund der höher als im Konzessionsvertrag vorgesehenen Infrastrukturgebühren benachteiligt würden, so relativierte sich dies mit der Tatsache, dass später die alten Konsumenten die wesentlichen Teile der Infrastrukturkosten zu tragen hatten. Für diese Gruppen äußerte sich dies in einer im Konzessionsvertrag nicht vorgesehenen Tariferhöhung um rund 30 Prozent.

Aber auch zwischen den Konsumenten als ganzes und dem Unternehmen fanden Umverteilungen statt. So wurde im Abschnitt 4.1. dargestellt, dass die de facto erhobenen Infrastrukturgebühren weit über den im Konzessionsvertrag festgelegten Gebühren lagen. Auch die Abänderung der Infrastrukturgebühren zum SU in Abschnitt 4.2 stellten für das Unternehmen einen Vorteil dar, weil dadurch das Problem säumiger Zahler vermindert wurde. Schließlich muss auch das in Abschnitt 4.3 betrachtete Zugeständnis des Umweltsekretariats, die ersten fünf Jahre der Konzession mittels des Gewinnregulierungsverfahrens zu bewerten, als eine Bevorzugung des Unternehmens angesehen werden, da dem Unternehmen mittels eines überhöhten EFNQ für die Zukunft hohe Einnahmen versprochen werden.

Die in Abschnitt 4.1 auf 4.3. betrachteten Preisanpassungen warfen ein Licht auf die politökonomischen Rahmenbedingungen der Regulierung. So wurde im Zuge der Preisanpassung von 1994 in Abschnitt 4.1. auf Grund der gemein-

1 EL CLARÍN, Crece la Polémica por el Agua (16.10.1998, 30). „Dem Konzessionär wird ein überaus schlechtes Signal in Bezug auf die Achtung und den Respekt der Entscheidungen des Regulierers, der zu seiner Regulierung und Kontrolle eingesetzt wurde, gegeben." zitiert nach ÁMBITO FINANCIERO, Suba de Agua Desató un Conflicto Político (16.10.1998, 14).

samen Berechnung von Preisanpassung und Infrastrukturgebühr im Simulationsmodell eine geringere Preisanpassung gewählt, als eigentlich notwendig gewesen wäre, so dass die alten Konsumenten auf Kosten der neuen Konsumenten subventioniert wurden. Die Preisanpassung des Jahres 1998 in Abschnitt 4.3. hingegen warf vor allem ein Blick auf die Manipulierbarkeit des Verfahrens im Schatten des Vorwahlkampfs. Es zeigte sich, dass die politische Opposition nicht geneigt war, dem Unternehmen eine hohe Preisanpassung zu gewähren, sich aber mit seiner Position gegenüber der Regierung nicht durchsetzen konnte. Ein abschließende Beurteilung der Fairness dieser zweiten Preisanpassung war jedoch nicht möglich, weil auf Grund der Indexumstellungen von INDEC die Vorgaben im Konzessionsvertrag nicht mehr einzuhalten waren und neue Indizes gesucht werden mussten.[1]

Zusammenfassend bleibt noch einmal festzuhalten, dass sich das Unternehmen gegenüber der Ausgangslage im Konzessionsvertrag im Laufe der Zeit besser stellen konnte. Die alten Konsumenten mussten hingegen substanzielle, im Konzessionsvertrag nicht vorgesehene Tariferhöhungen hinnehmen, während die Lage der neuen Konsumenten unbestimmt bleibt. Bei dieser Beurteilung muss aber auch noch einmal darauf hingewiesen werden, dass damit der Nutzen der Privatisierung nicht in Zweifel gezogen werden soll. Immerhin muss bedacht werden, dass die Konsumenten im Gegenzug zu einer doch moderaten Tariferhöhungen große Verbesserung hinsichtlich der Wasserversorgung erhielten und auf Grund der hohen Investitionen von Aguas Argentinas viele neue Konsumenten erstmals in den Genuss eines Wasseranschlusses kamen. Allerdings zeigen die Probleme mit der Konzession, dass auf vielen Ebenen bei der Privatisierung und Regulierung Verbesserungen erzielt werden können. in dem folgenden fünften Kapitel sollen diese Verbesserungsvorschläge dargestellt werden.

1 Einiges spricht dafür, dass keine der beiden Preisanpassungsvorschläge fair gewesen ist. So hätte die von ETOSS geforderte Preisanpassung das Unternehmen benachteiligt, weil der Faktor „Gleichgewicht der Regulierung" zu niedrig angesetzt wurde. Die vom Umweltsekretariat gewählte Preisanpassung hat das Unternehmen hingegen bevorzugt, weil es bei der Anpassung der Kostenrubrik „Elektrische Energie" alte Monopolstrukturen in unsystematischer Weise festgeschrieben hat.

5 Vorschläge für institutionelle Verbesserungen

In den beiden vorangegangenen Kapiteln wurde die Privatisierung und Regulierung des argentinischen Wassersektors analysiert. Der normative Aspekt der Analyse richtete sich auf die Frage, in welchen Bereichen bei der Privatisierung Fehler gemacht wurden, weil z.B. für die wirtschaftlichen Akteure problematische Anreize bestanden oder weil der Informationsfluss zwischen reguliertem Unternehmen und Regulierer nicht hinreichend war. In Bezug auf die Regulierung wurde untersucht, inwiefern die Nachverhandlungen des Regulierungsvertrags Renten zwischen Unternehmen und Konsumenten umverteilt haben und welche Fehler der Regulierer bei seiner Tätigkeit gemacht hat. Mittels einer positiven, politökonomisch orientierten Analyse wurde in einem zweiten Schritt nach Erklärungen für die verschiedenen Unzulänglichkeiten gesucht, die bei der Privatisierung und Regulierung beobachtet wurden. Die Analyse erfolgte dabei aus der Sicht von Interessengruppen, stimmenmaximierenden Politikern und regulierenden Bürokraten, wobei die jeweiligen Verhaltensannahmen der drei Entitäten für Erklärungen herangezogen wurden.

Die in den vorherigen Kapiteln gewonnenen Ergebnisse sollen in diesem Kapitel noch einmal unter dem Aspekt betrachtet werden, welche generellen Schlussfolgerungen aus den beobachteten Problemen für die Privatisierung und Regulierung des Wassersektors in Lateinamerika gezogen werden können. Die dabei erarbeiteten Erkenntnisse sind sicherlich in abgeschwächter Form auch auf andere Sektoren bzw. Länder außerhalb Lateinamerikas übertragbar.

In Abschnitt 5.1 werden zunächst Schlussfolgerungen für die Privatisierung des Wassersektors gezogen. Dies betrifft den Franchising-Prozess, die Formulierung eines Vertrages mit dem privaten Unternehmen und schließlich die Möglichkeiten der Marktstrukturierung. In Abschnitt 5.2 geht es dann um die Regulierung im Wassersektor. Da das Ergebnis der Regulierung von dem institutionellen *Setting* abhängig ist, d.h. Regulierung grundsätzlich einen endogenen Prozess darstellt, kann es in diesem Abschnitt nur um die Frage gehen, wie der Regulierer ausgestaltet werden sollte, damit effiziente Regulierungsergebnisse wahrscheinlich sind.

5.1 Vorschläge für institutionelle Verbesserungen bei der Privatisierung

Die vielen Nachverhandlungen in den Jahren 1993 bis 2000 waren das zentrale Problem der Wasserkonzession von Buenos Aires. Sie sind einerseits auf das Interesse der verschiedenen Gebietskörperschaften zurückzuführen, dass mehr als die ursprünglich im Konzessionsvertrag vorgesehenen Investitionen durchgeführt werden sollten. Andererseits war aber auch der Konzessionsvertrag selbst in vielen Bereichen so unklar formuliert, dass er den Vertragsparteien unterschiedliche Interpretationen gemäß ihren jeweiligen Interessen erlaubte. In diesem Abschnitt muss es somit um die Frage gehen, welche Aspekte bei der Vergabe der Konzession und der Ausgestaltung des Vertrags zu beachten sind und welche Argumente aus den speziell argentinischen Erfahrungen für eine Segmentierung des Marktes sprechen, damit solche Nachverhandlungen vermieden werden können.

Allerdings kann es nicht darum gehen, Nachverhandlungen generell auszuschließen. Diese können notwendig sein, wenn neue Umweltzustände eintreten, die zuvor nicht im Konzessionsvertrag bedacht worden sind. Ferner können Nachverhandlungen bei langfristigen Verträgen nie ganz ausgeschlossen werden. Es kann somit nur um eine graduelle Begrenzung von Nachverhandlungsspielräumen gehen.

Als ein effektives Mittel zur Begrenzung von Nachverhandlungen wird bisweilen für Länder mit schwachen institutionellen Strukturen vorgeschlagen, nur relativ kurzfristige Managementverträge abzuschließen.[1] In diesem Fall würde die Kritik der Privatisierung bereits bei der Auswahl der langfristigen Konzession beginnen. Wie aber gerade das Beispiel von Buenos Aires gezeigt hat, war hier vor allem das Problem zu geringer Investitionen relevant, auf Grund dessen ja gerade ein Teil der Nachverhandlungen geführt wurde. Insofern scheint unter der Annahme, dass auch in den Wassersektoren anderer Länder gerade die Investitionen die kritische Größe sind, dieser Weg wenig sinnvoll.

5.1.1 Franchising

Franchising wurde als eine Methode vorgestellt, die Wettbewerb um einen Markt sicherstellen kann, wenn Wettbewerb im Markt nicht möglich ist. In Buenos Aires wurde mit diesem Verfahren unter vier Bewerbern derjenige Bieter selektiert, der bei einer kostenlosen Übergabe der Wasserversorgungsinfrastruktur den niedrigsten Tarif angeboten hat. Gemäß den Modellannahmen ist der siegreiche Bieter auch stets das effizienteste Unternehmen. Die Nachverhandlungen innerhalb der Wasserkonzession von Buenos Aires wirkten sich in zweifacher Hinsicht sowohl ex ante als auch ex post negativ auf diese Enthüllung der Effizienz aus:

Ex ante war der Prozess gestört, weil der Verdacht nahe liegt, dass das siegreiche Konsortium kein kostendeckendes Gebot abgegeben hat. Auf Grund der großen strategischen Bedeutung, die eine Konzession in Buenos Aires für weitere Expansionspläne in Lateinamerika und in der ganzen Welt hatte, wurde von dem Konsortium anscheinend nur ein positives Zukunfts-Szenarium in das Gebot eingepreist und ansonsten auf Nachverhandlungsspielräume mit dem argentinischen Staat spekuliert. Aus diesem Verhalten wäre für andere Privatisierungen die Lehre zu ziehen, dass beim Franchising verstärkt die strategischen Interessen der unterschiedlichen Bieter mit einkalkuliert werden müssen. Ist das Interesse bei einem Bieter groß, so steigt das Risiko von unternehmensinduzierten Nachverhandlungen auf Grund eines nicht kostendeckenden Gebotes bzw. zu optimistischer Zukunftsprognosen. Der Staat kann diesen Risiken durch ver-

1 ALCÁZAR/ BROOK COWEN (1996, 24).

schiedene Maßnahmen entgegen wirken: So ist es bei strategisch bedeutsamen Konzessionen wichtig, die Interessen der bietenden Unternehmen genau zu evaluieren. Der technische Bereich der Gebote muss in diesem Fall besonders eingehend untersucht werden, um abschätzen zu können, wie realistisch die späteren Kostenansätze des Unternehmens sind. Darüber hinaus ist eine übereilte Privatisierung wie in Buenos Aires zu vermeiden. Im Zweifel sollten die Vorbereitungen für die Privatisierung lieber über einen längeren Zeitraum erfolgen, um genaue Nachfragedaten erheben zu können, durch Stichproben einen genaueren Einblick in den Zustand des Versorgungsnetzes zu erhalten und schließlich durch Haushaltsumfragen die wahre Zahlungsbereitschaft der Konsumenten zu ermitteln. Zudem sollte das Unternehmen stärker an seine Gebote gebunden werden, um auf diese Weise zu vermeiden, dass das Unternehmen für den Fall einer fehlenden Genehmigung von Nachverhandlungen aus der Konzession aussteigen kann. So wäre es theoretisch denkbar, dass sich der Konzessionär gegen Fehleinschätzungen versichern müsste. Eine alternative Möglichkeit wäre es, das Unternehmen zu einer erhöhten Sicherungseinlage beim Staat zu verpflichten, auf die es für den Fall zurückgreifen muss, wenn sich allzu optimistische Zukunftsprojektionen nicht erfüllen.

Auch *ex post* wurde der Franchising-Prozess in Buenos Aires unterminiert, wenn man diesen als einen effizienten Mechanismus zur Enthüllung unternehmerischer Kostenerwartungen ansieht. So wurden die Investitionen für das sekundäre Netz erst nach der Übernahme der Konzession durch Aguas Argentinas anhand von Kostenvoranschlägen des Unternehmens ausgehandelt. Gleiches gilt für die in den Jahren 1994 und 1997 nachverhandelten Investitionen, da diese durch das Unternehmen vorgegeben wurden und von ETOSS nur anhand von Plausibilitätserwägungen überprüft werden konnten. Auf diese Weise gingen bereits frühzeitig wesentliche Vorteile des Franchising in Bezug auf die Festsetzung effizienter Kostenansätze verloren. Für die im Zuge des Franchising zugesagten Investitionen versteht es sich eigentlich von selbst, dass diese auch zu den in der Offerte festgelegten Kosten durchgeführt werden müssen. Aber auch die zusätzlich von dem Unternehmen zugesagten Investitionen hätten ausgehend von der Offerte bestimmt werden müssen. So wäre es z.B. möglich gewesen, anhand der Offerte die Investitionskosten der Wasserproduktion bzw. der Abwasserreinigung in Beziehung zu der pro Tag aufbereiteten Menge Wassers zu setzen. Auf diese Weise wäre man zu einem einfachen Indikator gelangt, um zusätzliche Investitionen des Unternehmens in die Wasserproduktion bewerten zu können. Die zusätzlichen Netzkosten hätten entsprechend als eine Funktion der Netzlänge bestimmt werden können. Um Ambivalenzen bei der Auswahl von Indikatoren für die Bewertung von Investitionen auszuschließen, sind diese bereits gegliedert nach Investitionsarten im Konzessionsvertrag festzulegen. Dabei ist auch auf eine zeitliche Begrenzung zu achten, denn im Laufe der Zeit verlieren die Werte der Offerte auf Grund technischen Fortschritts ihre Aussagekraft. Als ein geeigneter Zeithorizont könnten fünf Jahre, also eine Zeitspanne bis zur ersten planmäßigen Revision der Konzession gelten, weil bis dann die kostenenthüllende Wirkung des Franchising auf Grund der Neubewertung Konzession sowieso beendet wird. Aber auch danach sollten Indikatoren für Investitionen anhand von *Benchmarks* im Wassersektor rund um die Welt bestimmt werden, anstatt Kostenvoranschläge des regulierten Unternehmens heranzuziehen.

Die Aufgabe für den Regulierer, neben den im Zuge des Franchising festgelegten Versorgungszielen auch die technische Durchführung der Investitionen von Aguas Argentinas zu überwachen, hat sich in der Regulierungspraxis als problematisch erwiesen. Dies wurde insbesondere bei dem Konflikt um die fehlende Schutzummantelung und Sandeinbettung der Verteilungsrohre in Abschnitt 4.2.2 deutlich. Ursache des Konflikts war einerseits die Tatsache, dass sich die Infrastruktur nach wie vor im Eigentum des Staates befindet und die Abschreibungszeiträume für die Investitionen über die Dauer der Konzession hinaus reichen. Auf diese Weise fehlt Aguas Argentinas der Anreiz, die erforderlichen Investitionen in vollem Umfang durchzuführen. Andererseits fehlten dem Regulierer hinreichende Kenntnisse über die Materialeigenschaften der neuen aus Plastik hergestellten Verteilungsrohre, d.h. ETOSS fehlte das technische Wissen, um die Investitionen des Unternehmens adäquat beurteilen zu können. Insofern befand sich der Regulierer in einem Dilemma, indem er zwischen einer möglichen Steigerung der unternehmerischen Effizienz bzw. geringeren als geplanten Investitionskosten und den Anreizen für das Unternehmen, weniger Investitionen durchzuführen als notwendig wären, abwägen musste.

Dieser Konflikt ließe sich durch einen vollkommenen Eigentumstransfer abmildern, da in diesem Fall die Überwachung der Investitionen durch den Regulierer weniger strikt sein müsste. Unter der Annahme, dass sich eine solche Form der Privatisierung in den meisten Fällen jedoch politisch nicht durchsetzen lässt, würde auch eine Konzessionierung, die sich über einen längeren Zeitraum als dreißig Jahre erstreckt, die Probleme mindern. Tatsächlich gibt es kaum einen plausiblen Grund, den Zeitraum einer Konzession auf dreißig Jahre zu begrenzen. So muss es als unrealistisch gelten, dass der Staat nach Ablauf der Frist die Versorgung wieder übernimmt. Auch ist es wenig wahrscheinlich, dass am Ende der Konzession eine Neuvergabe an ein anderes Unternehmen steht, da das alte Unternehmen auf Grund der genauen Kenntnis der Spezifika der Konzession einen hohen Informationsvorteil gegenüber etwaiger Konkurrenz besitzt. Insofern würde auch der Ertrag eines erneuten Franchising gering sein bzw. die Disziplinierung des Unternehmens könnte auch durch das Regulierungsverfahren selbst sichergestellt werden.

5.1.2 Der Konzessionsvertrag

Die Bedingungen, unter denen das Unternehmen mit dem besten Gebot die Konzession für die Wasserversorgung in Buenos Aires übernehmen durfte, wurden im Konzessionsvertrag fixiert. Wesentliche Bestandteile waren das an der britischen Preisregulierung orientierte Regulierungsverfahren, ein Preisindexierungs- und ein Kostendurchleitungsmechanismus zur Senkung des unternehmerischen Risikos, die Vorgaben zur Effizienzsteigerung, das Bewertungsverfahren für den angemessenen Gewinn und der von OSN übernommene Wassertarif. Die unklaren, teilweise sogar widersprüchlichen Formulierungen der einzelnen Vertragsbestandteile waren eine wesentliche Ursache für die Nachverhandlungsspielräume, die sich im Zuge der Regulierung für die Vertragsparteien ergaben. Die entsprechenden Konfliktpunkte und mögliche Strategien zu deren Lösung sollen im folgenden dargestellt werden.

Die im Vertragswerk unklare Definition des Terminus „unternehmerisches Risiko" wurde von Aguas Argentinas dazu genutzt, das Regulierungsverfahren ex post neu auszuhandeln, als sich einige seiner Prognosen in der Offerte als zu optimistisch erwiesen. Die Nachverhandlungen waren für das Unternehmen deshalb erfolgreich, weil sich das Umweltsekretariat als Vertreter des politischen Entscheidungsträgers gegenüber Aguas Argentinas gebunden hatte: Nur die Kooperation des Unternehmens stellte sicher, dass die Behörde ihr in der Öffentlichkeit geäußertes Versprechen, vordringliche Umweltprobleme zu lösen, erfüllen konnte. Letztendlich konnte das Unternehmen auf diese Weise ein Gewinnregulierungsregime durchsetzen.

Ausgehend von diesen Erfahrungen ist auf die Definition derjenigen Risiken, die das Unternehmen zu tragen hat, und solcher, die von den Konsumenten zu tragen sind, größte Sorgfalt zu legen. Über die Aufteilung der Risiken zwischen beiden Seiten bestimmt sich das Regulierungsverfahren. Nimmt man an, dass ein hybrides Preisregulierungsverfahren nach britischem Vorbild für die Regulierung angemessen ist, so müssen z.B. die falsche Einschätzung der Nachfrage, des Zustands der zu übernehmenden Infrastruktur oder der Zahlungsmoral der Konsumenten als unternehmerische Risiken definiert werden. Gleiches gilt für konjunkturelle Schwankungen und Schocks. Von den Konsumenten hingegen sollten die unkalkulierbaren Risiken, wie die Entscheidungen der Exekutive oder aber z.B. Umweltdesaster zu tragen sein. Entscheidungen der Judikative werden in der Literatur zuweilen als unternehmerische Risiken angesehen.[1] Gemäß dieser Auffassung hätte z.B. das in Buenos Aires erfolgte gerichtliche Verbot, Mehrfamilienhäuser mit nur einem Wasserzähler auszustatten, oder das Verbot der Rechnungsstellung an den Eigentümer eines Mehrfamilienhauses als unternehmerisches Risiko angesehen werden müssen. Auch das gerichtliche Verbot der Einführung des SU wäre darunter gefallen. Für Länder wie Argentinien, in denen die Judikative nicht vollkommen unabhängig von der Exekutive und der öffentlichen Meinung handelt, ist eine solche Auffassung jedoch problematisch. So könnten opportunistische gerichtliche Entscheidungen wie die Aufhebung des SU in Buenos Aires für das Unternehmen fatale Konsequenzen haben. Darüber hinaus bestand in dem betrachteten Fall eine klare Interdependenz zwi-

1 Eine solche Auffassung wird z.B. von FIEL (1999, 556) vertreten.

schen der Entscheidung der Exekutive, die eine Entschließung zur Einführung des SU nicht als Gesetz verabschieden wollte, und der Begründung des Gerichtsentscheids. Daraus wird deutlich, dass Entscheidungen der Judikative häufig gar nicht klar von solchen der Exekutive getrennt werden können. Insofern sollten Entscheidungen der Judikative, welche die Konzession substantiell entsprechend eines im voraus definierten Wertes verändern, nicht zu den unternehmerischen Risiken gezählt werden.

Das von ETOSS praktizierte inputorientierte Preisindexierungsverfahren sollte dem Unternehmen einen möglichst guten Schutz vor Inflation bieten, um auf diese Weise das unternehmerische Risiko zu reduzieren. Das Verfahren erwies sich jedoch als wenig sinnvoll. So war versäumt worden, innerhalb der Regulierungsrichtlinien klar zu definieren, anhand welcher Preisindizes eine Indexierung vorgenommen werden soll. Auch die Gewichte, mittels derer die Einzelindizes in die Gesamtkosten eingehen sollten, hatten die Vertragspartner nicht ausreichend spezifiziert. Schließlich war der Anpassungsmechanismus auf Grund des indirekten Übertragungswegs auf die Tarife für die Konsumenten wenig transparent. Dies lag insbesondere auch an dem vom Regulierer gewählten Kriterium, dass die mit den Kostenerhöhungen korrespondierende Tarifanpassung dann angemessen sei, wenn die Verschuldung des Unternehmens im zehnten Jahr der Konzession konstant bleibt. Die Mängel des Preisindexierungsverfahrens führten bei der Festlegung der Indizes und ihrer Gewichte zu einem erheblichen Interpretationsspielraum und damit einhergehend zu ständigen Konflikten zwischen Unternehmen und Regulierer. Zudem bestand für den Regulierer die Versuchung, wegen der nur indirekten Verbindung zwischen Kostenerhöhung und Tarifanpassung letztere auf Grund opportunistischer Erwägungen für eine Quersubventionierung zu manipulieren. So wurden die im Jahr 1994 fälligen Kostenerhöhungen teilweise auf die Infrastrukturgebühren überwälzt. Auch wenn einige der Konflikte zwischen Regulierer und Unternehmen durch eine klare Definition der Indizes und ihrer Gewichtung innerhalb von Konzessionsvertrag und Regulierungsrichtlinien hätten gelindert werden können, so wäre das Verfahren doch hinsichtlich exogener Veränderungen sehr unflexibel gewesen. So hatte das Amt für Statistik (INDEC) im Jahr 1995 die erfassten Indizes und die jeweiligen Basisjahre geändert, ein Aspekt, der in den Verträgen nicht vorgesehen war und auf jeden Fall zu Interpretationsspielräumen geführt hätte. Die starke Erhöhung der Arbeitsproduktivität bereits im ersten Konzessionsjahr hätte den Regulierer angesichts der großen Bedeutung der Personalkosten für die operativen Gesamtkosten auch bei einer klareren Definition der Indizes in Versuchung geführt, einen Teil der ungeplanten Effizienzgewinne zu vereinnahmen.

Ein einfaches Preisindexierungsverfahren, das sich an den allgemeinen inländischen Verbraucherpreisen orientiert, erscheint zwar im Hinblick auf die für das Unternehmen relevanten Kosten weniger genau, ist aber auch weniger anfällig für Interpretationen und Nachverhandlungen. Ein sehr wichtiger Aspekt an einer solchen Art der Indexierung ist überdies ihre Transparenz und Berechenbarkeit für die Konsumenten.

Gerade im Hinblick auf die Transparenz des Regulierungsverfahrens war auch die 7-Prozent-Regel wenig vorteilhaft. So hatte der Konzessionsgeber vergessen, vertraglich klar zu definieren, ob der implizite Verzögerungsmechanismus nun ein Kostenfaktor für das Unternehmen darstellt oder nicht. Im Endeffekt führte das Verfahren zu dem merkwürdigen und intransparenten Konstrukt des „Gleichgewichts der Regulierung". Aber selbst, nachdem sich Unternehmen und Regulierer auf diesen Kostenfaktor geeinigt hatten, bestand noch ein Verhandlungsspielraum hinsichtlich der Frage, ob dieses Gleichgewicht als ein einfacher Durchschnitt der Preissteigerungen oder als ein gewichteter Durchschnitt der Preissteigerungen innerhalb eines Zeitraums zu interpretieren sei. Die 7-Prozent-Regel war aber nicht nur für den Regulierer wenig transparent, sondern auch für die Konsumenten. So reichte das öffentliche Gedächtnis nicht bis zu den Inflationsjahren 1994 und 1995 zurück, als im Jahr 1997 die Kosten angepasst werden sollten. Vielmehr herrschte die Meinung vor, dass es in den vergangenen Jahren keine Inflation gegeben habe. Nicht zuletzt auf Grund dessen wurde Druck auf den Regulierer ausgeübt, die Preise weniger zu erhöhen als dies eigentlich angemessen gewesen wäre. Die ab 1998 gültige Regel einer jährlichen Preisanpassung auch bei geringer Inflation erscheint demgegenüber vorteilhafter.

Der weder im Konzessionsvertrag noch innerhalb der Regulierungsrichtlinien klar definierte Kostendurchleitungsmechanismus auf Grund außergewöhnlicher Umstände erwies sich entgegen den Erwartungen als wenig problematisch. Dies kann aber u.a. damit erklärt werden, dass Nachverhandlungen des Konzessionsvertrags sowieso auf der Tagesordnung standen und das Unternehmen es niemals nötig hatte, auf außergewöhnliche Umstände einer Kostenanpassung zu rekurrieren. Dennoch empfiehlt es sich auch für Entwicklungsländer, die Umstände, die eine Kostendurchleitung auslösen, im Vertrag genau zu definieren. Dabei wäre einerseits ein qualitatives Kriterium wie z.B. eine neue Umweltgesetzgebung und andererseits eine quantitative Größe wie z.B. die Veränderung der Kosten oder Einnahmen um mehr als 10 Prozent sinnvoll. Zusätzlich könnte, wie dies im britischen Wassersektor der Fall ist, eine „Schiffbruchsklausel" implementiert werden, die unabhängig von den Ursachen dann greift, wenn der Fortbestand der Konzession auf Grund exogener Schocks gefährdet ist. Im Fall der Regulierung von Buenos Aires hätte eine solche Klausel z.B. greifen können, als die Einführung einer Infrastrukturgebühr gerichtlich verboten wurde und dem Unternehmen auf diese Weise ein erheblicher Teil seiner Einnahmen verloren ging.

Effizienzverbesserungsvorgaben wurden dem Unternehmen nicht gemacht. Dies war aus politökonomischen Gründen verständlich, wollte man doch den Konsumenten durch eine substanzielle Tarifsenkung im Jahr 1993 die Vorteile der Privatisierung vor Augen führen. Bei jährlichen Effizienzverbesserungsvorgaben und den damit verbundenen höheren Anforderungen an die bietenden Unternehmen wären die Tarifsenkungsangebote der Unternehmen ungünstiger ausgefallen, als es de facto der Fall war. Auf der anderen Seite hätte die explizite Einführung eines X-Faktors die Verwandtschaft zum britischen Regulierungsverfahren dargelegt und so den Nachverhandlungsspielraum des Unternehmens hinsichtlich des zu wählenden Regulierungsverfahrens eingeschränkt. Zudem wäre den Konsumenten über die jährlich vorzunehmenden Preissenkungen auf Grund der Effizienzsteigerungen ein deutliches Signal gegeben worden, dass sie über die Tarifsenkungen von den Produktivitätsfortschritten des Unternehmens profitieren. Dies hätte den öffentlichen Druck auf den Regulierer im Zuge der zweiten Preisanpassung mindern können, der auch deswegen entstanden war, weil die Preise des Monopolunternehmens ständig zu steigen schienen, während das Realeinkommen des argentinischen Konsumenten sank. Insofern mag der Verzicht auf Effizienzsteigerungsvorgaben für die Privatisierung zwar vorteilhaft gewesen sein, für die Regulierung war er dies jedoch sicherlich nicht.

Versäumt wurde es, im Konzessionsvertrag und in den Regulierungsrichtlinien die Kosten des Kapitals etwa nach der CAPM-Methode genau zu definieren, um im Zuge der planmäßigen Revision die prognostizierten Gewinne auf ein angemessenes Niveau revidieren zu können. Dies war gleich in mehrfacher Hinsicht problematisch: So hätte eine klare Definition der Kapitalkosten dem Unternehmen weniger Spielraum für die Interpretation des Regulierungsverfahrens gelassen. Wären die Kapitalkosten z.B. nach dem CAPM-Verfahren bestimmt worden, so hätte die Wahl eines hohen Beta einen klaren Hinweis auf das vorgesehene Preisregulierungsverfahren erbracht. Zudem wurde der Regulierer in Ermangelung entsprechender Vorgaben zu dem bereits beschriebenen sehr problematischen Anpassungsmechanismus veranlasst, denn ETOSS sah im Zuge der Nachverhandlungen die Kapitalkosten zusätzlicher Investitionen als hinreichend berücksichtigt an, wenn die Verschuldung des Unternehmens für das zehnte Jahr der Konzession konstant bleibt. Die zum 31.12.1998 nachträglich notwendig gewordene Festlegung des angemessenen Gewinns beinhaltete zudem das Problem, dass entsprechende Werte in bilateralen Verhandlungen zwischen Regulierer und Unternehmen bestimmt werden mussten, wobei das Unternehmen einen Informationsvorteil hatte. Im Fall von Buenos Aires hatte das Unternehmen dabei insbesondere deswegen eine relativ große Verhandlungsmacht, weil der Staat stark von dem Unternehmen abhängig war bzw. eine Auflösung der Konzession zu kostspielig gewesen wäre. Insofern ist es immer wichtig, eine angemessene Verzinsung des Kapitals im Rahmen des Regulierungsvertrags festzulegen.

5.1.3 Der Wassertarif

Für die Wasserversorgung in Buenos Aires wurde der sehr komplizierte und wenig effiziente Tarif von OSN übernommen. Politökonomisch ist diese Übernahme des Tarifs nachvollziehbar, da zunächst alle alten Konsumenten von

OSN gleichermaßen von der Privatisierung profitieren sollten. Zudem wurde das Privatisierungsverfahren für das Unternehmen transparenter, weil es sich angesichts der unvollständigen Unterlagen über den nachgefragten Konsum und die Anzahl der versorgten Haushalte an den bisherigen Einnahmen von OSN orientieren konnte. Für die Regulierung war der Tarif jedoch wenig günstig. Wie die Analyse gezeigt hat, war es Aguas Argentinas möglich, einzelne Komponenten des Tarifs zu manipulieren und auf diese Weise die Einnahmen zu erhöhen. Zudem wurden die Investitionsentscheidungen des Unternehmens ungünstig verzerrt, da es auf Grund der starken Quersubvention zugunsten armer Haushalte für das Unternehmen sinnvoll war, Investitionen vor allem in reichen Regionen durchzuführen. Die wiederholten Abweichungen zwischen Investitionsplänen und tatsächlichen Investitionen führten zu Konflikten zwischen Regulierer und Unternehmen.

Als nachteilig hat sich auch der hohe Anteil des ungemessenen Konsums wie auch der Fixkosten am Gesamttarif erwiesen. Dies führte dazu, dass der Wasserverbrauch in Buenos Aires pro Person auch heute noch höher als in den Industrieländern ist. Neben den fehlenden strikten Vorgaben im Konzessionsvertrag hat sich hier auch die bereits erwähnte Gerichtsentscheidung negativ ausgewirkt, durch welche die haushaltsspezifische Konsummessung vorgeschrieben wird. Aguas Argentinas wurde auf diese Weise ein Vorwand gegeben, die Installation von Wasserzählern zu verschleppen.

Ein guter Wassertarif sollte möglichst einfach strukturiert sein und auf Elemente der Quersubvention verzichten. Im Falle des ungemessenen Konsums könnte der Tarif z.B. anhand der Wohnfläche berechnet werden. Um Anreize zur Einsparung von Wasser zu erzielen, sollte, wenn möglich, eine konsumabhängige Messung erfolgen. Denkbar wäre hier ein zweiteiliger Tarif mit einer niedrigen verbrauchsunabhängigen Grundgebühr und einem linearen verbrauchsabhängigen Teil. Da Wasser auch ein soziales Gut ist, muss eine Subvention ärmerer Haushalte bestehen bleiben. Dies kann dadurch geschehen, dass die ersten Kubikmeter des Wassers frei sind oder zu einem niedrigen Grundpreis angeboten werden. Die in Argentinien geltende Regel von 15 Kubikmeter freien Wassers pro Monat und Haushalt erscheint allerdings zu reichlich bemessen. Die Kosten für diese Subvention müssten durch den Staat getragen werden. Eine haushaltsindividuelle Subventionierung erscheint auf Grund der Notwendigkeit einer aufwändigen Antragsstellung und -überprüfung sowohl für die Haushalte als auch für die staatlichen Instanzen in Lateinamerika zu kompliziert.

Eine Anschlussgebühr bzw. Infrastrukturgebühr hat sich nicht bewährt. Während die ursprüngliche Regelung in Buenos Aires die Zahlungsfähigkeit der Haushalte vollkommen missachtet hatte, führt die neue Regelung des SU zu einer weiteren Erhöhung der ohnehin schon hohen fixen Tarifkomponente. Insofern scheint es sinnvoller, dass die Investitionen für das sekundäre Netz und den Anschluss direkt in den weitgehend konsumabhängigen Tarif inkorporiert werden, so dass eine Finanzierung durch die alten Konsumenten erfolgt.

5.1.4 Yardstick-competition

Durch die Übergabe der Konzession an nur ein Unternehmen hat der argentinische Staat auf die Option der Schaffung von Konkurrenz im Markt, die in gewisser Weise auch bei Gebietsmonopolen besteht, verzichtet. Dieser Verzicht wurde mit Erleichterungen bei der Privatisierung begründet. So war die Vorbereitung der Unterlagen relativ unkompliziert, und eine zeit- und kostenaufwändige Aufteilung des Netzes entfiel, so dass die Privatisierung zügig durchgeführt werden konnte. Auch wurde die Attraktivität der Konzession für internationale Unternehmen gesteigert und die Konkurrenz im Zuge des Franchising war aus einfachen arithmetischen Gründen höher. Schließlich konnten im Zuge des Franchising natürlich auch bessere Gebote erwartet werden.

Die Vorteile bei der Privatisierung wurden jedoch mit einer Reihe von Nachteilen für die Regulierung erkauft. Neben den bereits erwähnten Marktautomatismen, die trotz der Existenz von Gebietsmonopolen in segmentierten Märkten erhalten bleiben, fehlten dem Regulierer jegliche Vergleichsmöglichkeiten mittels *Yardstick-competition*. ETOSS war stets auf Informationen aus dem regulierten Unternehmen angewiesen, die häufig erst mit einer Zeitverzögerung oder gar nicht zu erlangen waren. Nicht zuletzt wegen fehlender Vergleichsmöglichkeiten war der Regulierer bei der Einschätzung der nachverhandelten Investitionen auf Kostenvoranschläge aus dem regulierten Unternehmen angewiesen.

Dieser Mangel an Vergleichsmöglichkeiten hat sich auch im Zuge der planmäßigen Revision bemerkbar gemacht, bei der es dem Regulierer und dem Konzessionsgeber oblag, für das Unternehmen Effizienzmaßstäbe festzulegen. So mussten einerseits die außerplanmäßigen Investitionen des Unternehmens weitgehend voll anerkannt werden, weil nicht geprüft werden konnte, ob alle von Aguas Argentinas durchgeführten Investitionen effizient waren oder nicht, andererseits konnte für das Unternehmen kein sinnvoller Effizienzmaßstab eingeführt werden. Vielmehr wurde für Aguas Argentinas ein Modellunternehmen konstruiert, wobei schon jetzt auf Grund der Heterogenität der Wasserunternehmen im internationalen Vergleich die Schwierigkeiten absehbar sind, adäquate *Benchmarking*-Indikatoren zu eruieren.

Letztendlich ist der argentinische Staat bei Nachverhandlungen leichter erpressbar, denn ein einzelnes großes Unternehmen wird eine größere Verhandlungsmacht besitzen, als zwei oder mehr kleine Unternehmen. So ist z.B. die Übertragung der Konzession auf einen alternativen Anbieter sehr schwierig, wenn Aguas Argentinas mit einem Ausstieg aus der Konzession droht, denn es wird nicht ohne weiteres möglich sein, kurzfristig ein Ersatzunternehmen zu finden, das bereit wäre, das riesige Konzessionsgebiet zu übernehmen.

5.1.5 Institutionalisierung der Nachverhandlungen durch den Staat

Nicht nur Nachverhandlungen von Seiten des Unternehmens sollten verhindert werden, sondern auch der Staat sollte Nachverhandlungen von Konzessionen möglichst vermeiden. Da das Unternehmen auf Grund asymmetrischer Informationen genauere Kenntnisse über die spezifischen Rahmenbedingungen der unternehmerischen Tätigkeit hat als der Staat oder der Regulierer, wird es stets einen Verhandlungsvorteil haben. Im Fall von Buenos Aires trat dieses Problem insbesondere deswegen verschärft auf, weil der Regulierer im Jahr 1997 nicht an den Nachverhandlungen beteiligt wurde, sondern das Umweltsekretariat direkt mit Aguas Argentinas verhandelte, obwohl das Sekretariat die Oberaufsicht über die Konzession erst in diesem Jahr erhalten hatte und deswegen kaum hinreichende Kenntnisse über das regulierte Unternehmen haben konnte.

Zudem zeigen die Beobachtungen für den argentinischen Wassersektor, dass durch Nachverhandlungen in der Öffentlichkeit Misstrauen gesät werden kann, wenn der Staat dem Unternehmen Zugeständnisse machen muss, die sich in höheren Tarifen niederschlagen. Dieses Misstrauen kann für die Konzession selbst ungünstige Konsequenzen haben, wenn Politiker es verstehen, die Unzufriedenheit der Konsumenten mittels populistischer Versprechungen in einen Wahlerfolg umzumünzen.

Ferner wird dem Konzessionär durch staatlich induzierte Nachverhandlungen signalisiert, dass auch andere Modifikationen des Vertrages disponibel sind. Auf diese Weise besteht für das Unternehmen ein Anreiz, Nachverhandlungen auch in anderen Bereichen, die den Staat eigentlich nicht interessieren, anzustreben. Symptomatisch hierfür ist, dass die Nachverhandlungen von Investitionen in Buenos Aires, bei denen schließlich der gesamte Konzessionsvertrag auf die Verhandlungsagenda gesetzt wurde, jeweils zu Paketlösungen führten.

Dennoch können außergewöhnliche Umstände Nachverhandlungen erforderlich machen. Sollte dies der Fall sein, so ist - anders als es in Argentinien der Fall war - ein hoher Grad an Transparenz erforderlich. Als selbstverständlich muss gelten, dass der Regulierer als die kompetenteste staatliche Instanz die Nachverhandlungen führt. Auch die Öffentlichkeit sollte hinreichend involviert sein, wobei es erforderlich ist, komplexe Sachverhalte möglichst einfach aufzubereiten, so dass die Konsumenten und Konsumentenschutzgruppen sie nachvollziehen können.

5.2 Verbesserungsvorschläge für die Regulierung

Ein wichtiger Aspekt, der das Nachverhandlungsrisiko von staatlicher Seite reduziert, ist die Ausgestaltung eines effektiven und neutralen Regulierers. Wenn im Zuge der Privatisierung gewissermaßen die Spielregeln festgelegt werden, die später von allen Parteien als bindend angesehen und nicht im Rahmen von Nachverhandlungen verändert bzw. uminterpretiert werden sollten, so geht es nun um den Regulierer als neutralen Schiedsrichter, der zwischen den verschiedenen Interessen des Unternehmens und der Konsumenten vermitteln soll. Einerseits muss sichergestellt werden, dass der Regulierer hinreichend unabhängig von staatlichen Interessen ist, damit das Unternehmen eine faire Behandlung erwarten kann. Andererseits ist es wichtig, dass er auch eine hinreichend große Distanz zu dem von ihm regulierten Unternehmen hat, so dass er nicht zu einer bloßen Interessenvertretung desselben auf Kosten der Konsumenten verkommt.

5.2.1 Die politische Unabhängigkeit des Regulierers

Rein formal gesehen, besitzt der Regulierer ETOSS einen hohen Grad an Autonomie gegenüber den politischen Entscheidungsträgern. So kann das Direktorium des Regulierers im Prinzip autonom über alle wichtigen Regulierungsfragen entscheiden. Dadurch, dass die Direktoren nur alle sechs Jahre gewählt werden, sind sie zudem unabhängig von dem politischen Wahlzyklus. Auch die Form der Finanzierung, die nicht aus dem staatlichen Budget, sondern als ein Anteil aus dem Wassertarif von Aguas Argentinas erfolgt, sollte zur Autonomie des Regulierers beitragen.

Die Regulierungswirklichkeit in Buenos Aires sah jedoch anders aus. Tatsächlich wies das Direktorium von ETOSS ein hohes Maß an politischer Abhängigkeit auf. Bereits im Zuge der Nachverhandlung des Jahres 1994 konnten verschiedene Gebietskörperschaften erfolgreich politischen Druck auf die Direktoren ausüben, zusätzliche Investitionen in die Nachverhandlungen mit Aguas Argentinas einzubeziehen. Auch die Verhandlungen im Zuge der Senkung und Abschaffung der alten Infrastrukturgebühren waren stark von politischen Interessen bestimmt. Zu einem offenen politischen Konflikt im Regulierer kam es im Zuge der zweiten Preisanpassung, als die politische Opposition erstmals Direktoren in ETOSS bestellte und diese eine Regulierungspolitik im Sinne der Opposition durchsetzen wollten. Der parteienpolitische Proporz im Direktorium ging sogar so weit, dass verschiedene Strömungen der PJ, d.h. der *Duhaldismo* und der *Menemismo* im Regulierer vertreten waren. Dabei fällt auf, dass ein politischer Wechsel stets auch zu einem Wechsel im Direktorium führte.[1] In Anbetracht dieser Abhängigkeiten scheint die bloße formale Bestimmung der Unabhängigkeit des Regulierers, wie sie oben erfolgte, nicht ausreichend zu sein. Es wären somit weitere Faktoren darzustellen, die eine Unabhängigkeit des Regulierers sicherstellen können und in Buenos Aires anscheinend nicht beachtet wurden.

Eine der Fehlkonstruktionen des Regulierers in Buenos Aires war es, dass die drei an der Privatisierung beteiligten Gebietskörperschaften jeweils zwei Direktoren stellen, die in einem Rotationsprinzip die Präsidentschaft bei ETOSS innehaben. Wieso ist dies erforderlich, wenn doch der Regulierer im Prinzip unabhängig von den politischen Interessen sein soll? Diese Konstruktion erweckt in der Öffentlichkeit und bei den Politikern den Eindruck, die Direktoren hätten im

1 Auch die Wahl von De la Rúa scheint hier keine Veränderung gebracht zu haben. So konnte sich zwar Cevallo als Vertreter der Regierung auf Grund seiner langen Erfahrung im Amt halten, dafür wurde aber neben dem anderen Vertreter der Regierung auch ein Vertreter der Provinz ausgetauscht, so dass die Alianza nun vier Vertreter in das Direktorium entsandt hat.

Regulierer die speziellen Interessen der jeweiligen Gebietskörperschaft zu vertreten, die dann gleichzeitig die Interessen der jeweiligen Exekutive sind. Sinnvoller wäre es, die Führungsriege von ETOSS auf nur ein oder zwei Direktoren zu begrenzen, die z.B. durch den Kongress oder die Exekutive bestellt werden. Eine Wahl der Direktoren durch die Konsumenten, wie es z.B. in den USA praktiziert wird, wäre für Argentinien nicht zu empfehlen, da es den Direktoren dann noch schwerer fallen könnte, sich allein auf die technischen Bedingungen der Regulierung zu konzentrieren als dies im Falle ihrer politischen Inauguration der Fall ist.

Zudem muss sichergestellt werden, dass die Direktoren sich mit dem Ziel einer neutralen Regulierung identifizieren. Dies war bei ETOSS nicht der Fall. Regulierung im Wassersektor wurde von den Direktoren weniger im Sinne einer neutralen Auslegung von Konzessionsvertrag und Regulierungsrichtlinien verstanden, sondern vielmehr als Mittel zur Durchsetzung partikularer politischer Interessen. Um solche Interessenkollisionen zu vermeiden, ist es notwendig, dass sich die Direktoren politischer Betätigung bzw. Äußerungen enthalten. Um nur die offenkundigsten Fälle bei ETOSS zu aufzuzählen: Weder hätte der Direktor Cevallo als Gouverneurskandidat der PJ in der Provinz Santa Fe antreten dürfen, noch hätte Direktor Epzsteyn im Schattenkabinett der Opposition als Infrastrukturminister gehandelt werden dürfen. Ein „Konkurrenzverbot" muss natürlich auch hinsichtlich des regulierten Unternehmens bestehen. So sollte es leitenden Angestellten von ETOSS nicht möglich sein, in eines der in Argentinien regulierten Unternehmen überzuwechseln, um auf diese Weise Interessenkonflikte zu vermeiden. Auch wenn bislang bei ETOSS nur ein solcher Fall bekannt geworden ist, muss eine entsprechende Regelung formal in einem Kodex fixiert werden.

Neben den offenkundigen formalen Fehlkonstruktionen, die eine politische Unabhängigkeit des Regulierers verhindert haben, führen auch informelle Bedingungen zu einer politischen Abhängigkeit des Regulierers. Nur so ist es zu erklären, dass die wenigsten Direktoren ihre volle Amtszeit durchgehalten haben und vorzeitig im Zuge von politischen Machtwechseln ausgetauscht wurden. Zwei Aspekte spielen für dieses Problem eine Rolle: Einerseits wurde politischer Druck von außen ausgeübt, der zu einem vorzeitigen Ausscheiden der Direktoren aus ihrem Amt führte, andererseits können die Direktoren aber auch von sich aus einen Anreiz gehabt haben, ihre Anstellung zu kündigen, um Platz für einen politisch genehmen Nachfolger zu schaffen.

Druck kann mit verschiedenen Methoden ausgeübt werden: Dabei wird es sich um subtile oder weniger subtile Mittel gehandelt haben, wie z.B. verspätete Gehaltszahlungen, die Androhung von gerichtlichen Verfahren wegen Amtsmissbrauch oder vielleicht auch telephonische Drohungen. Auch Druck innerhalb des Regulierers z.B. in Form von *Mobbing* mag hier eine Rolle spielen. Vertraglich formal lassen sich die Möglichkeiten zur Anwendung subtiler

Methoden kaum verhindern. Hier ist deswegen ein spezifischer politischer Stil erforderlich, dem sich Politiker verpflichtet fühlen müssen bzw. der von der Öffentlichkeit eingefordert werden muss. So sollte es in der Politik z.B. zum guten Ton gehören, dass diese sich jeglicher Kommentierung der Regulierungsentscheidungen enthält. Im Falle öffentlicher Kritik an Regulierungsentscheidungen sollten Politiker auf die Verantwortlichkeit des unabhängigen Regulierers verweisen können, um auf diese Weise den öffentlichen Druck abzuleiten.

Informelle Einflussnahme kann aber auch dadurch verhindert werden, dass die Direktoren im Regulierer gebunden werden, d.h. möglichem politischen Druck widerstehen. Ein Schritt in diese Richtung wäre das schon erwähnte „Konkurrenzverbot". Auch die Festlegung einer Mindestamtszeit wäre denkbar. Vorzeitige Kündigungen würden dann nur unter besonderen, genau definierten Umständen möglich sein. Da die genannten Aspekte eine Einschränkung der Attraktivität eines Direktorenposten bedeuten, gleichzeitig aber möglichst gut ausgebildete Personen attrahiert werden sollten, müssen bei den Arbeitsbedingungen und -konditionen Zugeständnisse gemacht werden, um das Amt hinreichend attraktiv zu erhalten. Hier wäre in erster Linie eine angemessene Bezahlung notwendig. Wichtig ist es überdies, den Direktoren des Regulierers die erforderliche Reputation zukommen zu lassen. Neben den bereits erwähnten Gehaltsanreizen kann dies z.B. durch eine möglichst große Entscheidungsbefugnis sichergestellt werden.

Die Regulierung in Buenos Aires bietet hier ein anschauliches Negativbeispiel. Nicht nur, dass sich der Konzessionsgeber widerrechtlich in Bereiche eingemischt hat, die klar im Aufgabenbereich der Regulierung lagen, wie z.B. Fragen der Preisregulierung; auch hat er bei den Nachverhandlungen des Jahres 1997 dem Regulierer nicht die notwendigen Informationen zukommen lassen, sondern ihn zum bloßen Erfüllungsgehilfen und Anweisungsempfänger degradiert. Eine solche Politik des Verantwortungsentzugs führt zu einer Entwertung des Direktorenpostens und lässt auch einen gut bezahlten Job innerhalb des Regulierers wenig ansprechend erscheinen.

Die Unabhängigkeit des Regulierers und die Verantwortlichkeit des Direktoriums könnte zusätzlich dadurch verbessert werden, dass der Regulierer autorisiert wird, die planmäßigen Revisionen der Konzession eigenständig durchzuführen. Im Fall von ETOSS obliegt diese Aufgabe bislang vertragsmäßig dem Konzessionsgeber. Dies erscheint jedoch nicht sinnvoll, denn es ist nicht zu erwarten, dass das Umweltsekretariat in Buenos Aires besser als der Regulierer für die Verhandlungen qualifiziert ist. Tatsächlich konnte Aguas Argentinas auf Grund der wenig spezifischen Kenntnisse des Umweltsekretariats substantielle Verbesserungen seiner Vertragsbedingungen erreichen. Zudem entstand dadurch, dass das Umweltsekretariat die Verhandlungen zur planmäßigen Revision an sich gerissen hatte, in der Öffentlichkeit der Eindruck einer starken Politisierung der Regulierung. Insofern wäre es besser, wenn es dem Konzessionsgeber zukünftig nur noch obliegen würde, allgemeine Richtlinien für die planmäßige Revision vorzugeben. So hätte im Fall der Wasserkonzession von Buenos Aires die Regierung durchaus den Wunsch vortragen können, dass im Zuge der planmäßigen Revision des Vertrages mit dem Unternehmen neue Investitionen ausgehandelt werden. Jedoch hätte es dann ETOSS überlassen werden müssen, die spezifischen Kompensationen mit dem Unternehmen auszuhandeln.

Wenn der Regulierer mit weitreichenden Kompetenzen ausgestattet wird, ist eine effektive Streitschlichtungsinstanz von Nöten. Der Konzessionsgeber als streitschlichtende Instanz hat sich in Buenos Aires nicht bewährt. So führte dessen Anrufung durch Aguas Argentinas im Zuge der Preisverhandlungen und der vierten Infrastrukturanpassung dazu, dass sich der Konzessionsgeber übermäßig in das Regulierungsgeschäft einmischte. Dadurch wurden Regulierungsentscheidungen von politischen Überlegungen überlagert. Zudem wurde der Öffentlichkeit der Eindruck vermittelt, dass Regulierung im Prinzip ein politisches Geschäft sei. Als Schlichter bietet sich z.B. die Judikative oder eine ebenfalls unabhängige Monopolkommission an. Entwicklungsländer mit schwach ausgeprägten Rechtsinstanzen sollten die bereits existente internationale Schiedskommission als streitschlichtende Instanz akzeptieren.

5.2.2 Die Unabhängigkeit des Regulierers von den Interessen des Unternehmens

In seiner Funktion als Schiedsrichter muss der Regulierer nicht nur unabhängig von den politischen Entscheidungsträgern sein, sondern auch von dem zu regulierenden Unternehmen. Eine solche Abhängigkeit mag vom Regulierer nicht intendiert sein, kann aber auftreten, wenn das Regulierungspersonal schlecht ausgebildet ist und auf Grund dessen das regulierte Unternehmen einen Kompetenzvorsprung besitzt. Auch hierfür liefert der Regulierer in Buenos Aires ein anschauliches Beispiel. So unterliefen ETOSS eine Reihe von technischen Fehlern, durch die den Konsumenten Millionenbeträge entzogen wurden. Die Asymmetrie der Entscheidungen zugunsten des Unternehmens tritt dabei deswegen auf, weil das Unternehmen falsche Entscheidungen zu seinen Ungunsten kritisiert und diese dann von dem Regulierer revidiert werden müssen, Fehlentscheidungen zu seinen Gunsten hingegen nicht erwähnt, so dass hier eine entsprechende Korrektur unterbleibt.[1]

Wie das Beispiel von Aguas Argentinas zeigt, kann das Unternehmen andererseits Fehlentscheidungen des Regulierers dazu benutzen, um ihn vor externen Instanzen wie der Öffentlichkeit zu diskreditieren bzw. zu demontieren. So hat der Eingriff des Umweltsekretariats im Bereich der zweiten Preisanpassung auch deswegen stattgefunden, weil ETOSS zuvor eine Reihe von technischen Fehlern gemacht hatte, die das Vertrauen der politisch Verantwortlichen in die Kompetenzen des Regulierers erschüttert haben.

1 Es handelt sich dabei um eine Fülle von kleineren Rechenfehlern, die in einer gesonderten Dokumentation dargestellt werden.

Mittels einer Reihe von Maßnahmen kann derartigen Fehlentscheidungen entgegen gewirkt werden. So ist es wichtig, die Ausbildung des Personals im Regulierer weiter zu verbessern. Dies kann dadurch geschehen, dass man bei der Ausschreibung von Stellen die Qualifikation der Bewerber in den Vordergrund stellt. Bei ETOSS scheint dies zumindest für das politisch besetzte Direktorium nicht selbstverständlich gewesen zu sein. Auch ist darauf zu achten, dass im Regulierer verstärkt interne Schulungen vorgenommen werden. Die Attraktivität eines Jobs beim Regulierer kann überdies, wie bereits beschrieben wurde, durch aufgestockte Gehaltsangebote verbessert werden. Eine wichtige personalorientierte Maßnahme ist es auch, hohe Fluktuationen im Regulierer zu vermeiden. Neues Personal muss sich immer erst neu einarbeiten, was Zeit und Aufwand bedeutet. Zudem ist die Gefahr groß, dass neuem Personal auf Grund mangelnder Vertrautheit mit alten Regulierungsentscheidungen Fehler im Regulierungsverfahren unterlaufen. Dies ist z.B. geschehen, als sich die ökonomische Abteilung von ETOSS im Zuge der dritten Anpassung der Infrastrukturgebühren fälschlicherweise an den veralteten Kostenvoranschlägen von Aguas Argentinas orientiert hat, da die von ETOSS korrigierten Kostenvoranschläge in der sehr unübersichtlich zusammengestellten Akte letztendlich übersehen wurden. Eine hohe Personalfluktuation ist insbesondere dann schädlich, wenn eine Reihe von Nachverhandlungen stattgefunden haben und Regulierungsrichtlinien verändert wurden, wie dies insbesondere bei der viermaligen Anpassung der Infrastrukturgebühr der Fall war. Dabei verschärft sich das Problem bei einer unübersichtlichen Registratur im Regulierer.

Auch ist darauf zu achten, dass im Personal des Regulierers alle für die Regulierungstätigkeit benötigten Anforderungsprofile ausreichend repräsentiert sind. So waren im Direktorium von ETOSS bis 1996 nur Ingenieure, Architekten und Juristen, aber keine Ökonomen vertreten. Zudem ist die ökonomische Abteilung des Regulierers bis heute sehr klein. Problematisch wird in diesem Zusammenhang sicherlich auch gewesen sein, dass ein Großteil des Personals aus OSN rekrutiert wurde. Dieses Personal war wenig motiviert und im Bereich der Regulierung unerfahren. Im argentinischen Fall wäre es insofern wahrscheinlich sinnvoller gewesen, Personal von außerhalb des Wassersektors zu rekrutieren, als auf das Personal von OSN zu rekurrieren. Führungspersonal hätte eventuell sogar mittels internationaler Ausschreibungen gesucht werden müssen, anstatt z.B. jemanden zum Präsidenten von ETOSS zu bestellen, der seine Fähigkeiten als Leiter von OSN nicht eben unter Beweis gestellt hatte.

Neben den personalorientierten Maßnahmen zur Vermeidung von Regulierungsfehlern, sollten auch innerhalb des Regulierungsverfahrens Vereinfachungen vorgenommen werden, wenn der Regulierer nur über geringe Kompetenzen verfügt. Im Zweifel sollten für eine derartige Vereinfachung auch Ungenauigkeiten in Kauf genommen werden. Nirgendwo sonst wurde der *trade off* zwischen der Komplexität des Verfahrens und den dabei entstehenden Berechnungsfehlern so offenkundig, wie im Fall der Preisindexierung: Mittels des ursprünglich verwendeten Verfahrens sollte die Kostensituation des Unternehmens möglichst gut abgebildet werden, dafür kam es aber auch zu einer Reihe von Konflikten und Interpretationsproblemen. Das neue Verfahren ist zwar wesentlich ungenauer, lässt dafür aber weniger Spielraum für Interpretationen.

Ähnliches gilt auch für die Infrastrukturgebühr. Die alte Regelung war derartig kompliziert, dass sie vom Regulierer kaum vernünftig überprüft werden konnte. Die neue Infrastrukturgebührenregelung SU ist weit transparenter, da sie als Gebühr fixiert wird und nicht von Faktoren wie der Grundstücksgröße oder der Bodenqualität abhängig ist. Dafür bildet sie aber die Kosten für den Aufbau des sekundären Netzes nicht mehr so genau ab wie die alte Regelung. In Bezug auf den komplizierten Wassertarif steht eine Vereinfachung noch aus. So würde ein Tarif, wie er bereits weiter oben vorgestellt wurde, zwar weniger Elemente der Subventionierung einkommensschwacher Haushalte enthalten, weil z.B. der Gebäudefaktor oder ein regionenspezifischer Zuschlag entfällt, dafür würde er aber auch dem Unternehmen weniger Möglichkeiten zu Manipulationen belassen.

Ein weiterer Vorteil eines vereinfachten Regulierungsverfahrens ist es, dass dieses auch für die Öffentlichkeit transparenter und nachvollziehbarer wird. Dies gilt für ETOSS um so mehr, als hier die Verbraucherschutzorganisationen als beisitzendes, nicht stimmberechtigtes Gremium beteiligt sind, von dem nicht erwartet werden kann, dass es sich in eine komplexe Regulierungsmaterie einarbeitet.

Transparenz des Regulierers sollte nicht nur für die Öffentlichkeit bestehen, sondern auch das regulierte Unternehmen sollte Zugang zu den wesentlichen für eine Regulierungsentscheidung relevanten Grundlagen haben. Als eher kontraproduktiv könnte sich jedoch eine übermäßige Transparenz der Regulierers erweisen, wie sie von ETOSS gepflegt werden muss. So hatte Aguas Argentinas bislang Zugang zu dem gesamten internen Schriftverkehr des Regulierers und machte von diesem Recht umfassend Gebrauch: Als das Unternehmen Kenntnisse von den Meinungsverschiedenheiten im Direktorium und den Abteilungen von ETOSS hatte, die ja durchaus auch in anderen Regulierern üblich sein mögen, nutzte es dieses Wissen gegenüber dem Umweltsekretariat in der Absicht aus, die eine Meinung gegen die andere auszuspielen, wodurch der Regulierer diskreditiert wurde. So beklagte sich das Unternehmen z.B. darüber, dass sich die Mehrheit der Direktoren über eine Empfehlung aus der ökonomischen Abteilung hinweggesetzt habe. Eine derartige, übermäßige Transparenz des Regulierers kann sich für die Regulierung insbesondere dann kontraproduktiv auswirken, wenn sie dazu führt, dass der Schriftverkehr zwischen den Abteilung reduziert wird bzw. wichtige Diskussionspunkte nur noch mündlich abgestimmt werden. Dadurch werden Entscheidungsabläufe sowohl für die Öffentlichkeit als auch für den Regulierer selbst untransparenter und die Fehlerquote erhöht sich. Insofern sollten dem regulierten Unternehmen zwar die

Grundlagen der Regulierungsentscheidungen zugänglich gemacht werden, jedoch nicht die Unterlagen über den Entscheidungsfindungsprozess.

Ein nur regionaler Zuständigkeitsbereich für einen Regulierer entsprechend der Konstitution von ETOSS hat gegenüber einem nationalen Regulierer, wie er z.B. im britischen Wassersektor besteht, einige wesentliche Nachteile: So wird durch eine regionale Ausgestaltung die Möglichkeit zu einem Performance-Vergleich von Unternehmen erschwert, da die einzelne Region meistens zu klein ist, als dass mehrere Wasserunternehmen nebeneinander innerhalb ihrer Grenzen tätig sein können. Zwar wäre eine Koordination der verschiedenen regionalen Regulierer denkbar, um z.B. gemeinsame *Benchmarking*-Indikatoren zu bilden, doch ist damit ein hoher Aufwand verbunden und die erhobenen Daten wären u.U. nur schwer vergleichbar. Ein weiterer Vorteil eines nationalen gegenüber einem regionalen Regulierer ist die Tatsache, dass dieser eine größere Distanz zu den von ihm regulierten Unternehmen hat, wodurch die einzelnen Unternehmen die Entscheidungsträger im Regulierer weniger leicht zu ihren Gunsten beeinflussen können. Zudem wird ein nationaler Regulierer für die Konsumenten kostengünstiger sein als viele kleine Regulierer. Dadurch werden zusätzliche Mittel frei, die Ausstattung des Regulierers mit Personal- und Sachmitteln zu verbessern, wodurch wiederum besseres Personal attrahiert werden kann und Fehlentscheidungen im Regulierer vermieden werden. Ein weiterer wichtiger Aspekt ist, dass innerhalb des nationalen Regulierers für das Personal bessere Aufstiegschancen bestehen, weil dieser größer strukturiert sein und mehr Hierarchieebenen besitzen wird als viele kleine regionale Regulierer. Auf diese Weise wird ein Arbeitsplatz innerhalb des Regulierers attraktiver und die Personalfluktuation entsprechend geringer.

Abschließend ist die Frage zu klären, wie die Finanzierung des Regulierers erfolgen sollte. Die Finanzierungsform von ETOSS ist im Prinzip sinnvoll. So wird neben der budgetentlastenden Wirkung gleichzeitig einer möglichen politischen Einflussnahme durch Androhung einer Budgetkürzung begegnet und damit die politische Unabhängigkeit des Regulierers stärker institutionalisiert. Außerdem ist es richtig, dass nicht der Steuerzahler, sondern jene Konsumenten, die von der Regulierungsleistung profitieren, für diese aufkommen. Die Bürokratiemodelle sagen vorher, dass der Regulierer bei einer Finanzierung über den Wassertarif einen Anreiz besitzen müsste, die Tarife zu erhöhen, weil er dadurch sein Budget steigern kann. Diese Vorhersagen haben sich jedoch in der argentinischen Praxis nicht bestätigt, weil die Anreize zur Konfliktvermeidung mit den Interessengruppen und den Politikern anscheinend stärker waren als die für eine Budgeterhöhung. Wie sich bei der zweiten Preisanpassung im Jahr 1998 gezeigt hat, wurde von Seiten des Regulierers sogar eine Preisanpassung zugestanden, die weit niedriger als die geforderte war. Generell muss jedoch hinterfragt werden, ob das Budget des Regulierers tatsächlich proportional zu den Veränderungen der Einnahmen des regulierten Unternehmens sein muss, wie dies bei ETOSS der Fall ist. Mit Sicherheit ist anzunehmen, dass auch bei der regulatorischen Tätigkeit gewissermaßen *economies of scale* anfallen werden, so dass der prozentuale Anteil der Finanzierung des Regulierers mit steigenden Einnahmen des Unternehmens sinken sollte.

5.3 Zusammenfassung und Schlussbemerkung

Bei der Privatisierung und Regulierung des Wassersektors sind eine Reihe von Aspekten zu beachten, die im Wassersektor von Buenos Aires anscheinend übersehen wurden und deswegen zu grundsätzlichen Problemen geführt haben. Diese Aspekte sollen im folgenden noch einmal kurz zusammengefasst werden: Wo immer es möglich ist, sollte eine Privatisierung langfristig vorbereitet werden. Hierzu gehört eine umfassende Erhebung von Daten, die den Ist-Zustand der Versorgung möglichst genau abbilden und den bietenden Unternehmen einen genauen Überblick über mögliche Risiken liefern. Auch die Evaluation der bietenden Unternehmen und der Gebote sollte in ausgiebiger Form erfolgen, um Nachverhandlungsrisiken möglichst niedrig zu halten. Preisregulierung nach englischem Vorbild hat sich als Regulierungsverfahren bewährt, wobei unternehmerische Risiken begrenzt, gleichzeitig aber auch möglichst einfache Anpassungsmechanismen gewählt werden sollten. Dabei ist darauf zu achten, dass die Verteilung der Risiken zwischen Konsumenten und Unternehmen innerhalb des Regulierungsvertrags genau definiert ist. Der Tarif sollte möglichst einfach konstruiert sein, wobei in Entwicklungsländern sowohl soziale als auch umweltpolitische Gesichtspunkte in dem Tarifschema berücksichtigt werden sollten. Wichtig ist ferner, dass der Wassermarkt, der dem Regulierer unterstellt wird, genügend groß ist, so dass mehrere Unternehmen nebeneinander von diesem überwacht werden können. Großes Gewicht ist auch auf die institutionelle Ausgestaltung des Regulierers selbst zu legen. Dieser sollte unabhängig von politischen Interessen agieren können. Dazu gehört, dass Politiker weder formell noch informell einen unmittelbaren Zugriff auf die Mitarbeiter oder das Budget des Regulierers haben sollten. Politiker und Konsumenten müssen sich bewusst machen, dass zu einer erfolgreichen und glaubwürdigen Regulierung eine politische Kultur gehört, welche die Neutralität regulatorischer Entscheidungen akzeptiert. Die Sicherstellung der regulatorischen Unabhängigkeit von dem Unternehmen kann am besten durch eine solide Ausbildung und eine gute Bezahlung der Mitarbeiter im Regulierer sowie formale Beschränkungen der personellen Fluktuation erreicht werden.

Die Hauptursache für viele der Probleme, die im Wassersektor von Buenos Aires beobachtet wurden, scheint eine übereilte Privatisierung gewesen zu sein. Dabei besteht zwischen den Bereichen der Privatisierung und der Regulierung eine unmittelbare Interdependenz. So zeigen die Erfahrungen, dass solche Aspekte, die eine Privatisierung erleichtern bzw. beschleunigen, auf längere Sicht die Regulierung erschweren können bzw. eine zeitaufwändige, aber gut geplante Privatisierung die spätere Regulierung enorm erleichtert. Unter der Bedingung eines solchen angenommenen *trade-offs* bestand in Buenos Aires eine politische Präferenz zugunsten einer zügigen Privatisierung, womit die späteren Probleme von Nachverhandlungen und einer unzulänglichen Regulierung eingehandelt wurden.

Demgegenüber lautet der Tenor dieser Arbeit, dass eine Privatisierung eher langfristig, dafür aber gut geplant, erfolgen sollte. Allerdings ist an dieser Stelle der kritische Einwand denkbar, dass das Zeitfenster für eine erfolgreiche Privatisierung nur kurzfristig bestehen könnte. Vielleicht wäre eine Privatisierung im Wassersektor auf Grund einer ständig sinkenden Akzeptanz der argentinischen Bevölkerung für Privatisierungen bereits ein Jahr später nicht mehr möglich gewesen, so dass das Resultat einer problembehafteten Regulierung bei erfolgreicher Privatisierung immer noch besser ist, als die Privatisierung insgesamt scheitern zu sehen.

Gegen eine solche Sicht kann wiederum eingewendet werden, dass die Überlegung, ob eine Privatisierung in späteren Jahren nicht mehr durchgeführt werden kann und deswegen eine unvollkommene Privatisierung vorzuziehen sei, sehr spekulativer Natur ist. Wer will beurteilen ob ein gegenwärtiger Zeitpunkt für eine Privatisierung günstiger ist, als ein Zeitpunkt in der Zukunft? Dies scheint kaum möglich zu sein, insbesondere auch deswegen nicht, weil es interessengeleitete Politiker selbst sind, die eine solche Situation zu beurteilen und eine entsprechende Entscheidung zu fällen haben. Zudem ist an die Gestaltungsmöglichkeiten der Politik zu erinnern, denn die Frage, ob ein Zeitfenster für eine Privatisierung tatsächlich besteht oder nicht und wie lange es geöffnet ist, hängt letztendlich auch davon ab, wie Politiker mit der Privatisierungsentscheidung umgehen. Werden von Seiten der Politik in der Bevölkerung Ängste vor Preiserhöhungen geschürt, der Verlust staatlicher Gestaltungsspielräume kritisiert oder der „Ausverkauf staatlichen Tafelsilbers“ moniert, so werden für eine Privatisierung weniger Spielräume bestehen als angesichts eines politischen Diskurses, der die Vorteile einer Privatisierung in den Vordergrund stellt. Insofern hängt eine erfolgreiche Privatisierung auch von der politischen Kultur in dem betreffenden Land ab. Demnach ist das Zeitfenster für Privatisierungen den Politikern also nicht exogen vorgegeben, so dass sie sich angesichts privatisierungsinduzierter Probleme der Regulierung nicht damit herausreden können, dass die Privatisierung schnell habe erfolgen müssen, weil die Akzeptanz in der Bevölkerung im Sinken begriffen war.

Abschließend ist aber auch darauf hinzuweisen, dass die Privatisierung und Regulierung des Wassersektors trotz der vielen geschilderten Probleme einer übereilten Privatisierung relativ erfolgreich war. Dies wird noch einmal durch einen einfachen Vergleich des Zustands der Wasserversorgung in den Jahren 1993 und 2000 deutlich: Die sanitäre Versorgung der Bevölkerung hat sich substanziell erhöht. Die Wasserqualität braucht einen Vergleich mit europäischen Standards nicht zu scheuen. Dabei ist der Wassertarif bis heute noch relativ niedrig geblieben. Es steht außer Frage, dass eine Beibehaltung der öffentlichen Versorgung diese Resultate nicht herbeigeführt hätte. Insbesondere die wirtschaftliche Krise, die mit einer kurzen Unterbrechung seit 1995 anhält, hätte die öffentliche Finanzierung weiterer Verbesserungen in der Wasserversorgung vollkommen zum Erliegen gebracht. Insofern kann die Wasserversorgung in Buenos Aires trotz der vielen Unzulänglichkeiten als Vorbild für andere Privatisierungen in Lateinamerika und der übrigen Welt stehen, wobei die Kritikpunkte gleichzeitig als Vorschläge zu verstehen sind, einige der begangenen Fehler zu vermeiden.

Anhang

Anhang 1.1 Umformungsschritte im Modell von AVERCH/ JOHNSON

Die Nebenbedingung $s = r + v \geq \frac{pQ - wL}{K}$ ergibt sich aus folgendem

$$vK \geq \pi = pQ - wL - rK \Leftrightarrow v \geq \frac{pQ - wL}{K} - r.$$

Aus (2.3) erhält man durch Ableitung nach K:

$$-w\frac{\partial L}{\partial K} - r + \lambda(r + v - w\frac{\partial L}{\partial K} - r) = 0 \Leftrightarrow (1+\lambda)w\frac{\partial L}{\partial K} = \lambda(r + v - r) - r$$

$$\Leftrightarrow \frac{\partial L}{\partial K} = \frac{\lambda(r + v - r) - r}{(1+\lambda)w} \Leftrightarrow \frac{\partial L}{\partial K} = \frac{\lambda}{1+\lambda}\frac{r+v}{w} + \frac{-\lambda r - r}{(1+\lambda)w}.$$

Anhang 1.2 Umformungsschritte im Modell von BARON/ MYERSON

Wird 2.7 nach θ differenziert, so erhält man in gekürzter Schreibweise:

(2.7a) $$\frac{\partial \pi}{\partial \theta} = \left(\frac{\partial P}{\partial \theta} - 1\right)Q + \frac{\partial Q}{\partial P}\frac{\partial P}{\partial \theta}(P - \theta) + \frac{\partial s}{\partial P}\frac{\partial P}{\partial \theta}.$$

Die Funktion (2.8) wird mit $\partial P/\partial \theta$ erweitert, so dass man folgendes erhält:

(2.8a) $$Q\frac{\partial P}{\partial \theta} + \frac{\partial Q}{\partial P}(P - \theta)\frac{\partial P}{\partial \theta} + \frac{\partial s}{\partial P}\frac{\partial P}{\partial \theta} = 0.$$

Wird (2.7a) in (2.8a) eingesetzt, so ergibt sich:

(2.9a) $$\frac{\partial \pi}{\partial \theta} = \left(\frac{\partial P}{\partial \theta} - 1\right)Q + \frac{\partial Q}{\partial P}\frac{\partial P}{\partial \theta}(P - \theta) - Q\frac{\partial P}{\partial \theta} - \frac{\partial Q}{\partial P}\frac{\partial P}{\partial \theta}(P - \theta).$$

Kürzen ergibt die Formel (2.9):

(2.9) $$\frac{\partial \pi}{\partial \theta} = -Q.$$

Die Umformungsschritte von (2.11) nach (2.12) sehen folgendermaßen aus:

(2.11) $$\int_{\theta_0}^{\theta_1} W = \int_{\theta_0}^{\theta_1} [V(P(\theta)) - s(P(\theta)) + \alpha\pi(\theta)] f(\theta) d\theta$$

$$\Leftrightarrow \int_{\theta_0}^{\theta_1} W = \int_{\theta_0}^{\theta_1} [V(P(\theta)) - s(P(\theta)) + \alpha\pi(\theta) + \pi(\theta) - \pi(\theta)] f(\theta) d\theta.$$

Wegen (2.7) kann man schreiben:

(2.11a) $$\int_{\theta_0}^{\theta_1} W = \int_{\theta_0}^{\theta_1} [V(P(\theta)) - s(P(\theta)) + \alpha\pi(\theta) + (P(\theta) - \theta)Q(P(\theta)) + s(P(\theta)) - \pi(\theta)] f(\theta) d\theta$$

$$\Leftrightarrow \int_{\theta_0}^{\theta_1} W = \int_{\theta_0}^{\theta_1} [V(P(\theta)) + (P(\theta) - \theta)Q(P(\theta)) - (1-\alpha)\pi(\theta)]f(\theta)d\theta.$$

Nun wird der letzte Teil der Funktion mit Hilfe von (2.10) umgeformt und man erhält (2.12):

$$(2.12)\quad \int_{\theta_0}^{\theta_1} W = \int_{\theta_0}^{\theta_1} \{[V(P(\theta)) + (P(\theta) - \theta)Q(P(\theta))]f(\theta) - (1-\alpha)Q(P(\theta))F(\theta)\}d\theta.$$

Im Wohlfahrtsmaximimum gilt bei gekürzter Schreibweise:

$$(2.12a)\qquad \left[\frac{\partial V}{\partial P} + (\hat{P} - \theta)\frac{\partial Q}{\partial P} + Q\right]f(\theta) - (1-\alpha)\frac{\partial Q}{\partial P}F(\theta) = 0.$$

Wegen (2.6) gilt:

$$(2.12b)\qquad \left[-Q + (\hat{P} - \theta)\frac{\partial Q}{\partial P} + Q\right]f(\theta) - (1-\alpha)\frac{\partial Q}{\partial P}F(\theta) = 0.$$

Kürzen erbringt (2.13). Man beachte dabei, dass folgendes gilt:

$$(2.13a)\qquad \frac{F(\theta)}{f(\theta)} = \frac{\dfrac{\theta - \theta_0}{\theta_1 - \theta_0}}{\dfrac{1}{\theta_1 - \theta_0}}.$$

Anhang 1.3 Umformungsschritte im Modell von TIROLE/ LAFFONT

Abgeleitet nach *e* ergibt sich im Wohlfahrtsoptimum:

$$(2.19a)\qquad -((1+\lambda)(-1 + \frac{\partial\psi(e(\theta))}{\partial e(\theta)}))f(\theta) - \lambda\frac{\partial\psi(e(\theta))^2}{\partial e(\theta)^2}F(\theta) = 0$$

$$\Leftrightarrow 1 - \frac{\partial\psi(e(\theta))}{\partial e(\theta)} = \frac{\lambda}{1+\lambda}\frac{\partial\psi(e(\theta))^2}{\partial e(\theta)^2}\frac{F(\theta)}{f(\theta)}$$

$$\Leftrightarrow \frac{\partial\psi(e(\theta))}{\partial e(\theta)} = 1 - \frac{\lambda}{1+\lambda}\frac{\dfrac{\theta - \theta_0}{\theta_1 - \theta_0}}{\dfrac{1}{\theta_1 - \theta_0}}\frac{\partial\psi(e(\theta))^2}{\partial e(\theta)^2}.$$

Anhang 1.4 Umformungsschritte im Modell von SALANT/ WOROCH

Da der Regulierer die Preise so setzt, dass gerade die Kosten der zusätzlichen Investition gedeckt werden, gilt:

$$(2.23a)\qquad P_tQ_t = c(Q_t - Q_{t-1}).$$

Setzt man (2.22) in (2.23a) ein, so erhält man:

(2.23b) $$P_t(1-\varepsilon^t)=c(1-\varepsilon^t-(1-\varepsilon^{t-1}))=c(\varepsilon^{t-1}-\varepsilon^t)$$

$$\Leftrightarrow P_t=\frac{c(\varepsilon^{t-1}-\varepsilon^t)}{1-\varepsilon^t}=\frac{c(1-\varepsilon)\varepsilon^{t-1}}{1-\varepsilon^t}.$$

Die sich aus einer kooperativen Strategie ergebende Konsumentenrente beträgt: $\sum_{t=1}^{\infty}\delta^{t-1}Q_t(1-P_t)$. Diese Rente kann nun mit Hilfe von (2.22) und (2.23) einer Reihe von Umformungen unterworfen werden:

(2.25a) $$\sum_{t=1}^{\infty}\delta^{t-1}Q_t(1-P_t)=\sum_{t=1}^{\infty}\delta^{t-1}(Q_t-P_tQ_t)=\sum_{t=1}^{\infty}\delta^{t-1}(Q_t-c(Q_t-Q_{t-1}))$$

$$=\sum_{t=1}^{\infty}\left[\delta^{t-1}+\delta^{t-1}\left[-\varepsilon^t-c(1-\varepsilon)\varepsilon^{t-1}\right]\right]$$

$$=\frac{1}{1-\delta}+\sum_{t=1}^{\infty}\left[(\delta\varepsilon)^{t-1}[-\varepsilon-c(1-\varepsilon)]\right]=\frac{1}{1-\delta}-\frac{1}{1-\delta\varepsilon}[\varepsilon+c(1-\varepsilon)].$$

Die Umformungsschritte vom Formel (2.26) nach Formel (2.27):

(2.26) $$\frac{1-\varepsilon}{1-\delta}\le\frac{1}{1-\delta}-\frac{\varepsilon+c(1-\varepsilon)}{1-\delta\varepsilon}\Leftrightarrow 1-\varepsilon\le 1-\frac{(1-\delta)(\varepsilon+c(1-\varepsilon))}{1-\delta\varepsilon}$$

$$\Leftrightarrow\varepsilon(1-\delta\varepsilon)\ge(1-\delta)(\varepsilon+c(1-\varepsilon))\Leftrightarrow 1-\delta\varepsilon\ge 1-\delta+\frac{c(1-\delta)}{\varepsilon}-c(1-\delta)$$

$$\Leftrightarrow-\varepsilon\ge-1+\frac{c(1-\delta)}{\varepsilon\delta}-\frac{c(1-\delta)}{\delta}\Leftrightarrow 1-\varepsilon\ge\frac{c(1-\delta)-c\varepsilon(1-\delta)}{\varepsilon\delta}$$

$$\Leftrightarrow 1-\varepsilon\ge\frac{c(1-\delta)(1-\varepsilon)}{\varepsilon\delta}\Leftrightarrow\varepsilon\ge\frac{c(1-\delta)}{\delta}.$$

Anhang 1.5 Umformungsschritte in dem Modell in dem Modell von CHEUNG/ WANG

Die Ableitung von 2.28 nach x ergibt:

(2.28a) $$\frac{-y}{(x+y)^2}\frac{1}{2}(1-p_1)^2+\frac{1}{2}\frac{x+y-x}{(x+y)^2}-1=0.$$

Aus 2.28a folgt unmittelbar 2.29.
Die Ableitung von 2.30 nach y ergibt:

(2.30a) $$\frac{x+y-y}{(x+y)^2}(p_1(1-p_1)+\frac{1}{4})-1=0.$$

Aus 2.30a folgt unmittelbar 2.31.

Anhang 2 Geplante Investitionen und Versorgung der Bevölkerung durch Aguas Argentinas

Geplante Investitionen in Mill. $

	1	2	3	4	5	10	15	20	25	30
	1994	1995	1996	1997	1998	2003	2008	2013	2018	2023
Wasserwerke	13,1	15,2	4,6	4,0	0,0	0,4	12,9	5,0	2,8	0,0
Trinkwasserpumpstationen	4,1	27,4	47,0	21,7	8,7	2,5	12,7	1,7	1,4	0,0
Trinkwassernetz	48,2	62,3	66,3	71,3	79,9	53,5	35,4	39,3	27,7	25,7
Abwassernetz	9,3	31,3	15,4	56,6	93,8	35,0	65,8	49,2	27,3	26,2
Abwasserpumpstationen	2,6	22,3	33,6	37,3	4,1	8,0	4,3	9,0	6,9	0,0
Klärwerke	1,9	18,3	93,4	94,7	36,7	7,2	2,2	1,0	0,0	0,0
Geländestudien und andere Installationen	22,3	11,5	11,0	8,5	5,9	7,2	4,4	1,8	2,8	1,7
Gesamtinvestitionen	**101,5**	**188,3**	**271,3**	**294,1**	**229,1**	**113,8**	**137,7**	**107,0**	**68,9**	**53,6**

Quelle: Offerte von Aguas Argentinas

Geplante Versorgung der Bevölkerung in 1000 Personen

	0	1	2	3	4	5	10	15	20	25	30
	1993	1994	1995	1996	1997	1998	2003	2008	2013	2018	2023
Gesamtbevölkerung gemäß Offerte	9.115	9.189	9.266	9.344	9.425	9.510	9.872	10.190	10.428	10.652	10.877
Mit Trinkwasser versorgte Bevölkerung	6.329	6.591	6.860	7.134	7.415	7.703	8.287	9.266	9.693	10.116	10.877
Versorgungsgrad mit Trinkwasser in %	69,4	71,7	74,0	76,4	78,7	81,0	83,9	90,9	93,0	95,0	100,0
Bevölkerung mit Abwasseranschluss	5.102	5.232	5.363	5.497	5.633	5.773	6.815	7.833	8.581	9.397	10.517
Versorgungsgrad mit Abwasser in %	56,0	56,9	57,9	58,8	59,8	60,7	69,0	76,9	82,3	88,2	96,7

Quelle: Offerte von Aguas Argentinas

Anhang 3.1 Simulationsmodell gemäß der Offerte von Aguas Argentinas

Konzessionsjahr	**1994**	**1995**	**1996**	**1997**	**1998**	**1999**	**2000**	**2001**	**2002**	**2003**
	1	**2**	**3**	**4**	**5**	**6**	**7**	**8**	**9**	**10**
Einnahmen in Mill. $										
Konsumenten (Haush. und Unterneh.)	256,3	316,5	323,8	335,2	349,4	358,0	366,1	375,1	383,4	392,0
Verkäufe en bloque	10,4	10,7	12,0	13,3	14,7	16,1	17,5	18,8	20,2	21,5
Andere	29,1	33,9	36,7	36,8	36,8	33,4	33,7	33,9	34,3	34,7
Infrastrukturgebühr	0,0	9,5	24,2	31,5	52,6	81,3	65,9	42,8	47,1	46,3
Infrastrukturgebühr – nur Anschluss	8,3	13,6	13,3	27,0	31,2	6,4	9,9	16,5	13,7	12,3
Brutto - Rechnungsstellung	304,1	384,2	410,0	443,8	484,7	495,2	493,1	487,1	498,7	506,8
Uneinziehbare Rechnungen	19,1	19,4	15,6	12,1	8,3	8,2	8,3	8,6	8,8	9,0
Netto - Rechnungsstellung	**285,0**	**364,8**	**394,4**	**431,7**	**476,4**	**487,0**	**484,8**	**478,5**	**489,9**	**497,8**
Operative Kosten in Mill. $										
Löhne und Gehälter	96,4	88,0	85,2	83,9	84,0	86,8	88,0	89,3	90,4	91,3
Brenn- und Schmierstoffe	1,1	1,2	1,2	1,3	1,7	1,7	1,7	1,7	1,8	1,8
Elektrische Energie	27,8	26,4	27,2	28,4	31,4	32,4	33,9	35,6	36,8	38,0
Chemische Produkte	28,3	28,2	27,3	28,0	28,2	31,6	32,9	34,2	35,3	36,1
Andere Verbräuche	6,3	6,4	6,5	6,8	7,3	7,7	7,8	8,0	8,1	8,2
Erhaltungsaufwendungen	15,7	16,5	16,7	17,3	18,3	19,2	19,6	20,0	20,3	20,6
Anderes und Versicherung	2,5	2,5	2,4	2,4	2,8	2,8	2,8	2,8	2,8	2,8
Kosten der Rechnungsstellung	8,9	10,1	11,0	11,6	12,2	12,4	12,5	12,5	12,8	12,9
Administrative Kosten	3,0	2,3	2,2	2,2	2,2	2,3	2,3	2,4	2,4	2,4
Andere nicht administrative Kosten	18,1	15,4	14,2	13,9	11,2	12,1	12,2	12,5	12,7	12,9
Verschiedene Steuern	11,9	14,8	15,6	16,3	16,6	16,5	16,8	17,1	17,4	17,6
Summe operative Kosten	**220,0**	**211,8**	**209,5**	**212,1**	**215,9**	**225,5**	**230,5**	**236,1**	**240,8**	**244,6**
Einnahmen aus der Geschäftstätigkeit	65,0	153,0	184,9	219,6	260,5	261,5	254,3	242,4	249,1	253,2
Lang- und kurzfristige Zinsen	1,5	2,7	5,7	12,9	19,0	21,2	21,4	21,7	21,5	19,6
Abschreibungen	4,2	10,3	16,2	30,8	44,1	48,7	58,1	65,3	72,1	77,8
Ergebnis vor Steuern	59,3	140,0	163,1	175,9	197,4	191,6	174,8	155,4	155,5	155,8
Steuern auf den Gewinn	17,8	42,0	48,9	52,8	59,2	57,5	52,4	46,6	46,7	46,7
Ergebnis nach Steuern	**41,5**	**98,0**	**114,1**	**123,1**	**138,2**	**134,1**	**122,4**	**108,8**	**108,9**	**109,0**
Aktiva in Mill. $										
Jährliche Neuinvestitionen	101,5	188,3	271,4	294,0	229,0	124,5	186,4	160,2	147,5	113,8
Bruttoinvestitionen	101,5	289,8	561,2	855,2	1084	1209	1395	1555	1703	1817
Akkumulierte Abschreibung	4,2	14,5	30,7	61,5	105,6	154,3	212,4	277,7	349,8	427,6
Nettoinvestitionen	97,3	275,3	530,5	793,7	978,6	1054	1183	1278	1353	1389
Lagerbestände	32,5	32,5	26,1	23,1	24,1	24,5	25,0	25,7	26,3	26,9
Kurzfristige Forderungen	44,4	39,7	41,0	38,5	36,1	36,7	37,6	38,5	39,4	40,3
Kasse	5,9	7,2	7,5	7,7	8,0	8,2	8,3	8,6	8,8	9,0
Kurzfristige Aktiva	82,8	79,4	74,6	69,3	68,2	69,4	70,9	72,8	74,5	76,2
Summe Aktiva	**180,1**	**354,7**	**605,1**	**863,0**	**1047**	**1124**	**1254**	**1350**	**1428**	**1465**
Passiva in Mill. $										
Stammkapital	60,0	120,0	120,0	120,0	120,0	120,0	120,0	120,0	120,0	120,0
Gesetzliche Reserven	2,1	7,0	12,7	18,1	24,0	24,0	24,0	24,0	24,0	24,0
Nettoreserven	39,5	132,6	241,0	344,3	462,2	581,9	689,9	784,3	878,7	973,4
Eigenkapital	101,5	259,5	373,7	482,4	606,2	725,9	833,9	928,3	1023	1117
Langfristiges Fremdkapital	48,9	41,1	147,3	282,5	350,6	355,2	358,1	366,0	349,8	304,6*
Kurzfristige Verbindlichkeiten	29,6	54,1	84,1	98,1	90,0	42,7	61,6	56,1	55,0	43,2
Gesamtverschuldung	78,6	95,2	231,4	380,6	440,6	397,9	419,7	422,1	404,8	347,8
Summe Passiva	**180,1**	**354,7**	**605,1**	**863,0**	**1047**	**1124**	**1254**	**1350**	**1428**	**1465**

*Verschuldungskriterium von ETOSS.

Anhang 3.2 Die von ETOSS genehmigte kompensatorische Tarifanpassung von 13,5 Prozent im Simulationsmodell

Konzessionsjahr		**1994**	**1995**	**1996**	**1997**	**1998**	**1999**	**2000**	**2001**	**2002**	**2003**
	Rate	**1**	**2**	**3**	**4**	**5**	**6**	**7**	**8**	**9**	**10**
Einnahmen in Mill. $											
Konsumenten	13,50%	256,3	359,2	367,5	380,5	396,6	406,3	415,5	425,7	435,2	444,9
Einnahmen Expansion Investition			0,4	1,1	2,6	5,3	5,3	5,3	5,3	5,3	5,3
Verkäufe en bloque	13,50%	10,4	9,4	10,9	12,5	14,1	15,7	17,3	18,8	20,4	21,9
Andere	13,50%	29,1	37,6	40,7	40,8	40,8	37,0	37,3	37,6	38,0	38,4
Infrastrukturgebühr Expansion Invest.		0,0	4,0	4,0	4,0	27,9	0,0	0,0	0,0	0,0	0,0
Infrastrukturgebühr	41,90%	0,0	13,5	34,3	44,7	74,6	115,4	93,5	60,7	66,8	65,7
Infrastrukt. (nur Anschluss)	41,90%	8,3	19,3	18,9	38,3	44,3	9,1	14,0	23,4	19,4	17,5
Brutto - Rechnungsstellung		304,1	443,4	477,4	523,3	603,5	588,7	583,0	571,6	585,2	593,7
Uneinziehbare Rechnungen		19,1	22,4	18,2	14,3	10,3	9,7	9,8	10,1	10,3	10,5
Netto - Rechnungsstellung		**285,0**	**421,0**	**459,2**	**509,1**	**593,2**	**579,0**	**573,2**	**561,5**	**574,8**	**583,2**
Operative Kosten in Mill. $											
Löhne und Gehälter		96,4	104,8	101,4	99,9	100,0	103,3	104,8	106,3	107,6	108,7
Nettolöhne	23,27%	71,4	80,3	77,7	76,5	76,6	79,2	80,3	81,5	82,5	83,3
Sozialabgaben		25,0	24,5	23,7	23,3	23,4	24,1	24,5	24,8	25,2	25,4
Brenn- und Schmierstoffe	-2,30%	1,1	1,2	1,2	1,3	1,7	1,7	1,7	1,7	1,8	1,8
Elektrische Energie	-8,90%	27,8	24,1	24,8	25,9	28,6	29,5	30,9	32,4	33,5	34,6
Chemische Produkte	0,00%	28,3	28,2	27,3	28,0	28,2	31,6	32,9	34,2	35,3	36,1
Andere Verbräuche	3,80%	6,3	6,6	6,7	7,1	7,6	8,0	8,1	8,3	8,4	8,5
Erhaltungsaufwendungen	24,45%	15,7	20,5	20,8	21,5	22,8	23,9	24,4	24,9	25,3	25,6
Anderes und Versicherung	0,00%	2,5	2,5	2,4	2,4	2,8	2,8	2,8	2,8	2,8	2,8
Kosten der Rechnungsstellung	0,00%	8,9	10,1	11,0	11,6	12,2	12,4	12,5	12,5	12,8	12,9
Administrative Kosten	2,64%	3,0	2,4	2,3	2,3	2,3	2,4	2,4	2,5	2,5	2,5
Andere nicht administ. Kosten	0,00%	18,1	15,4	14,2	13,9	11,2	12,1	12,2	12,5	12,7	12,9
Gleichgewicht der Konzession	3,50%		15,7	18,9	19,3	17,5	12,5	15,1	14,4	14,1	12,9
Verschiedene Steuern	10,67%	11,9	18,9	20,1	21,3	22,9	20,7	21,0	22,2	22,6	22,8
Veränderung der Zielvorgaben		0,0	0,3	0,8	1,8	3,4	3,4	3,4	0,0	0,0	0,0
Summe operative Kosten		**220,0**	**250,6**	**251,9**	**256,2**	**261,0**	**264,2**	**272,0**	**274,6**	**279,3**	**282,1**
Einnahmen aus der Geschäftstätigkeit		65,0	170,4	207,3	252,9	332,2	314,8	301,2	286,9	295,5	301,1
Lang- und kurzfristige Zinsen	6,19%	1,5	3,8	8,9	18,3	25,5	27,4	26,5	25,6	24,2	21,0
Abschreibungen		4,2	12,8	19,6	35,5	54,2	50,9	61,7	70,3	78,2	84,3
Ergebnis vor Steuern		59,3	153,9	178,8	199,1	252,5	236,6	213,0	191,0	193,1	195,8
Steuern auf den Gewinn		17,8	46,2	53,6	59,7	75,8	71,0	63,9	57,3	57,9	58,7
Ergebnis nach Steuern		**41,5**	**107,7**	**125,1**	**139,3**	**176,8**	**165,6**	**149,1**	**133,7**	**135,2**	**137,1**
Aktiva in Mill. $											
Jährliche Neuinvestitionen		101,5	206,4	296,0	323,0	255,2	137,0	205,1	176,2	162,3	125,2
zusätzliche Investitionen			26,8	33,1	15,9	26,3	-7,0	-7,0	-3,7	-2,3	-1,9
Bruttoinvestitionen		101,5	334,7	663,7	1003	1284	1414	1612	1785	1945	2068
Akkumulierte Abschreibung		4,2	17,0	36,6	72,1	126,3	177,2	238,9	309,2	387,4	471,7
Nettoinvestitionen		97,3	317,7	627,1	930,6	1158	1237	1373	1476	1557	1596
Lagerbestände		32,5	35,2	28,3	25,1	26,2	26,6	27,1	27,8	28,5	29,1
Kurzfristige Forderungen		44,4	45,8	47,7	45,4	45,0	43,6	44,5	45,2	46,2	47,2
Kasse		5,9	8,5	9,0	9,3	9,7	9,6	9,8	10,0	10,2	10,4
Kurzfristige Aktiva		82,8	89,5	85,1	79,8	80,8	79,8	81,4	83,0	84,9	86,7
Summe Aktiva		**180,1**	**407,2**	**712,2**	**1010**	**1239**	**1317**	**1455**	**1559**	**1642**	**1683**
Passiva in Mill. $											
Stammkapital		60,0	120,0	120,0	120,0	120,0	120,0	120,0	120,0	120,0	120,0
Gesetzliche Reserven		2,1	7,5	13,7	20,0	24,0	24,0	24,0	24,0	24,0	24,0
Nettoreserven		39,5	141,8	260,6	379,3	537,7	688,9	823,5	942,8	1064	1186
Eigenkapital		101,5	269,2	394,4	519,3	681,7	832,9	967,5	1087	1208	1330
Langfristiges Fremdkapital		48,9	72,3	216,3	375,2	447,5	436,6	418,1	408,8	372,7	304,3
Kurzfristige Verbindlichkeiten		29,6	65,7	101,6	115,8	109,5	47,4	69,0	62,9	62,0	48,5
Gesamtverschuldung		78,6	138,0	317,8	491,0	557,0	484,0	487,2	471,8	434,7	352,8
Summe Passiva		**180,1**	**407,2**	**712,2**	**1010**	**1239**	**1317**	**1455**	**1559**	**1642**	**1683**

Anhang 3.3 Die alternative Tarifanpassung unter Einbeziehung der Infrastrukturgebühranpassung von ETOSS im Simulationsmodell

Konzessionsjahr		**1994**	**1995**	**1996**	**1997**	**1998**	**1999**	**2000**	**2001**	**2002**	**2003**
	Rate	**1**	**2**	**3**	**4**	**5**	**6**	**7**	**8**	**9**	**10**
Einnahmen in Mill. $											
Konsumenten	12,40%	256,3	355,7	364,0	376,8	392,7	402,4	411,5	421,6	430,9	440,6
Einnahmen Expansion Investition		0,5	2,5	4,6	5,8	11,9	11,9	11,8	11,7	11,6	11,6
Verkäufe en bloque	12,40%	10,4	9,3	10,8	12,4	13,9	15,5	17,1	18,7	20,2	21,7
Andere	12,40%	29,1	37,3	40,3	40,5	40,5	36,7	37,0	37,3	37,7	38,1
Infrastrukturgebühr Expansion Invest.		0,0	2,4	9,4	15,8	13,8	25,4	26,0	0,0	0,0	0,0
Infrastrukturgebühr	41,90%	0,0	13,5	34,3	44,7	74,6	115,4	93,5	60,7	66,8	65,7
Infrastrukt. (nur Anschluss)	41,90%	8,3	19,3	18,9	38,3	44,3	9,1	14,0	23,4	19,4	17,5
Brutto - Rechnungsstellung		304,6	440,0	482,4	534,2	591,7	616,3	611,0	573,4	586,8	595,2
Uneinziehbare Rechnungen		19,1	22,2	18,3	14,6	10,1	10,2	10,3	10,1	10,4	10,6
Netto - Rechnungsstellung		**285,4**	**417,7**	**464,0**	**519,6**	**581,6**	**606,1**	**600,7**	**563,2**	**576,4**	**584,6**
Operative Kosten in Mill. $											
Löhne und Gehälter		96,4	101,2	98,0	96,5	96,6	99,8	101,2	102,7	103,9	105,0
Nettolöhne	19,07%	71,4	77,5	75,1	73,9	74,0	76,5	77,5	78,7	79,7	80,4
Sozialabgaben		25,0	23,6	22,9	22,5	22,6	23,3	23,6	24,0	24,3	24,5
Brenn- und Schmierstoffe	-7,14%	1,1	1,1	1,1	1,2	1,6	1,6	1,6	1,6	1,7	1,7
Elektrische Energie	-8,90%	27,8	24,1	24,8	25,9	28,6	29,5	30,9	32,4	33,5	34,6
Chemische Produkte	-5,96%	28,3	26,5	25,7	26,3	26,5	29,7	30,9	32,2	33,2	33,9
Andere Verbräuche	3,80%	6,3	6,6	6,7	7,1	7,6	8,0	8,1	8,3	8,4	8,5
Erhaltungsaufwendungen	43,07%	15,7	23,6	23,9	24,8	26,2	27,5	28,0	28,6	29,0	29,5
Anderes und Versicherung	0,00%	2,5	2,5	2,4	2,4	2,8	2,8	2,8	2,8	2,8	2,8
Kosten der Rechnungsstellung	0,00%	8,9	10,1	11,0	11,6	12,2	12,4	12,5	12,5	12,8	12,9
Administrative Kosten	5,07%	3,0	2,4	2,3	2,3	2,3	2,4	2,4	2,5	2,5	2,5
Andere nicht administ. Kosten	0,00%	18,1	15,4	14,2	13,9	11,2	12,1	12,2	12,5	12,7	12,9
Gleichgewicht der Konzession	0,00%		0,0	0,0	0,0	0,0	0,0	0,0	0,0	0,0	0,0
Verschiedene Steuern	10,67%	11,9	18,8	20,3	21,7	22,4	21,6	22,0	22,3	22,7	22,9
Veränderung der Zielvorgaben		0,4	2,0	3,7	4,6	10,3	9,9	9,9	9,8	9,7	9,5
Summe operative Kosten		**220,0**	**232,3**	**230,4**	**233,6**	**238,0**	**247,4**	**252,6**	**258,4**	**263,3**	**267,2**
Einnahmen aus der Geschäftstätigkeit		65,0	183,5	229,9	281,4	333,3	348,8	338,2	295,1	303,4	307,9
Lang- und kurzfristige Zinsen	6,96%	1,5	4,3	10,2	20,8	29,3	31,5	29,5	28,2	26,9	23,5
Abschreibungen		4,2	13,3	20,6	37,5	56,7	53,9	65,1	74,6	82,5	89,6
Ergebnis vor Steuern		17,8	49,8	59,7	66,9	74,2	79,0	73,0	57,7	58,2	58,5
Steuern auf den Gewinn		17,8	49,8	59,7	66,9	74,2	79,0	73,0	57,7	58,2	58,5
Ergebnis nach Steuern		**41,6**	**116,1**	**139,4**	**156,1**	**173,1**	**184,4**	**170,4**	**134,6**	**135,8**	**136,4**
Aktiva in Mill. $											
Jährliche Neuinvestitionen		101,5	216,6	311,5	342,1	268,3	144,8	216,0	186,7	171,1	132,9
Zusätzliche Investitionen			26,8	33,1	15,9	26,3	-7,0	-7,0	-3,7	-2,3	-1,9
Bruttoinvestitionen		101,5	344,9	689,5	1048	1342	1480	1689	1872	2041	2172
Akkumulierte Abschreibung		4,2	17,5	38,1	75,6	132,3	186,2	251,4	326,0	408,5	498,0
Nettoinvestitionen		97,3	327,4	651,4	971,9	1210	1294	1438	1546	1632	1674
Lagerbestände		32,5	36,1	29,1	25,8	27,0	27,3	27,8	28,5	29,2	29,8
Kurzfristige Forderungen		44,5	45,4	48,2	46,3	44,1	45,7	46,6	45,3	46,4	47,3
Kasse		5,9	8,0	8,4	8,6	9,2	9,4	9,4	9,8	10,0	10,2
Kurzfristige Aktiva		82,9	89,5	85,7	80,7	80,3	82,3	83,8	83,6	85,5	87,3
Summe Aktiva		**180,2**	**416,9**	**737,1**	**1053**	**1290**	**1376**	**1521**	**1630**	**1718**	**1761**
Passiva in Mill. $											
Stammkapital		60,0	120,0	120,0	120,0	120,0	120,0	120,0	120,0	120,0	120,0
Gesetzliche Reserven		2,1	7,9	14,9	21,9	24,0	24,0	24,0	24,0	24,0	24,0
Nettoreserven		39,5	149,8	282,2	416,9	573,5	743,5	899,5	1020	1141	1263
Eigenkapital		101,6	277,7	417,1	558,8	717,5	887,5	1044	1164	1285	1407
Langfristiges Fremdkapital		49,0	73,5	219,2	379,0	463,9	440,5	408,3	402,0	369,9	304,6
Kurzfristige Verbindlichkeiten		29,6	65,7	100,9	114,8	108,7	48,0	69,6	63,9	62,6	49,2
Gesamtverschuldung		78,6	139,2	320,0	493,8	572,5	488,5	477,9	465,9	432,6	353,8
Summe Passiva		**180,2**	**416,9**	**737,1**	**1053**	**1290**	**1376**	**1521**	**1630**	**1718**	**1761**

Anhang 3.4 Die alternative Tarifanpassung unter Einbeziehung der alternativen Infrastrukturgebühranpassung im Simulationsmodell

Konzessionsjahr		1994	1995	1996	1997	1998	1999	2000	2001	2002	2003
	Rate	**1**	**2**	**3**	**4**	**5**	**6**	**7**	**8**	**9**	**10**
Einnahmen in Mill. $											
Konsumenten	16,72%	256,3	369,4	377,9	391,2	407,8	417,9	427,3	437,8	447,5	457,5
Einnahmen Expansion Investition		0,5	2,5	4,7	5,8	12,0	12,0	11,9	11,8	11,7	11,7
Verkäufe en bloque	16,72%	10,4	9,7	11,2	12,8	14,5	16,1	17,7	19,4	21,0	22,5
Andere	16,72%	29,1	38,4	41,6	41,7	41,7	37,9	38,2	38,4	38,9	39,3
Infrastrukturgebühr Expansion		0,0	1,8	7,0	11,8	10,3	18,8	19,3	0,0	0,0	0,0
Infrastrukturgebühr	17,85%	0,0	11,2	28,5	37,1	62,0	95,8	77,7	50,4	55,5	54,6
Infrastrukt. (nur Anschluss)	17,85%	8,3	16,0	15,7	31,8	36,8	7,5	11,7	19,4	16,1	14,5
Brutto - Rechnungsstellung		304,6	449,0	486,7	532,3	585,0	606,0	603,8	577,3	590,8	600,2
Uneinziehbare Rechnungen		19,1	22,7	18,5	14,5	10,0	10,0	10,2	10,2	10,4	10,7
Netto - Rechnungsstellung		**285,4**	**426,4**	**468,2**	**517,8**	**575,0**	**596,0**	**593,6**	**567,1**	**580,3**	**589,5**
Operative Kosten in Mill. $											
Löhne und Gehälter		96,4	101,2	98,0	96,5	96,6	99,8	101,2	102,7	103,9	105,0
Nettolöhne	19,07%	71,4	77,5	75,1	73,9	74,0	76,5	77,5	78,7	79,7	80,4
Sozialabgaben		25,0	23,6	22,9	22,5	22,6	23,3	23,6	24,0	24,3	24,5
Brenn- und Schmierstoffe	-7,14%	1,1	1,1	1,1	1,2	1,6	1,6	1,6	1,6	1,7	1,7
Elektrische Energie	-8,90%	27,8	24,1	24,8	25,9	28,6	29,5	30,9	32,4	33,5	34,6
Chemische Produkte	-5,96%	28,3	26,5	25,7	26,3	26,5	29,7	30,9	32,2	33,2	33,9
Andere Verbräuche	3,80%	6,3	6,6	6,7	7,1	7,6	8,0	8,1	8,3	8,4	8,5
Erhaltungsaufwendungen	43,07%	15,7	23,6	23,9	24,8	26,2	27,5	28,0	28,6	29,0	29,5
Anderes und Versicherung	0,00%	2,5	2,5	2,4	2,4	2,8	2,8	2,8	2,8	2,8	2,8
Kosten der Rechnungsstellung	0,00%	8,9	10,1	11,0	11,6	12,2	12,4	12,5	12,5	12,8	12,9
Administrative Kosten	5,07%	3,0	2,4	2,3	2,3	2,3	2,4	2,4	2,5	2,5	2,5
Andere nicht administ. Kosten	0,00%	18,1	15,4	14,2	13,9	11,2	12,1	12,2	12,5	12,7	12,9
Gleichgewicht der Konzession	0,00%		0,0	0,0	0,0	0,0	0,0	0,0	0,0	0,0	0,0
Verschiedene Steuern	10,67%	11,9	19,1	20,5	21,6	22,2	21,3	21,7	22,4	22,8	23,1
Veränderung der Zielvorgaben		0,4	2,0	3,7	4,6	10,3	9,9	9,9	9,8	9,7	9,5
Summe operative Kosten		**220,4**	**234,7**	**234,3**	**238,1**	**248,0**	**257,0**	**262,3**	**268,3**	**273,1**	**276,9**
Einnahmen aus der Geschäftstätigkeit		65,0	191,7	233,9	279,7	327,0	339,0	331,4	298,8	307,2	312,6
Lang- und kurzfristige Zinsen	6,96%	1,5	4,1	9,7	20,2	28,9	31,4	29,9	28,6	27,2	23,6
Abschreibungen		4,2	13,3	20,6	37,5	56,7	53,9	65,1	74,6	82,5	89,6
Ergebnis vor Steuern		59,3	174,3	203,6	222,0	241,4	253,7	236,4	195,6	197,5	199,5
Steuern auf den Gewinn		17,8	52,3	61,1	66,6	72,4	76,1	70,9	58,7	59,3	59,8
Ergebnis nach Steuern		**41,5**	**122,0**	**142,5**	**155,4**	**169,0**	**177,6**	**165,5**	**136,9**	**138,3**	**139,6**
Aktiva in Mill. $											
Jährliche Neuinvestitionen		101,5	216,6	311,5	342,1	268,3	144,8	216,0	186,7	171,1	132,9
Zusätzliche Investitionen			26,8	33,1	15,9	26,3	-7,0	-7,0	-3,7	-2,3	-1,9
Bruttoinvestitionen		101,5	344,9	689,5	1048	1342	1480	1689	1872	2041	2172
Akkumulierte Abschreibung		4,2	17,5	38,1	75,6	132,3	186,2	251,4	326,0	408,5	498,0
Nettoinvestitionen		97,3	327,4	651,4	971,9	1210	1294	1438	1546	1632	1674
Lagerbestände		32,5	36,1	29,1	25,8	27,0	27,3	27,8	28,5	29,2	29,8
Kurzfristige Forderungen		44,5	46,4	48,7	46,2	43,6	44,9	46,0	45,6	46,7	47,7
Kasse		5,9	8,0	8,4	8,6	9,2	9,3	9,4	9,8	10,0	10,2
Kurzfristige Aktiva		82,9	90,5	86,1	80,6	79,8	81,5	83,3	83,9	85,8	87,7
Summe Aktiva		**180,2**	**417,9**	**737,6**	**1053**	**1290**	**1375**	**1521**	**1630**	**1718**	**1761**
Passiva in Mill. $											
Stammkapital		60,0	120,0	120,0	120,0	120,0	120,0	120,0	120,0	120,0	120,0
Gesetzliche Reserven		2,1	8,2	15,3	22,4	24,0	24,0	24,0	24,0	24,0	24,0
Nettoreserven		39,5	155,4	290,7	424,7	577,6	740,8	891,9	1014	1138	1264
Eigenkapital		101,5	283,5	426,1	567,0	721,6	884,8	1036	1158	1282	1408
Langfristiges Fremdkapital		49,0	68,6	210,6	370,7	459,3	442,4	415,4	407,6	373,2	304,7
Kurzfristige Verbindlichkeiten		29,6	65,7	100,9	114,8	108,6	48,0	69,6	63,9	62,7	49,2
Gesamtverschuldung		78,6	134,3	311,5	485,5	568,0	490,4	485,0	471,5	435,8	353,9
Summe Passiva		**180,2**	**417,9**	**737,6**	**1053**	**1290**	**1375**	**1521**	**1630**	**1718**	**1761**

Anhang 3.5 Simulation der Anpassung der Infrastrukturgebühren auf Grund einer Senkung der Sozialabgaben gemäß ETOSS

Konzessionsjahr		**1994**	**1995**	**1996**	**1997**	**1998**	**1999**	**2000**	**2001**	**2002**	**2003**
	Rate	**1**	**2**	**3**	**4**	**5**	**6**	**7**	**8**	**9**	**10**
Einnahmen in Mill. $											
Konsumenten (Haushalte und Untern.)		256,3	359,2	367,5	380,5	396,6	406,3	415,5	425,7	435,2	444,9
Einnahmen Expansion Investition			0,4	1,1	2,6	5,3	5,3	5,3	5,3	5,3	5,3
Verkäufe en bloque		10,4	9,4	10,9	12,5	14,1	15,7	17,3	18,8	20,4	21,9
Andere			37,6	40,7	40,8	40,8	37,0	37,3	37,6	38,0	38,4
Infrastrukturgebühr Expansion	-8,93%	0,0	4,0	3,6	3,6	25,4	0,0	0,0	0,0	0,0	0,0
Infrastrukturgebühr	-8,93%	0,0	13,5	31,2	40,7	67,9	105,1	85,1	55,3	60,8	59,8
Infrastrukturgebühr – nur Anschluss		8,3	19,3	18,9	38,3	44,3	9,1	14,0	23,4	19,4	17,5
Brutto - Rechnungsstellung		304,1	443,4	474,0	519,1	594,4	578,5	574,5	566,1	579,1	587,8
Uneinziehbare Rechnungen		19,1	22,4	18,0	14,1	10,2	9,6	9,7	10,0	10,2	10,4
Netto - Rechnungsstellung		**285,0**	**421,0**	**455,9**	**504,9**	**584,3**	**568,9**	**564,9**	**556,1**	**568,9**	**577,4**
Operative Kosten in Mill. $											
Löhne und Gehälter		96,4	104,8	99,8	93,4	93,5	96,7	98,0	99,5	100,7	101,7
Nettolöhne		71,4	80,3	77,7	76,5	76,6	79,2	80,3	81,5	82,5	83,3
Sozialabgaben	-27,58%	25,0	24,5	22,1	16,9	16,9	17,5	17,7	18,0	18,2	18,4
Brenn- und Schmierstoffe		1,1	1,2	1,2	1,3	1,7	1,7	1,7	1,7	1,8	1,8
Elektrische Energie		27,8	24,1	24,8	25,9	28,6	29,5	30,9	32,4	33,5	34,6
Chemische Produkte		28,3	28,2	27,3	28,0	28,2	31,6	32,9	34,2	35,3	36,1
Andere Verbräuche		6,3	6,6	6,7	7,1	7,6	8,0	8,1	8,3	8,4	8,5
Erhaltungsaufwendungen		15,7	20,5	20,8	21,5	22,8	23,9	24,4	24,9	25,3	25,6
Anderes und Versicherung		2,5	2,5	2,4	2,4	2,8	2,8	2,8	2,8	2,8	2,8
Kosten der Rechnungsstellung		8,9	10,1	11,0	11,6	12,2	12,4	12,5	12,5	12,8	12,9
Administrative Kosten		3,0	2,4	2,3	2,3	2,3	2,4	2,4	2,5	2,5	2,5
Andere nicht administrative Kosten		18,1	15,4	14,2	13,9	11,2	12,1	12,2	12,5	12,7	12,9
Gleichgewicht der Konzession			15,7	18,9	19,1	17,2	12,3	14,8	14,1	13,9	12,7
Verschiedene Steuern		11,9	18,9	20,0	21,1	22,5	20,3	20,7	22,0	22,4	22,6
Veränderung der Zielvorgaben		0,0	0,3	0,8	1,8	3,4	3,4	3,4	0,0	0,0	0,0
Summe operative Kosten		**220,0**	**250,7**	**250,1**	**249,4**	**254,1**	**257,0**	**264,8**	**267,4**	**272,1**	**274,7**
Einnahmen aus der Geschäftstätigkeit		65,0	170,3	205,8	255,5	330,2	311,9	300,1	288,7	296,8	302,7
Lang- und kurzfristige Zinsen		1,5	3,8	9,0	18,3	25,5	27,5	26,6	25,8	24,3	21,0
Abschreibungen		4,2	12,8	19,6	35,5	54,2	50,9	61,7	70,3	78,2	84,3
Ergebnis vor Steuern		59,3	153,8	177,2	201,7	250,5	233,5	211,7	192,6	194,3	197,4
Steuern auf den Gewinn		17,8	46,1	53,2	60,5	75,1	70,1	63,5	57,8	58,3	59,2
Ergebnis nach Steuern		**41,5**	**107,7**	**124,1**	**141,2**	**175,3**	**163,5**	**148,2**	**134,8**	**136,0**	**138,2**
Aktiva in Mill. $											
Jährliche Neuinvestitionen		101,5	206,4	296,0	323,0	255,2	137,0	205,1	176,2	162,3	125,2
Zusätzliche Investitionen			26,8	33,1	15,9	26,3	-7,0	-7,0	-3,7	-2,3	-1,9
Bruttoinvestitionen		101,5	334,7	663,7	1003	1284	1414	1612	1785	1945	2068
Akkumulierte Abschreibung		4,2	17,0	36,6	72,1	126,3	177,2	238,9	309,2	387,4	471,7
Nettoinvestitionen		97,3	317,7	627,1	930,5	1158	1237	1373	1476	1557	1596
Lagerbestände		32,5	35,2	28,3	25,1	26,3	26,6	27,1	27,8	28,5	29,1
Kurzfristige Forderungen		44,4	45,8	47,4	45,0	44,3	42,9	43,8	44,7	45,8	46,7
Kasse		5,9	8,5	8,9	9,1	9,4	9,3	9,5	9,7	9,9	10,1
Kurzfristige Aktiva		82,8	89,5	84,7	79,2	79,9	78,8	80,5	82,3	84,2	85,9
Summe Aktiva		**180,1**	**407,2**	**711,8**	**1010**	**1238**	**1316**	**1454**	**1558**	**1642**	**1682**
Passiva in Mill. $											
Stammkapital		60,0	120,0	120,0	120,0	120,0	120,0	120,0	120,0	120,0	120,0
Gesetzliche Reserven		2,1	7,5	13,7	20,0	24,0	24,0	24,0	24,0	24,0	24,0
Nettoreserven		39,5	141,7	259,6	380,0	537,0	686,0	819,8	940,2	1062	1186
Eigenkapital		101,5	269,2	393,2	520,0	681,0	830,0	963,8	1084	1206	1330
Langfristiges Fremdkapital		48,9	72,3	217,3	375,4	448,9	439,1	421,9	411,6	374,6	304,9
Kurzfristige Verbindlichkeiten		29,6	65,7	101,2	114,2	107,9	46,7	68,1	62,0	61,1	47,7
Gesamtverschuldung		78,6	138,0	318,5	489,7	556,8	485,8	490,0	473,6	435,7	352,6
Summe Passiva		**180,1**	**407,2**	**711,8**	**1010**	**1238**	**1316**	**1454**	**1558**	**1642**	**1682**

Anhang 3.6 Simulation einer Anpassung der Infrastrukturgebühren auf Grund geringerer als geplanter Investitionen durch ETOSS

Konzessionsjahr		**1994**	**1995**	**1996**	**1997**	**1998**	**1999**	**2000**	**2001**	**2002**	**2003**
	Rate	**1**	**2**	**3**	**4**	**5**	**6**	**7**	**8**	**9**	**10**
Einnahmen in Mill. $											
Konsumenten (Haushalte und Untern.)		256,3	359,2	367,5	380,5	396,6	406,3	415,5	425,7	435,2	444,9
Einnahmen Expansion Investition			0,4	1,1	2,6	5,3	5,3	5,3	5,3	5,3	5,3
Verkäufe en bloque		10,4	9,4	10,9	12,5	14,1	15,7	17,3	18,8	20,4	21,9
Andere		29,1	37,6	40,7	40,8	40,8	37,0	37,3	37,6	38,0	38,4
Infrastrukturgebühr Expansion Netz		0,0	0,5	1,2	1,7	7,3	6,7	-1,8	-5,2	-5,2	-3,6
Infrastrukturgebühr Expansion Anschl.		0,0	0,4	1,1	1,5	6,5	5,6	-1,5	-4,6	-4,6	-2,9
Infrastrukturgebühr			5,7	22,5	34,1	57,0	105,5	84,8	40,7	68,8	73,0
Trinkwasser Netz	-5,09%		3,0	12,1	18,2	15,3	15,5	9,3	6,3	15,8	12,7
Trinkwasser Anschluss	-18,27%		2,6	10,5	15,9	13,2	13,4	8,1	5,5	13,7	11,0
Abwasser Netz			0,0	0,0	0,0	17,7	47,5	41,8	18,0	24,3	30,5
Abwasser Anschluss			0,0	0,0	0,0	10,8	29,1	25,6	11,0	14,9	18,7
Infrastrukturgebühr – nur Anschluss		8,3	26,4	24,6	40,4	51,4	4,9	12,2	36,3	7,6	1,1
Brutto - Rechnungsstellung		304,1	439,6	469,6	514,1	579,0	587,0	569,1	554,6	565,5	578,1
Uneinziehbare Rechnungen		19,1	22,2	17,9	14,0	9,9	9,7	9,6	9,8	10,0	10,3
Netto - Rechnungsstellung		**285,0**	**417,4**	**451,8**	**500,1**	**569,1**	**577,3**	**559,5**	**544,8**	**555,5**	**567,8**
Operative Kosten in Mill. $											
Löhne und Gehälter		96,4	104,8	99,8	93,4	93,5	96,7	98	99,5	100,7	101,7
Nettolöhne		71,4	80,3	77,7	76,5	76,6	79,2	80,3	81,5	82,5	83,3
Sozialabgaben		25	24,5	22,1	16,9	16,9	17,5	17,7	18	18,2	18,4
Brenn- und Schmierstoffe		1,1	1,2	1,2	1,3	1,7	1,7	1,7	1,7	1,8	1,8
Elektrische Energie		27,8	24,1	24,8	25,9	28,6	29,5	30,9	32,4	33,5	34,6
Chemische Produkte		28,3	28,2	27,3	28	28,2	31,6	32,9	34,2	35,3	36,1
Andere Verbräuche		6,3	6,6	6,7	7,1	7,6	8	8,1	8,3	8,4	8,5
Erhaltungsaufwendungen		15,7	20,5	20,8	21,5	22,8	23,9	24,4	24,9	25,3	25,6
Anderes und Versicherung		2,5	2,5	2,4	2,4	2,8	2,8	2,8	2,8	2,8	2,8
Kosten der Rechnungsstellung		8,9	10,1	11	11,6	12,2	12,4	12,5	12,5	12,8	12,9
Administrative Kosten		3	2,4	2,3	2,3	2,3	2,4	2,4	2,5	2,5	2,5
Andere nicht administrative Kosten		18,1	15,4	14,2	13,9	11,2	12,1	12,2	12,5	12,7	12,9
Gleichgewicht der Konzession			15,7	18,9	18,9	17,0	12,1	14,8	14,1	13,7	12,6
Verschiedene Steuern		11,9	18,7	19,8	20,9	21,9	20,6	20,5	21,6	21,8	22,2
Veränderung der Zielvorgaben		0,0	0,3	0,8	1,8	3,4	3,4	3,4	0,0	0,0	0,0
Summe operative Kosten		**220,0**	**250,5**	**249,9**	**249,0**	**253,3**	**257,2**	**264,5**	**266,9**	**271,4**	**274,2**
Einnahmen aus der Geschäftstätigkeit		65,0	166,8	201,8	251,0	315,8	320,1	295,0	277,9	284,2	293,6
Lang- und kurzfristige Zinsen		1,5	3,8	9,2	18,6	25,9	27,7	26,4	25,7	24,5	21,4
Abschreibungen		4,2	11,8	18,8	35,5	51,5	56,1	66,0	73,6	80,8	86,8
Ergebnis vor Steuern		59,3	151,3	173,8	196,9	238,4	236,3	202,6	178,6	178,8	185,3
Steuern auf den Gewinn		17,8	45,4	52,2	59,1	71,5	70,9	60,8	53,6	53,7	55,6
Ergebnis nach Steuern		**41,5**	**105,9**	**121,7**	**137,8**	**166,9**	**165,4**	**141,8**	**125,0**	**125,2**	**129,7**
Aktiva in Mill. $											
Jährliche Neuinvestitionen		101,5	205,5	292,7	318,1	249,5	131,6	202,8	174,6	158,4	122,1
Abzüge wegen geringerer Infrastrukt.			0,7	3,0	4,5	3,8	3,8	2,3	1,6	3,9	3,1
Abzüge wegen geringerer Abschreib.			0,1	0,3	0,4	1,9	1,6	0,0	0,0	0,0	0,0
Zusätzliche Investitionen			26,80	36,10	15,90	26,30	-7,00	-7,00	-3,70	-2,30	-1,90
Bruttoinvestitionen		101,5	333,8	662,6	996,6	1272	1397	1593	1764	1920	2040
Akkumulierte Abschreibung		4,2	16,0	34,8	70,3	121,8	177,9	243,9	317,6	398,4	485,2
Nettoinvestitionen		97,3	317,8	627,8	926,3	1151	1219	1349	1446	1521	1555
Lagerbestände		32,5	35,2	28,3	25,1	26,3	26,6	27,1	27,8	28,5	29,1
Kurzfristige Forderungen		44,4	45,4	47,0	44,6	43,1	43,5	43,4	43,8	44,7	46,0
Kasse		5,9	8,5	8,9	9,0	9,4	9,3	9,5	9,7	9,9	10,1
Kurzfristige Aktiva		82,8	89,1	84,2	78,7	78,7	79,4	80,0	81,4	83,1	85,1
Summe Aktiva		**180,1**	**406,9**	**712,0**	**1005**	**1229**	**1299**	**1429**	**1528**	**1605**	**1640**
Passiva in Mill. $											
Stammkapital		60,0	120,0	120,0	120,0	120,0	120,0	120,0	120,0	120,0	120,0
Gesetzliche Reserven		2,1	7,4	13,5	19,6	24,0	24,0	24,0	24,0	24,0	24,0
Nettoreserven		39,5	140,1	255,7	372,9	521,0	672,0	799,4	910,0	1021	1136
Eigenkapital		101,5	267,4	389,1	512,5	665,0	816,0	943,4	1054	1165	1280
Langfristiges Fremdkapital		48,9	73,9	221,7	379,1	457,6	436,7	417,8	411,8	379,4	312,5
Kurzfristige Verbindlichkeiten		29,6	65,6	101,2	113,3	106,7	45,8	67,7	61,7	60,3	47,2
Gesamtverschuldung		78,6	139,5	322,9	492,4	564,3	482,5	485,5	473,5	439,7	359,7
Summe Passiva		**180,1**	**406,9**	**712,0**	**1005**	**1229**	**1299**	**1429**	**1528**	**1605**	**1640**

Anhang 3.7 Simulation der Neukonzeptionierung der Infrastrukturgebühren durch das Umweltsekretariat

Konzessionsjahr	1994	1995	1996	1997	1998	1999	2000	2001	2002	2003
	1	2	3	4	5	6	7	8	9	10
					20 Mon.	Jährl. Verschieb. gegenüb. d. alten Modell: $n_{neu}=4/12*n_{alt}+8/12*n+1_{alt}$				
Einnahmen in Mill. $										
Konsumenten (Haushalte und Untern.)	256,3	359,2	367,5	380,5	667,5	412,5	422,3	432,0	441,7	437,4
Einnahmen Expansion Investition		0,4	1,1	2,6	8,9	5,3	5,3	5,3	5,3	1,8
Verkäufe en bloque	10,4	9,4	10,9	12,5	24,5	16,7	18,3	19,9	21,4	21,6
Andere	29,1	37,6	40,7	40,8	65,4	37,2	37,5	37,9	38,3	37,6
Infrastrukturgebühr alt		5,4	5,6	10,7	99,7	24,1	1,7			
Infrastr. SUMA (2,01$ pro Rechnung)					64,4	57,7	60,3	62,2	64,4	65,9
Infrastr. CIS (4$ für neue Konsum.)					2,6	5,4	10,0	13,3	16,8	16,6
Mindereinn. nicht err. Investionsziele				-3,6	-2,2	-0,2				
Infrastrukturgebühr – nur Anschluss	8,3	26,4	24,6	40,4	54,7	9,8	28,3	17,2	3,3	11,6
Brutto - Rechnungsstellung	304,1	438,4	450,4	483,9	985,5	568,5	583,7	587,9	591,2	592,5
Uneinziehbare Rechnungen	19,1	22,1	17,1	13,2	19,7	11,4	11,7	11,8	11,8	11,9
Netto - Rechnungsstellung	**285,0**	**416,3**	**433,3**	**470,7**	**965,8**	**557,1**	**572,0**	**576,1**	**579,4**	**580,7**
Operative Kosten in Mill. $										
Löhne und Gehälter	96,4	104,8	99,8	93,4	158,0	97,6	99,0	100,3	101,4	103,3
Nettolöhne	71,4	80,3	77,7	76,5	129,4	79,9	81,1	82,2	83,0	84,6
Sozialabgaben	25	24,5	22,1	16,9	28,6	17,6	17,9	18,1	18,3	18,7
Brenn- und Schmierstoffe	1,1	1,2	1,2	1,3	2,8	1,7	1,7	1,8	1,8	1,8
Elektrische Energie	27,8	24,1	24,8	25,9	48,3	30,4	31,9	33,1	34,2	35,1
Chemische Produkte	28,3	28,2	27,3	28	49,3	32,5	33,8	34,9	35,8	36,4
Andere Verbräuche	6,3	6,6	6,7	7,1	12,9	8,1	8,2	8,4	8,5	8,6
Erhaltungsaufwendungen	15,7	20,5	20,8	21,5	38,7	24,2	24,7	25,2	25,5	25,9
Anderes und Versicherung	2,5	2,5	2,4	2,4	4,7	2,8	2,8	2,8	2,8	2,8
Kosten der Rechnungsstellung	8,9	10,1	11	11,6	20,5	12,5	12,5	12,7	12,9	13,0
Administrative Kosten	3	2,4	2,3	2,3	3,9	2,4	2,5	2,5	2,5	2,6
Andere nicht administrative Kosten	18,1	15,4	14,2	13,9	19,3	12,2	12,4	12,6	12,8	13,5
Minderausg. nicht err. Investionsziele				-3,6	-2,3					
Gleichgewicht der Konzession		7,6	7,4	7,3	12,7	8,0	8,1	8,2	8,3	8,5
Verschiedene Steuern	11,9	18,7	19,0	19,7	37,4	21,6	22,0	22,8	22,8	22,8
Veränderung der Zielvorgaben	0,0	0,3	0,8	1,8	5,7	3,4	1,1	0,0	0,0	0,0
Summe operative Kosten	**220,0**	**242,4**	**237,7**	**232,6**	**411,8**	**257,3**	**260,7**	**265,3**	**269,4**	**274,1**
Einnahmen aus der Geschäftstätigkeit	65,0	173,9	195,6	238,1	554,0	299,9	311,3	310,8	310,0	306,6
Lang- und kurzfristige Zinsen	1,5	3,9	9,8	19,5	21,5	18,3	18,0	18,4	18,0	15,5
Abschreibungen	4,2	12,0	19,3	35,0	50,0	55,6	67,6	77,0	86,0	92,9
Ergebnis vor Steuern	59,3	158,0	166,5	183,6	482,6	226,0	225,7	215,4	206,1	198,2
Steuern auf den Gewinn	17,8	47,4	50,0	55,1	144,8	67,8	67,7	64,6	61,8	59,5
Ergebnis nach Steuern	**41,5**	**110,6**	**116,6**	**128,5**	**337,8**	**158,2**	**158,0**	**150,8**	**144,3**	**138,7**
Aktiva in Mill. $										
Jährliche Neuinvestitionen	101,5	205,6	292,7	318,1	249,5	131,5	202,8	174,7	158,4	122,1
Zusätzliche Investitionen		26,8	36,1	15,9	26,3	-7,0	-7,0	-3,7	-2,3	-1,9
Invest. für 240.000 zusätzl. Konsum.						12,9	12,9	12,9	12,9	12,9
Investitionen Puerto Madero								11,8		
Investionen nicht err. Investitionsziele				-31,8	-26,1	10,1	22,0	5,1	20,7	
Gleichgewicht der Konzession		8,1	11,5	10,6	8,7	5,2	8,1	7,0	6,6	4,7
Bruttoinvestitionen	101,5	342,0	682,3	995,1	1254	1406	1645	1853	2049	2187
Akkumulierte Abschreibung	4,2	16,2	35,6	70,5	120,5	176,1	243,7	320,7	406,7	499,5
Nettoinvestitionen	97,3	325,8	646,8	924,6	1133	1230	1401	1532	1643	1688
Lagerbestände	32,5	35,2	28,3	25,1	27,1	27,1	27,7	28,3	28,8	29,3
Kurzfristige Forderungen	44,4	45,3	45,0	42,0	44,0	42,1	44,5	46,5	46,7	47,1
Kasse	5,9	8,2	8,5	8,4	9,1	9,4	9,4	9,7	9,8	10,1
Kurzfristige Aktiva	82,8	88,7	81,9	75,5	80,3	78,6	81,6	84,4	85,4	86,5
Summe Aktiva	**180,1**	**414,5**	**728,6**	**1000**	**1213**	**1309**	**1483**	**1617**	**1728**	**1774**
Passiva in Mill. $										
Stammkapital	60,0	120,0	120,0	120,0	120,0	120,0	120,0	120,0	120,0	120,0
Gesetzliche Reserven	2,1	7,6	13,4	19,1	24,0	24,0	24,0	24,0	24,0	24,0
Nettoreserven	39,5	144,5	255,3	363,7	682,3	826,1	969,6	1106	1236	1360
Eigenkapital	101,5	272,1	388,7	502,8	826,3	970,1	1114	1250	1380	1504
Langfristiges Fremdkapital	48,9	76,3	239,1	391,3	302,0	288,2	294,9	298,9	281,3	**219,7**
Kurzfristige Verbindlichkeiten	29,6	66,1	100,8	106,0	85,1	50,5	74,3	67,7	66,8	50,1
Gesamtverschuldung	78,6	142,4	339,9	497,2	387,1	338,7	369,2	366,6	348,1	269,8
Summe Passiva	**180,1**	**414,5**	**728,6**	**1000**	**1213**	**1309**	**1483**	**1617**	**1728**	**1774**

Anhang 3.8 Abstimmungsverhalten der Direktoren von ETOSS im Zuge der zweiten Preisanpassung auf Grund gestiegener Kosten

Zugehörigkeit der Direktoren zu den Gebietskörperschaften

Argentinische Landesregierung	Cevallo (Menemista, PJ), Criscuolo (Menemista, PJ)
Provinz Buenos Aires	Pedersoli (Duhaldista, PJ), Marzocca (Duhaldista, PJ)
Stadt Buenos Aires	Epszteyn (Frepaso), Lascano (UCR)

Abstimmungsverhalten der Direktoren

	Vorschlag	Abstimmung	Annahme
operative Kosten			
Personal	5,38%	Cevallo, Criscuolo, Pedersoli	X
	4,55%	Epszteyn, Lascano, Marzocca	
Brennstoffe	32,16%	Cevallo, Criscuolo, Pedersoli, Marzocca	X
	28,43%	Epszteyn, Lascano	
Elektrische Energie	3,584%	Cevallo, Criscuolo	
	-19,82%	Pedersoli, Marzocca, Epszteyn, Lascano	X
Chemische Produkte	-7,872%	Alle	X
Andere Verbräuche	1,48%	Cevallo, Criscuolo, Pedersoli, Marzocca	X
	0,906%	Epszteyn, Lascano	
Erhaltungsaufwendungen	3,37%	Cevallo, Criscuolo, Pedersoli	X
	-1,797%	Marzocca, Epszteyn, Lascano	
Anderes und Versicherungen	6,87%	Cevallo, Criscuolo, Pedersoli, Marzocca	X
	-1,698%	Epszteyn, Lascano	
Kosten der Rechnungsstellung	0,09%	Cevallo, Criscuolo, Pedersoli, Marzocca	X
	2,682%	Epszteyn, Lascano	
Administrative Ausgaben	36,43%	Cevallo, Criscuolo, Pedersoli	X
	keine Ang.	Marzocca, Epszteyn, Lascano	
Andere nicht administrative Ausgaben	2,37%	Cevallo, Criscuolo, Pedersoli, Marzocca	X
	3,064	Epszteyn, Lascano	
Investitionen			
Bauobjekte	0,621	Cevallo, Criscuolo, Pedersoli	X
	-7,72	Marzocca, Epszteyn, Lascano	
Rohre und Spezialteile	18,042%	Alle	X
Elektromechanische Teile	0,466%	Alle	X
Montage von Ausrüstung und Rohre	4,112%	Cevallo, Criscuolo, Pedersoli	X
	keine Ang.	Marzocca, Epszteyn, Lascano	
Ingenieursleistung und Verwaltung	5,421	Cevallo, Criscuolo, Pedersoli, Marzocca	X
	-3,696	Epszteyn, Lascano	
Geländestudien	-0,754	Cevallo, Criscuolo, Pedersoli, Marzocca	X

Quelle: ETOSS (1998e) und ETOSS (1998f).

Anhang 3.9 Simulation der zweiten Preisanpassung auf Grund gestiegener Kosten durch ETOSS

Konzessionsjahr		**1994**	**1995**	**1996**	**1997**	**1998**	**1999**	**2000**	**2001**	**2002**	**2003**
	Rate	**1**	**2**	**3**	**4**	**5**	**6**	**7**	**8**	**9**	**10**
Einnahmen in Mill. $											
Konsumenten	1,680%	256,3	359,2	367,5	380,5	672,0	419,4	429,4	439,3	449,1	444,7
Einnahmen Expan. Investition	1,680%		0,4	1,1	2,6	9,0	5,4	5,4	5,4	5,4	1,8
Verkäufe en bloque	1,680%	10,4	9,4	10,9	12,5	24,7	17,0	18,6	20,2	21,8	22,0
Andere	1,680%	29,1	37,6	40,7	40,8	65,8	37,8	38,1	38,5	38,9	38,2
Infrastrukturgebühr alt	1,680%		5,4	5,6	10,7	100,4	24,5	1,7			
Infrastrukturgebühr. SUMA	1,680%					65,0	58,5	61,3	63,2	65,5	67,0
Infrastrukturgeb. CIS	1,680%					2,6	5,5	10,2	13,5	17,1	16,9
Minderein. nicht err. Inv.-ziele	1,680%				-3,6	-2,2	-0,2				
Infrastr. – nur Anschluss	1,680%	8,3	26,4	24,6	40,4	55,1	10,0	28,8	17,5	3,4	11,8
Brutto - Rechnungsstellung		304,1	438,4	450,4	483,9	992,3	577,8	593,5	597,7	601,1	602,5
Uneinziehbare Rechnungen		19,1	22,1	17,1	13,2	19,8	11,6	11,9	12,0	12,0	12,0
Netto - Rechnungsstellung		**285,0**	**416,3**	**433,3**	**470,7**	**972,5**	**566,3**	**581,6**	**585,7**	**589,1**	**590,4**
Operative Kosten in Mill. $											
Löhne und Gehälter		96,4	104,8	99,8	93,4	163,0	102,7	104,3	105,7	106,7	108,8
Nettolöhne	5,38%	71,4	80,3	77,7	76,5	133,6	84,2	85,5	86,6	87,5	89,2
Sozialabgaben		25	24,5	22,1	16,9	29,4	18,5	18,8	19,1	19,2	19,6
Brenn- und Schmierstoffe	32,16%	1,1	1,2	1,2	1,3	3,3	2,2	2,2	2,4	2,4	2,4
Elektrische Energie	-19,82%	27,8	24,1	24,8	25,9	42,6	24,4	25,6	26,5	27,4	28,1
Chemische Produkte	-7,87%	28,3	28,2	27,3	28	47,0	29,9	31,1	32,2	33,0	33,5
Andere Verbräuche	1,48%	6,3	6,6	6,7	7,1	13,0	8,2	8,3	8,5	8,6	8,7
Erhaltungsaufwendungen	3,37%	15,7	20,5	20,8	21,5	39,5	25,0	25,5	26,0	26,4	26,8
Anderes und Versicherung	6,88%	2,5	2,5	2,4	2,4	4,9	3,0	3,0	3,0	3,0	3,0
Kosten der Rechnungsstellung	0,09%	8,9	10,1	11	11,6	29,2	14,2	14,5	15,0	15,0	14,9
Administrative Kosten	36,43%	3	2,4	2,3	2,3	4,8	3,3	3,4	3,4	3,4	3,5
Andere nicht admin. Kosten	2,37%	18,1	15,4	14,2	13,9	24,7	13,0	13,4	13,7	13,8	14,5
Minderausg. nicht erreichte Invest.ziele					-3,6	-2,3					
Gleichgewicht der Konzession	2,30%		5,0	4,9	4,8	6,0	1,3	1,3	1,3	1,3	1,3
Verschiedene Steuern	10,67%	11,9	18,7	19,0	20,2	38,5	22,4	23,5	24,4	24,2	24,0
Veränderung der Zielvorgaben		0,0	0,3	0,8	1,8	5,9	3,5	1,1	0,0	0,0	0,0
Summe operative Kosten		**220,0**	**239,8**	**235,1**	**230,6**	**420,0**	**253,1**	**257,2**	**262,1**	**265,2**	**269,5**
Einnahmen aus der Geschäftstätigkeit		65,0	176,5	198,1	240,1	552,5	313,2	324,5	323,6	323,9	320,9
Lang- und kurzfristige Zinsen	10,00%	1,5	3,8	9,3	18,7	48,2	30,1	30,0	30,9	30,4	26,6
Abschreibungen		4,2	11,9	19,2	34,6	49,7	55,5	67,6	77,1	86,3	93,3
Ergebnis vor Steuern		59,3	160,8	169,6	186,7	454,5	227,6	226,8	215,6	207,1	201,0
Steuern auf den Gewinn		17,8	48,2	50,9	56,0	136,4	68,3	68,0	64,7	62,1	60,3
Ergebnis nach Steuern		**41,5**	**112,6**	**118,8**	**130,7**	**318,2**	**159,3**	**158,7**	**150,9**	**145,0**	**140,7**
Aktiva in Mill. $											
Jährliche Neuinvestitionen	4,56%	101,5	205,6	292,7	318,1	256,3	137,5	212,0	182,7	165,6	127,7
Zusätzliche Investitionen	4,56%		26,8	36,1	15,9	27,0	-7,3	-7,3	8,5	-2,4	-2,0
Inv. für 240.000 zusätzl. Einw.	4,56%						13,5	13,5	13,5	13,5	13,5
Invest. nicht err. Invest.-ziele	4,56%				-31,8	-26,8	10,6	23,0	5,3	21,6	
Gleichgewicht der Konzession	2,30%		5,3	7,6	7,0	4,1	0,8	1,3	1,2	1,1	0,8
Bruttoinvestitionen		101,5	339,2	675,6	984,8	1245	1401	1643	1854	2054	2194
Akkumulierte Abschreibung		4,2	16,1	35,3	69,9	119,6	175,1	242,8	319,9	406,2	499,6
Nettoinvestitionen		97,3	323,1	640,3	914,8	1126	1225	1400	1534	1647	1694
Lagerbestände		32,5	35,2	28,3	25,1	26,7	26,5	26,9	27,6	28,1	28,6
Kurzfristige Forderungen		44,4	45,3	45,0	42,0	44,3	42,8	45,3	47,2	47,5	47,9
Kasse		5,9	8,2	8,4	8,4	9,3	9,2	9,3	9,5	9,7	9,9
Kurzfristige Aktiva		82,8	88,6	81,8	75,4	80,4	78,5	81,5	84,4	85,3	86,4
Summe Aktiva		**180,1**	**411,7**	**722,1**	**990,3**	**1206**	**1304**	**1482**	**1619**	**1733**	**1780**
Passiva in Mill. $											
Stammkapital		60,0	120,0	120,0	120,0	120,0	120,0	120,0	120,0	120,0	120,0
Gesetzliche Reserven		2,1	7,7	13,6	19,5	24,0	24,0	24,0	24,0	24,0	24,0
Nettoreserven		39,5	146,4	259,2	369,7	668,9	813,8	958,2	1095	1225	1352
Eigenkapital		101,5	274,1	392,9	509,1	812,9	957,8	1102	1239	1369	1496
Langfristiges Fremdkapital		48,9	72,3	229,6	376,2	306,7	295,5	305,1	312,1	296,6	234,8
Kurzfristige Verbindlichkeiten		29,6	65,3	99,7	104,9	86,5	50,5	74,5	67,8	66,8	50,0
Gesamtverschuldung		78,6	137,6	329,2	481,1	393,3	346,0	379,5	379,9	363,3	284,8
Summe Passiva		**180,1**	**411,7**	**722,1**	**990,3**	**1206**	**1304**	**1482**	**1619**	**1733**	**1780**

Anhang 3.10 Simulation der zweiten Preisanpassung auf Grund gestiegener Kosten durch das Umweltsekretariat

Konzessionsjahr		**1994**	**1995**	**1996**	**1997**	**1998**	**1999**	**2000**	**2001**	**2002**	**2003**
	Rate	**1**	**2**	**3**	**4**	**5**	**6**	**7**	**8**	**9**	**10**
Einnahmen in Mill. $											
Konsumenten	5,310%	256,3	359,2	367,5	380,5	681,7	434,4	444,7	454,9	465,2	460,6
Einnahmen Expan. Investition	5,310%		0,4	1,1	2,6	9,1	5,6	5,6	5,6	5,6	1,9
Verkäufe en bloque	5,310%	10,4	9,4	10,9	12,5	25,0	17,6	19,3	21,0	22,5	22,7
Andere	5,310%	29,1	37,6	40,7	40,8	66,8	39,2	39,5	39,9	40,3	39,6
Infrastrukturgebühr alt	5,310%		5,4	5,6	10,7	101,8	25,4	1,8			
Infrastrukturgebühr. SUMA	5,310%					66,4	60,6	63,5	65,5	67,8	69,4
Infrastrukturgeb. CIS	5,310%					2,7	5,7	10,5	14,0	17,7	17,5
Minderein. nicht err. Inv.-ziele	5,310%				-3,6	-2,2	-0,2				
Infrastr. – nur Anschluss	5,310%	8,3	26,4	24,6	40,4	55,9	10,3	29,8	18,1	3,5	12,2
Brutto - Rechnungsstellung		304,1	438,4	450,4	483,9	1007	598,5	614,7	619,0	622,6	624,0
Uneinziehbare Rechnungen		19,1	22,1	17,1	13,2	20,1	12,0	12,3	12,4	12,5	12,5
Netto - Rechnungsstellung		**285,0**	**416,3**	**433,3**	**470,7**	**986,9**	**586,5**	**602,4**	**606,6**	**610,1**	**611,5**
Operative Kosten in Mill. $											
Löhne und Gehälter		96,4	104,8	99,8	93,4	163,0	102,7	104,3	105,7	106,7	108,8
Nettolöhne	5,38%	71,4	80,3	77,7	76,5	133,6	84,2	85,5	86,6	87,5	89,2
Sozialabgaben		25	24,5	22,1	16,9	29,4	18,5	18,8	19,1	19,2	19,6
Brenn- und Schmierstoffe	32,16%	1,1	1,2	1,2	1,3	3,3	2,2	2,2	2,4	2,4	2,4
Elektrische Energie	3,58%	27,8	24,1	24,8	25,9	49,3	31,5	33,0	34,3	35,4	36,4
Chemische Produkte	-7,87%	28,3	28,2	27,3	28	47,0	29,9	31,1	32,2	33,0	33,5
Andere Verbräuche	1,48%	6,3	6,6	6,7	7,1	13,0	8,2	8,3	8,5	8,6	8,7
Erhaltungsaufwendungen	3,37%	15,7	20,5	20,8	21,5	39,5	25,0	25,5	26,0	26,4	26,8
Anderes und Versicherung	6,88%	2,5	2,5	2,4	2,4	4,9	3,0	3,0	3,0	3,0	3,0
Kosten der Rechnungsstellung	0,09%	8,9	10,1	11	11,6	29,2	14,2	14,5	15,0	15,0	14,9
Administrative Kosten	36,43%	3,0	2,4	2,3	2,3	4,8	3,3	3,4	3,4	3,4	3,5
Andere nicht admin. Kosten	2,37%	18,1	15,4	14,2	13,9	24,7	13,0	13,4	13,7	13,8	14,5
Minderausg. nicht erreichte Invest.ziele					-3,6	-2,3					
Gleichgewicht der Konzession	4,51%		9,7	9,5	9,4	11,3	1,3	1,3	1,3	1,4	1,4
Verschiedene Steuern	10,67%	11,9	18,7	19,0	20,2	39,1	23,2	24,3	25,2	25,0	24,8
Veränderung der Zielvorgaben		0,0	0,3	0,8	1,8	5,9	3,5	1,1	0,0	0,0	0,0
Summe operative Kosten		**220,0**	**244,5**	**239,8**	**235,3**	**432,5**	**261,0**	**265,5**	**270,8**	**274,1**	**278,6**
Einnahmen aus der Geschäftstätigkeit		65,0	171,7	193,5	235,4	554,3	325,5	336,9	335,9	336,1	332,9
Lang- und kurzfristige Zinsen	10,00%	1,5	4,0	10,1	20,2	52,6	33,3	32,6	32,7	31,5	26,8
Abschreibungen		4,2	12,1	19,5	35,3	50,6	56,3	68,5	78,0	87,2	94,2
Ergebnis vor Steuern		59,3	155,7	163,9	180,0	451,1	235,9	235,8	225,2	217,4	211,9
Steuern auf den Gewinn		17,8	46,7	49,2	54,0	135,3	70,8	70,7	67,5	65,2	63,6
Ergebnis nach Steuern		**41,5**	**109,0**	**114,7**	**126,0**	**315,8**	**165,1**	**165,1**	**157,6**	**152,2**	**148,3**
Aktiva in Mill. $											
Jährliche Neuinvestitionen	4,56%	101,5	205,6	292,7	318,1	256,3	137,5	212,0	182,7	165,6	127,7
Zusätzliche Investitionen	4,56%		26,8	36,1	15,9	27,0	-7,3	-7,3	8,5	-2,4	-2,0
Inv. für 240.000 zusätzl. Einw.	4,56%						13,5	13,5	13,5	13,5	13,5
Invest. nicht err. Invest.-ziele	4,56%				-31,8	-26,8	10,6	23,0	5,3	21,6	
Gleichgewicht der Konzession	4,51%		10,5	14,8	13,6	7,5	0,8	1,3	1,2	1,1	0,8
Bruttoinvestitionen		101,5	344,4	688,0	1004	1268	1423	1666	1877	2076	2216
Akkumulierte Abschreibung		4,2	16,3	35,8	71,1	121,6	178,0	246,5	324,5	411,7	505,8
Nettoinvestitionen		97,3	328,1	652,2	932,8	1146	1245	1419	1552	1664	1710
Lagerbestände		32,5	35,2	28,3	25,1	26,7	26,5	26,9	27,6	28,1	28,6
Kurzfristige Forderungen		44,4	45,3	45,0	42,0	45,0	44,3	46,9	48,9	49,2	49,6
Kasse		5,9	8,3	8,6	8,5	9,6	9,5	9,6	9,9	10,0	10,2
Kurzfristige Aktiva		82,8	88,8	81,9	75,6	81,3	80,3	83,4	86,4	87,3	88,5
Summe Aktiva		**180,1**	**416,9**	**734,2**	**1008**	**1228**	**1325**	**1502**	**1639**	**1752**	**1799**
Passiva in Mill. $											
Stammkapital		60,0	120,0	120,0	120,0	120,0	120,0	120,0	120,0	120,0	120,0
Gesetzliche Reserven		2,1	7,5	13,3	18,8	24,0	24,0	24,0	24,0	24,0	24,0
Nettoreserven		39,5	143,0	251,9	358,0	654,2	804,9	955,5	1099	1237	1370
Eigenkapital		101,5	270,5	385,2	496,8	798,2	948,9	1100	1243	1381	1514
Langfristiges Fremdkapital		48,9	79,7	247,2	404,5	340,7	325,1	327,3	326,8	303,3	233,3
Kurzfristige Verbindlichkeiten		29,6	66,7	101,8	107,1	88,7	51,2	75,6	68,9	67,9	50,9
Gesamtverschuldung		78,6	146,4	349,0	511,6	429,4	376,4	402,8	395,7	371,1	284,2
Summe Passiva		**180,1**	**416,9**	**734,2**	**1008**	**1228**	**1325**	**1502**	**1639**	**1752**	**1799**

Literaturverzeichnis

ABDALA, M. A. (1996) Welfare Effects of Buenos Aires' Water and Sewerage Services Privatization, Universidad de San Andrés, Dezember.

ABDALA, M. A. (2000) Institutions, Contracts and Regulation of Infrastructure in Argentina, Buenos Aires.

AGUAS ARGENTINAS (1994a) Evolución de la Estructura de Costos de la Oferta; in: ETOSS, *EXPEDIENTE 10858/94*, S. 424-429.

AGUAS ARGENTINAS (1994b) Anexo I – Cuadro de la Evolución de la Estructura de Costo de la Oferta; in: ETOSS, *EXPEDIENTE 10858/94*, S. 20-32.

AGUAS ARGENTINAS (1994c) Anexo I – Cuadro de la Evolución de la Estructura de Costos de la Oferta; in: ETOSS, *EXPEDIENTE 10858/94*, S. 81-122.

AGUAS ARGENTINAS (1994d) Servicio de Agua – Proyecto de Sustitución de Agua con Nitratos – Actualización a Mayo de 1994; in: ETOSS, *EXPEDIENTE 10858/94*, S. 134-170.

AGUAS ARGENTINAS (1994e) Aumento de Metas de Inversión del Primer Plan Quinquenal; in: ETOSS, *EXPEDIENTE 10858/94*, S. 182-217.

AGUAS ARGENTINAS (1994f) Anexo II - Cuadro de la Evolución de Costos de las Inversiones Previstas en la Oferta; in: ETOSS, *EXPEDIENTE 10858/94*, S. 33-40.

AGUAS ARGENTINAS (1994g) Metodología y Criterios Aplicados por la Sociedad para Calcular la Evolución de la Estructura de los Costos de la Oferta; in: ETOSS, *EXPEDIENTE 10858/94*, S. 430-442.

AGUAS ARGENTINAS (1994h) Metodología y Criterios Aplicados por la Sociedad para Calcular la Evolución de los Costos de las Inversiones previstas en la Oferta; in: ETOSS, *EXPEDIENTE 10858/94*, S. 124-132.

AGUAS ARGENTINAS (1995a) Balance Social, Dezember.

AGUAS ARGENTINAS (1995b) Brief 5617/95 an den Präsidenten von ETOSS vom 11.12.1995; in: ETOSS, *EXPEDIENTE 11652/95*, S. 46-53.

AGUAS ARGENTINAS (1996a) Memoria del Directorio Y Reseña Informativa del 5. Ejercicio Económico de Aguas Argentinas Sociedad Anónima Finalizado el 31 de Diciembre de 1996, Buenos Aires, 5. März.

AGUAS ARGENTINAS (1996b) Brief 6429/96 an den Präsidenten von ETOSS vom 20.3.1996; in: ETOSS, *EXPEDIENTE 11776/96*, S. 55-68.

AGUAS ARGENTINAS (1996c) Brief 7170/96 an den Präsidenten von ETOSS vom 31.5.1996; in: ETOSS, EXPEDIENTE 11776/96, S. 82-83.

AGUAS ARGENTINAS (1997a) Brief an den Präsidenten von ETOSS Nr. 10489/97 vom 18.4.1997; in ETOSS, *EXPEDIENTE 11776/96*, S. 161-166.

AGUAS ARGENTINAS (1997) Memoria del Directorio Y Reseña Informativa del 5. Ejercicio Económico de Aguas Argentinas Sociedad Anónima Finalizado el 31 de Diciembre de 1997, Buenos Aires, 4. März 1998.

AGUAS ARGENTINAS (1997b) Brief an den Präsidenten von ETOSS Nr. 13739/97 vom 19.12.1997; in: ETOSS, *EXPEDIENTE 12367/97*, S. 10-11.

AGUAS ARGENTINAS (1998a) Brief an den Präsidenten Carlos Saúl Menem vom 22.5.1998; in: ETOSS, *EXPEDIENTE 12367/97*, Anhang, S. 5-219.

AGUAS ARGENTINAS (1998b) Brief an die Umweltsekretärin María Julia Alsogaray vom 22.5.1998; in: ETOSS, *EXPEDIENTE 12367/97*, Anhang, S. 3-4.

AGUAS ARGENTINAS (1998c) Mesa de Estudio de los Valores Tarifarios - Documento No. 5, Análisis de la Estructura de Costos de la Concesión, in: ETOSS, *EXPEDIENTE 12367/97*, S. 68-90.

AGUAS ARGENTINAS (1998d) Mesa de Estudio de los Valores Tarifarios - Documento No. 8, Metodología Utilizada y Elección de los Mejores Indicadores de Representación del Mercado; in: ETOSS, *EXPEDIENTE 12367/97*, S. 259-313.

AGUAS ARGENTINAS (1998e) Aguas Argentinas Sociedad Anónomia, Memoria, Reseña Informativa y Estados Contables al 31 de diciembre de 1998 y 1997 conjuntamente con el Informe del Auditor e Informe de la Comisión Fiscalizadora.

ALCÁZAR, L.; BROOK COWEN, P. (1996) Institutions, Politics, and Contracts: Private Sector Participation in Urban Water Supply, World Bank Research Proposal, August.

ALCÁZAR, L.; ABDALA, M. A. SHIRLEY, M. M. (2000) The Buenos Aires Water Concession, Washington, D.C.

ALEXANDER, I; MAYER, C.; WEEDS, H. (1996) Regulatory Structure and Risk: An International Comparison, Paper Prepared for PSD/PPI World Bank, 30.1.1996.

ALEXANDER, I.; MAYER, C. (1997) Incentives on Private Infrastructure Companies; Paper Prepared for the Private Sector Development Department, Private Participation in Infrastructure Group, 1. 1.1997.

ÁMBITO FINANCIERO – Verschiedene Ausgaben.

AMÉRICA – Verschiedene Mitschnitte.

ANEXO I – Ley 11.820 Marco Regulatorio para la Prestación de los Servicios Públicos de Profisión de Agua Potable y Desagües Cloacales en la Provincia de Buenos Aires, 17.7.1996.

APPELBAUM, E.; KATZ, E. (1987) Seeking Rents by Setting Rents: The Political Economy of Rent Seeking; in: *The Economic Journal* 97, S. 685-699.

ARMSTRONG, M; COWAN, S; VICKERS, J. (1994) Regulatory Reform – Economic Analysis and British Experience, Cambridge (Mass.); London (England).

ARTANA, D.; NAVAJAS, F.; URBIZTONDO, S. (1998) Regulation and Contractual Adaptation in Public Utilities – The Case of Argentina, Washington.

ARTANA, D; NAVAJAS, F.; URBITZONDO, S. (1999) Governance and Regulation: A Tale of Two Concessions in Argentina; in: Savedoff, W. D.; Spiller, P. T. (Hrsg.): Spilled Water: Institutional Commitment in the Provision of Water Services, S. 197 – 248.

BAE – Verschiedene Ausgaben.

BAILEY, E. E. (1978) Innovation and Regulation; in: *Journal of Public Economics* 3, S. 285-295.

BARON, D. P. (1989) Design of Regulatory Mechanimsms and Institutions; in: Schmalensee, R.; Willig, R. D. (Hrsg.) Handbook of Industrial Organisation Vol. II, North Holland, S. 1345-1447.

BARON, D. P.; BESANKO, D. (1984) Regulation, Asymmetric Information, and Auditing; in: *Rand Journal of Economics* 15(4), S. 447-470.

BARON, D. P.; BESANKO, D. (1987) Monitoring, Moral Hazard, Asmmetric Information, and Risk Sharing in Procurement Contracting; in: *Rand Journal of Economics* 18, S. 509-532.

BARON, D. P.; MYERSON, R. B. (1982) Regulating a Monopolist with Unknown Costs; in: *Econométrica* 50(4), S. 911-930.

BAUMOL, W. (1982) Productivity Incentive Clauses and Rate Adjustment for Inflation; in: Pubic Utilities, Juli 22, 1982.

BAUMOL, W. J.; BRADFORD, R. D. (1981) Optimal Departures from Marginal Cost Pricing; in: *American Economic Review* 60, S. 265-283.

BAUMOL, W. J.; PANZAR, J. C.; WILLIG, R. D. (1982) Contestable Markets and the Theory of Industry Structure, New York.

BARRO, R.; GORDON, D. (1983) Rules, Discretion, and Reputation in a Model of Monetary Policy; in: *Journal of Monetary Economics* 12, S. 101-122.

BECKER, G. S. (1983) A Theory of Competition Among Pressure Groups for Political Influence; in: *Quarterly Journal of Economics* (98), S. 271-400.

BEESLEY, M. E. (1992) Mergers and Water Regulation; in: Beesley, M. E.: Privatization, Regulation and Deregulation, Chatham, S. 81 – 89.

BEESLEY, M . E.; LITTLECHILD, S. C. (1989) The Regulation of Privatized Monopolies in the United Kingdom; in: *Rand Journal of Economicsl* 20(3), S. 454-472.

BEN, C. (1994) Experiencia del Gran Buenos Aires Aguas Argentinas S.A.; in: Seminario Internacional: La Regulación de los Servicios de Saneamiento, Buenos Aires, 6 al 12 de Agosto de 1994, S. 43-49.

BEN, C. (1998) Presentation, Internet Paper.

BERG, S. V.; TSCHIRHART, J. (1988) Natural Monopoly Regulation – Principles and Practice, Cambridge.

BIENEN, H.; WATERBURY, J. (1989) The Political Economy of Privatization in Developing Countries; in: *World Development* 17(5), S. 617-632.

BIRLE, P. (1995) Argentinien: Unternehmer, Staat und Demokratie, Frankfurt a. M.

BMWi (2001) Optionen, Chancen und Rahmenbedingungen einer Marktöffnung für eine Nachhaltige Wasserversorgung – Vorläufiges Thesenpapier Stand 21. Februar 2001.

BODEMER, K. (1996) Peripherer Realismus? Die Außenpolitik der Regierung Menem gegenüber Europa und den USA zwischen Kontinuität und Wandel; in: Nolte, N.; Werz, N. (Hrsg.): Argentinien – Politik, Wirtschaft, Kultur und Außenbeziehungen, Frankfurt a. M., S. 273-296.

BOITEUX, M. (1971) On the Management of Public Monopolies Subject to Budgetary Constraints; in: *Journal of Economic Theory* 3, S. 219-240.

BORCHERDLING, T. E.; POMMEREHNE, W. W.; SCHNEIDER, F. (1982) Comparing the Efficiency of Private and Public Production: The Evidence from Five Countries; in: *Zeitschrift für Nationalökonomie* Supplement 2, S. 127-156.

BOUBAKRI, N; COSSET, J.-C. (1998) The Financial and Operating Performance of Newly Privatized Firms: Evidence from Developing Countries; in: *The Journal of Finance* 53(3), S. 1081-1110.

BRAEUTIGAM, R. R. (1989) Optimal Politicies for Natural Monopolies; in: Schmalensee, R.; Willig, R. D. (Hrsg.): Handbook of Industrial Organization, North Holland, S. 1289-1346.

BUCHANAN, J. M.; TULLOCK, G. (1965) The Calculus of Consent – Logical Foundations of Constitutional Democracy., University of Michigan.

BURNS, P; ESTACHE, A. (1998) Information, Accounting and the Regulation of Concessioned Infrastructure Monopolies, World Bank.

CAILLAUD, B; JÉHIEL, P. (1998) Collusion in Auctions with Externalities; in: *Rand Journal of Economics* 29(4), S. 680-702.

CALVERT, R. L.; Mc CUBBINS, M. D.; WEINGAST, B. R. (1989) A Theory of Political Control and Agency Discretion; in: *American Journal of Political Science* 33, S. 588-611.

CARRERAS, S. (1996) Die Entwicklung der Parteien seit Beginn der Demokratisierung – eine Bilanz; in: Nolte, N.; Werz, N. (Hrsg.): Argentinien – Politik, Wirtschaft, Kultur und Außenbeziehungen, Frankfurt a. M., S. 241-259.

CEER (Centro de Estudios Económicos de la Regulación) (1997) Notas de Economía de la Regulación – Principios de Finanzas Aplicados a la Regulación, Buenos Aires.

CENTRO DE ESTUDIOS DE TRANSPORTE E INFRAESTRUCTURA (1994): Revisión Extraordinaria de Tarifas – Recomendaciones, 28 de Junio 1994; in: ETOSS, *EXPEDIENTE 10858/94*, S. 469-509.

CEVALLO, E. (1997) Concesión, Control y Regulación en Capital Federal y Conurbano; in: Banco Mundial, Federación Nacional de Trabajadores de Obras Sanitarias (Hrsg.): Los Trabajadores y la Transformación de las Empresas Prestadoras de Servicios Sanitarios, Buenos Aires, S. 93-108.

CHADWICK, E. (1859) Results of Different Principles of Legislation in Europe; in: *Journal of the Royal Statistical Society* Series A 22, S. 381-420.
CHAMBERLIN (1962) The Theory of Monopolistic Competition, 8. Aufl., Cambridge.
CHISARI, O. O.; RODRÍGUEZ PARDINA, M. A.; ROSSI, M. (2000) The Cost of Capital in Regulated Firms: The Argentine Experience, CEER Working Paper No. 8.
CONSUMIDORES ARGENTINAS (1998) Brief an den Präsidenten von ETOSS Ing. Mario Pedersoli vom 13.02.1998, Buenos Aires.
CONTE GRAND, M. (1998) Regulation of Water Distribution in Argentina, Paper presented on the Twelfth Plenary Session of the OECD Advisory Group on Privatization (AGP), Helsinki 17-18 Sept. 1998.
COOK, P.; MINOGUE, M. (1990) Waiting for Privatization in Developing Countries: Towards the Integration of Economic and Non-Economic Explanations; in: *Public Administration and Development* 10, S. 389-403.
COOK, P.; KIRKPATRICK, C. (2000) Privatization Policy and Performance; in: Cook, P.; Kirkpatrick, C. (Hrsg.): Privatization in Developing Countries – Vol. II, Cheltenham, S. 292-316.
COURNOT, A. (1838) Recherches Sur les Principes Mathématiques de la Théorie des Richess, Paris.
CRAMPES, C.; ESTACHE, A. (1996) Regulating Water Concessions – Lessons from the Buenos Aires Concession; in: Viewpoint No. 16880, World Bank, Washington, D.C.
CRAMPES, C.; ESTACHE, A. (1997) Regulatory Trade-offs in the Design of Concession Contracts, World Bank Paper, August.
CREW, M. A.; ZUPAN, M. A. (1991) Franchise Bidding for Public Utilities Revisted; in: Crew, M. A. (Hrsg.): Competition and the Regulation of Utilities, Boston, S. 172-188.
DECRETO 999/92 (1992) Apruébase el Reglamento Administrativo Regulatorio de los Distintos Aspectos de los Servicios Públicos de Provisión de Agua Potable y Desagües Cloacales de Competencia de Obras Sanitarias de la Nación.
DECRETO 292/95 vom 14.8.1995.
DECRETO 149/97, Boletin Oficial No 28.590 1. Sección, 20.2.1997.
DECRETO 1167/97 vom 7.11.1997.
DEL PLATA – Verschiedene Mitschnitte.
DEMSETZ, H. (1968) Why regulate utilities?; in: *Journal of Law and Economics* 11, S. 55-65.
DIARIO POPULAR – Verschiedene Ausgaben.
DICK, G. (1993) Rationale Regulierung – Ökonomische Probleme und Lösungsperspektiven am Beispiel der öffentlichen Wasserversorgung, Hamburg.

DNES, A. W. (1996) The Economic Analysis of Franchise Contracts – Survey Article, in: *Journal of Institutional and Theoretical Economics* (JITE) 152, S. 297-324.

ECONOMIC COMISSION FOR LATIN AMERICA AND THE CARIBBEAN (ECLAC) (1998) Progress in the Privatization of Water-Related Public Services: A Country-By-Country Review for Mexico, Central America and the Caribbean, LC/R. 1698/Rev. 1, 5. 2.1998, Santiago.

EL CLARÍN – Verschiedene Ausgaben.

EL CRONISTA - Verschiedene Ausgaben.

EL CUARTO PODER – Verschiedene Ausgaben.

EL DÍA – Verschiedene Ausgaben.

EL EXPRESO - Verschiedene Ausgaben.

EL LITORAL –Verschiedene Ausgaben.

EL MUNDO – Verschiedene Mitschnitte.

ENGEL, E. M.; FISCHER, R. D.; GALETOVIC, A. (1998) Least-Present-Value-of-Revenue Auctions and Highway Franchising, NBER Working Paper No. 6689, August 1998, S. 1-43.

EPSTEIN, D.; O'HALLORAN, S. (1985) A Theory of Strategic Oversight: Congress, Lobbyists, and the Bureaucracy; in: *Journal of Law, Economics, and Organization* 11(2), S. 227-255.

ETOSS (1993) RESOLUCIÓN 77/93 vom 30.12.1993.

ETOSS (1994) El Sector del Agua y el Ente Regulador, Buenos Aires.

ETOSS (1994b) Gerencia de Economía del Sector: Análisis de la Primera Revision Taifaria, Diciembre 1994, S. 1-56.

ETOSS (1994c) RESOLUCIÓN 22/94; in: ETOSS, *EXPEDIENTE 11327/94*, S. 211-222.

ETOSS (1994d) Gerencia de Economía – Anexos al 1. Análisis de Revisión Tarifaria.

ETOSS (1994e) Proyecto de Sustitución de Agua con Nitratos, Expansiones, Villas, Cargo de Infraestructura; in: ETOSS, *EXPEDIENTE 10858/94*, S. 513-543.

ETOSS (1995a) Entschießung 83/95.

ETOSS (1995b) Análisis del Efecto de la Disminución de Aportes Patronales en el Cargo de Infraestructura, Internes Papier der Ökonomischen Abteilung von ETOSS; in: ETOSS, *EXPEDIENTE 11652/95* (17.11.1995), S. 22-23.

ETOSS (1995c) Brief des Abteilungsleiters der Ökonomischen Abteilung von ETOSS an den Präsidenten von ETOSS; in: ETOSS, *EXPEDIENTE 11652/95* (26.09.1995), S. 4-6.

ETOSS (1996a) Brief der Infrastrukturabteilung von ETOSS an den Präsidenten von ETOSS vom 11.1.1996; in: ETOSS, *EXPEDIENTE 11776/96*, S. 3-7.

ETOSS (1996b) RESOLUCIÓN 27/96 vom 18.3.1997 in: ETOSS, *EXPEDIENTE 11776/96*, S. 141-143.

ETOSS (1996c) Brief der Infrastrukturabteilung an den Präsidenten von ETOSS vom 22.7.1996 incl. Anhänge, in: ETOSS, *EXPEDIENTE 11776/96*, S. 99-133.

ETOSS (1997a) RESOLUCIÓN 106/97.

ETOSS (1997b) Desarrollo Revisión Tarifaria – Documento 2 – El Modelo Regulatorio Luego del Decreto 1167/97 y Antes de la Mesa Tarifaria, Arbeitspapier der Ökonomischen Abteilung von ETOSS, in: ETOSS, *EXPEDIENTE 12367/97*, S. 932-934.

ETOSS (1998a) Brief des Direktors Marzocca an den Präsidenten vom 29.9.1998, S. 1-4.

ETOSS (1998b) Bilanz für das Jahr 1.1.98-31.12.98.

ETOSS (1998c) Lineamientos Regulatorios y Tarifarios de los Servicios de Agua Potable y Desagües Cloacales de Buenos Aires.

ETOSS (1998d) RESOLUCIÓN 15/98 vom 23.2.1998.

ETOSS (1998e) Posición Respecto al Aumento de Tarifas solicitado por Aguas Argentinas S.A. – Licienzado Eduardo Epszteyn e Ingeniero Martín Lascano (Directores por la Ciudad Autónoma de Buenos Aires); in: ETOSS, *EXPEDIENTE 12367/97*, S. 1009-1020

ETOSS (1998f) Acta de Directorio No. 8/98 vom 3.4.1998; in: ETOSS, *EXPEDIENTE 12367/97*, S. 1024-1037.

ETOSS (1998g) Desarrallo Revisión Tarifaria – Documento 5 – El Incremento Resultante en el Modelo Regulatorio de las Decisiones Adoptadas el 3 de Abril de 1998; in: ETOSS, *EXPEDIENTE 12367/97*, S. 950-968.

ETOSS (1998h) Desarrollo Revisión Tarifaria – Documento 1 – Propuesta Base; in: ETOSS, *EXPEDIENTE 12367/97*, S. 824-860.

ETOSS (1998i) Desarrollo Revisión Tarifaria – Documento 1 – Versión Preliminar Sujeta a Revisión; in: ETOSS, *EXPEDIENTE 12367/97*, S. 788-823.

ETOSS (1998j) – Informe Técnico-Económico, 17.7.1998.

ETOSS (1998k) – Brief des Präsidenten von ETOSS an die Umweltsekretärin María Julia Alsogaray Nr. 6763/98 vom 6.5.1998; in: SRNyDS, *EXPEDIENTE 1429/98*, S. 4-6.

ETOSS (1998l) – Brief des Präsidenten von ETOSS an die Umweltsekretärin María Julia Alsogaray Nr. 7041/98 mit Anhang vom 5.10.1998; in: SRNyDS, *EXPEDIENTE 1429/98*, S. 100-352.

ETOSS (1998m) - Brief des Präsidenten von ETOSS an die Umweltsekretärin María Julia Alsogaray Nr. 7075/98 vom 13.10.1998; in: SRNyDS, *EXPEDIENTE 1429/98*, S. 354.

ETOSS (1998n) Anhang I - Calculo de Costo de Capital; in: ETOSS (1998) Informe aprobado por Mayoría de Este Directorio, 5.10.1998, S. 1-19.

ETOSS (1999a) Memorando Nr. 104 der Ökonomischen Abteilung von ETOSS vom 7.12.1999.

ETOSS (1999b) Análisis de la Res. SRNyDS No. 602/99 – Anexo I – Determinación de la Exposición Financiera Neta del Primer Quinquenio;

in: Memorando Nr. 104 der Ökonomischen Abteilung von ETOSS, Anhang IV vom 7.12.1999, S. 1-15.

ETOSS (1999c) Anexos IA y IB – Método de Cálculo, Infrastrukturabteilung von ETOSS; in: ETOSS, *EXPEDIENTE 12756/99*, S. 33-36.

ETOSS (1999d) Repuesta Nota 313/99, Brief des Präsidenten von ETOSS Cevallo an die Umweltsekretärin María Julia Alsogaray Nr. 9027/99 incl. Anhänge A-F vom 25.6.1999; in: ETOSS, *EXPEDIENTE 12756/99*, S. 196-237.

ETOSS (1999e) Internes Schreiben von J. C. Giménez an den Leiter der Ökonomischen Abteilung von ETOSS L. A. Poggi vom 7.5.1999; in: ETOSS, *EXPEDIENTE 12756/99*, S. 48-55.

ETOSS (1999f) Memorando Nr. 79 der Ökonomischen Abteilung von ETOSS vom 17.6.1999; in: ETOSS, *EXPEDIENTE 12756/99*, S. 158-159.

ETOSS (1999g) Brief des Direktors Eduardo Epszteyn an den Präsidenten von ETOSS Martín Lascano vom 31.5.1999; in: ETOSS, *EXPEDIENTE 12756/99*, S. 140-142.

ETOSS (1999h) Brief des Leiters der Infrastrukturabteilung Gustavo Saltiel an den Präsidenten von ETOSS Martín Lascano vom 21.4.1999; in: ETOSS, *EXPEDIENTE 12756/99*, S. 41-43.

FERRO, G. (2000) Los Instrumentos Legales de la Renegociación del Contrato de Aguas Argentinas (1997-99) Texto de Discusión No. 23, Dezember.

FIEL (Fundación de Investigaciones Económicas Latinoamericanas) (1999) La Regulación de la Competencia y de los Servicios Públicos – Teoría y Experiencia Argentina Reciente, Buenos Aires.

FINANCIAL TIMES – Verschiedene Ausgaben.

FIORINA, T. (1982) Legislative Choice of Regulatory Forms: Legal Process or Administrative Process?; in: *Public Choice* 39, S. 33-36.

FOREMAN-PECK, J. WATERSON, M. (1985) The Comparative Efficiency of Public and Private Enterprise in Britain: Electricity Generation Between the World Wars; in: *Economic Journal* (Suppl.) 95, S. 83-95.

FOSTER, C. D. (1992) Privatization, Public Ownership and the Regulation of Natural Monopoly; Oxford, Cambridge.

FOSTER, V. (1996) Policy Issues for the Water and Sanitation Sector, World-Bank, Washington, D.C.

FRANCEYS, R. (1997) Private Sector Participation in the Water and Sanitation Sector, World-Bank, Washington, D.C.

FRANCIS, J. G. (1993) The Politics of Regulation – A Comparative Perspective; Oxford, Cambridge.

FRENCH, K. R.; McCORMICK, R. E. (1984) Sealed Bids, Sunk Costs and the Process of Competition; in: *Journal of Business* 57, S. 417-441.

GIAVAZZI, F.; PAGANO, M (1988) The Advantage of Tying One's Hands; in: *European Economic Journal* 32, S. 1055-1082.

GOLDMAN, M. B.; LELAND, H. E.; SIBLEY, D. S. (1984) Optimal Nonuniform Prices; in: *Review of Economic Studies* 51, S. 305-319.

GRAHAM, H. D. (1997) Latin American Cleanwater Privatization: One North American Operator's Interest and Concerns; in: ELCAC: Proceedings of the Workshop on Issues in the Privatization of Water Utilities in the Americas, (Santiago, Chile: 4.-6.10.1995), Santiago, S. 25-41.

GROUT, P. (1995) The Cost of Capital in Regulated Industries; in: Bishop, M.; Kay, J.; Mayer, C. (Hrsg.): The Regulatory Challenge, Oxford, S. 386-407.

GRUPO DE RÍO; COMUNIDADES EUROPEAS; INSTITUTO DE LA ADMINISTRACIÓN PÚBLICA (INAP), UNIVERSIDAD DE BIRMINGHAM (1993) Programa Euro-Latinoamericano de Formación en la Administración Pública - Ejercicio de Consultoria Sobre la Regulación del Sercicio de Agua Potable y Efluentes, Buenos Aires, November.

HALCROW/ ENE-I (1994a) Proyectos de Instalaciones de Agua y Cloacas en Villas de Emergencia; in: ETOSS, *EXPEDIENTE 10858/94*, S. 219-395.

HALCROW/ ENE-I (1994b) Adelanto de los Planes de Expansion Durante el Primer Quinquenio para Coberturas de Aguas y Cloacas en el Gran Buenos Aires; in: ETOSS, *EXPEDIENTE 10858/94*, S. 396-404.

HALCROW/ ENE-I (1994c) Proyectos de Sustitucion de Agua con Nitratos; in: ETOSS, *EXPEDIENTE 10858/94*, S. 406-420.

HALDENWANGEN, C. von (1996) Der Anpassungsprozess und das Problem der Legitimierung; in: Nolte, N.; Werz, N. (Hrsg.): Argentinien – Politik, Wirtschaft, Kultur und Außenbeziehungen, Frankfurt a. M., S. 177-193.

HALL, D. (1999) Water and Privatization in Latin America, Santiago de Chile, September.

HELM, D.; RAJAH, N. (1994) Water Regulation: The Periodic Review; in: *Fiscal Studies* 15(2), S. 74-94.

HERRINGTON, P; PRICE, C. (1987) What Price Private Water, Leicester.

HOPENHAYN, H.; LOHMANN, S. (1996) Fire-Alarm Signals and the Political Oversight of Regulatory Agencies; in: *Journal of Law, Economics, and Organization* 12(1), S. 196-213.

HUNT, L. C.; LYNK, E. L. (1995) Privatization and Efficiency in the UK Water Industry: An Empirical Analysis; in: *Oxford Bulletin of Economics and Statistics* 57(3), S. 371-388.

IDELOVITCH, E.; RINGSKOG, K. (1995) Private Sector Participation in Water Supply and Sanitation in Latin America; Worldbank, Washington D.C., Internet-Papier.

IMAGEN – Verschiedene Ausgaben.

INDEC (INSTITUTO NACIONAL DE ESTADÍSTICA Y CENSOS) (1992) Estadística Mensual 2(8), August.

INDEC (1994) Estadística Mensual 4(4), April.

INDEC (1994a) Estadística Mensual 4(9), September.

INDEC (1995) Estadística Mensual 5(8), August.

INDEC (1998) Estadística Mensual 2(12), Januar.

INDEC (1998a) Estadística Mensual 3(), März.

JENSEN, M. C.; MECKLING, W. H. (1976) Theory of the Firm: Managerial Behavior, Agency Costs and Ownership Structure; in: *Journal of Financial Economics* 3, S. 305-360.

JONES, L. P. (1994) Appropriate Regulatory Technology – The Interplay of Economic and Institutional Conditions, Anual Conference on Development Economics, 1993, S. 181-204.

JOSKOW, P. L. (1972) The Determination of the Allowed Rate of Return in a Formal Regulatory Hearing; in: *Bell Journal of Economics and Management Science* 3(2), S. 632-644.

JOSKOW, P. L. (1973) Pricing Decisions of Regulated Firms: A Behavioral Approach; in: *Bell Journal of Economics and Management Science* 4(1), S. 118-140.

JOSKOW, P. L. (1974) Inflation and Environmental Concern: Structural Change in the Process of Public Utility Price Regulation; in: *Journal of Law and Economics* 17(2), S. 291-327.

KAHANA, N.; KATZ, E. (1990) Monopoly, Price Discrimination, and Rent-Seeking; in: *Public Choice* 94, S. 93-100.

KAHN, A. E. (1988a) The Economics of Regulation – Principles and Institutions, Vol. 1: Economic Principles; 2. Aufl, Cambridge, London.

KAHN, A. E. (1988b) The Economics of Regulation – Principles and Institutions, Vol. 2: Insitutional Issues; 2. Aufl, Cambridge, London.

KALECKI, M. (1943) Political Aspects of Full Employment; in: *Political Quarterly* 14, S. 322-331.

KLEIN, M. (1996) Economic Regulation of Water Companies vom 30. Juli 1996, Worldbank-Workingpaper 1649.

KLEIN, M. (1998) Bidding for Concessions, Worldbank-Workingpaper.

KONZESSIONSVERTRAG (1993) zwischen dem Staat Argentinien, vertreten durch Dr. Domingo F. Cavallo, und Aguas Argentinas, vertreten durch Carlos Daniel Tramutola und Guy Antoine Aime Canavy, vom 23.4.1993.

KRUSE, J. (1985) Ökonomie der Monopolregulierung, Wirtschaftspolitische Studien 70, Göttingen.

KYDLAND, F.; PRESCOTT, E. (1977) Rules Rather than Discretion: The Inconsistency of Optimal Plans; in: *Journal of Political Economy* 85, S. 473-491.

LA CAPTAL – Verschiedene Ausgaben.

LA CIUDAD – Verschiedene Ausgaben.

LA CRÓNICA – Verschiedene Ausgaben.

LA NACIÓN – Verschiedene Ausgaben.

LA PRENSA – Verschiedene Ausgaben.

LA RAZÓN – Verschiedene Ausgaben.

LA VOZ DE INTERIOR – Verschiedene Ausgaben.

LA ZONA – Verschiedene Ausgaben.

LAFFONT, J.-J.; TIROLE, J. (1986) Using Cost Observation to Regulate Firms; in: *Journal of Political Economy* 94(3), S. 614-641.

LAFFONT, J.-J.; TIROLE, J. (1987) Auctioning Incentive Contracts; in: *Journal of Political Economy* 95(5), S. 921-937.

LAFFONT, J.-J.; TIROLE, J. (1990) The Regulation of Mulitproduct Firms, Part I: Theory; in: *Journal of Public Economics* 43, S. 1-36.

LAFFONT, J.-J.; TIROLE, J. (1993) A Theory of Incentives in Procurement and Regulation, Cambridge (Mass.); London (England).

LANG, G. (1994) Price-Cap-Regulierung – Ein Fortschritt in der Tarifpolitik, Berlin

LEE, T. R. (1999) Water Management in the 21st Century – The Allocation Imperative, Cheltenham.

LEE, T. R.; JOURAVLEV, A. S. (1998) La Regulación de la Prestación Privada de Servicios de Agua Potable y Alcantarillado; in: *Revista de la CEPAL* 65 (August), S. 155-167.

LEIBENSTEIN, H. (1966) Allocative Efficiency versus „X-Efficiency"; in: *American Economic Review* 56, S. 32-415.

LEVY, B.; SPILLER, P. T. (2000) Regulation, Institutions, and Commitment in Telecommunications – A Comparative Analysis of Five Country Studies; in: Cook, P.; Kirkpatrick, C. (Hrsg.): Privatization in Developing Countries – Vol. II, Cheltenham, S. 63-100.

LEWIS, T. R.; SAPPINGTON, D. E. M. (1988) Regulating a Monopolist with unknown Demand; in: *American Economic Review* 78(5) (Dezember), S. 986-998.

LIBERTAD – Verschiedene Mitschnitte.

LITTLECHILD, S. C. (1983) Regulation of British Telecommumications' Profitability, London.

LITTLECHILD, S. C. (1986) Economic Regulation of Privatized Water Authorities – A Report Submitted to the Department of the Environment, London, 25.1.1986.

LOEB, M.; MAGAT, W. A. (1979) A Decentralized Method for Utility Regulation; in: *Journal of Law and Economics* 22, S. 399-404.

LUPIA, A. McCUBBINS, M. (1994) Learning from Oversight: Fire Alarms and Police Patrols Reconsidered; in: *Journal of Law, Economics, and Organization* 10, S. 96-125.

LURO, A. M. (1997) Las Privatizaciones en nuestro País – Consulta de Universo Económico – in: *Universo Económico* 33 (März).

LYNK, E. L. (1993) Privatization, Joint Production and the Comparative Efficiencies of Private and Public Ownership: The UK Water Industry Case; in: *Fiscal Studies* 14(2), S. 98-116.

McAFEE, P. R.; McMILLAN, J. (1986) Bidding for Contracts: A Principal-Agent Analysis; in: *Rand Journal of Economics* 17(3), S. 326-338.

McCUBBINS, M. D.; SCHWARTZ, T. (1984) Congressional Oversight Overlooked: Policy Patrols vs. Fire Alarms; in: *American Journal of Political Science* 28, S. 165-179.

McCUBBINS, M. D.; NOLL, R. G.; WEINGAST, B. R. (1987) Administrative Procedures as Instruments of Political Control; in: *Journal of Law, Economics, and Organization* 3(2), S. 243-277.

McMASTER, R.; SAWKINS, J. W. (1993) The Water Industry in Scotland – Is Franchising Viable?; in: *Fiscal Studies* 14(4), S. 1-13.

MdEyOySP (Ministerio de Economía y Obras y Servicios Públicos) (1998) RESOLUCIÓN 27/98. Apruébanse las Reglas Complementarias al Anexo III del Acta. Acuerdo de Renegociación de Contrato de Concesión de los Servicios de Provisión de Agua Potable y Desagües Cloacales aprobado por Decreto No. 1167/97, 4.2.1998.

MEGGIONSON, W. L.; NASH, R. C.; van RANDENBORGH; M. (1994) The Financial and Operating Performance of Newly Privatized Firms: An International Empirical Analysis; in: *The Journal of Finance* 49(2), S. 403-452.

MESA REDONDA (1994) La Regulación en el Sector del Agua – Primeras Jornadas Internacionales sobre Regulación Económica e Iniciativa Privada; in: *Revista Argentina del Régimen de la Administración Pública (RAP)* 14(185), S. 5-21.

MESSNER, D. (1996) Wirtschaftsstrategie im Umbruch. Anmerkungen zu den ökonomischen und politischen Determinanten von Wettbewerbsfähigkeit; in: Nolte, N.; Werz, N. (Hrsg.): Argentinien – Politik, Wirtschaft, Kultur und Au?enbeziehungen, Frankfurt a. M., S. 149-176.

MITNICK, B. M. (1980) The Political Economy of Regulation – Creating, Designing, and Removing Regulatory Forms, New York, 1980.

MITRE – Verschiedene Radiomitschnitte.

MOE, T. M. (1987) An Assessment of the Positive Theory of "Congressional Dominance"; in: *Legislative Studies Quarterly* 12(4), S. 475-520.

MOE, T. M. (1990) Political Institutions: The Neglected Side of the Story; in: *Journal of Law, Economics, and Organization* 6 (Special Issue), S. 213-254.

MORANDÉ, F.; DOÑA, J. E. (1999) Governance and Regulation in Chile: Fragmentation of the Public Water Sector; in: Savedoff, W. ; Spiller, P. (Hrsg.): Spilled Water: Institutional Commitment in the Provision of Water Services, S. 159-195.

NISKANAN, W.A. (1975) Bureaucrats and Politicians; in: Journal of Law and Economics 18(3) S. 618f.

NISKANAN, W. A. (1994) A Reassessment; in: Niskanan, W. A. (Hrsg.): Bureaucracy and Public Economics, Virginia, S. 269-283.

NOLL, R. G. (1971) The Behavior of Regulatory Agencys; in: *Review of Social Economy* 29, S. 15-19.

NOLL, R. G. (1989) Economic Perspectives on the Politics of Regulation; in: Schmalensee, R.; Willig, R. D. (Hrsg.): Handbook of Industrial Organiszation, North Holland, S. 1253-1287.

NOLTE, D. (1996) Ein neuer Perón? Eine Bilanz der ersten Präsidentschaft von Carlos Menem (1989-1995); in: Nolte, D.; Werz N. (Hrsg.): Argentinien – Politik, Wirtschaft, Kultur und Außenbeziehungen, Frankfurt a. M., S. 98-124.

NORDHAUS, W. D. (1975) The Political Business Cycle; in: *Review of Economic Studies* 42, S. 169-190.

OFWAT (1994) Future Charges for Water and Sewerage Services – The Outcome of the Periodic Review, July.

OFWAT (1997) Setting Price Limits for Water and Sewerage Services: The Framework and Business Planning Process for the 1999 Periodic Review.

OFWAT (1998) Assessing the Scope for Future Improvements in Water Company Efficiency – A Technical Paper, Juni.

OFWAT (1999) Future Water and Sewerage Charges 2000-05, September.

OFWAT (1999a) 1999-2000 Report on Tariff Structure and Charges, Juni.

OFWAT (1999b) Inset Appointments: Guidance for Applicants, Februar.

OFWAT (2000) 2000-2001 Report on Tariff Structure and Charges.

OFWAT (2000a) Comparing the Performance of the Water Companies in England and Wales in 1998-99 with Water Enterprises in Other Industrialised Countries, September.

OFWAT (2000b) The Current State of Market Competition, Juli.

OGUS, A. I. (1994) Regulation – Legal Form and Economic Theory, Oxford.

OLSON, M. (1965) The Logic of Collective Action, Cambridge, London.

OLSON, M. (1982, 1991) Aufstieg und Niedergang von Nationen – Ökonomisches Wachstum, Stagflation und Soziale Starrheit, 2. Aufl., Yale, Tübingen.

OZUNA, T; GÓMEZ, I. A. (1999) Governance and Regulation: Decentralization in Mexico`s Water Sector; in: Savedoff, W.; Spiller, P (Hrsg.) Spilled Water: Institutional Commitment in the Provision of Water Services, S. 135-158.

PÁGINA 12 – Verschiedene Berichte.

PANZAR, J. C. (1976) A Neoclassical Approach to Peak Load Pricing; in: *Bell Journal of Economics* 7, S. 521-530.

PANZAR, J. C.; WILLIG, R. D. (1977) Free Entry and the Sustainability of Natural Monopoly; in: *Bell Journal of Economics* 8, S. 1-22.

PELTZMAN, S. (1976) Toward a more General Theory of Regulation; in: *Journal of Law and Economics* 19, S. 211-240.

PELTZMAN, S. (1989) The Economic Theory of Regulation After a Deade of Deregulation; in: Brooking Papers: Microeconomics, S. 1-59.

PERSSON, T.; SVENSSON, L. (1989) Why a Stubborn Conservative Would Run a Deficit: Policy With Time-Inconsistent Preferences: in: *Quaterly Journal of Economics* 104, S. 325-345.

PESCATRICE, D. R.; TRAPANI, J. M. (1980) The Performance and Objectives of Public Utilities Operating in the United States; in: *Journal of Public Economics* 13, S. 259-276.

POLINO, H. (1997) La Primera Jornada Nacional de Politicas de los Servicios Públicos, 25.11.1997.

POSNER, R. (1974) Theories of Economic Regulation; in: *Bell Journal of Economics and Management Science* 5(2), S. 335-358.

POSNER, R. (1975) The Social Cost of Monopoly and Regulation; in: *Journal of Political Economy* 83, S. 807-827.

POWELL, A. (1996) On Restructuring, Regulation, and Competition in Utility Industries: Experience in the United Kingdom and Implications for Latin America; IADB Working Paper Series 329, Dezember.

PRAGER, R. A. (1990) Firm Behavior in Franchise Monopoly Markets; in: *Rand Journal of Economics* 21(2), S. 211-225.

PRICE, S. (1997) Political Business Cycles and Macroeconomic Credibility: A Survey; in: *Public Choice* 98, S. 407-427.

RADIO RIVADAVIA – Verschiedene Mitschnitte.

RAFFIEE, K.; et al. (1993) Cost Analysis of Water Utilities: A Goodness-of-Fit Approach; in: *Atlantic Economic Journal* 21(3), S. 18-29.

RAMSEY F. P. (1927) A Contribution to the Theory of Taxation, in: *Economic Journal* 37, S. 47-61.

REES, R.; VICKERS, J. (1995) RPI-X Price-cap Regulation; in: Bishop, M.; Kay, J.; Mayer, C. (Hrsg.): The Regulatory Challenge, Oxford, S. 358-385.

REGULIERUNGSRICHTLINIEN (1992) für die Konzession der Trinkwasserbereitstellung und Abwasserentsorgung in Buenos Aires, vom 18.6.1992, genehmigt durch das DECRETO 999/92.

RICHARD, B.; TRICHE, T. (1994) Reducing Regulatory Barriers to Private-Sector Participation in Latin America`s Water and Sanitation Services, Policy Research Working Paper 1322, World Bank, Washington D.C.

RIORDAN, M. H.; SAPPINGTON, D. E. M. (1987) Awarding Monopoly Franchises; in: *American Economic Review* 77(3), S. 375-387.

RODRÍGUEZ PARDINA (1998) Análisis del Costo de Capital, Buenos Aires.

ROGOFF, K. (1990) Equilibrium Political Budget Cycles; in: *American Economic Review* 80, S. 21-36.

ROGOFF, K.; SIBERT, A. (1988) Equilibrium Political Business CYCLES; in: *Review of Economic Studies* 55, S. 1-16.

ROMER, T.; ROSENTHAL, H. (1987) Modern Political Economy and the Study of Regulation; in: Bailey, E. E. (Hrsg.): Public Regulation – New Perspectives on Institutions and Policies, Cambridge, S. 73-116.

RUSSELL, M.; SHELTON, R. B. (1974) A Model of Regulatory Behavior; in: *Public Choice* 20, S. 47-62.

SALANT, D. J.; WOROCH, G. A. (1992) Trigger Price Regulation; in: *Rand Journal of Economics* 23(1), S. 29-51.

SAPPINGTON, D. E. M. (1983) Optimal Regulation of a Multiproduct Monopoly with Unknown Technological Capabilities; in: *The Bell Journal of Economics* (14), S. 453-463.

SAPPINGTON, D. E. M.; STIGLITZ, J. E. (1987) Information and Regulation; in: Bailey, E. E. (Hrsg.): Public Regulation – New Perspectives on Institutions and Policies, Cambridge, S. 3-43.

SAVEDOFF, W.; SPILLER, P. (1999) Spilled Water – Institutional Commitment in the Provision of Water Services, Washington.

SCHMALENSEE, R. (1989) Good Regulatory Regimes; in: *Rand Journal of Economics* 20(3), S. 417-436.

SCHMALENSEE, R. (1995) What Have We Learned About Privatization and Regulatory Reform?, in: *Revista de Análisis Económico* 10 (2), S. 21-39.

SCHUMANN, J. (1992) Grundzüge der Mikroökonomischen Theorie, 6. Aufl., Berlin etc.

SENET, H. et al. (1997) Cobertura de Agua Potable y Servicios Sanitarios Correspondiente al Area Regulada por el Ente Tripartito de Obras y Servicios Sanitarios (ETOSS); in: Informes y Estudios Sobre la Problemática del Agua, Auditoria de Gestión Ambiental, S. 51-75.

SHIRLEY, M. M. (1997) The Economics and Politics of Government Ownership; in: *Journal of International Development* 9(6), S. 849-864.

SHLEIFER, A. (1985) A Theoy of Yardstick Competition; in: *Rand Journal of Economics* 16(3), S. 319-327.

SOLANES, M. (1995) The Privatization of Public Water Utilities, in: *CEPAL Review* 56, S. 153-167.

SPELTHAHN, S. (1994) Privatisierung natürlicher Monopole – Theorie und internationale Praxis am Beispiel Wasser und Abwasser, Wiesbaden.

SPILLER, P.T. (1998) Análisis de la Regulación del Servicio Público de Agua Potable y Saneamiento en Buenos Aires, Buenos Aires.

SPILLER, P. T.; SAVEDOFF, W. D. (1999) Government Opportunism and the Provision of Water; in: Savedoff, W. D.; Spiller, P. T. (Hrsg.): Spilled Water: Institutional Commitment in the Provision of Water Services, S. 1-34.

SPLENDID TALK – Verschiedene Mitschnitte.

SPULBER, D. F. (1989) Regulation and Markets, Cambridge (Massachusetts); London (England).

SPULBER, N.; SABBAGHI, A. (1994) Economics of Wate Resources: From Regulation to Privatization, Boston; Dordrecht; London.

SRNyDS (Secretaria de Recursos Naturales y Desarrollo Sustentabel) (1998a) Brief von E. Mabromata an die Umweltsekretärin María Julia Alsogaray vom 20.7.1998; in: ETOSS, *EXPEDIENTE 12367/97*, Anhang S. 256-261.

SRNyDS (1998b) Brief der Umweltsekretärin María Julia Alsogaray an den Sindico General vom 29.7.1998; in: ETOSS, *EXPEDIENTE 12367/97*, Anhang S. 262-265.

SRNyDS (1998c) RESOLUCIÓN 1103/98 und Acta Acuerdo mit Aguas Argentinas vom 28.12.1998.

SRNyDS (1999a) RESOLUCIÓN 602/99 vom 08.07.1999.

SRNyDS (1999b) Brief der Umweltsekretärin María Julia Alsogaray an den Präsidenten von ETOSS Martín Lascano Nr. 313/99 vom 11.3.1999; in: ETOSS, *EXPEDIENTE 12756/99*, S. 22-24.

STEINER, P.O. (1957) Peak Loads and Efficient Pricing; in: *Quaterly Journal of Economics* 71, S. 585-610.

STIGLER, G. (1971) The Theory of Economic Regulation; in: *Bell Journal of Economics and Management Science* 2, S. 3-21.

STOUT, H. (1996) Guide to the Economic Regulation of the Water Industry, Oxford.

TN – Verschiedene Mitschnitte.

TRAIN, K E. (1995) Optimal Regulation – The Economic Theory of Natural Monopoly, 4. Aufl., Cambridge (Mass.); London (Engl.).

URBIZTONDO, S.; ARTANA, D.; NAVAJAS, F. (1998) La Autonomía de los Nuevos Entes Reguladores Argentinos, in: *Desarrollo Económico* 38 (Número Especial, Otoño).

UTTON, M. A. (1986) The Economics of Regulation Industry, Oxford.

VICKERY, J.; YARROW, G. (1988) Privatization – An Economic Analysis, Cambridge (Mass.); London (Engl.).

VOGELSANG, I; FINSINGER, J. (1979) A Regulatory Adjustment Process for Optimal Pricing by Multiproduct Monopoly Firms; in: *The Bell Journal of Economics* 10, S. 157-171.

WATERSON, M. (1988) Regulation of the Firm and Natural Monopoly, Oxford.

WEINGAST, B. R. (1984) The Congressional-Bureaucratic System: A Principal-Agent Perspective (with Applications to the SEC); in: *Public Choice* (44), S. 147-192.

WEINGAST, B. R.; MORAN, M. (1983) Bureaucratic Discretion or Congressional Control: Regulatory Policymaking by the Federal Trade Commission; in: *Journal of Political Economy* 91(5), S. 765-800.

WEYMANN-JONES, T. (1995) Problems of Yardstick Regulation in Electivity Distribution; in: Bishop, M.; Kay, J.; Mayer, C. (Hrsg.): The Regulatory Challenge, Oxford, S. 423-443.

WILLIAMSON, O. E. (1976) Franchise Bidding for Natural Monopolies – in General and with Respect to CATV; in: *Bell Journal of Economics* 7, S. 73-104.

WILLIG, R. D. (1978) Pareto Superior Nonlinear Outlay Schedules; in: *Bell Jorunal of Economics* 9, S. 56-59.

WILSON, J.Q. (1989) Bureaucracy: What Government Agencies Do and Why They Do it, Place.

WORLD BANK (1996) Regulating Water Concessions – Lessons from the Buenos Aires Concession; in: Viewpoint 16880, September 1996.

YARROW, G. (1986) Privatization in Theory and practice; in: *Economic Policy* 1, S. 324-377.

YEPES, G. (1999) Do Cross-Subsidies Help the Poor to Benefit from Water and Wastewater Services? Lessons from Guayaquil, World-Bank.

ZUPAN, M.A. (1989) The Efficacy of Franchise Bidding schemes in the Case of Cable Television: Some Systematic Evidence; in: *Journal of Law and Economics* 23, S. 401-456.

Göttinger Studien zur Entwicklungsökonomik
Göttingen Studies in Development Economics

Herausgegeben von / Edited by Hermann Sautter

Die Bände 1-8 sind über die Vervuert Verlagsgesellschaft (Frankfurt/M.) zu beziehen.

Bd./Vol. 9 Hermann Sautter / Rolf Schinke (eds.): Social Justice in a Market Economy. 2001.

Bd./Vol. 10 Philipp Albert Theodor Kircher: Poverty Reduction Strategies. A comparative study applied to empirical research. 2002.

Bd./Vol. 11 Matthias Blum: Weltmarktintegration, Wachstum und Innovationsverhalten in Schwellenländern. Eine theoretische Diskussion mit einer Fallstudie über „Argentinien 1990-1999". 2003.

Bd./Vol.12 Jan Müller-Scheeßel: Die Privatisierung und Regulierung des Wassersektors. Das Beispiel Buenos Aires/Argentinien. 2003.

FSC
www.fsc.org
MIX
Papier | Fördert
gute Waldnutzung
FSC® C083411

Kolibri 360 GmbH
Ferdinand-Jühlke-Straße 7
99095 Erfurt, Deutschland
produktsicherheit@kolibri360.de

Druck:
CPI Druckdienstleistungen GmbH
im Auftrag der
Kolibri 360 GmbH
Ferdinand-Jühlke-Str. 7
99095 Erfurt